本书是中央民族大学海外韩国学核心大学建设项目《中韩文化交流丛书》之一，由韩国科学技术部和韩国学中央研究院共同主持的“海外韩国学核心大学建设项目”资助出版。

中韩文化交流丛书
中央民族大学朝文系／编

中韩宗教思想比较研究

◎ 金京振／著

中央民族大学出版社
China Minzu University Press

图书在版编目（CIP）数据

中韩宗教思想比较研究/金京振著. —北京：中央民族大学出版社，2010.4

ISBN 978-7-81108-820-5

Ⅰ.①中… Ⅱ.①金… Ⅲ.①宗教-思想-对比研究-中国、韩国 Ⅳ.①B928.2②B928.312.6

中国版本图书馆 CIP 数据核字(2010)第 040776 号

中韩宗教思想比较研究

作　　者　金京振
责任编辑　吴　云
封面设计　傲　腾
出 版 者　中央民族大学出版社
　　　　　北京市海淀区中关村南大街 27 号　邮编：100081
　　　　　电话：68472815(发行部) 传真:68932751(发行部)
　　　　　　　　68932218(总编室)　　　68932447(办公室)
发 行 者　全国各地新华书店
印 刷 者　北京宏伟双华印刷有限公司
开　　本　787×960（毫米）　1/16　印张：25.375
字　　数　363 千字
版　　次　2010 年 4 月第 1 版　2010 年 4 月第 1 次印刷
书　　号　ISBN 978-7-81108-820-5
定　　价　58.00 元

序 言

中韩两国是一衣带水的友好邻邦，两国的友好历史源远流长。尤其是1992年中韩建交以来，两国关系从经济贸易合作开始，已经发展到政治、经济、文化、教育、体育等诸方面的全面合作，在国际事务中也不断达成很多共识，发挥其重要的区域性作用。两国关系已经发展到可靠的战略合作伙伴关系。其合作范围越来越广，合作关系越来越密切，而且还有更广泛的合作空间。

中央民族大学朝鲜—韩国学研究中心和朝鲜语言文学系是北京的朝鲜—韩国学重要教学、研究基地，有着雄厚的教学、科研力量与研究基础。曾于2007年向韩国科学技术部和韩国学中央研究院提出申请，参加“海外韩国学核心大学建设项目”，并于2008年被选定为预备建设大学，2009年正式定为“海外韩国学核心大学”。这一项目是世界性课题，目前世界上只有10所大学参加，即美国加利福尼亚大学、哈佛大学、伯克利大学、华盛顿大学，英国伦敦大学，加拿大不列颠哥伦比亚大学，澳大利亚新南威尔士大学、荷兰雷登大学，中国南京大学和中央民族大学。

本中心致力于把本土朝鲜学与国外韩国学，包括海外的韩国学与当地文化融合而形成的变异的韩国学结合起来，共同研究。以朝鲜语言文学为基础，对韩国学的各个方面如社会学、政治学、经济学、哲学、宗教学、历史学、人类学、法学、艺术学、教育学等进行深入的研究。研究范围包括半岛韩国学（朝鲜学）和国外韩国学，以及海外朝鲜族同胞的韩国学研究。

在中国，研究和发展韩国学的目的是为了加强中韩两国人民间的相互了解，解除各种误解和偏见，增进中韩两国人民间的友好关系，促进两国间的合作与发展，从而进一步推进东北亚以及东亚各国之间的友好合作关系。

本中心项目从2009年开始，项目期限为5年。在这个5年里，本中心将采取多种方式，如出版《中韩文化交流丛书》（15册），召开韩国（朝鲜）学国际学术讨论会举办韩国学年轻学者培训班、朝鲜族中学教师业务培训班、朝鲜—韩国学系列讲座，继续出版《朝鲜—韩国学研究》论文集等，以顺利完成中央民族大学海外核心大学建设中心五年计划建设目标。主要为以下两个目标：

1. 朝鲜语言文学学科建设目标

朝鲜语言文学学科建设是中国的韩国学研究可持续发展的基础。朝鲜语言文学系在第11个5年规划中提出：与我校韩国语专业合作，建立北京市韩国学教学研究活动信息资料中心。即立足于中韩（韩中）语言对比、南北韩文学比较、中韩文学比较、海外朝鲜文学比较、中韩文化比较、翻译理论教学与研究，把中央民族大学朝鲜语言文学系逐步建设成中国的韩国语言文学教学与研究中心。

2. 海外韩国学核心大学建设目标

（1）以朝鲜—韩国学研究中心为基石，协同校内韩国学相关学科及研究所，共同建立社会学、政治学、经济学、哲学、宗教学、历史学、人类学、法学、艺术学、教育学等领域的韩国学研究中心，并与其他大学和研究部门建立合作关系，全面推进韩国学研究事业的发展，成为中国名副其实的韩国学研究核心大学。

(2) 聘请国内外著名学者到中央民族大学朝鲜—韩国学研究中心，以壮大研究队伍，促进韩国学研究的全面发展。

其中,《中韩文化交流丛书》(15 册) 是本中心重要研究课题，它们是:《走向新起点的中韩经济关系》(主编：赵晋平)、《中韩宗教思想比较研究》(主编：金京振)、《中国民族理论政策及朝鲜族社会地位研究》(主编：金炳镐)、《中国、韩国、日本、俄罗斯、蒙古、美国国际合作关系研究》(主编：朴健一)、《韩语、朝鲜语、中国朝鲜语比较研究》(主编：姜熔泽)、《中国朝鲜族文学和韩半岛南北文学关系史》(主编：李元吉)、《东北朝鲜族地区基督教传播史》(主编：黄有福)、《中韩语言对比研究》(主编：太平武)、《中韩艺术交流史研究》(主编：朴永光)、《在华韩民族抗日斗争研究》(主编：康基柱)、《东北亚多元文化的区域冲突与融合——〈东医宝鉴〉对传统医学文化的影响与作用》(主编：崔箭)、《20 世纪 50 年代南北韩文学比较研究》(主编：金春仙)、《东西方政治价值的融合与冲突——韩国政治发展的内在属性与发展逻辑》(主编：赵虎吉)、《在华、在日、在俄、在美朝鲜族文学比较研究》(主编：吴相顺)、《中韩文学比较研究》(主编：文日焕)。

《中韩文化交流丛书》内容涵盖了本中心对韩国学研究的主要成果，涉及政治、经济、语言文学等各方面内容，既包括对以往研究工作的概括与总结，也有对未来研究的探索与思考。本丛书各专题作者，皆为长期从事该方面教学、研究工作的专家、学者，有丰富的经验累积、深厚的韩国学理论研究功底，能够把握该研究领域的理论观点，较好地完成各专题研究。部分分册即将陆续出版，准备在 5 年内完成。希望本丛书的出版能够推动我国对韩国学研究的深化，能够为中韩两国友好合作发展与促进东北亚各国的和平友好、和谐发展做一些有益的事情。

编 者

2010年1月

自序

近几年，本人在中央民族大学主讲《朝鲜古代宗教与思想概论》、《韩国宗教文化概论》等课程。现奉献给广大读者的这本书是在上述课程基本内容的基础上，加以概括和总结，并运用历史和逻辑相统一的方法及比较分析方法，利用课余和暑期时间撰写而成的。

本书的第一章阐述了中韩原始宗教的主要思想、特点及作用并作了比较；第二章对中韩儒学（儒教）思想作了重点阐述并予以对比；第三章对中韩佛教思想作了重点论述并作了类比；第四章对中韩道教基本思想作了重点说明并阐述了它们之间的相同点和相异点；第五章阐述了中（台湾地区）韩新兴宗教的主要思想观点并在此基础上作了概括性的比较。在本书的最后附有相关的统计表，这些统计表对理解和研究中韩宗教思想的基本概况并进行比较研究具有一定的参考价值。

本人在撰写过程中参阅了中国理论界和韩国思想界关于中韩原始宗教、儒学（儒教）、佛教、道教、新兴宗教等诸多的比较研究成果，如朱七星主编的《中国朝鲜日本传统哲学思想比较研究》、郭齐勇著《中国儒学之基本精神》、邵汉明主编的《中国文化精神》、刘宗贤、蔡德贵主编的《当代东方大儒》、戴康生主编的《当代新兴宗教》、马启成著《宗教与中国少数民族》、金勋著《韩国宗教源流与嬗变》等。此外，还参阅了韩国学者尹以钦教授编写的《韩国宗教思想研究》（六卷本）、金洪喆著《韩国新宗教思想研究》、车柱环著《韩国道教思想研究》、金得榥著《韩国宗教思想史》等诸多著作和大量文章。

在这里需向广大读者说明的是，在这本书中没有撰写中韩基督教思想比较研究。这一专题主体鲜明、内容丰富、形式多样，由于本人对中韩基督教思想的比较研究刚刚起步，尽管掌握了一些资料，但提炼的观点还不够成熟，有待在这一方面继续深入研究。

本书在收集资料和撰写过程中得到中国社会科学院李甦萍研究员、韩国首尔大学尹以钦教授等专家和学者的指导和支持。在此谨向诸位学者及师长致以最诚挚的谢意，并感谢家人长期以来给予我的多方的理解、支持和关照。

最后，本书的出版得到了韩国韩国学中央研究院“海外韩国学核心大学”课题项目的出版资助，以及中央民族大学出版社的大力协助，在此亦深表谢意。

2009 年 9 月

目 录

绪 论

“中韩宗教思想比较研究”既是大题目又是新题目。它的“大”就“大”在其内容上。中、韩宗教思想的产生和发展均有其悠久的历史。在这历史长河中所形成的丰富内容很难用区区几个章节能够叙述完整。它的“新”也一样，就“新”在其内容上。因为以前还没有人进行这方面的概括研究。因此，由我一个人做这个既“大”又“新”的题目着实感到不少压力。但通过近几年的教学和比较研究又对这个题目非常感兴趣而不愿放弃，就像手里攥着的奇石一样，尽管是沉甸甸的，但就不愿丢弃。所以，在同行们的支持和鼓励下，担起了此项重任。

我认为，要完成这一既“大”又“新”的题目，必须要认清以下几个问题。

第一，关于韩国多宗教文化现象问题。韩国社会素有“世界宗教博物馆”之称，除佛教、儒教、天主教、基督教、伊斯兰教等传统宗教外，还有名目繁多的各式各样的新兴宗教。有学者说，世界上有什么宗教，韩国就有什么宗教。我本人虽然不敢苟同这一观点，但在韩国能够见到当今世界主要的各类历史宗教和新兴宗教却是不争的事实。在韩国，无论是在历史上，还是在现实生活中，宗教都占有极为重要的地位。韩国宪法规定：一切公民有宗教信仰的自由，不承认国教，政教分离。依据相关法规，任何宗教团体只要符合国家对宗教团体注册的要求，即可注册法人。按照韩国政府的相关规定：宗教团体可以注册为社团法人或财团法人。因此，在韩国无论是传统宗教还是新兴宗教，其活动都非常活跃。他们均以各自的方式参与社会、政治活动。每逢政治事件和一些社会问题成为焦点时，他们多表明各自的态度，借以赢得民众的信赖，争取信徒，扩大影响。韩国各宗教团体积极从事社会文化事业，创办了各类大专院校、中小学和幼教机构；他们不同程度地从事经济活动，有的教会甚至已成为经济实力雄厚、拥有数百亿美元资产的国际财团。同时，韩国宗教团体也积极创办报刊、广播、电视等宣传机构，出版了包括各种宗教书籍在内的各种书刊；设立了为数众多的医院、养老院、福利院。通过这些活动，各教团既为社会提供了服务，又争取了信徒，扩大了自己的社会影响。韩国宗教不仅在国内传教，而且积极开展国外传教活动。到2002年7月止，有138个宗教团体向世界上75个国家派遣传教士10340人；同时，亦有许多外国宗教团体和几十个国家的1020名外国宣教师在韩国传教，显示出国内外多元发展的趋势。综上所述，我们大致概括出韩国宗教的现状和一般特点："多"是韩国宗教现状的第一个特点。韩国宗教数量多、形式多、活动多。仅就数量来讲：根据韩国文化观光部宗务室于2002年12月公布的《韩国宗教现状》统计资料，目前佛教教团共有106个，僧侣41232人，信徒37084795人；基督教教团共有170个，神职人员79023人，信徒15200101人；天主教教团共有15个，神职人员12366人，信徒4278032人；儒教教团（乡校数量）共有730个，神职人员31833人，信徒6004470人；天道教教团（乡校数量）共有283个，神职人员5670人，信徒996721人；圆佛教教团（乡校数量）520个，神职人员2455人，信徒1337227人；大倧教教团（乡校数量）109个，神职人员358人，信徒477342人；其他宗教教团44个，神职人员280685人，信徒12841720人。1997年受韩国政府文化体育部委托，圆光大学宗教问题研究所对新宗教进行了深入综合调查，据统计当代韩国自生新宗教有12系列133个教团，佛教系有7系列56个教团，基督教系有12系列123个教团，其他宗教有3系列36个教团，共350个教团。可见，韩国是名副其实的"多"宗教国家。"杂"是韩国宗教现状的第二个特点。韩国宗教有的是公开的，有的是地下的；有的组织是严密的，有的组织是松散的；有的组织是长期的，有的组织是短期的。"活"是韩国宗教现状的第三个特点。韩国宗教是开放的，不是封闭的；是活跃的，不是呆板的；不只是向"内"的，它尤向"外"，韩国宗教始终是面对世界的，不止面对个别地域。因此，我们对韩国宗教的认识和态度应从上述现状和特点出发，从变化发展着的实际出发，而不能从某种既定的原则和规则出发。

我们认为，韩国宗教之所以显示出上述基本特点，可以说是由以下原因造成的。首先这同韩国的宗教政策有直接的关系。韩国宪法第11条规定，全体公民（包括信教公民在内）在政治、经济和社会生活各方面都是平等的；第12条规定，国家保护公民的宗教信仰自由权利，国家不承认国教、实行政教分离。所以，在韩国任何宗教都得到国家强有力的保护。这是韩国宗教蓬勃发展的最主要的原因。其次，国家和社会对宗教有一个统一的、共同的认识。从韩国宗教发展史角度看，历史上的韩国传统宗教的主流是“护国”性的。因为具有“护国”性，每个朝代的统治阶级对传统宗教的立场和政策不是对立性的、敌对性的，而是根据不同的需要采取了或扶持或限制或利用的立场和政策。韩国僧侣、信教徒在历史上的反侵略战争中显示出来的英勇行为和斗争精神是有案可查的，因为篇幅所限就不在这里进行具体阐述。因为韩国传统宗教在其历史上的主流是积极的、向上的、护国的，所以国家和社会对传统宗教采取的是肯定和保护的态度。再从新兴宗教（不包括国家颁布的邪教）的性质和社会职能以及对社会的作用来看，新兴宗教主张“爱国爱族”，强调“互助互爱”，促进“稳定和谐”，推动“社会福利”，关爱“残疾老幼”，建设“一个世界”等。可见，新兴宗教也具有明显的爱国爱族爱教性质。所以在韩国，某个宗教的建立只要对社会环境和发展有利、没有负面影响，均得到国家的认可，允许它自然发展。

第二，关于儒学是否宗教的问题。因为撰写这一题目首先涉及或要求解决这个问题，不然就会出现意想不到的阻力，进而影响撰写效果，更是影响撰写计划的实施和完成。

在中国，关于儒学是否宗教的争论已经经历了一百多年。近代以来的思想家，如康有为、严复、陈焕章、夏曾佑、梁启超、章太炎、蔡元培、陈独秀等人曾就这个问题发生过争论。时至今日，人们仍然各抒己见，莫衷一是。唐君毅、牟宗三、钱穆、杜维明、刘述先等当代新儒学家认为，儒学是“人文的宗教”或“道德的宗教”①。当代著名美学家李泽厚认为，儒学不是宗教，但在历史上起过“准宗教”的作用②。著名大学者任继愈先生则一直坚持“儒学是宗教”的观点。中国著名国学大师季羡林先生曾经说过：“在孔子还活着的时候以及他死后相当长的一段时间，只能称之为‘儒学’，没有任何宗教色彩。”后来孔子被神化了，“到了唐代，儒、释、道三家就并称为三教。到了建圣庙，举行祭祀，儒家已完全成为一个宗教”③。李申著《中国儒教史》则系统全面地阐明了儒学即是宗教的观点。在中国学术界也有否定上述观点的学者。首先，冯友兰先生就持不同观点，他说：“信宗教的人，于不能自主之中，要求有一个主……儒家指出，不需要这个‘主’。”人的精神若达到儒家的高度，宗教就对他失去作用④。著名宗教学家牟钟鉴先生在《探索宗教》中认为，“儒学具有宗教性，但它不是宗教”⑤。除此之外，还有蔡尚思、郭齐勇等人也明确表示儒学不是宗教。在何克让、李国权两人合作的《儒教质疑》⑥和崔大华的《“儒教”辨》⑦，均反对儒学是宗教。据了解国内有很多学者不同意儒学是宗教的说法，认为中国历史上有过的“儒教”之“教”，是教化之“教”、名教之“教”、学说之“教”，而非宗教之“教”。他们认为真正意义上的宗教，是一种信仰的学说体系，有教主、教义、教规、经典，随其发展还会有教派，而这些儒学都不具备。且儒学不讲出世，不主张有一个来世的天国。

那么韩国学术界是何种状况呢？在这里，就韩国学术界关于“儒学是否宗教”的争论予以概括。可以说，在韩国学术界对此问题

① 郭齐勇：《当代新儒家对儒学宗教性问题的反思》，载《中国哲学史》，1991年第一期。

② 李泽厚：《再谈实用理性》，载《原道》第一辑，中国社会科学出版社，1994年。

③ 季羡林：《儒学？儒教？》，载《文史哲》1998年第三期。

④ 冯友兰：《中国哲学的底蕴精神》，载《冯友兰文选》，上海远东出版社，1994年，第448页。

⑤ 中央民族大学出版社，2008年，第244页。

⑥ 上海人民出版社，1999年。

⑦《哲学研究》1981年第1期。

同中国学术界一样也存在不同的看法。韩国儒学大家柳承国先生主张“儒教并非宗教教理，而是一套生活规范、伦理思想”[①]。他还认为，韩国儒教的主轴是孔子的人道主义精神。韩国另一位著名学者、成均馆前馆长崔根德则主张，“儒学是一种立足于现实，以人为中心的宗教”，它具有：尊圣人为万世师表；运用超越时空的大经大法，提示人类终极问题的解决点；实现个人及社会理想的一以贯之的信仰体系；四礼等一整套仪式；排斥异端的威严等特点[②]。韩国著名宗教理论学家尹以钦、首尔大学琴章泰教授等诸多教授均认为，在韩国儒学是宗教，是“伦理宗教”、“生活宗教”。

在韩国除了上述对立观点之外，还有学者持介于两者之间的观点。

我们认为，事物的存在与发展总有其根本原因的。造成上述各类不同观点的根本原因应到儒家思想体系本身当中去找。我们都知道，孔子是儒家的创始人，也是儒家宗教观的创建者。中国学者牟钟鉴说：孔子“并不废除宗教，他采取的是改良的态度，保留传统的天命论，但消除天神的人格特征，使之抽象化为命运之天、义利之天，又进一步限制天命的作用，把仁德修养、智慧积累、事业开拓放置在人的主观能动性支配之下，人生一定要尽人事，人事未尽，不可以言命。孔子还主张保留传统的宗教祭祀典制与活动，但不正面回答有无鬼神的问题，却要求人们对鬼神诚敬，以发挥神道的道德教化功能。孔子走了一条在信仰与不信仰之间的路，神道的形式，人道的立场，神道的手段，人道的目的”[③]。这就是说，儒教与宗法性传统宗教“确有交错的地方”，而且“儒家经典中的礼学，有很大一部分就是研究祭祀和丧礼的，它是传统宗教的理论基础”。可见，儒学本身具有两重性，既具有一定的宗教性，又具有非宗教性。日本学者加地神行在《何为儒教》一书中提到，儒教的宗教性在生死观与祭礼方面体现得淋漓尽致。他指出，“宗教中若除去伦理道德，

---

① 柳承国著，姜日天、朴光海等译：《韩国儒学与现代精神》，东方出版社，2008年，第103页。

② 《韩国儒学思想研究》卷首语，学苑出版社，1998年。

③ 牟钟鉴：《探索宗教》，中央民族大学出版社，2008年，第283页。

则还剩下什么？只会剩下生与死的问题……所谓宗教是解释死以及死后的问题”。并认为，“儒教是以招魂仪式这一东西古今都存在的咒术来构成的生命观，在解除人对死亡的恐惧和不安方面树立了很成功的范例”①。韩国学者崔英辰在“儒教的超越性与神观”中指出，“超越性才是宗教之所以成为宗教的本质所在”，“到目前为止，大部分学者认为儒教是世俗的伦理规范，缺乏超越性……但这不过是一面之词。儒教思想的定位点在于上帝、天、太极、理等超越性的存在……儒教超越性的世界的概念是神。神本来是天神、地祇、人鬼，即包括一切自然神和祖上神的概念。这种神的概念经过了多种变化过程，直到《周易》的十翼以及《中庸》才形成了表示超越性境地的概念”②。从中日韩学者的观点中可以了解到，他们在儒学是否宗教的问题上存在不同的观点是因为在儒家思想体系中自身的内容所造成的，就是说，不同的观点均可在儒家思想体系中找到其理论依据。

中国有学者以此为依据，主张“儒学儒教一体化”论。山东社会科学院刘宗贤和蔡德贵就主张，“儒学儒教一体化，儒学儒教是一而二，二而一的。儒学儒教一体化有利于在更大的范围内推广儒学”。他们认为，作为儒家始祖的孔子，在其思想中，既有“学”又有“教”，“关于孔子和其他儒家代表人物的‘学’似乎不用多说，所有学者都注意到了，而且其‘教’很多人是不承认的……事实上，孔子的思想中，确有宗教因素，不注意是不对的”。孔子说：“畏天命”、“不知命无以为君子”；孟子也认为，天命是人伦道德的根源；荀子承认上帝的存在，如说“星大降物，以示下民，或厚或薄，帝不齐物”。董仲舒为把儒学改造成儒教、建立中国的宗教尽了巨大的努力。他试图建立起“天”的绝对权威，要建立神权与王权的联系，而用尽了毕生的精力。韩愈作为儒家学者也承认“上天临临”，“天地神祇，照布森列，非可诬也”，他甚至相信鬼神、妖怪的存在。那

---

① 崔英辰著，邢丽菊译：《韩国儒学思想研究》，东方出版社，2008 年，第 424 页。

② 崔英辰：《易传中神的问题》，载《公洲师范大学论文集》第 21 辑，1983 年，第 171—176 页。

么在朱熹思想中有没有宗教性的内容存在呢？他是儒、释、道三教合一的思想家，这是众所周知的。可以说，不管是在儒家学者的思想中还是在儒家经典中确确实实地存在宗教性因素。

综上所述，在"儒教是否宗教"的问题上，之所以存在严重分歧是由儒家思想体系本身造成的，这应该是问题的主要方面。在这一问题上，在中国和韩国均存在十分相似的状况，但细分析起来也有很大的不同。如中国学界在这一问题上，持"儒教是宗教"的观点并不多，但在韩国学界则是另外一种情况，主张"儒学是宗教"的观点不是少数，而是多数。这是由不同国度、不同民族、不同历史、不同思维、不同认识等综合作用的必然结果。

韩国大部分学者认为，儒教作为宗教没有超越的信仰对象，一个神或上帝；也没有预设天堂和地狱；也不讲前生和来世；更没有涉及超验的灵魂救助问题。但它有明确的原理，为人们的健全生活提供了精神规范，更有宗教经典，在韩国社会儒教信徒组成了有体系的组织，且具相当规模。设有特定的宗教场所，如成均馆、文庙及其各类乡校等，并定期举办相关仪式和活动。据 1999 年韩国儒教团体统计，韩国有儒教教堂 730 所、教职人员 31833 人、信徒 6004470 人，在佛教、基督教之后居第三位。另据韩国文化观光部《韩国宗教现况（2002）》统计，到 2002 年 7 月止，有儒教财团法人 17 个，社团法人 4 个，信徒 600 万人，全国乡校 730（包括私塾）所。同时，韩国儒教信徒团体有儒道会、青年儒林会、妇女儒林会、儒教学会等。出版定期刊物 3 种。按照这些统计，韩国儒教似乎弱于佛教、基督教，乃至天主教。其实不然。据首尔大学尹以钦教授调查，实际上在回答"无宗教信仰"的人当中，91%是生活在儒教信念体系影响之下的"实践性儒教人"。这就是说，儒教价值已经成为一般民众生活的精神支柱。1985 年 1 月成立的儒教学会是韩国儒学界的权威学会。在其《儒教学会报》创刊号中，明确提出了儒教现代化的四大原则，即儒教宗教化、孔孟化、韩国化、大众化。同时，学会开展实践研究、定期召开学术会议、进行道义巡回讲演、举行儒教经典讲读会等活动。还有不少学会和纪念事业会，如孔子学会、礼学会、周易学会、李谷学会、艮斋学会等，积极开展学术研究活动。特别是退溪学研究院、高峰学术院、圃隐思想研究院、河西纪念会、南冥研究会等团体，结合实际积极开展有关历史人物的思想研究，活动频繁，成果显著，卓有成效。另外，韩国儒教在美国和日本等地还设有海外支部和儒教团体。纽约的明伦学会已在美国宗教团体登记注册十多年，与中国儒学相关团体的学术文化交流也极为频繁。

总而言之，在韩国儒教同中国儒学是存在一定区别的，不能完全等同起来。我们认为，儒学在中国是“学”，不是“教”；而在韩国正好相反，在韩国儒学是“教”，不是“学”。因此，韩国政府颁布的《传统寺院管理保护法》（第 3974 号）、《传统寺院管理法实施令》（总统令第 1245 号）、《乡校财产法》（法律第 1930 号）、《乡校财产法实施令》（总统令第 65143 号）、《宗教法人法》、《文物保护法》等，均说明韩国政府也认为“儒学是宗教”。

在上述两个问题上要得到大多数学者的默认或充分肯定，就像在“半空中盖房子”一样是不可能的。期待能够引起大多数学者的重视和深入思考。

第一章

中韩原始宗教思想比较研究

世界上宗教种类繁多。它们当中，既有多神崇拜、精灵崇拜和图腾崇拜的原始宗教，也有教义系统、组织和制度严密的世界宗教。只有进行科学分类，才能更好地进行深入了解和研究。但是根据什么标准对宗教加以分类，又是一个比较复杂的问题。西方学术界的分类法及其标准很多，有的按地域、人种和语言划分，有的依据哲学体系、外部形态或组织制度进行分类。目前，我国学术界比较公认的分类法是依照宗教自身发生、发展和演变过程，以及宗教产生的影响和范围，把千差万别的宗教分为三大类，即原始宗教、古代宗教和世界宗教。

原始宗教是古老的原始社会中自发产生的宗教，是指精确意义上的宗教的最初形态。它开始出现于公元前 3 万年至前 1 万年的中石器时代。宗教学界比较公认的观点是距今 3 万年前的“尼安德特人”时代。尼安德特人是古人类化石之一，因 1856 年在德国杜基尔夫尼安德特河附近的洞穴中被发现而命名。

第一节　中国原始宗教及其思想

在《中国大百科全书》宗教卷“中国原始宗教和古代宗教”条

目中把中国原始宗教的一些形式概括为丧葬仪礼与鬼魂崇拜及自然崇拜。在“丧葬仪礼与鬼神崇拜”词条中对鬼魂崇拜、祖先崇拜作了阐释；在“自然崇拜”词条中对风雨、雷电、社祀与土地、山岳河川、植物崇拜、动物崇拜、天体崇拜等条目作了阐释①。

黄厚明教授在《广西民族研究》2003 年第 2 期撰文对原始宗教形态进行论证后认为，原始宗教形态是一个具有逻辑关系的整体，“在共时性和历时性的结构中，以自然崇拜——图腾崇拜——祖先崇拜——至上神崇拜的逻辑顺序发生”。我认为黄厚明教授的观点比较客观地、历史地反映了原始宗教发展的逻辑顺序。

一、原始宗教的表现形式

（一）基本形式

1. 自然崇拜

原始社会时期，人们对自然界的许多现象，如天体、大地、日月、星辰、名山、大川、雷电、风雨等加以神化并崇拜，这是一种普遍现象，因而产生大自然崇拜。

（1）在自然崇拜中，对太阳和月亮的崇拜最为普遍。太阳与人类生活的关系密切，它给人们带来热和光源，因而人们崇拜它。中国古代就盛行过日神崇拜，甚至把日神作为百神之主。生活在中国北方的鄂伦春族称太阳为“得勒钦”，每月正月初一都要跪拜祷告，祈求赐福。

（2）对风神、雨神、雷神的崇拜也较普遍。原始人栖山林、居洞穴，风、雨、雷、电对人们的日常生活影响很大。加之，风、雨、雷、电这些现象变化莫测，使人们对这些自然现象产生敬畏、依赖和神秘感，因而加以神化。

（3）是对土地的崇拜。这是因为原始人看到万物都生长在土地上。人类进入农耕时代以后，土地成了人们生产、生活的必要条件。没有土地人们就不能生活。所以祭“地母”在中国乃至世界各地十

① 《中国大百科全书》宗教卷，中国大百科全书出版社，1988 年。

分普遍。我国很早就有关于祭祀土地的记载，如《礼记·郊特牲》上说："地载万物，天垂象，取材于地，取法于天，是以尊天而亲地也。"指出了崇拜土地的原因。祭祀土地的形式各式各样。新中国成立前，中国云南巍山一带的彝族，每逢农历二月撒播时祭地母，以腊肉、猪心、酒饭为祭品，焚香祈祷，然后撒祭品于田中。祭毕才下种。

(4) 对大自然的崇拜，还表现为对山神、石神的崇拜。山峰之成为崇拜对象，是由于它雄伟、高大，而有些山则奇形怪状，给人以联想和猜测。例如，中国云南沧源县的佤族人把当地最大的山——公明山看成是最大的神。在他们看来，山是山神的化身，山有撑天之力。云南小凉山地区的彝族，每逢农历二月初八、六月二十五、腊月三十日祭山神。

对石神的崇拜，在中国也十分普遍。1949 年以前云南有些地区的彝族，每逢农历十月都要祭石神，主要是在村寨旁垒三块巨石为石神。有的地区是在年三十晚上，村民奉上三碗饭、一碗酒，进行祭祀。祭者对着石头烧纸、烧香、磕头，并将纸钱贴在头和身上。初一、初二还要用糯米糍粑去供奉石神。目的是求得阖家平安。云南峨山县太和村的彝族认为，石神主宰人们生儿育女，祭石的目的就在于促进生育。其祭法是：在农历二月第一个属牛日，祭"米夏哈"（龙）时，于两棵"龙树"前各置椭圆形的石头一块；祭龙时也祭石，以鸡、猪为祭品，连祭三天；其中在第二天，由两个已婚但未生育的男青年各抱一石，围绕龙树旋转，其他青年往他们身上泼水，目的是求石神保佑他们人丁兴旺。

2. 动植物崇拜

动植物崇拜是狩猎经济与农耕采集经济在宗教意识上的反映。

原始人在相当长的一个时期内以猎取动物为生，动物是他们赖以生存的必要条件，以致动物终于成为原始人的崇拜对象。马克思说："人在自己的发展中得到其他实体的支持，但这些实体不是高级实体，不是天使，而是低级的实体，是动物，因此就产生了动物崇拜。”① 中国古代曾盛行动物崇拜，对此，《山海经》中就有许多记载和反映。书中把所有的神灵，不管是历史传说人物，还是地区神灵，都描绘成与动物有关。例如，《南山经》中记载的神灵都与鸟、龙有关，“其神皆为鸟身”，或“龙身而鸟首”，或“龙身而人面”；《西山经》中记载的神灵都与马、牛、虎、豹有关，其形状多为“人面马首”、“人面牛身”或“羊身人面”；《北山经》中所提到的神灵都与蛇、猪、马有关系。《山海经》中的这些记载，反映了动物与当时人们生活、生产的密切关系，同时也反映了人们对动物因未知而产生的神秘感、依赖感。

在对动物的崇拜中，尤以对牛的崇拜最为普遍。新中国成立前，生活在中国海南岛的黎族崇拜牛神，认为牛和人一样有灵魂，家家户户都珍藏一块称为“牛魂”的宝石，每逢三月、七月、十月，主人要给牛喝一种用“牛魂石”淹泡过的酒，以表示报答并进行祈祷。给牛灌酒时，牛主人持剑蹲在牛前念咒语祭告山鬼，事后到深山去牧牛。有些地区由此进一步形成了牛的节日（3 月 8 日）。崇拜牛在很大程度上是由于牛在农耕中的地位和作用。

植物崇拜的种类也很多，但以农作物最为常见。中国的瑶族、布朗族、景颇族和佤族崇拜“谷魂”、“谷神”。壮族地区崇拜禾神，农家常于厨房角落挂几束稻穗或玉米花，认为如此方能获得丰收。播种时，往往以少量的谷种或花生撒于路旁，祈求禾神让禾苗长得整齐。农作物生长期间，还集体举行“祭青苗”仪式，以猪、酒供祭于村外，由老人率领，大家唱《和衣歌》。

除农作物以外，植物崇拜中常见的还有祭树种，视大树为神。中国的福建、台湾一带有“大树公”崇拜，一旦一棵树树龄较长或长得比较高大时，当地居民就要把它当做神木，不但不敢随便砍伐，还要向它烧香、献祭。在云南佤族地区砍伐树做木鼓时，要选好树，而且要射击两枪把树魂赶走，然后才能砍伐。

3. 祖先崇拜

祖先崇拜是以灵魂崇拜为基础的，更准确地说，是以鬼魂崇拜

① 《马克思恩格斯全集》第 27 卷，第 63 页。

为基础的。在原始人看来，灵魂与灵魂观念是有差别的。灵魂与肉体结合在一起，只有做梦或生病时才离开肉体，它与人没有多大利害关系，因而不能成为崇拜对象。鬼魂则不同，它在人死后将离开人的肉体。这种灵魂既可保护人也可加害于人，因此成为崇拜对象。在鬼魂崇拜的基础上，人们进一步把同自己有血缘关系的祖先的灵魂，特别是对本氏族、部落有重大贡献的氏族、部落首领的亡灵，看成是本部族的守护神，并对它加以崇拜。这就形成了原始宗教的祖先崇拜。

祖先崇拜在原始宗教中占有重要地位。中国有不少民族，祖先崇拜往往是它们原始宗教中最重要的表现形式。例如，祭祖是汉民族古代宗教中的主要形式；在鄂伦春族、彝族、壮族、黎族、傣族、高山族等少数民族地区，祖先崇拜至今仍是他们的主要崇拜形式。

祖先神一般被认为是善神，它能保护本部落、本民族人丁兴旺，事业成功。壮族的祖先崇拜中最原始的有石祖和“白马三姑”崇拜。中国广西考古发掘中曾有几具石祖，据鉴定属于新石器时代，石祖上有男性生殖器的形象。“白马三姑”又称“白马姑娘”，有祠祀，每隔数年必请巫师跳神，连续几昼夜，叫做“调白马”。据推测是母系氏族社会祖先崇拜的遗迹。

西双版纳的傣族，把村寨称为“曼”，有共同血缘关系或历史关系的许多村寨组成一片地区，称为“勐”。“曼”的守护神称为“丢拉曼”；“勐”的守护神称为“丢拉勐”。这些守护神都是由祖先灵魂转化而来。中国高山族中的泰耶尔人、朱欧人、排湾人等认为，亲族中的死者灵魂会保护、照顾亲人，因此人死后大都将死者埋于屋檐下。

4. 图腾崇拜

图腾崇拜是自然崇拜和祖先崇拜结合在一起的一种原始宗教的崇拜形式。“图腾”一词源于美洲印第安人“鄂吉布瓦人”的方言，意为“他的族类”、“他的亲属”。原始社会的基本社会单位是氏族集团。以血缘关系为纽带的各个氏族集团在追溯自己祖先时，往往想象自然界某一个动植物是自己的祖先。这些动植物就是他们的图腾，因此要保护、崇拜。

图腾崇拜在原始社会中也是一种普遍现象。中国古代图腾崇拜很盛行。《纲鉴》中记载，黄帝“国于有熊，故号有熊氏”，大概因为黄帝是一个崇拜熊图腾氏族的酋长。又如《毛诗·商颂》中关于“天命玄鸟，降而生商”的记载，也许是出自商部族图腾崇拜的传说。

在中国少数民族地区尤以龙崇拜最为普遍。有些图腾崇拜常常与古代传说融为一体，例如珞巴族的崩尼部落神话传说中，就带有图腾崇拜的色彩，他们以虎和刀为图腾。布朗族以竹篾和蛤蟆为图腾，还有一部分布朗人以竹鼠为崇拜对象，认为竹鼠代表祖先的魂灵。出洞的竹鼠不能打，要远远地避开它，否则亲人就要死掉。总之，在原始社会的采集、狩猎、雕刻、音乐、舞蹈等各方面，都留有图腾崇拜的痕迹。

(二) 其他表现形式

原始宗教的表现形式，除了上述四种以外，还有女始祖和女阴崇拜、“且”崇拜和男性始祖崇拜、鬼魂崇拜、巫师崇拜和精灵崇拜等。这些也是原始时代母系氏族和父系氏族时期宗教的表现形式。

女始祖崇拜是图腾崇拜的发展形式，是社会生产力进一步发展的产物。进入氏族社会以后，原始人支配自然的能力比氏族形成以前提高得多了，妇女在氏族经济生活中占有重要地位，自然受到尊敬。同时，子女是母亲所生这一生理现象也是有目共睹的，氏族人口的增加要靠妇女的生育能力，所以，开始注意女性在繁衍氏族中的作用，从而幻想出始祖与图腾动植物感触或婚配而繁衍人类的神话。如中国古籍中载，炎帝族的女始祖女登遇龙而生炎帝（《帝王世纪》）；黄帝族的女始祖附宝见电光感生黄帝（《竹书纪年》）；尧族的女祖庆都与龙交而生尧，等等。民族学在这方面提供的资料也是相当丰富的。比如中国傈僳族的“拉扒”氏族，相传是由女始祖与虎婚配而生；“括扒”氏族是由女始祖食荞麦而生；“弥扒”氏族相传是由女始祖与猴婚配而生等。这样，女始祖也就作为氏族的保护者成为与图腾崇拜并存的崇拜对象。

与女性祖先崇拜相伴而生的是对女性生殖器的崇拜。女阴崇拜实质上是和“女神”在同一意义上的崇拜，是“女神”崇拜的发展形式，其不同之点在于，女阴崇拜的表现形式不一定是完整的妇女形象，而是“女阴”本身，并且可以作为象征性的东西来表示。在中国民族学资料上，女阴常以象征性的石穴、岩洞、洼地等来表示。比如 1949 年以前贵州省就有一部分苗族拜石求子；云南省白族妇女以剑川石窟的“啊盎白”（女阴石雕）为求子对象；中国四川省盐源有一称作“打尔窝”的石洞，当地纳西族妇女视作“女阴”，往洞中投石求子；中国永宁纳西族把当地干木山麓的洼地视为女神的生殖器而膜拜求子；云南佤族把一个叫司岗里的岩洞叫“出人洞”，传说佤、拉祜、傣等族皆此洞出生，此洞显然是女阴的象征。新石器时代特别是中、晚期的考古发掘中，也发现有突出女性生殖器官和妇女特征的“女神”雕塑像。如中国辽宁省喀左县东山嘴遗址的“女神”雕像，有超比例的硕大乳房和小腹等，即女阴崇拜的一种表现形式。

女阴崇拜和女性祖先崇拜的含义不完全相同。女祖先崇拜是对氏族血缘关系的崇拜，女阴崇拜是对妇女神秘生殖能力的崇拜，是女性祖先崇拜的思想基础。

母系氏族过渡到父系氏族社会之后，男子成为社会和家庭的中心人物，作为家长有权支配家庭成员。世系计算按父系血缘关系确定。此时人类支配自然的能力大大提高。以父权制为主体的氏族社会反映在宗教观念上，首先是对男性生殖器“且”的崇拜。

作为男性生殖器象征符号的“且”，为汉字“祖”的古体，因此也称作“祖”。“祖”有人造的十分形象的“陶祖”、“石祖”和“木祖”，也有把象征性的天然石头、石柱、山冈等作为石祖来崇拜。如四川木里县俄亚乡的摩梭人，把该地一岩洞中的钟乳石作为石祖以祭祀求子；云南西双版纳曼贺山上的一个石柱，当地傣族视为石祖，认为是妇女与它接触才繁衍了人类；云南宁蒗县永宁波的纳西族，以村后的石冈为石祖，妇女不孕即向此山冈祭拜求子。考古学资料表明，到了新石器时代中晚期，世界各地普遍出现陶祖和石祖，中国陕西、河南、山西、甘肃、湖南、湖北、广西、新疆、辽宁等地出土的陶祖为数较多。这说明“且”崇拜作为父系氏族社会建立的思想基础，与男性祖先崇拜有内在的联系。

且崇拜与女阴崇拜一样，基本上是一种祈求人类繁衍的宗教信仰，是对生育力的崇拜。“且”崇拜是男性祖先崇拜的思想基础。值得注意的是，这时的且崇拜与女阴崇拜是结合的。据中国有关文献的记载，民间流传的“乞子石”①、“鸳鸯石”② 等崇拜都是男女两性生殖器的结合崇拜，确定了男性在生育中的重要作用。不仅如此，在两性结合的崇拜中，认为男性居于主导地位。这可以从青海柳湾出土的人形壶上的裸体雕像看得一清二楚。该雕像是一个“两性同体”的男子像，它表示男子在繁衍后代上的“决定作用”。

男性祖先崇拜是父权制在宗教观念上的反映。家长的绝对权威以及家长与子女祸福关系的血缘亲情，赋予了男性祖先不可一世的超自然力，它在全世界范围内都是最主要的崇拜形式之一。在中国尤其发达。中国最古的文献甲骨文就突出地反映了祖宗神的崇高地位。如商王每事必卜，求祖宗指示，给予保护。中国南方各民族如彝族、壮族、苗族、瑶族、畲族等至今仍盛行祖先崇拜，视祖先为最可靠的保护神。

（三）萨满教

萨满教是中国古代北方民族信仰的最主要的原始宗教。中国古代的北方民族肃慎、挹娄、勿吉、靺鞨、渤海、女真、匈奴、乌桓、鲜卑、柔然、契丹、突厥、高车、回鹘等皆信仰萨满教，有关他们的宗教活动记载相当多。如果从现代民族往上追溯的话，公元七八世纪以前的维吾尔、哈萨克、柯尔克孜等族先民，公元 13 世纪以前的蒙古族，公元 17 世纪以前的满族、锡伯族先民以及 1949 年前的赫哲、鄂伦春，鄂温克、达斡尔等族，都曾普遍信仰过萨满教。萨满教是一种原始宗教，所以在前面阐释的原始宗教的主要形式在萨满教中都存在。

1. 自然崇拜

（1）山神：中国北方的阿尔泰语系各民族的祖先，自古以来就繁衍生息在西起天山、阿尔泰山，东到内外兴安岭、长白山直到鄂

① 《太平寰宇记》卷 76，《太平御览》卷 52 郡国志。

② 《南越随笔》卷 3。

霍次克海上库页岛的广大地域。这里山脉纵横，河流交错，森林密布，野生动植物资源丰富，气候寒冷。在这种环境中，萨满教中出现了与之相适应的自然崇拜对象，如山神。鄂伦春族、鄂温克族、达斡尔族猎民至今遇到奇异的山峰、悬崖、山洞或古老的大树，都认为是山神栖息之地。规定路过时不准大声吵闹，不得说不敬的话语，以免触犯神灵。同时还要叩拜祷告，祈求山神保佑狩猎平安和获得丰收。蒙古族拜山神习俗也由来已久。蒙古族祭"敖包"，最初就是祭山神的地方，后来演变成为对天、地、风、雨、山、河、马、牛、羊等各种自然界神灵崇拜的场所。中国东北满族崇拜长白山神。

（2）火神：鄂伦春、鄂温克、达斡尔、蒙古、哈萨克、柯尔克孜等族，都把火视为神圣、圣洁的象征，认为它有祛病除灾的能力。如远方客人来到病人家，必须在进门时跨过火，以免给家人带来不幸；牲畜出现病疫，则在畜圈四周燃起火，使牲畜从中穿过，以示驱赶病魔；青年男女结婚时，要进行绕火、越火，进屋后以黄油或牛羊油浇点灶火等仪式，以祈求幸福的新生活。鄂伦春族人传说，以前有个小孩被火烫着了手，他母亲一气之下用猎刀捣火，结果当天晚上点不着这火。第二天迁到新住地，仍然点不着这火。她无可奈何地回到原来住地一看，正在燃烧着一堆熊熊的篝火，火边坐着一位老太婆，满脸都是血。这时她才恍然大悟，原来她刺伤和触怒了火神，便跪下向火神求饶，得到火神的宽恕后才重新生着了火。这个传说是要告诫人们，火神万万触犯不得。成吉思汗时代蒙古各部的贡品必须从火上燎过，才能送进宫廷。元代外国使节晋谒皇帝，也要从两堆火中走过，认为这样可以消除其可能带来的灾祸。

树神：哈萨克族对独棵的树特别惧怕，认为内中藏有鬼神。人们不敢在这种树下休息，不准砍这种树的树枝，附近的人若有病灾，要在这棵树上挂彩色布条，以祈求鬼神的宽恕。

2. 动物崇拜

中国的阿尔泰语系各民族乃至包括西伯利亚各民族，一直以来多以狩猎或畜牧业为生，故其动物崇拜有着突出的地位。熊崇拜是一种比较普遍的现象。而老虎是对人威胁最大的一种猛兽，人们既惧怕它，又讨好它，往往不敢直呼其名，如鄂伦春族称它为"安巴"

（兽王），猎民除非不得已而自卫，一般不招惹他。狐狸和鼬鼠也是其崇拜对象，鄂伦春族相信成精的狐狸能够作祟，使人得疾病乃至死亡，因而供奉它。哈萨克族对猎获的黑色或白色狐狸皮，一般不做衣冒用，而是很郑重地加以保存，每年在一定的季节拿出来挂在房顶上。人们普遍认为，谁家拥有黑、白两色狐皮，谁家就会受到尊重。天山地区白天鹅很多，哈萨克族把它当做神鸟，猎获白天鹅后，常把鹅皮剥下来挂在房屋或帐房的梁上，以保佑合家平安，一说"哈萨克"一词就是白天鹅之意。此外，鄂伦春族、鄂温克族、达斡尔族所供奉的古老的神的偶像中，还有狼、猫、刺猬、乌鸦、杜鹃、布谷鸟等，赫哲族还有马神、狗神、猪神、野猪神、鹰神以及鱼神等。

3. 图腾崇拜

有过萨满教信仰的阿尔泰语系各民族中，图腾崇拜有的至今还保留着。我国东北地区的满—通古斯语族各民族崇拜熊图腾比较普遍。关于鄂伦春族崇拜熊图腾的来源有一则故事：传说很早很早以前，有一个猎人突然被一头母熊抓去，把他关在一个山洞里，为了不让他逃跑，母熊每次出去时都用大石头把洞口堵得死死的。这样过了几年的洞居生活之后，母熊生了个小崽，从此以后，母熊逐渐放松了对猎人的警惕。一天，母熊领着小熊外出觅食时忘了堵洞口，猎人便乘机钻出洞来，并用飞快的速度往江边逃去。这时正巧碰上一个放木排的，猎人便招呼他靠岸，搭上木排顺流而去了。傍晚，母熊同小熊觅食归来，一看忘了堵洞口，便知大事不好，进去一看，洞里空空的。母熊又惊又怒，便带着小熊顺着猎人的脚印急速追赶，到江边一看，只留下木排的痕迹，猎人已无影无踪了。于是又沿着江边往下追去，追了好久，才见到木排。仔细一瞧，猎人正在上面。母熊一面招手，一面喊道："你怎么走了，快回来吧！"猎人置之不理。母熊气愤极了，无可奈何地说："你既不愿回来，咱们只好你一半我一半了。"说着，一把抓起小熊，唰的一下撕成两半，把一半向猎人扔了过去，而自己抱着另一半号啕大哭。就这样，随母的一半成了熊，而随父的一半则成了鄂伦春族人。

这个传说的一些情节显然是荒唐的，但却说明，在鄂伦春族的心目中，熊和鄂伦春族是有着血缘关系的，他们认为自己是熊的后裔。

在满族中，曾盛传清朝统治者的始祖不库哩雍顺为天女佛库伦吞神鹊所衔朱果而生，故人们均以鹊为神，从不加害。满族对狗也特别有感情，有相沿不准杀狗、食狗和使用狗皮的遗风，这些都可被认为是某些氏族曾将鹊、狗作为图腾崇拜的遗迹。

在内蒙古自治区陈巴尔虎旗鄂温克苏木（区）的鄂温克族中，每一个氏族都有自己的“嘎勒布勒”。“嘎勒布勒”是鄂温克语，意思是“根子”或“起源”，也就是以各种动植物或其他无生物为标记的始祖图腾。人们认为自己的氏族是由该物起源而来的，于是该物便被视为自己的祖先。如纳乌纳基尔氏族的“嘎勒布勒”是一种名叫“奥腾”的灰色长脖水鸟；西拉纳妹他氏族的“嘎勒布勒”是一种名叫“哈伊嘎斯”的全身黑、头顶白的鸟；造鲁套特氏族的“嘎勒布勒”是鹰；额乌特巴亚基尔氏族的“嘎勒布勒”是天鹅；杜拉尔氏族的“嘎勒布勒”是一座名叫“给连恩道勒”的山。这里的人们不仅尊敬自己氏族的图腾，而且也尊敬图腾动物。对图腾动物不仅本氏族人不得伤害，而且也不允许外族人伤害。并且，这里的鄂温克族男子，凡是在饮酒时看见本氏族的图腾动物从天上飞过，必须向它以酒致敬；若是女人在挤奶时看到本氏族的图腾动物从天上飞过，则要向其挥洒奶子，嘴里还发出“哟！哟！”的呼喊声，以示敬意。

还有以动植物及其他无生物物质作为氏族名称的现象。例如，新中国成立以前赫哲族的每一个氏族都有自己的名称，而这些名称有的是因氏族居住的地方而得名，也有的是以某种动植物或其他无生物命名的。现黑龙江省饶河县西林子乡中赫哲族姓傅的，赫哲语原意为“旱柳”；姓胡的，赫哲语原称“马林卡”，意为虎；姓黄的，赫哲语原为“朝日朝恩克”，意为黄鼠狼。这些很可能都与远古时期氏族图腾有关。

4. 祖先崇拜

祖先崇拜是在图腾崇拜的基础上发展起来的。当图腾崇拜伴随着氏族公社走下坡路的时候，祖先崇拜即出现了。

祖先崇拜与自然崇拜、图腾崇拜的不同之处，在于这时人们有了复杂的鬼魂观念。在中国曾经信仰过萨满教的阿尔泰语系诸民族中，鬼魂观念普遍存在。例如，按哈萨克族习俗当家属为死去的亲人痛哭时，旁边的亲友就会前来劝慰说："不要哭了，他的'扎纳'（指灵魂）要回去了，有什么办法呢?"也就是说，他们认为人死只是肉体生命的结束，而灵魂是永远活着的。

鄂伦春族、鄂温克族、达斡尔族都把人的灵魂所生活的世界称作"伊尔木汉"。在民间流传有许多描述"伊尔木汉"的传说故事。其中，"尼桑萨满"就是流传很广的一个故事。

《尼桑萨满》的故事，又称《尼桑萨满传》，在中国东北鄂伦春族、鄂温克族、达斡尔族、赫哲族和满族中广为流传。虽然各民族中传说的情节略有出入，但故事的主旨、中心内容却大体相同。传说在很早很早以前，有一名年轻的猎手在行猎途中突然得了急病而不幸身亡，他的父亲悲痛欲绝，请求一位法术高超的女萨满尼桑予以挽救。尼桑萨满急人之所急，施展本领，让自己的神灵前往阴间，把死者的灵魂领了回来。青年猎手终于起死回生，尼桑萨满也因此而远近闻名。关于这个动人的故事，除了有各民族时代相继的口头传说外，以前还有多种满文的抄本流传。

赫哲族认为人有三个灵魂：第一个称"奥荣"，即生命的灵魂，人与动物都有，人死后它就离开了人的肉体；第二个称"哈尼"，即思想的灵魂，它能暂时离开人的肉体，还能与别的灵魂发生关系；第三个称"法杨库"，即转生的灵魂，人死后它即离开人的肉体，它具有创造来世的能力。人死后第一个灵魂消失了；第二个灵魂仍存在，待到死者百日或周年时，请萨满将其送入阴间，这样，它在天堂、人间、地狱三界，就变成了一个新鬼；第三个灵魂是使其再转生为新的人或动物。这也就是萨满教的轮回说：好人死后仍变为人，父子相互更替不绝；差者变为家畜；恶人则变成蒿秆的疙瘩，永远不能再投胎为人。

鬼魂崇拜导致了丧葬仪式的盛行。中国信仰萨满教的北方阿尔泰语系各民族，对死者的葬礼是非常隆重的。病人断气后，首先要梳洗更衣，给死者穿上生前最好的衣服和新准备好的寿衣，将死者尸体安放在室内，谓之停灵。同时，通知本氏族亲族、死者母方亲属以及生前友好前来与遗体告别。晚辈要磕头哭丧，守灵者也要陪哭。停灵期间每日皆要向死者供祭酒肉食点。择日期出殡时，由其亲属与生前友好送葬，还要请萨满举行送魂仪式。鄂伦春族送葬，是由萨满扎一草人，上系多条线，死者子女每人拉一条，向死者祷告，求其鬼魂勿留恋亲属，尽快到阴间世界去。然后由萨满用法器将线打断，把草人扔出二三十步外，以示死者的灵魂远离而去。赫哲族送魂仪式多在亡者周年进行，做一木头人，供以酒、果之类，请萨满跳神。第三天晚上，由萨满连射三箭，给死者指引其灵魂要去的方向。另有一位老人手举萨满送魂用的神鹰偶体，认为凭它即可护送死者鬼魂安全到达阴间世界。

戴孝，是丧葬活动的一项重要内容。如达斡尔族死者的妻子亚欧为亡夫服孝三年。第一年的孝服是白长袍，第二、第三年为黑素长袍。三年内不得改嫁。晚辈要服孝三个月，男子要扎白布孝带，女子头结白布孝带。服孝者不得理发，不得参加婚礼和娱乐活动。

中国北方信仰萨满教的各民族曾长期过着游猎生活，因而长期盛行风葬和火葬。一些民族由游牧走向定居以后，已逐渐由风葬改为土葬。

上述丧葬仪式也是祖先崇拜的一种普遍的表现形式。但是，必须指出，对每一个死者都举行丧葬仪式，并不意味着把每一个死者都奉为神灵。奉为神灵的只是被称为氏族祖先的神。

鄂伦春族、鄂温克族、达斡尔族中，每个氏族都有本氏族的祖先神，他们称作“阿娇鲁·博如坎”。“阿娇鲁”直译为根子、祖先之意；“博如坎”即神的意思。“阿娇鲁”神是保护神，一般情况下不危害于人，且能免除灾害。萨满就是这种祖先神的“使者”和代言人。按照鄂伦春族、鄂温克族的解释，他们的祖先神是由被雷击而死先人的灵魂形成的。他们认为，被雷击死是天意，其灵魂被供为神也是必然的。

萨满教的宇宙观看起来很朴素，但实际上是比较繁杂的。概括地说，它认为整个宇宙有上、中、下三界：上界在天上，为神灵的居所；中界即人间，为人类的居所；下界为阴间，是鬼魂和祖先的居所。上界的天又分若干层，通常是七层，最高神主居于最上层，其余诸神居于以下各层；下界亦分为若干层（有三层和七层之说），由祖先神和大小鬼魂分别居住。萨满教还认为宇宙万物、人世祸福皆由鬼神主宰，神灵专管消灾赐福，鬼魔专门从事作祟、布祸。氏族神为保护族人，特在氏族内选派自己的代理人和替身——萨满，并赋予其特殊品格以通神，为本族消灾求福。

二、原始宗教的思想特点及作用

综上所述，中国原始宗教的表现形式是非常丰富的。概括起来中国原始宗教具有以下特点：

（1）自发性。这些原始宗教崇拜都是在全体氏族成员间自然形成的，并不是某个人或集团出于某种目的有计划地创造出来的，因此这种宗教又称为“自发宗教”。

（2）氏族性。无论是祖先崇拜，还是图腾崇拜，或者动植物崇拜，都是以血缘关系为纽带的整个氏族的崇拜，即它不是个别人的崇拜，而是集体的崇拜。

（3）地域性。地理环境对原始宗教的内容与形式都有很大的影响。各种崇拜对象常常带有生活环境的烙印，具体表现为居山祭山，如崇拜野兽；居海祭海，如崇拜龙、龟；居乡祭土地，如崇拜禾神、谷神，等等。

（4）功利性。一般说，原始宗教的根本目的是为了满足现实生活的需要。原始宗教的崇拜对象，往往与原始人的日常生活有密切的联系，出于对崇拜对象的依赖，进而把它神化，祈求得到它的恩赐与帮助，这是原始宗教多种崇拜形式的共同特点。因此，原始宗教具有功利性质。

此外，原始宗教还有全民性、制度性等特点。这些特点的形成，归根结底，是由原始时代氏族制度和社会经济条件决定的。而原始宗教一旦形成，又会反过来对氏族制度和社会经济、文化、道德生活等方面产生深刻的影响。

首先，它促进了氏族的形成和巩固。这一点，祖先崇拜和图腾崇拜表现得尤为明显。图腾崇拜禁杀、禁吃动植物的禁忌，实际上是在加深氏族的血缘观念，而隆重的图腾仪式则有利于增强氏族的团结，整饬组织纪律，成为巩固氏族制度的有力工具。祖先崇拜是血缘观念的维系者，而血缘观念始终是部落、部族联盟乃至民族联合形成的心理基础，所以它也是人们共同体形成的纽带。恩格斯说："血缘关系是联盟的真实基础。"中国古代尧、舜、禹联盟就是这种以血缘亲属为基础的部落大联合，并在此基础上逐步融合其他部落而形成汉民族的雏形，所以血缘观念也是形成民族心理素质的重要源泉之一，这是祖先崇拜在历史上不可忽视的一个重要作用。当然，祖先崇拜所具有的较浓厚的排他性，往往又成为不同血缘部落联盟的障碍，有时还导致不同血缘部族之间的纷争和械斗，这是祖先崇拜的消极方面。

其次，原始宗教的祭祀和巫术等，在原始人无力同自然与野兽抗争时，能起到增强信心、鼓舞斗志的作用。原始人在一定宗教观念的支配下产生的信心、耐力和勇气，也会为他们的成功增加一些机会。当然，蕴藏在这种宗教观念背后的依赖及侥幸心理，有时又成为他们进行生产技术探索的障碍，而原始宗教中的诸多禁忌，有时也极大地妨碍了他们的生产活动，从而对经济的发展起到消极的作用。

第三，原始宗教对原始人的道德生活有着显著影响。原始宗教的习惯规范往往具有全氏族道德规范的意义，有些原始宗教的习惯规范具有调整氏族社会人与人关系的重要作用。例如，在原始社会图腾崇拜的观念就成为维护族外婚、禁食图腾动植物等道德行为的自觉力量。另外，有些原始宗教对于违反社会公德如偷盗等行为的"神判"，在维护社会秩序和氏族制度方面具有很大的约束力。

第四，原始宗教对氏族社会文化习俗的影响也是不容忽视的。例如，属于艺术范畴的原始时代的神话就是在万物有灵等观念的基础上发展起来的；而舞蹈、诗歌、绘画、雕刻等艺术虽然从根源上说，是生产活动的产物，但往往也受到宗教活动的深刻影响。人类文化艺术史的大量资料表明，人类历史上许多文化艺术形式与原始宗教活动有着十分密切的关系。

当然，原始宗教也给人类社会留下了许多愚昧、落后的鬼神观念和迷信活动，这些在今日已成为中国人民进行具有中国特色社会主义精神文明建设的障碍。在有些地区，某些原始宗教观念的残余甚至成为坏人进行招摇撞骗、谋取钱财的手段，因此，用历史唯物主义的观点对历史上的原始宗教进行科学的分析，在指出其社会功能与历史作用的同时，对其中非科学的、愚昧的、消极的成分进行必要的剖析和批判，这是中国宗教界在当前宗教研究中面临的一个重要任务。

目前，在中国南方各省区的少数民族众多，社会经济形态复杂，自然环境及气候差异性较大，历史上遗留下来的原始宗教的某些社会仍然不同程度地存在。由于受历史惯性和传统文化等各种因素的制约，原始宗教的某些观念仍然对中国南方少数民族的思想观念、生产、生活方式产生着深远影响。当代中国南方少数民族原始宗教主要有两方面的特点：一是原始宗教形态的多元化、多样性，具体表现为形态上的多元性，如图腾崇拜、自然崇拜、祖先崇拜、生殖崇拜、鬼魂崇拜等多种原始宗教形态活动。中国南方地区，特别是云南省具有人类原始宗教"活化石"的称誉。二是中国南方少数民族的原始宗教是民族文化的载体。它包含的建筑、雕塑、歌舞、服饰、节日等，成为有特色的人文旅游资源。当今，中国南方部分省区已在逐渐进行开发。概而言之，当代中国少数民族对原始宗教超自然力的观念及其崇拜意识已逐渐减弱，但对原始宗教是民族传统精神文化母体的认识却逐渐加强。中国原始宗教的未来发展趋势是：原始宗教将演变为富有特色的民族传统文化，因而将对建设中国少数民族的社会和谐和文化和谐产生重要的积极影响。

第二节　韩国原始宗教及其思想

在历史上韩民族同中华民族一样也经历了漫长的原始社会阶段，而且在这阶段中形成了形式多样、丰富多彩的原始宗教信仰。韩国学者普遍认为，韩民族的"宗教生活是从万物有灵论开始的"，而且承认韩民族自古以来就属于“萨满文化圈”。

韩国资深宗教学家金得榥先生在他的专著《韩国宗教史》[①]中称韩古代民族的宗教信仰叫“神教”，或称“仙教”。“神教”意即供奉神的宗教。那么“仙教”是什么？他没有指出定义，只说“仙教”起源于修行的人住在山里修炼长生不老的神仙道。在这里他把“神教”和“仙教”混同在一起，只强调了它们之间的统一性，而忽略了历史上存在过的差异性。实际上“神教”和“仙教”之间是存在一定区别的。如上所述，“神教”作为原始宗教是专指供奉各类神的宗教；“仙教”作为原始宗教是侧重于“修炼”的宗教，而原始人的主要集中力不可能是在这里，追求“长生不老”是后来的事情。金得榥先生在其著作中，把韩国原始宗教的主要形式概括为：（1）天神崇拜；（2）地神崇拜；（3）人灵崇拜；（4）杂鬼崇拜等[②]。他在该书中还提到：“神教以天神崇拜、自然崇拜、祖先崇拜、清净崇尚为内容。”[③] 可见，金得榥先生认为，韩国的原始宗教是以神教为主体的。

北京大学金勋教授认为：“韩民族的祖先就是信仰萨满教”，“萨满教作为韩民族的原始宗教，虽然没有固定的庙堂和信条，但在韩民族历史上所起的作用是不可忽视的。直到解放后的20世纪五六十年代，不少人遇到某种困苦，无力解决时，就转求‘巫堂’举行祭神仪式，求得神灵的帮助”[④]。实际上，他是把萨满教作为韩国原始宗教主体来看待的。

下面我们就结合上述内容叙述韩国原始宗教的具体内容。当然我们的叙述不一定客观准确，因为很多学者相互之间均有不同的看法和争论。加之，韩国原始宗教的基本内容本身就和民间信仰内容又重叠在一起，很难把它们分离得一清二楚。

---

① 中国社会科学文献出版社，1992年。

② 金得榥著，柳雪峰译：《韩国宗教史》，社会科学文献出版社，1992年，第23—24页。

③ 金得榥著，柳雪峰译：《韩国宗教史》，社会科学文献出版社，1992年，第33页。

④ 金勋：《韩国新宗教的源流与嬗变》，宗教文化出版社，2006年，第90页。

一、原始宗教的表现形式

（一）原始宗教的主要表现形式

1. 自然崇拜

自然崇拜的种类很多，依据崇拜对象不同，韩国原始宗教大体可分为以下几类。

（1）日月星辰崇拜。在韩国原始社会的日月星辰崇拜中，太阳崇拜是最值得一提的。所有植物要靠太阳来生长、发育、成长；月亮和众星在太阳的光芒照耀下显得黯然失色。所以，太阳必然成为朝鲜古代先民崇拜的主要天体之神。金得榥在《韩国宗教史》中谈到，在朝鲜古代先民中盛行日月星辰崇拜，其中尤为对太阳崇拜表示了极大的热情。这是因为太阳是阳光的源泉，具有生成万事万物的神力和作用。

（2）风雨雷电崇拜。风雨雷电是自然天象，其特点是变化无常，对朝鲜古代原始居民是不可理解的天象，遂以为背后有神灵在操纵。在农业兴起以后，风调雨顺成为丰收的关键因素，而洪涝、干旱和风灾则是农业生产的最大威胁，所以祭拜雨神、风神成为重要的宗教活动。韩国人的祈雨祭和风神祭是较为典型的自然崇拜遗留。

祈雨祭是为了避免大旱、求得降雨的大型信仰活动。在这一祭祀活动中还包括向天神、山神、龙神、城隍神等的祈祷活动。在古代韩国人那里，水神是专管海洋、河川和池沼的神，它们对危害这些水域的就予以惩罚。在水神系列里，还有称之为恶煞神的，这一神系是溺亡者之冤魂，韩民族的祖先认为它们专门在水里兴风作浪，造成翻船事故，威胁人们的生命安全。龙王神居水神之首，广为人们信奉。据说，它可自由往来于天庭与水宫，有呼风唤雨之神力。所以不论是沿海地区的韩民族还是距海甚远地区的韩民族，都向大海、河川或池沼祭祀水神和龙王神。特别是渔村的居民还修筑龙王堂，侍奉龙王神，每年正月初一设龙王祭。

所谓风神就是灵灯奶奶，于农历二月初一从天界下凡，于二月二十日返回天界。她下凡时，必带女儿或儿媳随行。她带女儿下凡时刮顺风，带儿媳下凡时刮黄风。据说，刮黄风对世人不利，所以，须恭维和祭祀风神。风神祭由家庭主妇主持。她在三个水瓢里注满水，分别置于酱缸台、厨房和后院的洁净处。从二月初一至二月二十日天天不断祈祷。特别是在风神下凡和上天之日，要摆放供品，祈求阖家安宁、年成丰年。祭祀时，家里有多少人丁便要准备多少张白纸，每人烧一张白纸以向天祈祷。

（3）山川湖海崇拜。韩国古代先民靠山吃山，靠水吃水，靠海吃海。山川湖海是他们的生活环境和主要衣食来源，很容易对之产生敬爱和依赖的心理，希望自然神灵能给他们提供丰富的生产生活资源，保佑人们平安幸福。在韩国先民的地神崇拜中，尤为强调对山的崇拜，而在山的崇拜中，尤为崇拜“明亮之山”。有学者认为，这个“明亮之山”意味着光明之山，是“太阳在东方升起的主峰，是天地的接触点，是祭天的祭所”，即神山。那么，这个山具体指哪座山呢？金得幌认为就是指“三神山”。他认为三神山不是说有三座神山，而是指三仙或三神住的山。他认为这座三神山就指白头山，并且还作了详细的考证。也有学者认为，这个明山就是指妙香山，还有学者认为这个明山就是指九月山等，看法不尽一致。在韩国民间对于山神祭是很重视的。他们把山神看做是必有灵验的镇山之神，是守护神之一。

在韩民族的传说中，山神总是以白发老人的形象出现。自古以来，每遇战乱与灾殃，韩民族的先民便祭祀山神祈求援助。他们在每个村庄，都择一高山筑设山神堂，祈求山神保佑全村男女老少平安无恙，祈求山神赐予风调雨顺、年年丰收的好年景。一般来说，是在农历正月初或春、秋两季择一吉日，祭祀村庄的守护神即山神，祈求山神保佑全村老幼不生病，保佑不发生水灾、旱灾。

（4）动植物崇拜。动物是与人类共生的伙伴，其中一部分是人类猎取的对象，一部分经过人类驯化成为家畜，一部分时常与人作对，它们都与人的生活密切相关。而动物又有许多特性为人类所不及，如鸟能飞翔，鱼能潜水，虎豹威猛而善奔，猴灵巧而善攀，故古老先民敬之如神明。韩民族民间古代就有视动物如神、相信动物也有精灵的信仰的习俗。尤其对龙和虎，在动物神话中被夸张得神乎其神。龙身成了偶像，居处被尊为龙宫，威力被无限夸大。有关龙神的传说难计其数。例如，对大山、河川和地方的命名，争相使用“龙”字；做梦梦见龙，被认为是吉兆；出家的女人，如果梦见龙入怀里，被认为将生贵子。老虎则被称为山君，民间喜欢在壁上贴画有老虎的年画，敬其勇猛威武，视其为灵物。有关老虎救助忠臣、孝子、孝女和烈女的传说，至今传颂不衰。这些都可看做原始社会动物崇拜的遗留或痕迹。至于韩国原始居民的植物崇拜主要体现在对森林、树木的敬畏和保护上，往往与山川崇拜结合在一起。

（5）火与石的崇拜。在众多自然物中，火与石成为两种普遍受崇拜的对象。

火的使用和人工取火的发明，是原始人类进化中的一件大事，它使古代先民摆脱了“茹毛饮血”的动物式的生活，开始熟食，改善了朝鲜古代先民的健康状况，扩大了食品的范围，并且使先民获得了有效地抵御寒冷、潮湿和野兽的侵害的手段。火的使用不仅给古代先民带来了光明，也使制作器物（如烧陶、冶陶）和开垦耕地成为可能，使人类的生产和生活发生了质的变化。所以，火普遍地受到崇拜。

灵石崇拜也是相当普遍的一种原始信仰，可能是由于石器在原始人生产生活中具有重要的作用，故对石头有崇敬之心。另外，岩石洞穴曾是朝鲜古代先民的栖息地，而石头可以敲击取火，更增加了人们对石的依赖感。总之，灵石崇拜关系着先民的居住、生产、生活等，所以在韩民族古代先民中一直流传下来。

2. 鬼魂崇拜

鬼魂观念是人类最早的宗教观念之一。它是人类对自身生命现象的神秘化理解。在原始社会初期，人们还没有思考生死大事的能力，对自己同类的感情也比较淡薄，所以，人死无葬俗。《周易·系辞下》说：“古之葬者，厚之以薪，葬于中野，不封不树，丧期无数。”随着人类意识的复杂化和感情的丰富化，原始人开始思索生从何来、死往何去的问题，对亲人的死亡给予越来越强烈的关注，但由于对自身生理构造和精神活动现象的不理解，而常感困惑。尤其是对睡眠和做梦，以为是寓于体内的灵魂在起作用，睡眠是灵魂暂时离开肉体，故失去清醒意识；做梦是灵魂到处游荡，故有各种见闻。至于生病和死亡，认为生病是灵魂与肉体不能正常复合，或者由凶死者的灵魂附体所致；死亡则是灵魂永远离开肉体。同时，古人意识到生命之可贵，感受到亲人团聚之欢乐，产生出越来越强的血亲之情，希望人的死亡不是一切断灭，生命最好以另外的方式继续下去，这样自己可以死后“存在”，可与死去的亲人相见。认识上的无知和感情上的需要相结合，便形成了灵魂不死的观念。“不死的精神”生时归于灵魂，死后便成为鬼魂。灵魂与鬼魂崇拜的交渗，便形成了原始宗教中的鬼神世界。

原始社会鬼神崇拜的名目繁多，常见的有人鬼、魔鬼、鬼怪等。原始人认为，兽类、鸟类、木石都有鬼神。“在杂鬼中，像守护村庄、土地的城隍神一类的神，是广泛受到人们的尊崇的鬼神。”在韩国，人们非常重视城隍祭。城隍祭是遇上节日或其他吉利的日子，全村农民到城隍堂摆上供品，虔诚地祈求赐福赐寿的活动。渔村的人则于正月初三祭拜船城隍。这一天船上挂满各色小旗，由船主摆供品于船上，向船城隍祈祷。船城隍指的是供奉于船中的城隍，有女城隍、男城隍、童城隍、老城隍和小媳妇城隍等。据说，如果这种祭礼搞得隆重，汛期一到，船城隍就会托梦给船主，告知鱼汛，使之出海满载而归。总之，原始人认为各类鬼神都有一种神秘的力量，不知道他们在何时用何法来利人或害人。所以，先民为了禳灾祈福，对这一类活动是极为重视和虔诚的。

3. 生殖崇拜

人口的繁衍对于民族的延续和发展是仅次于解决吃饭问题的大事。由于生活艰辛、疾病流行、灾害频生，原始社会儿童的夭折率极高，成人的平均寿命极低，加上氏族之间的战争，保护和增殖人口成为维持氏族生存的重大任务。氏族要巩固、强大，人丁兴旺是不可少的，因此，朝鲜古代先民重视生育，崇拜生殖器官，祭祀生殖之神，希望人们像大地繁殖植物和动物繁衍后代那样，多育多生。这里需要指出，远古的生育崇拜不同于后世的性文化，前者是古代先民为了生存和发展而创造的宗教信仰，后者是文明时代人们对两性关系的理解和实践方式，它与群体的存亡没有直接的关联。

生殖崇拜是从女性崇拜开始的。当人类有能力探寻人口升值的奥秘时，人首先看到的一个基本的事实便是：许多动物皆生于母体，皆由母腹孕育，通过母体诞生出来。新生命的降临，对于先民来说是一件非常奇妙而伟大的事情，于是把女性神圣化，把女性和其生殖器官作为生殖之神来崇敬。这是很自然的，而这一信仰又为母系氏族社会尊重妇女的风尚所巩固。韩民族的先民崇拜女性首先是崇拜她们的生育能力，自然地把崇拜重点放在女性身体的生育部位。这不仅是韩民族古代先民社会的现象，也是一种世界性的史前宗教现象，而且已为世界各地考古资料所证实。在朝鲜半岛，已考古发现多处史前女性裸体浮雕和圆雕。这些雕塑的共同特征是乳房丰满，腰部、腹部、臀部、大腿部肥大夸张，并刻有阴部，而面部、足部则被疏略。这些都是为了突出女性的特征与生育功能。

随着母系氏族社会向父系氏族社会的过渡，随着对偶婚和一夫一妻制的先后出现，随着韩民族古代先民对生儿育女生理过程的进一步的了解，人们逐渐意识到生育子女是两性结合的结果，没有男子 女子就不能怀孕，两者缺一不可。而且由于男性社会生产和日常生活中占有越来越大的优势地位，逐步出现了生育的关键意识，所以，女阴崇拜之后，男性崇拜和男性生殖崇拜取而代之，这种崇拜又为固定配偶家庭制和父权制所巩固。在韩国全罗南道和全罗北道以及庆州地区，我们可以考擦到男根崇拜的遗留，至今在不少地区女性为了得子而崇拜男根的习俗仍然存在。

4. 图腾崇拜

图腾崇拜是原始宗教的主要形态之一，是世界性的。图腾崇拜是由自然崇拜发展而来的一种宗教形态，是在氏族自身需要和繁盛的刺激下，在氏族成员探索本氏族共同来源的欲望驱动下，把某种自然崇拜提升为民族保护神和祖先神而出现的；氏族形成以后，图腾崇拜是不可避免的，所以它发达于母系氏族社会。从目前的考古发掘资料来看，韩民族的古代先民以狩猎、采集和家畜饲养为生。当时的自然界是动植物的天下，人对自然界的影响还没有超出动植物。一方面，人要依赖动植物求得生存。野生的和家养的动物是人类必不可少的生活资源，动物的骨骸、牙齿可以加工成生产工具与武器，植物的果实可供人食用，而构木为巢、凿木为舟、燃火煮饭等都离不开植物。另一方面，动植物的某些特性又显得比人更具有威力，它们的天然器官的有些功能远胜于人的肢体。其时，凶禽猛兽毒蛇出没于林岗洞穴，时刻威胁着人的安全；原始林海幽深辽阔，林涛怒吼使人震惧；有毒植物又能致人死命。人们既依赖于动植物，又畏惧动植物，便将它们奉之神明。当这种敬畏心理同人们维系氏族团结的需要和探索氏族祖先的意向相结合时，图腾崇拜便产生了。由于动物表现出植物所不具有的高级智慧、快速移动、袭击能力，于是动物便成为主要图腾物。各氏族崇拜何种图腾与他们的生活环境有关，图腾物往往是氏族成员最熟悉、与氏族的生活发生过某种密切关系的自然物。研究资料证明，在韩古代民族中曾经存在过熊、虎、鹿、鸟图腾崇拜。

5. 祖先崇拜

祖先崇拜是在鬼魂崇拜的基础上，由生殖崇拜的传宗接代意识，加上图腾崇拜的氏族寻根意识和后起的男性家族观念，逐渐形成并发展起来的。氏族社会的人们要巩固氏族这个共同体，就必须确定自身血统的统一来源。当人们确认氏族来源于自然物时，便是图腾崇拜；当人们确认氏族本源在人类自身并且认为祖先可以保护子孙后代时，便是祖先崇拜。由于人类最先生活在母系氏族社会里，其生殖观念偏重于女性，所以人类最早崇拜的是女性祖先；之后由于父权制的建立，女祖崇拜被男祖崇拜取而代之。根据有关研究证明，在韩古代民族中曾经存在过女始祖崇拜和男始祖崇拜。如在氏族神话中所表现的独特的卵生观念、高朱蒙的母亲柳花是龙王河伯之女的观念、首露夫人和岛上三公主皆为女神的观点、朴赫居世的夫人阏英王后是在井边由鸡龙胁窝下所生等观念，均有女始祖崇拜的痕迹。著名的耽罗三姓氏族神话称：太初无人，耽罗高、良、王三神人耸地而出，“射矢卜地，游猎荒僻，皮衣肉食”，岛国有三公主“备五谷牛马之种”，由神人护送至耽罗。三位男神分别娶三公主做夫人，居住于毛兴穴附近，从此农耕生产，逐渐活跃起来。在这篇神话中反映出韩古代民族中曾经存在过女始祖崇拜。

《檀君神话》是流传至今的韩国古代民族最古老的族源神话之

一。相传，檀君是古朝鲜的开国者，他的父亲桓雄是天帝桓因的庶子。桓雄率领3000部下降于太白山顶神坛树下，主管农事、治病、刑法、善恶等人间大事。其时有一熊一虎同住于一个洞中，它们来到桓雄大王面前请求大王用神术把它们变成人。桓雄便赐予艾草和蒜头，叮嘱它们将它吞进腹中，并在洞中避日百天，即可以实现各自愿望。大熊遵嘱，结果避日21天提前变成人类，作了熊女。老虎因性急，跑出了洞穴，未能变成人类。熊女没有配偶，就去祈求桓雄大王，桓雄与熊女结合，生有一子，称檀君，名王俭。这个檀君就是古朝鲜的开国君王。这个故事反映了韩古代祖先生活在父系氏族公社阶段的社会现实与历史意识，同时也从一个侧面反映了韩古代民族的男始祖崇拜。

祖先崇拜具有浓厚的宗教意义。韩古代民族相信祖灵有神性，可以福佑子孙，也可以降临灾祸，所以子孙要敬祖，以求家人平安。另外，根据东方国家的传统说法，祭祀祖先是为了发扬孝道，《礼记·场记》说："修宗庙，敬祀事，教民追孝也。"孝道的实际意义在于巩固家族的血缘关系，继承和发扬祖先的血脉和荣耀，使家庭延绵发达。后世儒家所阐扬的伦理道德的核心是孝道，而孝道正是从男性祖先崇拜和生殖崇拜中发展而来的[①]。这一看法具有一定的道理，对韩古代民族具有普遍意义。

《礼记·郊特性》说："万物本乎天，人本乎祖。"这是韩古代民族对万物和人生本源的基本观念。由于自然界给了我们衣食，祖先给了我们生命，所以要报答，报答的方式便是敬天祭祖。韩古代先民相信，身体发肤受之父母，父母又受之父母，以至先祖，而人事源于物，物来源于天地。《易传·序卦》说："有天地然后有万物，有万物然后有男女，有男女然后有夫妇，有夫妇然后有父子，有父子然后有君臣，有君臣然后有上下，有上下然后有礼仪有所措。"这是一种很朴实的自然观和社会历史观，它把社会归结于家庭，把家庭归结为两性，把两性归结为自然，基本上合乎人类演化和早期社会发展的历史。而其中以父子关系为轴心的家庭关系是古代社会的

① 牟钟鉴、张践：《中国宗教通史》上卷，社会科学文献出版社，2004年。

基础。祖先崇拜正是家族社会的宗教，也是它的哲学，甚至是它的最高信仰，极大地影响着韩古代民族的物质生活和精神生活。

在韩民族中祖先崇拜受到格外推崇，这是众所周知的。因为韩古代先民始终坚信祖先之灵可左右子孙后代的祸福，若对祖先的亡灵虔诚供奉，那么祖先之灵就能护佑整个家族的族脉延绵、幸福安康，家事、族事、前程如意。反之，就会祸害频致，断子绝孙，家族遭殃，一片黑暗。为了得到祖先的护佑，家人、族人必须敬重祖先。金得榥先生认为，助长祖先崇拜的另一个很重要的原因是：在古代氏族制度下，很多家庭一起居住，一起从事劳动，从而形成对家长的尊敬和对共同生活的热爱。这种对祖先的孝心，促使人们在祖先死后去实现他的遗志和完成其未竟事业，以报答祖先的恩惠，从而也助长了祖先崇拜。

在朝鲜大同江沿岸、九月山周围的支石墓，在韩国全罗北道的高敞郡支石墓、全罗南道和顺支石墓，中国集安的支石墓等构成了“支石墓文化圈”。支石墓的形制是由盖石和支撑盖石的支石两部分组成。盖石多是未加工的巨大石块，有板状、团块状和板块混合状。支石是在盖石下面支撑盖石的石头。在韩国发现的支石墓，其基本形式有两种：一种是桌子式；另一种是棋盘式。桌子式（也称北方风格）的建造是在一块高低不平的地面上放置几块竖立的岩石，再用一块平整的顶石盖在其上，这种式样多分布在汉江以北；棋盘式（也称南方风格）则用一块大砾石做顶石，放置在几块较小的石块上，这种样式多分布在汉江以南。有中国学者判断除此以外还有一种形式，即没有支石，定石就直接放在葬室的顶上，又被称为无支石式。朝鲜半岛成为东亚支石墓的中心。今韩国已发现的支石墓有近3万座，其中在2002年12月被评定为世界文化遗产的高敞、和顺、江华支石墓遗迹，分布密集，形式多样。支石墓是将死者埋葬之后立两块又平又直的支石，然后在上边平放又长又宽的顶石，就像一张石桌子一样。这就是著名的金石并用时代的坟墓兼祭坛。这种支石墓是家族子孙为祭祀祖先而修建的。

（二）巫教——萨满教

在上述原始宗教表现形式的基础上，进一步分析韩国较为盛行的原始宗教遗留即巫教（萨满教）问题。韩民族的巫教历史悠久。据《三国史记》记载，早在新罗初已有巫，称第二代王南解为次次雄，而“次次雄”就指巫[1]。实际上在原始社会的各部族中一般皆存在“巫”，所用名称虽异，具体形式亦有区别，基本职能却大体相同；皆被认为具有“超自然力”，并能借此力而行巫术。鬼魂和精灵观念出现以后，更被看做能与鬼神交往，并驱使为之服役。初期，其职能基本上是靠幻想的超自然力保护氏族、村社及其成员和牲畜、农作物不受恶鬼加害，驱赶致病作祟之妖邪，故受到普遍尊重、爱戴；平日也参加劳动，无特权。当被认为是丧失超自然力时，可不受追究，由他人接任。随着阶级分化的出现，巫师的权利逐渐增长，有时由头人兼任，有时与头人地位相当。国家政权出现后，常由政权首脑兼任。新罗初第二代王南解为“次次雄”就是一例有力的证明。韩国著名学者崔南善认为，在韩古代原始社会“巫堂”（巫师）是存在的，这个“巫堂”就是“祭祀长官”，也就是“檀君”。按照他的观点我们可以把韩国巫教的历史追溯到古朝鲜，甚至是比它更早的年代。

历史转入三国时期巫教活动并没有停止，并继续延续下来。当然在历史文献中有关专述巫教的资料并不很多，但我们可在零星的文字中，可以找到它的蛛丝马迹，进而了解其在频繁的祭祀活动中显露出的痕迹。如《后汉书》东夷传高句丽条中提到的“以十月祭天大会名曰‘东盟’”；在《三国志》魏志东夷扶余条中国提到的“正月祭天国大会连日饮食歌舞曰：‘迎鼓’——行道昼夜无幼皆歌，通日声不绝”；《后汉书》东夷传濊条中提到的“常用十月祭天，昼夜饮酒，歌舞，名之为‘舞天’”；在《后汉书》东夷传马韩条中提到的“常以五月天，竟祭鬼神，昼夜酒会，群聚歌舞，舞辄数十人，相随踏地为节。十月农功毕，亦复如之。诸国邑，各以一人主祭天神，号为‘天君’”；在《三国志》东夷传高句丽条中提到的“其过东有大穴名‘遂穴’，十月国中大会迎遂神还于国东上祭之，置木遂为神座”等，从中我们可以看出，当时祭祀仪礼的规模之大及司祭

① 《三国史记》卷一，新罗本纪。

者——巫师的地位之高。这也说明巫教在三国时并没有停止而是具有一定的发展空间。

尽管佛教的传入和传播对巫教是一种威胁和巨大冲击，但佛教的传入未能动摇人们头脑中根深蒂固的巫教地位；反而，佛教作为外来的宗教，要扎根于另一环境就必须得到巫教的妥协和默认，不得不从巫教中吸取有利于自身发展的因素，使其成为一门具有韩民族特色的佛教。同样，巫教作为落后于时代进程的原始宗教，在与较发达的新鲜事物的接触和摩擦过程中，也意识到了自身不利的一面，不知不觉地吸收了新的元素，使自身拥有了新的元素和活力。可以说，在这种环境下，佛教和巫教各自均得到了发展。社会转入高丽时期，尽管佛教提升到国教地位，但是巫教并没有失去它的活力。

八关会是每年在中京和西京里进行的祭祀土俗神的宗教活动。有的学者认为，八关会是把佛事和巫事融为一体的国祭，是“区别为纯粹的佛教仪式，实际上只是借用了威严的寺院和其仪式”①。说明八关会的祭祀对象实际上是土俗信仰、巫教里的神灵。根据《太祖训要十条》记载，祭祀天灵、五岳、名山、大川、龙神等是八关会祭祀的主要对象。这种祭祀仪式一直延续到高丽末期。

到高丽末期，一方面随着中国程朱理学的传入和发展，巫教受到了儒学的排斥，从此，巫教在人们心目中的地位明显下降，由不可向逆变成了众矢之的。另一方面我们也可以看出，儒教学者抗争的根本用意并不在于杜绝巫教活动，而在于扼杀其锐气、扫除儒教发展道路上的障碍，以便使儒教思想得以广泛的传播和迅速的发展。

儒教的发展，没能使巫教活动从根本上消除，在宫中巫教活动不仅依然存在，而且增设了巫教活动场所。后来，宫内还设置了东西活人院、活人署，又沿袭高丽时期的星宿厅②。置巫、觋于内，掌

---

① 高丽大学民族文化研究所编：《韩国文化大系》卷 6，《宗教·哲学史》，1978 年，第 203 页。

② 李能和：《朝鲜巫俗考》，东文选，1991 年，第 15 页。

管事务，使他们利用巫教之术医病。同时明确规定巫教的义务及权限："东西活人署，掌救活都诚病人，定提调一员，别提调四员，参奉三员，移属惠民署，吏属书员四人，库置二名，使令三名。"①

进入朝鲜朝时期，随着"崇儒"政策的推行，巫教和佛教僧侣一并归入"八贱民"（指僧侣、巫师、艺人、妓女、工匠、屠夫、丧舆扛夫、奴婢）之列，备受社会轻蔑和冷遇，一时陷于萎缩。但是由于阳春白雪的"性理学"无法满足平民百姓的精神需求，固有的巫教又再次扩散开去。到朝鲜朝中叶，已普遍流传在广大下层平民中，甚至部分形式为宫廷所接受，巫教迎来了繁盛期。不久，西方文明的传入给朝鲜半岛带来了现代文明和科学思想。这对巫教来说是前所未有的沉重打击。然而，其后的历史说明巫教并没有因此衰弱下来，它还是以其特有的方式断断续续延续下来。

（三）民间信仰

表现民间信仰一般指广泛流传于民间，却不具有宗教体系的大众信仰，如占卜、禁忌、咒术等，与民间生活关系密切，在民众的精神生活中占有重要地位。

1. 巫俗信仰

巫俗信仰在朝鲜半岛与原始宗教萨满教关系密切。在萨满教中巫师起重要作用，常由女性担任，偶尔也有男性巫师。巫师具有神秘力量，在神与人之间起媒介作用。宫廷有国巫，村邑有衙巫。在王宫举行傩礼时，巫女、两中（男巫）担任重要角色。在民间，人们遇老、病、死事等常请巫师举行祭神仪式。巫俗信仰根植于朝鲜半岛的传统社会生活之中，至今在韩国日常生活中仍随处可见。其神技、歌舞、音乐等成为韩国民俗文化的重要来源之一。

2. 家神信仰

家神信仰是为继承家族传统，并守护一家人的平安幸福。家神在家宅到处存在，通常按不同场所区分：内室供奉祖灵与产神，厅堂供奉成造神，灶间有灶王神，后院有宅地神和业神（财神），大门口有守门神，厕所有厕神，水井还有龙神等，供奉的方式各有不同。

---

① 《文献备考》卷二二三。

另外，还有综合性的家庭祭仪，其中比较普遍的有告祀与安宅，两种仪式大同小异。进行时，要给祖灵神、成造神、宅地神、灶王神、产神等一一摆上米酒、猪头、鸡、米饭、打糕等供品，以禳灾祈福，祈求家小平安、年成丰稔、万事如意。仪式结束后，以供品招待亲友和左邻右舍。

3. 村落信仰

村落信仰是以村庄为单位传承的民间信仰形式，是家神信仰的延续和发展。村神包括山神、洞神、堂神、水神、地神、将军神等。韩国村神主要有长丞、苏涂、辟燧和石坛等神。长丞是用木头刻的"天下大将军"和"地下女将军"等，他们是立在进村路口两旁的守护神，同时起着路碑的作用。苏涂起源于古代的神杆，顶端雕有鸟像，有时也与长丞和石坛立在一起。辟燧是石刻的守护神，通常立在村外野地上，以济州岛石人像最有名。石坛由过路人堆积小石块而成。村落信仰的主要形式是洞祭，一般在农历正月初或春秋两季择日进行，届时将村落的守护神供奉在神堂，全村共同举行祭祀活动，祈求年成丰稔以及全村人平安无事。

4. 俗信信仰

俗信信仰包括占卜、禁忌和咒术等。占卜源于上古为了了解各种自然现象而产生预卜未来的心理。禁忌是为避免灾难、凶事而在一定的情况下禁止的行为。禁忌事项五花八门，流传于民间，并渗透在民众生活的方方面面。咒术主要用于驱邪，并希望招来幸福和安全。有些习俗至今还在流行。

二、原始宗教思想的特点及作用

（一）原始宗教思想的特点及作用

韩国原始宗教思想的特点及作用可以从以下几个方面去概括：

1. 从宇宙观方面来说，韩国原始宗教尤其是巫教特别强调宇宙的结构性和层次性。

在《吧哩公主》中，把宇宙分为三界：一界为玉皇上帝的世界；二界为王后、七公主等住的世界；三界为地下界，即"西海龙王"

的驻地和养“仙药”的地方。在天界的玉皇上帝是主宰人类社会一切的最高存在。在地下界有能够复活人的生命的“仙药”，这就是说，地下界也掌握了人的生命权，而通往地界的路上充满了险阻，许多神、鬼把守着求仙药的关口，设置重重障碍，使人难以接近。

把宇宙分为三界的倾向是普遍存在的。在汉城龙山道元洞居住的文德荪巫师认为，宇宙有三界，可分为人类生活的地上世界、天上世界和地下世界。天神、玉皇、日月星辰及他们的侍从住在天上世界；人类和禽兽住在地上世界；地下同地上一样，也是人住在那里，离地面 100 米深处就能听到鸡的打鸣[①]。除了文德荪以外，还有其他一些巫师持有类似的看法。总之，大部分巫师们认为，人死后其灵魂走入地下，而地下世界分为两个部分：一是地狱；二是极乐世界。生前行善事的死后到极乐世界享福，而与此相反就到地狱去受苦。“此乘”为此岸世界，“彼乘”为彼岸世界，就这样人类总是局限在地上和地下。

巫师是可以穿梭三界的，他可以把神意和亡灵之夙愿传达给人，也可把人的夙愿传达给神。巫师是神的代理人，是神和人之间的使者，是具有特殊功能的人。

在韩国济洲岛的巫师们认为，世纪初，天和地是合而为一的。有一天，天和地突然迸裂，出现了缝隙，在缝隙中产生了人类。然后，在天上产生了晨露，在地上产生了土地，土地和晨露合而为一，产生了万事万物。之后，又接着产生了星星，但那时太阳和月亮还没有产生出来。又一天，天皇鸡和地黄鸡及人皇鸡一起报晓，在天空中产生了太阳和月亮。不久，天地王下到人居住的社会，和聪明夫人结合在一起生下两个儿子，这就是大兴王和小兴王。后天地王就下令：大兴王负责管理“此乘”，小兴王负责管理“彼乘”。

2. 自然观。原始信仰的自然观是既具有神格化又具有人格化的理念体系。若到韩国农村，就可以看到家神、祖上神、灶王神、地神、守门神、井神、侧神等；若到村庄，就能看到山神、城隍神、龙神、将军神等。除此之外，还有外来神，如七星神、杂神、客神、

① 金太坤：《韩国巫俗研究》，集文堂，1982 年，第 57 页。

痘神、帝释神、君雄神、昌茯神等。楚龙神是韩民族有名的守门神。据《三国遗事》载，楚龙是东海龙王的儿子，能歌善舞。龙王感激献疆大王为他盖佛寺，就把楚龙送去服侍献疆大王。王下令美女与楚龙结婚。疫神贪色楚龙之妻，趁楚龙出门之际，用盾假之术入室同寝。楚龙见状反而不生气，用歌舞退回，使疫神羞愧万分，跪在楚龙面前求饶，并决心将不会再出现在楚龙面前。从此，人们把楚龙画贴在家门上，以预防晦气进入家里。

韩古代先民认为，慢待神会遭殃，神怒会殃及人类。鬼经常出没于潮湿之地，其形象如人类，思维方式简单，但具有高超的法术。鬼用法术或帮人类或惹人类。有的鬼惹人类的用意就在于人类有时慢待鬼神，如做早饭之前先供灶王神即向灶王神供一碗清水；如到野外吃饭，第一勺饭供土地神。在《三国志》卷三十，《东夷传》里记载："于所居之左右立大屋，祭鬼神，又祀灵星，社稷"，"其俗重山川，山川各有部分，不得妄相涉入"，"以正月祭天，国中大会，连日饮食歌舞，名曰迎鼓"，"常以五月下种讫，祭鬼神，群聚歌舞，饮酒，昼夜无休——十月农功毕，亦复如之。信鬼神"①，"好祭山神"②，"其俗多淫祀，事灵星神，日神，可汗神，萁子神，国城东有大穴。名神遂，皆以十月王自祭之"③。

对天、地、日、月、星、风、雷、雨、山等神的崇拜是世界各民族共有的文化现象。因为它们提供了万事万物生存的条件，而且同社会生产有着密切的联系。但民族不同、地域不同，其崇拜对象和内容也就不同。如渔猎民族的信仰多同水神有关系；狩猎民族多信仰猛兽类的神；游牧民族多信仰雄鹰类的神等。韩民族也有对虎和熊的崇拜。如山神总是骑着虎出现的；熊是始祖檀君的母亲。但这种图腾崇拜在当代人那里很难找得到，与此相反，农神、家神、村神所占的比重越来越多。值得一提的是，韩国人把狗当作最下贱的动物。每逢节日绝对不杀不食，但正月十五却有不喂狗的习俗，

---

① 《三国志》卷三十。
② 《旧唐书》卷 199 上。
③ 同上。

如果这一天喂狗那么这一年的夏天狗身上就会生虫子。但打猎时身上却带着狗具，这时狗具又成了猎人的保护神。

总之，原始信仰的自然观不仅同原始社会的生产方式有着密切的关系，而且同当时当地的地理环境也有一定的关系。

3. 灵魂观。韩古代先民认为，人是由两部分构成的，一部分是肉体，另一部分是灵魂，人死后肉体消失，但灵魂可到“他乘”。他们把“棺板”说成是“屋板”，把人住的屋称为“阳宅”，到“他乘”去住的屋称为“阴宅”。韩国人选墓址时特别谨慎，他们认选错墓址会给后代招致祸根。所以，选址时一般请风水先生来定夺。韩古代先民认为，为后代的子孙满堂、荣耀富贵要修建“明堂”，而且下葬之后三天内进行祭祀、供饭桌，第一天的称“初运”，第二天的称“拜运”，第三天的称“三运”，到了一周做的祭祀称“小祥”，过了三年做的“大祥”，每年遇到亡者的生日、亡日、清明、端午、中秋在家或到墓地祭祀，以示对亡者的怀念、尊重、关心。这些反映了韩古代先民重要的灵魂观念，即人的灵魂是可以来回在“他乘”和“此乘”之间穿行的，并认为如果选址不适当亡灵将出现在活人的梦里，会带来厄运；而如果选址适当则将带来许多好运。

韩古代先民认为，人活着的时候其灵魂也可以离开肉体单独活动。所以，从韩国人那里经常会听到“丢了神”（专指出于昏迷状态之人）、“无神的人”（专指傻傻之人）、“失去精神的人”（专指精神病患者）等词。韩国人在饭桌上也摆放出远门还没有回来人的碗筷，以示出远门人的灵魂可以回家来一起吃饭，灵魂吃饱了，那么出远门的人也不会饿肚子了。

韩古代先民最害怕“姑娘鬼神”，因为它是指含冤而死的鬼，是最折腾活着的人的。之所以这样，是由灵魂始终没有找到自己的安息之处所致。解决的办法是：先给它解冤，然后请来巫师，通过祭祀以其灵魂和新郎结婚，之后其灵魂才能升到“彼乘”。

水亡祭是慰灵的最为典型的巫祭。这是为出海打鱼亡命之人而做的祭祀。届时由巫师和其家属同乘一条船出海把其灵魂捞回来。他们在亡者落海处或有代表性的某处把一碗饭投到海里，然后再把它捞上来，看有没有头发根，如果有就认为可把灵魂和身体均领回到家里。之后，和出嫁之前的姑娘举行“婚礼”。认为亡者结婚成家后，在“彼乘”就会安安稳稳地过上日子，不再到“此乘”来折腾家人了。

总之，巫教作为原始宗教其思想的唯心主义倾向是极为明显的，而且它的信仰特点是多神信仰，认为宇宙中充满了天神、人神、地神、杂鬼等许许多多的神灵，它们都各司其职，发挥作用。

（二）巫祭的形式与巫师

韩国巫祭虽有一定程序，但具体操作往往随巫师情绪及现场群众的兴致、场景等灵活变动。代表性巫祭有：1. 不净巫祭——旨在驱除一切不净因素；2. 大关岭城隍巫祭——祈望神纳领人们的虔诚之心，确保风和日丽、年年丰收、国民安泰；3. 入座巫祭——迎接城隍降临祭堂，请各类神灵就座；4. 和解巫祭——祈求分别安置在两处的城隍神与女城隍神，在巫祭中彼此相好、齐心成全众人所愿；5. 祭祖巫祭——祭众人祖先，祈求子孙繁荣、先阴间平安；6. 世尊巫祭——祈求没有子女的家庭能够听到婴儿的啼哭，让多子多孙的家庭能长命百岁；7. 山神巫祭——祈求全国名山之神赐福，尤其祝愿大关岭上的路程安全；8. 成造巫祭——祈愿阖家平安、大吉大利；9. 七星巫祭——祈求平安、子孙昌盛；10. 群雄将帅巫祭——抚慰为国为民牺牲的将帅之灵，求诸将帅保佑子孙得福安康，是巫俗祭仪的核心，为最受民众欢迎的巫祭之一；11. 沈清巫祭——预防眼疾，从事渔业者祈求在云雾、暴雨中平安归来，祈求在外者路途安全；12. 天王巫祭——祈子孙学业有成；13. 天花巫祭——祈愿摆脱天花疾病；14. 龙王巫祭——祈求克服旱灾、生产丰收；15. 巫祖巫祭——歌颂巫女祖神齐面奶奶，招其灵魂迎来献祭；16. 花歌巫祭——祈求死者足履花圃平安归西。

韩国巫师大体可分为“降神巫”、“世袭巫”、“习得巫”三类。其中“降神巫”具有代表性。巫师通常通过患上一种被称为“巫病”或“神病”的特殊疾病来“接灵”。尽管“病症”会因文化背景和生活环境的不同而稍有差异，但基本上都是无缘无故地患上病，感到极度的痛苦，在濒死般的极端情形下，神灵附体。一般认为，这种人具有与神沟通的能力，而为大多数民众所信赖。“世袭巫”、“习得巫”皆为后天习得者，因此，被信赖程度有所降低。当然，根据巫师的特长和功能还可具体分为很多种。

巫师的主要作用可以概括为以下几个方面：1. 主管祭祀活动；2. 医病治病；3. 预言吉凶祸福；4. 具有歌舞才技的作用。这些功能一般都是伴随着跳神等活动来体现的。根据目的和内容不同，跳神可分为祈福、治病、超度，其中祈福包括山神祭、城隍祭、堂山祭、三神祭等；治病包括客祭、除煞祭等；超度包括招灵祭等。跳神的场所一般在神堂中，或者是村中的堂山、家中洁净神圣的地方。巫师带上铃、镜、鼓等法器，边歌边舞来进行。

据大韩胜共敬信联合会（巫师协会）发表，目前韩国正式注册的巫师中男性约有 5 万人、女性约有 15 万人，共约 20 万人。根据不同的学历来划分，高中以上学历者占 45%，即 9 万人；大学专科以上学历者占 15%，约 3 万人；大学以上学历者有 100 多人。

第三节　中韩原始宗教思想的相同点和相异点

中国和韩国原始宗教同属于一个文化圈（萨满教文化圈），所以，一方面存在多方面的相同点；另一方面，由不同国度、不同民族、不同历史而又造成了多方面的相异点。

一、原始宗教思想的相同点

1. 巫史不分是共有的事实。中国的文化，在相当一个时期内是巫史不分、史俗并载。巫官文化和史官文化，不仅曾经密切地结合在一起，而且构成了中国文化的一大特色。所以，中国学者张紫晨在《中国巫术》中提到：“历史是从记述巫事开始的，以王事为中心的历史形成于记巫事的历史。其开始阶段，王事亦即巫事，王事活动主要是巫事活动。”① 这一叙述比较准确、客观地反映了巫术的历

① 《中国巫术》，上海三联书店，1990 年，第 301 页。

史状况和巫术与王事（政事）在历史上的联系。这一点是被中国古代史书所一再证明了的。在中国先秦文化中，卜筮文化极为发达。夏、商、周三代，各有易书，即《连山易》、《归藏易》、《周易》，这不是偶然的。这些易书是巫官文化的直接产物和重要成果，没有历史上的巫官文化便不会有如此发达的卜筮典籍。在中国，卜筮文化对中国文化心态的深厚影响是难以估量的。

在韩古代先民那里，最贤明的长者当然是最高祭主、座首，主管祭、政两事。韩国有学者把这个时期又称为神政时期。在神政时期，同祖团体的首领兼管主持祭祀和政治。所以，长者既是巫师又是人君。新罗初把国王称为“次次雄”就意味着，在韩国古代历史上确实存在过王者担任祭政兼任的状况，也就是说曾经存在过王事亦即巫事、王事活动主要是巫事活动的历史事实。被称为韩国最古的历史文献资料、最能反映韩民族古代思想的《檀君神话》中的檀君则是公认的国巫，是韩国巫教传说中的核心人物。既然如此，那么其思想对后世的影响也是不可估量的。

2. 巫教文化是国家民族文化形成和发展的不可忽视的基础。中国文化的形成和发展是离不开中国巫教文化的。中国巫教文化是中国文化形成和发展的基础。离开这个基础，可以说，中国文化的形成和发展是不可想象的。同样，韩国文化的形成和发展也离不开韩国巫教文化。有学者说，在韩国离开巫教文化就没有整个文化的发展的完整历史及实质。

3. 巫教的基本内容大体一致。从上文中韩两国巫教的基本内容比较看，相一致的一面是占主导地位的，就是说，其很多方面是相似的。如两国巫教均以“万物有灵论”作为思想起点；强调“多神论”；崇拜对象大致相同，主张自然崇拜、神灵崇拜、祖先崇拜等，但两国巫教均没有坚实的哲学和理论根据。

4. 巫教比较注重形式。巫教的侧重点不在内容，而在于形式。从中韩两国的巫教比较中我们可以看到很有趣的一个现象，那就是其形式的多样性。张紫晨把中国的巫教分为十多种：祭祀中的巫术；驱鬼中的巫术；招魂中的巫术；求子中的巫术；医疗中的巫术；生产中的巫术；建房中的巫术；制敌、放蛊巫术；萨满教中的巫术等，而且每种又细分为若干种，说明其形式是多种多样的。

韩国古代的巫教形式也是多种多样的。这在上述第二节已有叙述。中韩巫教的实际内容相对来说比较粗放，没有构成严密的逻辑思维体系，而其形式则不然，有学者统计韩国巫教形式多达220种。

二、原始宗教思想的相异点

1. 涉猎的范围不同。中国的原始宗教（巫教）既包括北方萨满文化又包括南方巫术文化，而韩国巫教文化则侧重于北方萨满文化。我们认为这是一大区别。造成这一区别的主要原因就在于两国不同的历史环境和人文环境。在历史上，中国是多民族文化的社会，而韩国则是单一民族文化的社会。这种历史实际的区别必然会造就不同的信仰范围和侧重点。

2. 在内容上具有一定的差异。同是巫教，但某些内容上还是存在一定差别的。如韩古代先民的原始宗教尤为崇尚“清净”。金得幌指出，韩古代先民的“神教以天神崇拜、自然崇拜、祖先崇拜、清净崇尚为内容”①。他在这里提到的“神教”是指巫教、萨满教，崇尚清净是韩国巫教（萨满教）的重要内容和特点之一。金得幌认为，“崇尚清净和光明也是神教信仰内容的特色”②。韩古代先民的原始宗教忌讳精神上的和肉体上的不洁不净。在这里讲的精神上的“不洁”就是指心灵上的邪念和各种杂念，而肉体上的“不净”就是指不修边幅、不讲仪容、不讲衣着之人。古代韩国人把这些不洁、不净看做是一种罪行，认为这是对神的不敬、不孝。因此，韩国巫教要求人们自觉做到心敬身净，以此来表示对神灵的最大的虔诚和尊敬。古代韩国人尚白、喜欢着白衣，与“忌讳不洁和邪祟”有一定关系。

3. 在对崇拜对象的信仰程度上体现出一定的差异。以祖先崇拜为例，中韩古代先民均对此崇拜给予极大关注和重视，这一点是无

---

①　金得幌著，柳雪峰译：《韩国宗教史》，社会科学文献出版社，1992年，第33页。

②　金得幌著，柳雪峰译：《韩国宗教史》，社会科学文献出版社，1992年，第34页。

可厚非的，是一致的。但中国祖先崇拜又体现出某种分散性、多样性，而韩国祖先崇拜则体现出集中性、单一性，而且其信仰程度比中国的更高、更专一。韩国先民把“先祖”、“祖上”、“祖宗”看做是“天”一般的存在，也就是说把祖先幻想成为“天”的代理，带有“至尊”的性质。所以，在韩国古代诸多信仰中，祖先崇拜受到格外的推崇。

第二章

中韩儒学（儒教）思想比较研究

中国儒学是指中国春秋时期孔子（字仲尼，名丘，公元前 551—前 479 年）创立的学派。儒家之所以称“儒”，据《汉书·艺文志·诸子略》说：“儒家者流，盖出于司徒之信，助人君顺阴阳，明教化者。”《周礼·天官家宰》也有说明：“四曰儒，以道得民。”东汉郑玄注：“儒，保氏有六艺以教民者。”唐代贾公彦疏：“诸侯师氏之下，又置以保氏之官，不与天子保氏同名，故曰号儒，掌养国子以道德，故云‘以道得民’。”近代有学者认为，“儒”的前身是古代专为贵族服务的巫、吏、视、卜；在春秋社会大动荡时期，“儒”失去原来的地位，由于他们熟悉原来的礼仪，便以“襄礼”为谋生职业。按这种说法，春秋末期，“儒”指以襄礼为业的知识分子。但当时“儒”指的是个别的人，而不是指一个学派。孔子早年曾以“儒”为职业，对此在《论语·子罕》中有记载：

> 吾少也贱，故能鄙事……出则事公卿，入则事父兄，丧事不敢不勉，不为酒困，何有于我哉？

孔子除通晓养生送死的礼仪外，还具有丰富的文化知识，精通礼、乐、射、御、书、数、文艺。他于 34 岁时，孟懿子、南宫敬叔等人来学礼后，学生逐年增多。据《史记·孔子世家》记载：

孔子以诗书礼乐教，弟子盖三千焉，身通文艺有七十二人。

从此，便形成了以孔子为核心的儒家学派。凡属于这一学派的统称为儒家学派。

韩国儒教就是指在中国儒学传入以后与本土信仰相结合而形成的、具有韩国特色的思想体系。它体现在早期的儒教思想（三国时期儒教思想）、性理学、阴阳学、实学等方面，并名副其实地上升为韩国传统思想文化的主流。

韩国政府从 1982 年开始，将传统价值观中的优秀部分挖掘出来，注意克服国民的懒散习惯、封闭自守、精神空虚、缺乏创造力等不良素质，发扬民族精神，通过教育改革，力求培养出新的韩国人：健康的韩国人——强健的体魄、刚强的意志、高尚的情操、丰富的情感；独立的韩国人——具有自信、自主决策力、进取开拓的精神、强烈的民族意识；创造的韩国人——基本的学习技能、科学研究能力、理智解决问题的能力、创新的思维；道德的韩国人——正确的价值观、人类的认同感、优秀的公民意识、关心他人的精神。

第一节 中韩儒学（儒教）思想比较研究

春秋末期是中国处于由奴隶制向封建制过渡的新旧交替的时期。以孔子为首的儒学思想是为适应这一客观需要而产生的。因此，它体现了这一时代的精神，代表了这一时代思想发展的趋势。

历史车轮向前挺进一千多年之后，中国儒学思想也波及朝鲜三国（高句丽、百济、新罗）。这是在朝鲜半岛儒教思想发展的起始。

一、中国儒学思想

在中国学界谈关于中国儒学的基本精神和特点的文章比较多。

著名学者陈来在《浅谈儒家文化的人文精神》一文中，把儒家文化的人文精神归结为崇德尚义、群体优先、进取有为、文化自觉[①]；中国社会科学院资深研究员李甦平在《论韩国儒学的特性》一文中，把韩国儒学的特性概括为重“气”、重“情”、重“实”[②]；北京大学孙君恒在《韩国儒家伦理的特点》一文中，对儒家伦理的特点从儒学内化为习惯、性理学的创造、实学的务实风格角度去探讨了这一问题；澳大利亚资深学者李瑞智和黎华伦在《儒学的复兴》合著中，把中国的儒家学说的特点概括为6个方面：崇尚古代；道德至上；重视教育；宁要人治或德治，而不要法治；接受多元文化的精神和哲学权威；提出和推动仁和礼的独特概念等。上述探讨和观点对概括中国儒家的基本思想颇有参考价值，应予以重视。

(一) 儒学基本思想

1. 哲学思想

(1) 天命观。孔子在哲学思想上继承西周以来的天命观，弘扬天命论，以天命作为自己思想的最终依据。在孔子哲学思想中的天是有人格、有意志的，是自然和社会的主宰者。他说：“获罪于天，无所祷也。”[③] 有一次，孔子受匡人的围困，生命危急，他慨叹说：

> 天之将丧斯文也，后死者不得与于斯文也，天之未丧斯文也，匡人其如予何？

这就是说，天如果真想让文化毁灭，我就不该做文化的继承人。如果天不是毁灭文化，匡人能把我怎么样！又有一次，宋国大夫桓魋要杀孔子，孔子化妆逃走，他说：“天生德于予，桓魋其如予何。”[④] 意思是说，天赋予我以盛德，桓魋能把我怎么样？孔子的学生子忧说：“商闻之矣，死生有命，富贵在天。”[⑤] 不难看出孔子所讲

---

① 《人民日报》，2009年5月。
② 《孔子研究》，2008年第一期。
③ 《论语·八佾》。
④ 《论语·述而》。
⑤ 《论语·颜渊》。

的天是活灵活现、有人格、有意志的上帝。

孔子又认为，天也是自然界的最高主宰者。孔子说：

> 天何言哉？四时行焉，万物生焉，天何言哉？①

意思是说，天何尝说过话？但四时在运行，百物在发生，天何尝说过话？这里天就是至高无上的万物的推动者。

孔子还讲天命，认为天命有绝大的权威，不可抗拒。他说：

> 君子有三畏，畏天命、畏大人、畏圣人之言，小人不知天命不畏也，狎大人、侮圣人之言。②

这是说，作为一个统治者（君子）必须对于“天命”、“大人”、“圣人”之言十分敬畏，不可抗拒。孔子是相信天命的，认为天有意志，和地上人君一样，能赏罚，能决定社会治乱、文化的兴亡。即使在奴隶制已经动摇、天命已不能维系人心的时候，孔子仍然坚信天命。孔子越到晚年越加敌视新兴封建势力。孔子甚至认为“知命”是作为“君子”的必要条件。他说：“不知命，无以为君子也。”③ 他自称到了 50 岁才确认天命，到了 70 岁可自觉地按照天命的规律行动而不感到丝毫勉强。

孔子把恢复周制看做自己的历史使命。他为了挽救已经崩溃了的奴隶制，具有宗教徒的虔诚信念。当时人们说，他是一个“知其不可而为之”④ 的人。孔子在政治活动中遭到挫折，他的复古方向走不通，却坚信他的行为是正确的，符合天命的。所以他有不计成败的勇气。孔子的“知其不可而为之”，并不是强调人的作用，贬低天的位置，恰恰相反，他自以为按天命办事，才不计成败的，因为他认为事之成败的决定权不是人而是“天”。

---

① 《论语·阳货》。
② 《论语·季氏》。
③ 《论语·尧曰》。
④ 《论语·宪问》。

孔子对于鬼神表面上采取了将信将疑的态度，不像他对天命那样坚信不疑。他的学生子路问他神的问题，他回答说："未能事人，焉能事鬼?"子路又问关于死后的问题，他回答说："未知生，焉知死。"[①] 又说："敬鬼神而远之，可谓知矣。"[②] 由此可知，他好像否定鬼神的存在，但事实上他对鬼神并不敢完全否定。他说，禹"菲饮食而致孝乎鬼神"[③]。意即禹尽管自己饮食很菲薄，但对鬼神的孝敬祭礼却很丰盛，因此，禹很值得敬佩。孔子还说过，"非其鬼而祭之，谄也"[④]。意思是，对于鬼神该祭的才祭，不该祭的就不要乱祭。这说明他是反对乱祭而不是反对祭祀鬼神。《论语·述而》记载："子不语怪、力、乱、神。"这说明孔子对鬼神问题采取了慎重的态度。

天命、鬼神、丧祭就是奴隶制王权和奴隶制宗法制的精神支柱，在天命、鬼神同时发生动摇、不能兼顾时，孔子主张先保住天命，其次才是鬼神，因此孔子再三教人"畏天命"，并把畏天命贯彻到自己的生活、行动中去。

(2) 认识论。孔子也提出了有关哲学认识论问题。他对知识的来源问题做了唯心论的叙述。他说：

> 生而知之者上也，学而知之者次也，困而学之又其次也，困而不学民斯为下矣。[⑤]

孔子把人分成"生而知之者"、"学而知之者"、"困而学之者"和"困而不学者"四种。所谓"生而知之"，就是知识先于经验、先于实践而生来就有的意思。"生而知之者"，指的是尧舜、周公之类的圣人。孔子提出，"唯上智与下愚不移"。其中"愚"指的是下层劳动民众。他认为，"中人以下，不可以语上也"，就是说，对下层

① 《论语·先进》。
② 《论语·雍也》。
③ 《论语·泰伯》。
④ 《论语·为政》。
⑤ 《论语·季氏》。

劳动人民进行教育也是没有用的，这种人只能当统治阶级的驯服工具。孔子的这种唯心主义先验论与他的神秘的天命论有着直接的联系，可以说，他的先验论是从天命论派生出来的。而这种先验论又给他的天才论以认识论的基础。孔子认为，世界上有天才，天才可以不接触客观世界而生来就有正确的认识，并把天才与天命相联系。这种天才论对社会发展只能起到消极的作用。

他的认识论也包含一些进步思想。

其一，人会认识客观事物。孔子指出，人不仅会“知仁”、知礼、“知言”和“知人”，而且还会认识神秘的“命”和“天命”。他说：“五十而知天命”，“不知命，无以为君子也”①。甚至提出会知道社会历史的发展。对此，《论语》有这样的记载：

> 子张问：“十世可知也?”子曰：“殷周于忧礼所损益可知也，周因于殷礼，所损益可知也，其或继周者，虽万世可知也。”

显然，他认为从历史的损益变革可以推知万世，从而推知社会历史的发展变化情况。无疑这是可知论思想。可知论不一定是唯物论，但在当时而言是一种进步的见解。

其二，反映论观点。孔子虽然承认有“生而知之者”，但公然宣称“我非生而知之者，好古敏以求之者也”②。他并不期待“生而知之”的天才人物的出现，而是把精力放在后天的学习上。孔子一生好学，这给后人树立了良好的榜样。他对“学而知之”作了较详细的叙述。他说：

> 盖有不知而作之者，我无是也。多闻，择其善者而从之，多见而识之。知之次也。③

① 《论语·尧曰》。
② 《论语·述而》。
③ 《论语·述而》。

意思是说，耳闻目睹属于感性认识；所谓“多闻目见”，是初步的认识。“择其善者”是对“多闻目见”的材料进行去粗取精、去伪存真的抉择过程，属于理性认识阶段。只有对所闻所见的材料进行抉择，才能得出正确的认识。不可以为所闻所见都是正确的，即使对多数人的意见也要进行调查研究，才能知道它正确与否。孔子指出：

> 众恶之，必察焉，众好之，必察焉。[①]

他反对把道听途说当作事实，甚至相信它。他明确指出，“道听途说，德之弃也”[②]。上述“择善而从之”就是对他的“学而知之”的进一步解释。显然，这是与唯心主义先验论相对立的唯物主义的反映论观点。

不仅如此，在他的哲学思想里还存在着一定的辩证法思想。比如，他说：“性相近也，习相远也。”[③] 意思是，人性的差别，是由后天的习性所决定。又说：“知之为知之，不知为不知，是知也。”[④] 就是说知道是一种知，知道自己不知也是一种知，不过后边的知是进一步求知的出发点，比前一个知为更深一层的知。这是对知之与不知的辩证的理解。其中“不知为不知”是一种实事求是的态度。如果以不知为强知，那就是不老实的态度。“不知为不知”才是真正的知。他还说：“过而不改，是谓过也。”[⑤] 就是说，人不能不犯错误，但是“过而不改”，才是真正的错误。显然这些思想是符合辩证法的。

2. 政治思想

孔子认为，周朝的制度、文化是夏、殷以来文化发展的高峰，周礼就是吸取夏、殷制度的优点而制定的，十分完备，值得尊奉。

---

① 《论语·卫灵公》。
② 《论语·阳货》。
③ 《论语·阳货》。
④ 《论语·为政》。
⑤ 《论语·卫灵公》。

所以他说：

周监于二代，郁郁乎文哉，吾从周。[1]

周礼的基本内容就是“君君、臣臣、父父、子子”的奴隶制贵族等级制和以奴隶主贵族的血缘关系为纽带的制度。要维护等级制和宗法制度，在国家政权方面要“礼乐征伐自天子出”，不能“自诸侯出”，更不允许“陪臣执国命”。在家庭方面要做到“父为子阳，子为父阴，直在其中矣”[2]。即使父亲做了坏事，比如偷了别人家的羊，当儿子的为了尽孝道必须包庇父亲的盗窃行为。孔子对鲁君的违礼行为也采取了包庇的态度。鲁昭公娶同姓女为妻。有人问昭公是否知礼，孔子明知鲁昭公违反周礼却回答说：“知礼。”孔子处在周礼崩溃的时代，仍然坚持周礼。但是，客观现实往往与孔子的主观愿望背道而驰。孔子看到，单用命令、刑罚已不能遏止奴隶解放的洪流。在客观形势的逼迫下，孔子不得不提出，只有“道之以德，齐之以礼”，才能使劳动人民“有耻且格”[3]。所谓“道之以德”，指的是用人伦道德来教化人们，使人们做到“父臣有亲，君臣有义，夫妇有别，长幼有序，朋友有信”。如此就“使民敬忠以劝”，而不“犯上作乱”。“齐之以礼”，是订立一些礼制，造成一些限制和分别，使人各按其分。孔子虽主张“德治礼教”，但这并不意味着奴隶主放下皮鞭和刑具而去说服教育，而是在皮鞭和刑具之外又加上奴隶主阶级的德治礼教的外衣，企图用思想教育的方法去维系正在崩溃中的奴隶制。

另外，春秋末期，孔子看到旧制度（礼）加速崩溃而名存实亡的现象十分普遍，认为当时的“实”不符合于西周的制度。比如，按周礼君之“实”应符合君之“名”，臣之“实”也要符合臣之“名”。可是当时只有“名”而“实”已变。在孔子看来，这种“名”

① 《论语·八佾》。
② 《论语·子路》。
③ 《论语·为政》。

不符“实”就会引起社会政治的混乱。因此，他企图要用“名”去纠正已经改变或正在改变的“实”。对此，他指出：

名不正则言不顺，言不顺则事不成，事不成则礼乐不兴，礼乐不兴则刑罚不中，刑罚不中则民无所措手足。①

“正名”的政治含义就是用周礼作为尺度去正名分。孔子对齐景公说的“君君、臣臣、父父、子子”，就是正名的主要内容。他为了挽救周礼崩溃的残局，强调对于“名”要有正确的认识。其实，当时社会上引起的秩序混乱，不是由于人们对事物概念不清楚，而是社会内部矛盾充分暴露的必然结果。所以，孔子把“正名”看做是解决混乱的先决条件，这是他唯心主义观点在名实问题上的体现。

3. 伦理思想

孔子把“仁”作为伦理思想的核心，“仁”一词在孔子以前已被广泛应用。但作为哲学范畴提出来是从孔子开始的。从此“仁”成为中国哲学史的重要范畴。《论语》讲“仁”的地方很多，其中最清楚的是孔子答颜渊问“仁”的对语。孔子说：

克己复礼为仁，一曰克己复礼，天下归仁焉。②

所谓“克己”，是约束自己；“复礼”是把合乎礼的言行都纳入礼的规范。其意就是说，一个人若能做到约束自己，使自己的言行合乎礼的原则，就是仁。一旦能做到这一点，天下的人都会公认他做到了“仁”。颜渊进一步问：“克己复礼”的具体内容是什么？孔子说：

非礼勿视，非礼勿听，非礼勿言，非礼勿动。③

---

① 《论语·子路》。
② 《论语·颜渊》。
③ 同上。

在视、听、言、动各个方面都要符合礼的规定，才能说符合仁德原则。这里所说的礼就是周礼。

孔子认为，作为一个合格的统治者，必须在思想、行动各方面符合周礼的规定。他指出：

> 君子而不仁者有矣，未有小人而仁者也。①

“仁”这个道德品质是只有统治阶级（君子）才能具备的道德品质，被统治阶级（小人）是说不上“仁”的。因此，他说：

> 民之于仁也，甚于水火。吾见蹈而死者矣，未见蹈仁而死者也。②

劳动人民需要仁，比需要水火还迫切。水火固然是生活中不可缺少的东西，但如不小心，有时会受其害，而仁对人只有好处、没有害处。

孔子看到，当时带头犯上作乱、杀父弑君的无道行为经常发生在统治阶级内部，认为是由于统治阶级之间不能相爱的缘故。当樊迟问“仁”时，孔子告诉他说：“仁则爱人。”不难看出，孔子的仁的基本精神是：根据周礼所规定的内容调整统治阶级内部矛盾。他的学生曾子曾以“忠恕”两个字来概括“仁”的含义。这是比较接近孔子的原意的。所谓忠恕之道，就是以自己作为例子，设身处地为别人着想。孔子说：

> 己欲立而立人，己欲达而达人，能近取譬，可谓仁之方也矣。③ 又说：己所不欲，勿施于人。④

---

① 《论语·宪问》。

② 《论语·卫灵公》。

③ 《论语·雍也》。

④ 《论语·颜渊》。

其意就是：我自己所希望达到的，也希望别人能达到；我自己不愿意别人怎么对待我，我也不用它来对待别人。这里所讲的人，当然是我以外的别人，而事实上孔子所讲的别人，只是贵族，不包括奴隶。在孔子看来，不论自己所希望达到的，或不希望发生的事，都不能离开“克己复礼”的原则。

其实，当时的礼早已被废止了，有的礼只剩下表面的形式。所以，孔子说：

> 礼云礼云，玉帛云乎哉？乐云乐云，钟鼓云乎哉？[①]

意思是说，只有玉帛，哪能算作礼？只有钟鼓，哪能算作乐？又说：

> 人而不仁如礼何，人而不仁如乐何。[②]

就是说，如果离开“仁”的原则，礼乐只不过是一个空洞的形式，对挽救社会危机没有好处。在仁和礼的关系上，孔子强调要做到“礼”必须符合“仁”；并做到“仁”也必须符合“礼”。事实上孔子所讲的“仁”和“礼”，本来就是一个问题的两个方面。“礼”是建立在宗法制度“亲亲”基础上的一种社会制度，而“仁”则是一种纯主观的道德品质。社会道德总归是为该社会政治制度服务的。所以“仁”是从于“礼”，“仁”又是“礼”的精神支柱。孔子将“仁”与“礼”相结合的目的就是使奴隶制的身份等级制度成为捆住人们手脚的“紧箍咒”，以便压制劳动人民的反抗精神，使人们不许僭越礼制，更不许反对奴隶制。

孔子提出的“仁”的原则，只限于贵族，而不包括对待劳动民众的平等关系。《论语》记载，子张问仁于孔子。孔子曰：“能行五者于天下，为仁矣。”再问之，曰：“恭、宽、信、敏、惠。恭则不

---

① 《论语·阳货》。
② 《论语·季氏》。

侮，宽则得众，信则人任焉，敏则有功，惠则足以使人。”[1] 这充分说明，仁是调整统治阶级内部关系和缓和敌对阶级矛盾的原则。所谓“宽、惠”等都是指对劳动者的态度要缓和一些，但孔子没有说过对劳动人民要讲忠恕之道。孔子主张，对待劳动民众要宽大一些，才能使奴隶不会逃亡。但是，孔子还没有认识到当时许多处在臣的地位的贵族叛逆者，如季氏、陈恒等人，已经是新的生产关系的体现者。他们和国君的矛盾是新与旧两种生产关系的矛盾。这种矛盾不能调和，只能由新的代替旧的。孔子由于把两种制度的斗争只看做奴隶主贵族之间君臣关系的不协调，所以他提出“君使臣以礼，臣事君以忠”[2]。企图在政治上用周礼、从思想上用仁来消除诸侯与陪臣之间的矛盾，并提出“仁者爱人”、“克己复礼”的原则。

孔子认为，实行“仁”并不困难，所以，他一再强调“为仁由己，而由人乎哉”[3]。就是说，做到“仁”并不难，只要有决心，靠主观努力即可。孔子把“仁”看做生活的最高原则，必要时以生命来保卫它。他说：

> 志士仁人，无求生以害仁，有杀身以成仁。[4]

总之，孔子一生奋斗的目的在于恢复周礼，恢复周礼的政治措施就是“正名”，而其思想保证是贯彻“仁”的原则。所以，“仁”是孔子学说的最高道德观念。

4. 教育思想

孔子是中国历史上第一个打破“学在官府”的老规则，开创私人办校的带头人。他自己“学而不厌”，对弟子“诲人不倦”。相传他先后教过的弟子有三千多人。他建立了当时最大的讲学团体，并教育出不少有才干的学生。通过他的丰富教育实践，总结出前所未有的教育思想。

---

① 《论语·阳货》。
② 《论语·八佾》。
③ 《论语·颜渊》。
④ 《论语·卫灵公》。

第一，提出“有教无类”思想。西周是等级差别极为森严的国家。不仅奴隶主贵族与奴隶之间存在严格的阶级界限，而且在奴隶主贵族内部也存在贵贱、尊卑的差别。当时学校教育被世袭的奴隶主贵族所垄断，只有贵族子弟有受教育的权利。所谓“有教无类”就是在教育上打破这种等级界限，使教育普及于多数人之中。孔子在教育实践中贯彻实施了这一思想。在孔子弟子中有不少下层平民出身的人。诸如“子路、卞之野人、子贡、卫之贾人、颜涿聚、盗也、颛弥师、驵也，孔子教之皆为显士”。所以，历来有“孔门多杂”的说法。孔子的“有教无类”并不是打破教育的阶级界限，向奴隶们开放学校大门。但是，在当时“礼不下庶人，刑不上大夫”已成惯例的条件下提倡“有教无类”，不能不说是一种进步的思想。

第二，提出“学而优则仕”思想。当时人们将在位的统治阶级通称为“君子”。在君子中属于最下层的阶层叫做“士”。孔子教育的目标就是培养“士”或“君子”，即统治阶级的一员。所谓“学而优则仕”就是不论谁学好了都能做官的意思。季康子问，仲由、子贡、冉求能否从政？孔子回答说：“皆可以从政。”[①] “学而优则仕”的提出，不仅突破了西周奴隶主教育的阶级界限，而且在一定程度上打破了做官人员身份上的限制。这在当时行世官世禄的条件下，不具有一定的进步意义。但是，从另一个角度考虑，其主要以培养“士”、“君子”为目标，而由于“士”、“君子”皆属于剥削阶级，所以这一思想必然使教育脱离生产劳动。樊迟请“学稼”、“学圃”，孔子却说：“小人哉樊须也。”即指“学稼”、“学圃”是小人的事，不值得学习。这就反映了孔子教育思想的剥削阶级性质。

第三，在学习方法上提出的宝贵思想。首先他主张实行“因材施教”。孔子根据不同的学生情况，善于对同一个问题做出不同的回答。这些不同的回答又恰恰是针对学生的某些缺点而说的。

孔子还经常教导他的学生端正学习态度。指出，“知之为知之，不知为不知，是知也”。强调树立老老实实的学习态度。对学习的规律，孔子也作了某些概括。他提出“温故而知新”，即要获得新的知

---

① 《论语·雍也》。

识，就不能脱离旧的知识基础。关于学习的过程，他提出："学而不思则罔，思而不学则殆。"[①] 他认为，如果只死记一些知识，而不通过思维过程加以消化，这样学来的东西只能是抽象的理解。如果只用思考，不注意吸取新的知识，就会白费力气，毫无所得。孔子从不要求学生死读书本，而是启发学生弄懂问题，掌握实质。颜渊曾经称赞孔子的教育方法说：

> 夫子循循然善诱人，博我一夫，约我一礼，欲罢不能，既竭吾才，如有所立卓尔。虽欲从之，未由也已。[②]

孔子当时以"博学多能"而著称。这与他的学习态度有直接关系。他是"学无常师"、"不耻下问"之人，即：

> 入太庙，每事问。[③]
>
> 三人行，必有我师焉，择其善者而从之，其不善者而改之。[④]

(二) 儒学的基本特征

儒学随着社会发展，不断涌现出不同的学术思想与观点，其内部不论在政治观点或哲学观点上，都是有差别和对立的。但两千多年来，作为一个学派，在思想上又有其共同的特征。最早把儒学同其他学派区别开来，并指出其思想特点的是汉代的《论六家之要指》和《汉书·艺文志》。《论六家之要指》说：

> 夫儒者以六艺为法，六艺经传以千万数，累世不能通其学，当年不能究其礼；若夫列君臣父子之礼，序夫妇长幼之别，虽百家不能易也。

---

① 《论语·为政》。
② 《论语·子罕》。
③ 《论语·八佾》。
④ 《论语·述而》。

《汉书·艺文志》儒家者说：

> 游文于六经之中，留意于仁义之际，祖述尧舜，宪章文武，宗师仲尼，以香其言。

概括起来儒学有以下特点：

1. 宗师孔子，视其言行为最高准则。儒家学者毫无例外地都推崇孔子，并且以孔子为祖师。司马谈在《论六家之要指》中说“儒家者流”、“宗师仲尼”，指的就是这一点。但儒者所推崇的孔子，都是主观化了的孔子，也就是都刻画了自己心目中的孔子形象。这种推崇都是形式的。其实他们是把孔子作为一块招牌。例如，先秦时期的大儒孟子和荀子就各有自己的孔子形象，孟子认为孔子学说的核心是他加以改造了的“仁政”，而荀子则认为孔子学说的实质是他加以改造了的“礼政”。两者虽主张各异，但崇孔则一。不论哪家、哪派，不论何时，在形式上无一例外地推崇孔子，都打着孔子的旗号。

2. 都以《诗》、《书》、《乐》、《礼》、《易》、《春秋》六经为经典。《六经》是儒学的原典。儒家思想主要发挥《六经》中的思想。儒学者对《六经》思想的解释和发挥基本上采取“六经注我”的态度，借《六经》以阐发自己的思想。司马谈在谈儒学的特点时指出：“游文于‘六经’之中。”大概也是据此而说的。由于对《六经》的看法不一样，所以在思想史上形成了不同的派别。凡是儒家学者都崇奉《六经》。

3. 提倡仁义，以行为为准则。这与上述几条有所不同，不论由谁提倡仁义，都是真心实意的。因为儒学从其实质而言就是一门伦理道德学。它试图用封建伦理道德来维护封建社会秩序。儒学伦理道德的核心就是“仁义”，只有做到了仁义才能达到预期的目的。所以，儒学家提倡仁义，并以此作为行为的准则。

4. 维护君臣、父子、夫妇、兄弟等伦常关系。这是儒学的伦理纲常，以孝悌为核心。对此，儒学有一套要求：为君者，有为君之道；为臣者，有为臣之道；为父者，有为父之道；为民者，有为民之道。只有做到“君臣之义、父子之亲、夫妇之别、兄弟之悌”，才能维护封建社会的正常秩序；并且只有把它由家庭推广到社会，即“推己及人”，才能达到“修身、齐家、治国、平天下”的目的。儒学把它提到决定国家命运的高度去认识，因此非常重视这种道德品质修养。

子张之儒、子思之儒、颜氏之儒、孟氏之儒、漆雕氏之儒、仲良氏之儒、孙氏之儒、乐正氏之儒等，史称“儒家八派”。在战国时期的百家争鸣中，儒家不仅同其他学派进行斗争，而且儒家内部各派之间也进行了激烈的斗争。

战国时期的儒家以孟子和荀子最为重要。孟子（名轲，公元前372—前289年），号称儒家“正统学派”。他继承了孔子关于仁的思想和德政的主张，并发展为仁政学说。在哲学上他继承了孔子的天命观，但剔除了天的人格神成分，赋予天以道德属性。他注意人性问题，主张性善。人性论在他的哲学思想中，占有极为重要的地位。他认为“仁、义、礼、智”根源于性，人生的最高理想是通过尽心、知性，达到知天，及达到“万物皆备于我”的天人相通境界。在中国哲学史上，孟子是最早全面论述英雄创造历史的唯心主义哲学家。孟子曾宣扬：

> 劳心者治人，劳力者治于人。治于人者食人，治人者食于人，天下之通义也。①

他把封建统治阶级的剥削行为合法化。孟子是先秦时期主观唯心主义的大师。

荀子（名况，字卿，公元前313—前238年）继承了孔子思想中重人事、不重鬼神的一面。他说：

> 水火有气而无生，草木有生而无知，禽兽有知而无义，人有气，有生，有知亦且有义，故最为天下贵也。②

---

① 《滕文公·许行章》。

② 《荀子·王制》。

荀子强调天人之分，提出了“知天命而用之”的观点。他还提出了性恶说，指出“人之性恶，其善者伪也”[①]。由此，他强调对人的天性加以改造的重要性。荀子对道家、墨家、法家、名家各派以及儒家内部各派都进行过批判，在批判中做到百家总汇、取长补短。同时在批判中吸收道家的自然无为思想，从而建立了唯物主义自然无为的天道观，替新兴地主阶级利益辩护。荀子发展了儒学唯物主义哲学思想，并通过哲学上的两军对战，进一步推动了儒学哲学思想的发展。荀子是先秦时期唯物主义哲学思想的代表。

此外，还有战国时期著名儒学家即《易传》的作者，认为宇宙万物处于永恒生灭变易之中，变易的根据在于宇宙中阴阳、刚柔相摩相荡。《易传》的作者虽然没有留下姓名，但其理论水平很高。儒学由孟子、荀子及《易传》作者和其他派别人物的发扬，成为先秦时期的显学。

二、韩国三国时期儒教基本思想

朝鲜半岛社会于公元前后开始向封建社会过渡。公元前 1 世纪初，在古朝鲜出现了高句丽；公元前后在汉江下游形成百济，到 1 世纪中叶发展成为较大的封建国家；新罗（意为德业日新，网罗四方）发源于现庆州一带。公元前 2 世纪初，以 6 个部落为中心形成了新罗封建国家。

（一）高句丽儒教及其基本思想

高句丽封建国家建立于公元前 1 世纪后半期[②]。据《高句丽遗迹》记载，高句丽封建国家政权自公元前 37 年开始，至公元 668 年灭亡[③]。高句丽共 28 位王，立国统治时间为七百多年。高句丽政权在其统治期间曾迁都 3 次。高句丽前期建都在桓仁县五女山城上，

① 《荀子·性恶》。

② 朴真爽等：《朝鲜简史》，延边教育出版社，1986 年，第 542 页。

③ 魏存成：《高句丽遗迹》，文物出版社，2002 年。

中期迁都到国内城（公元 3 年），另一说为山上王十三年（公元 209 年）迁都到丸都，还有一说为故国原王十二年（公元 342 年）迁都到丸都城（丸都城位于集安市区西北 2.5 公里处）。后期长寿王十五年（公元 427 年）“移都平壤”，即当时的大山与安鹤宫或清岩里十城[①]。

关于高句丽的建国问题有个神话故事[②]。其创始传说最早见于公元 41 年的好太王碑，此后的《魏书》记载较为详细，该书是 1145 年金富轼《三国史记》一书的直接来源。

其实，高句丽建国史料源自广开土王碑的碑文，也称好太王碑文。好太王碑高 6.39 米，基座长 3.35 米，宽 2.7 米，碑文共 1775 字，共 44 行，每行 41 字。该碑文的第一部分为高句丽政权的创始传说，该创始传说是关于高句丽创始传说最早的文字资料；碑文的第二部分讲述的是好太王一生的功伐业绩；第三部分详细记述好太王陵守墓人烟户的来源和数目等。

高句丽山城的特点是：“其所必依山谷，皆以茅草草舍，唯佛寺、神庙及王宫、官府乃用瓦。其俗贫穷者多，冬月皆作长炕下燃，温火以取暖。”[③] 高句丽人信仰的宗教是“于居所之左立大屋，祭鬼神，又祠灵星、社稷”。说明当时高句丽人较突出的崇拜是鬼神崇拜、农神崇拜、地母崇拜、灵星崇拜等。

关于高句丽“东明王陵”的遗址问题，至今仍有争论。同朝鲜学者的看法不同，中国学者认为，“东明王陵”在中国辽宁省的恒仁县不在平壤，现位于朝鲜平壤的王陵应为“长寿王陵”（长寿王为高句丽第 20 代王，其在位时间为公元 413—491 年）。中国有学者认为，“长寿王陵”就在中国集安，集安的将军坟为长寿王陵[④]。“东明王陵”的确切位置有待进一步考证。笔者认为，长寿王十五年（公元 427 年）迁都到平壤，所以，长寿王陵在平壤的可能性很大。

---

① 大城山城即市区古城，位于今平壤市东北六七公里处、大同江北岸山地上。

② 史习成主编：《东方神话传说》第 8 卷，北京大学出版社，1999 年。

③ 魏存成：《高句丽遗迹》，文物出版社，2002 年。

④ 《诗经》、《书经》、《周易》、《礼记》、《春秋》为五经，《史记》、《汉书》、《晋春秋》为三史。

在朝鲜历史上，高句丽的历史地位和经济地位及其作用是不可忽视的。而首先接受中国儒家思想的应为三国时期的高句丽。中国儒家思想是伴随着汉学的传入和使用在高句丽得到传播的。但它得到朝鲜国家的承认并作为官方思想而占统治地位，则是从高句丽小兽林王（371—384）时期开始的。小兽林王二年，建立了儒学教育机关——“太学”，把五经和三史规定为教科书[①]。据《旧唐书·高句丽传》记载：“俗爱书籍，至于衡门厮养之家，于各街衢，造大屋，谓之扃堂，子弟未婚之前，昼夜于此，读书习射。其书有书经及史记、汉书、范晔后汉书、三国志、孙盛晋春秋、玉篇、字统、字林，又有文选，尤爱重之。”[②]《唐书·东夷列传》则记载，高句丽的学制包括中央的太学和地方的私立扃堂，并普及儒学。

提到儒学，我们需要了解“儒家八派”。“中国儒家八派”是指战国时期儒家内部形成的派别。根据《韩非子·显学》记载：“有子张之儒、有子思之儒、有颜氏之儒、有孟氏之儒、有漆雕之儒、有仲良氏之儒、有孙氏（荀子）之儒、有乐正氏之儒。”其中在学术上具有重要地位和影响的是孟子和荀子两大派。据史料分析，传入朝鲜半岛的儒家思想，前期主要是指孔子、孟子、荀子之思想。

中国儒家思想在朝鲜半岛得到迅速传播的原因主要有：

第一，朝鲜古代封建国家作为中国的邻国，早就同北朝、隋唐有着经济文化交流，在此过程中不能不受到相当发达的中国先进文化的影响。

第二，儒家思想的核心“天命”观与朝鲜固有的宗教信仰祖先崇拜和“天神”崇拜思想具有本质上的一致性，因而儒家思想没有遇到朝鲜土著思想的反抗。

第三，崇尚名分等级论的儒家思想成为以等级制为基础的三国时期封建国家的精神支柱，成为强化新兴封建国家王权的伦理基础。

儒家思想传入朝鲜半岛后，充当了为正在发生发展的封建关系和秩序辩护的思想武器，为维护高句丽等三国统治阶级的利益起到了重要作用。

---

① 朱红星等：《朝鲜哲学史》，延边人民出版社，1989年，第27—28页。

综上所述，我们可以看到，第一条是从地理、文化、外交角度讲的；第二条是从传统思想观念角度讲的；第三条着重是从政治及政治伦理角度讲的。

那么，高句丽儒教的基本思想是什么呢?

第一，主张“以道与治”。“以道与治”是高句丽东明王临终时给儒留王（也称琉璃明王，在位时间为公元前19年—公元18年）的遗嘱。东明王极为反对“以力与治”，要求执行“乃文乃武”的强兵富国路线。他认为，“文武兼备”是“以道与治”的最好体现，又是最为理想的治国方略，后人必遵之，违者将导致国家的衰败和社会的不稳定。这是高句丽东明王的最为重要的政治理念。历史证明，东明王的这一方略和思想具有极大的历史合理性和普遍性。

第二，实施“安民仁政”。高句丽儒教认为，儒教政治思想的核心就在于“仁政”，而“仁政”的核心就在于“安民”，而“安民”之核心就在于废除苛捐杂税。据《三国史记》载，国王应随时察看民众的苦乐，考虑就恤，尤其要对社会上的鳏、寡、孤、独、失去自立者给予关心。当国家遇到困难或大灾难时应负主要责任，而且其责任要归到自己的无德和无能上，不能把灾难和困难推给国民，尤其是推到社会弱小者身上。这是对统治阶级的“善意的劝告”，在阶级社会中不可能真正得到实现。

第三，实践“有德者在位”。据记载，高句丽在人才使用问题上，强调积极培养和使用人才，努力达到“野无遗贤”。人才是国家兴盛的基础，是国家的栋梁，人才对国家的昌盛、社会的发展是不言而喻的。高句丽的“有德者在位”，充分反映了对“儒贤”的尊重和人才的重视，这也充分反映了高句丽是以儒教为统治理念的国家。

第四，重视“孝悌忠信”。忠孝是高句丽伦理思想的重要内容，孝敬父母，这是人类的基本属性，但由于儒教思想的影响，高句丽的孝观念具有更特殊的含义。其孝的观念进一步引发了对祖先的崇拜。孝的观念与祖先崇拜有密切的联系。对孝观念的加强，必然导致更强烈的祖先崇拜。

第五，贯穿“有教无类”。“有教无类”中的“教”指的是高句丽儒教大学（太学）的教学内容（五经）及扁堂教学内容。“类”指的是无分别的对象，不论何阶层，官僚子弟还是平民阶级的子弟，都能在扁堂受到儒教经典教育，受到武艺教育。可以说扁堂既是一个学习的地方，又是一个练武的地方。总之，培养“乃文乃武”的“孝忠”于父母和国家的有用之才，是太学和扁堂的主要任务。

第六，承袭天神崇拜和祖先崇拜的合一。韩国高丽大学崔光植教授认为，通过高句丽的建国神话和祭天大会，我们可以认识到“天神”信仰仍然是高句丽社会前期的统治理念。在高句丽，祭天大会称为“东盟”或“东明”。祭天大会的对象是“天神”，但祭祀的名称为始祖的人名。其对“天神的祭祀”和对始祖的祭祀是同时进行的。东明为“天帝”的儿子，但在这里“天帝”和“东明”是合而为一的。

这一祭天大会不是一般性的祭祀活动，也不是一般性的民俗活动，它是国家性的祭祀活动，所以参与者均用细缎和金银装饰自己，因而仪式自然而然地就成为最华丽、隆重的祭天大会。

因为国王亲自主持祭祀，所以起到了对外显示和巩固国王权威的作用，它又是显现占主导地位的“天神”信仰的大会。

崔光植教授认为：“在高句丽儒教为国家统治理念，为佛教则为王室的理念，这就是说，在高句丽儒教和佛教都在不同的领域起到了统治观念或主导理念的作用。”

从上述分析中我们可以得出，高句丽儒教基本思想的侧重点就在于突出政治理念，即把“德”运用到“政”上，使“德”成为“政”的坚实基础，“德”很好地为“政”服务，可以说，以突出“德”来巩固其政治统治。上述第一、第二、第三点均反映了统治阶级的理念和国家统治意识。这既是高句丽儒教的重点，又是其重要的特色。从另一个角度来看，具有浓厚的政治色彩是高句丽儒教的突出特点之一。把儒教运用到国家统治理念上，这具有普遍性（中国如此，东亚国家也如此），但问题在于如何结合本国的具体实际，把侧重点和支撑点放在哪里？这就要看各国的实际需要和要求了。

那么高句丽儒教思想的基本特点是什么呢？用一句话概括：突

出“德”是高句丽儒教思想的总的特点。这个总体特征体现在：

第一，突出“德政一致”、“德政兼顾”，但“以德为政”、以“德”为先、以“德”为本，把“德”作为统治理念的基础和核心。这是高句丽儒教的基本特征。把“德”作为最高的原则，这一点同中国儒家思想是有区别的，孔子强调“仁”，孟子强调“义”，荀子则强调“礼”。

第二，提倡“中庸之德”是高句丽儒教的重要特点。“中庸之德”和“中庸之道”是有区别的。众所周知，“中庸”作为儒家伦理思想，是儒家的最高美德，是儒家道德修养和处理事物的基本原则和方法，这一点是无可非议的，但方法之间的区别也是不可忽视的。“中庸之德”强调的是“德”，“中庸之道”强调的是“道”，前者强调“关系”，后者强调“原则”，虽是一字之差，但其区别是较为明显的，反映了不同的行为准则和方法。“道”追求的目标是“原则”性的、理性化的；而“德”追求的是“关系”性的、感性化的。

第三，重视道德教育和自我修身养性是高句丽儒教不可忽视的特点。高句丽统治阶级为巩固封建统治地位的需要，极力宣扬“三纲五常”（君为臣纲、父为子纲、夫为妻纲；父子有亲，君臣有义，夫妇有别，长幼有序，朋友有信）、“三从四德”（未嫁从父，已嫁从夫，夫死从子；妇德、妇容、妇言、妇功）。其观念在高句丽深深地扎根，其根深蒂固不亚于中国封建社会。

下面我们在上述高句丽儒教的基本内容和特点的基础上，进一步探讨儒教思想的作用。高句丽与中国接壤，又在历史上与中原文化具有特殊联系，所以，比较早地接受了儒家思想并从本国统治阶级的需要出发，对儒学采取了扬弃态度，以此来推动高句丽社会的深入发展。

从总体上讲，高句丽儒教对社会的发展起到了一定的积极推动作用。首先，对确立封建主义的国家体制和树立社会规则起到了重要作用；其次，对高句丽政治、伦理（五伦）、教育（太学和扁堂）、法制、风俗等的建立和发展影响极大，而且其影响是全面的、深刻的；最后，为牢固确立“仁政”（安民、爱民、恤民）之德提供了重要的理论依据。

从以上高句丽儒教的基本内容、基本特点及作用中，我们可以得出以下结论：在高句丽占统治地位的思想是儒教思想，而在其思想中“德”是最重要的治国政治哲学观念，其他思想是从属于“德”思想的；儒教思想具有浓厚的政治理论色彩；德政儒教成为统治阶级的真正的思想武器①。

（二）百济儒教及其基本思想

“百济国建国记”讲，百济始祖叫温祚，其父为邹牟，或云朱蒙。朱蒙自北扶余逃难至卒本扶余，卒本扶余王没有儿子，只有三个女儿，见朱蒙相貌非凡，将第二个女儿嫁给了朱蒙，不久扶余王朱蒙把他在北扶余时所生的儿子立为太子②。沸流和温祚怕太子容不得他们，遂与乌干、马黎等10个臣子悄悄离开北扶余往南而去，许多老百姓跟随着他们，到了汉山，他们爬上负儿峰，往下察看可以居住的地方，沸流想在海滨建都，10个臣子谏道：“只有河南这个地方，北依汉水，东靠南岳，南望沃泽，西阻大海，其地势难得，在此建都不是很适宜吗？”沸流不听臣子们的劝谏，带了一部分老百姓至弥邹忽（指仁川），温祚则在河南慰礼城③建都，以10个臣子作为辅佐，国号十济。

沸流到达弥邹忽以后，因为该地潮湿而水的碱性很大，百姓不得安居，所以带着百姓又回到了慰礼城，他看到慰礼城鼎定，人方安泰，自觉非常惭愧，抑郁而死。他带来的百姓都归顺温祚，国号改为百济④。

据《百济古记》（近肖古王30年，公元375年）记载：百济国（公元前后有温祚王立国，温祚王为高句丽朱蒙的儿子）开国以来，从未有过用文字记载的史实，后自录用博士高兴起采用文字记录历

① 刘明钟：《韩国思想史》，理文社，1981年，第114页。

② 太子为高句丽琉璃明王（公元前19年—公元18年）。

③ 慰礼城是指汉江南岸的都城，即现在的汉城附近，公元475年迁都熊津（公州）后，圣王（523—554）时又迁都到泗沘，即现在的全罗北道益山地区。

④ 百济建立于公元前18年，百济在公元前后，已占据以汉江下游为中心的地区，2世纪后，百济主要向南方马韩地区扩张领域。到3世纪，完全占据朝鲜半岛的西南部。

史[1]。根据刘明钟的分析，在百济，中国儒家以“忠、孝、烈”为基础的仁、义、礼、智、信思想以及老庄玄学思想得到了普及（玄学为魏晋时期的主要哲学思潮）。“玄”，出自老子《道德经》：“玄之又玄，众妙之门。”魏晋时人们奉《周易》、《老子》、《庄子》为“三玄”，用道家思想解释儒家经典，故名。玄学具有高度抽象的思辨形式，尤其需要指出的是，“烈”之行为较为突出，“烈”是百济儒教特有的概念。“烈”这个概念在中国《哲学大辞典》、《宗教大辞典》和《百科全书·宗教卷》中是查不到的。“烈”指品性、性格刚直、猛烈之意。百济国的成忠昌隆忠谏义慈王（642—660）；阶伯将军指挥下的玉碎的“舍生取义”；福信、黑齿常之的复兴运动都证明了这一点。需要指出的是在百济是以法的形式要求和规定必须做到“真”烈，并在实际行动中，给后人留下了不可磨灭的“贞烈”形象。如百济即将灭亡前夕，三千宫女舍身投河的义举，以及违抗王命、死守贞洁的都弥妻的故事，均反映了百济妇女们的刚烈、刚直性格和气度。

百济儒教的基本思想概括如下：

第一，祖先崇拜和宗庙制度得到了确立并延续下来。据《周书·异域传》记载，在百济温祚王元年建立东明王庙，祭祀历代国王，并每年4次祭祀始祖古尔王（234—286）。这说明他们把祖先崇拜和宗庙制度联系在一起，即把祖先崇拜和宗庙制度一致起来。百济义慈王作为最后一个朝代的国王，他生活糜烂，名声败坏，但对父母却是最为尽孝的“海东曾子”。在当时的百济社会，“孝”仍是政策的基本原则，是帝王学的根本。

第二，提出“养民之政”。据《三国史记》记载，比流王（304—344）下令关照优待和实施“四穷民”政策。据《周书·异域传》记载，在百济每年税收是根据丰收年和歉收年而制定的。如丰收年增税，歉收年则减税，相应的，刑罚也减轻。这种税收制度比较典型地反映了百济社会的“爱民”、“恤民”、以人为本的思想。

第三，提倡廉政。据《唐书·东夷传》“百济”条，以及《三国

---

① 刘明钟：《韩国思想史》，理文社，1981年，第116页。

史记》百济本记古尔王29条，可以得知，在百济，清廉制度是极为严格的。作为官吏若受贿或偷盗将受到三倍的惩罚或终身监禁。百济有“三事”制度，即要求官吏必须做到三件事——“清廉、勤身、勤勉”。在这三件事中，“清廉”是最重要的。

百济人是原有的土族民族，因此，在各方面的风俗习惯保存的较为完好。因为百济为扶余之别种，所以受儒教影响较大。一般表现为：第一，据《周书·异域传》“百济条”记载，很古以前，马韩人的生活习俗是在家里不讲究长幼男女有别，而到了百济时，人们在穿戴上开始有区别，如在发鬓上区别为：出嫁前梳一条辫子，而出家之后则梳理成三条辫子①。第二，百济已具有国家的禁令和法制。在刑法上对叛逆者进行严厉惩罚，如在战场上缩头不前的，等同杀人罪处以死刑；对偷盗者加倍重罚，发配到穷乡僻壤或转为家奴；对勾奸者也处以重罚，在婚俗上与中国唐朝没有太大区别；父母离世进行三年服丧制。第三，与三韩时期不同，到百济时，其祭祀对象和侧重点有所转移，这在国王的登基仪式上可以看得出来，每当国王登基时就祭祀始祖东明王，说明百济时的“东明王”已代表了“天”，而国王本人就成了“东明王”的代理人。第四，除上述情况外，在生活习俗上，还保留有从唐朝学来的投壶游戏活动，其游戏规则为投中者给败者敬酒。现今首尔成钧馆大学还保留着这个游戏活动。

百济受儒教影响比较大，其中影响较大的儒教思想应为阴阳五行思想。这一点我们从百济的行政首都的划分中可以分析出来。百济把国家首都（泗沘，即现在的忠清南道公州一带）划分为五部（五部：北部、东部、南部、西部、内部，或右部、后部、左部、前部、内部），即五个区。把地方分为五方。这种行政区域划分即以阴阳五行思想为基础。阴阳五行思想已经深入百济人的思维中。

（三）新罗儒教及其基本思想

在新罗，最初伴随汉文的传入，儒教思想在一些人中开始传播开来。而随着秦国逃役人的大量流入，儒学思想在更多的人群中得

① 《东亚日报》，2005年3月3日。

以流传。至奈物王（356—402）时期，儒教思想越来越普及。[①] 但那时传播仅限于统治阶级内部。经智证王（500—514）、法兴王（514—540）、真兴王（540—576）时期，儒教思想得到了迅速传播。

随着新罗儒教思想的确立，新罗按儒教制度把国家的体制、国号、郡县、禁令、礼仪、丧礼等制度陆续确定下来。经真平王（579—632）、善德王（632—647）、真德王（647—654），至武烈王（654—661），对中国的“慕华思想”已达到前所未有的地步。在这种情况下，“忠谏”思想也应运而生。忠谏思想认为，作为臣子，对国王的行为要负责任，对国王的理念、指令、方法、行为失当等应适时地予以劝告，使国王在臣民中保持美好的形象，以利于政治统治。例如金后稷直谏智证王和李纯劝谏景德王（742—765）。金后稷为智证王的曾孙。作为曾孙给老爷爷直谏是一种“革命”，是对一种习惯势力的重大“冲破”。智证王酷爱打猎，对此金后稷直谏智证王说：古之王者，必一日万机、深思远虑、左右正士、受容直谏，才能做到“德政醇美、国家可保”，而国王现在“放鹰犬逐雉兔，奔驰山野，不能自止”，这样下去“内则荡心，外则亡国，不可不省也”[②]。可见，金后稷直谏是为了“王道”和“德政”的。公元763年，大奈麻李纯闻到景德王（742—765）尤喜音乐。他就劝谏景德王：听说“桀纣荒于酒色，遥乐不止，由是政事凌迟，国家败灭，覆辙在前，后车宜戒，伏望大王改过自新，以永国寿，王闻之感欢，为之停乐，便引之正室，闻说道妙，以及理世方，数日乃止”[③]。国王不是不能听音乐，但沉溺于音乐而不理政事，这是国之极为忌讳的，而国王听谏而纠正，这是明智的举措。

新罗和统一新罗之儒教教育有其自己的内容和特点。第一，国家派留学生到大唐学习，积极支持学习儒学。第二，以儒家教育思想为基础，建立切实可行的教育制度。国家在神文王二年（682）设立国学；圣德王16年（717）普及儒教，在中国奉进“文宣王和十

① 韩国哲学研究会编：《韩国哲学思想史》，社会科学文献出版社，1997年，第18页。

② 《三国史记·金后稷》。

③ 刘明钟：《韩国思想史》，理文社，1981年，第124—125页。

哲七十二弟子”画像；元圣王 4 年（788）设读书三品科[①]和三科[②]。第三，选才内容和标准有了新的调整。以前是以“武”、“弓术”为标准选拔人才，到 8 世纪则以“文”为标准，即以学习五经、三史、诸子百家为选拔标准。选拔标准从“武”到“文”是其一大变化。

在新罗，儒教思想的普及及其作用是值得肯定的。

第一，以儒教思想为基础的“王道”理念。“王道”是儒教的政治主张，具体指“以德服人”，王者行政必须“施仁”，以仁义道德原则作为施政的根据。主张分给农民固定的土地，不违农时，孝悌忠信等。用仁政来进行统治。新罗真兴王尤其强调“世道人心”的重要性和必要性，认为“修王安人”是国王之本分。他指出：“修己以安百姓”，“勇敌强战，为国尽节，有功之徒，可加赏爵物，以章勋效”[③]。并主张王者的表率作用和对将士的鼓励。会在王者和百姓的关系上，认为王者的修身对百姓起关键作用，王者没有“修己”就会失去百姓，失去百姓就等于失去国家。

第二，以儒教思想为基础的“忠孝两全”思想。据《三国史记》记载，钦春训导儿子盘屈说：作为臣不讲忠，作为子女不讲孝，这是致命的危险，“忠孝两全”才是臣民应具有的品质。屈则对儿子令胤说，“临阵无勇”是“礼经所识”，“临阵无退”才是“士卒之常分”[④]。可见，在新罗“忠”、“孝、两、全”思想较为突出。有专家认为，新罗统一三国之前尤其强调“忠”，而统一后则侧重于“孝道”。这同统治阶级的利益是直接相关的。

第三，以儒、佛思想为基础的“世俗五戒”思想。“世俗五戒”是新罗花郎徒的主要思想。花郎徒是以青少年为对象的民间团体，是真兴王 37 年（576）首次建立的。真兴王主张：要兴国必兴风月道。修持武艺，修炼精神，完美人格，增强信心，战时充当勇士。

---

① 第一种为《礼记》、《周易》、《论语》、《孝经》。第二种为《春秋·左传》、《毛诗》、《论语》、《孝经》。第三种为《尚书》、《论语》、《孝经》、《文选》。

② 上品为学习《春秋·左传》、《礼记》、《文选》、《论语》、《孝经》者。中品为学习《曲礼》、《论语》、《孝经》者。下品为学习《曲礼》、《孝经》者。

③ 韩国哲学研究会编：《韩国哲学思想史》，社会科学文献出版社，1997 年。

④ 刘明钟：《韩国思想史》，理文社，1981 年，第 124 页。

花郎徒较为复杂。因为它本身不只是纯粹的武士团体、修养组织，它还是仙教团体，并且是国家的最高宗门。

花郎徒宗团的目的就在于灌输孝、悌、忠、信思想，以此来培养孝顺父母、忠于国家的人才。这就是所谓的“入则孝于家，出则忠于国”。“世俗五戒”既是花郎徒的指导观念，又是其实践伦理。这个思想源自新罗真平王时，圆光法师传授给花郎贵山和帚项的五条戒律。

“世俗五戒”的内容为：“事君以忠，事亲从孝，交友以信，临战无退，杀生有择。”①。即以忠心耿耿的立场和态度去侍奉君主；以至亲至爱的态度去侍奉父母；以诚心诚意去对待朋友；在战斗中勇猛善战；慎重对待生命，不能乱杀无辜。

“世俗五戒”又称“花郎五戒”。花郎五戒与儒家五伦（父子有亲、君臣有义、夫妇有别、长幼有序、朋友有信），既有联系又有区别。儒家“五伦”是封建社会人与人之间的关系和应当遵守的行为准则。《孟子·滕文公上》有：父子有亲、君臣有义、夫妇有别、长幼有序、朋友有信。我们认为，儒教“五伦”和世俗“五戒”的区别主要表现在：(1)“五伦”强调“有”，强调双向关系；“五戒”强调的是“事”，强调单向关系；（2）“五伦”强调的是先“孝”后“忠”，而“五戒”则强调的是“先忠后孝”；(3)“五伦”强调的是长幼问题，而“五戒”则未提及；（4）“五伦”没有强调“临战无退”，而“五戒”则强调“临战无退”；（5）“五伦”没有强调“杀生”问题，而“五戒”则强调戒“杀生”；(6)“五伦”强调“朋友有信”，“五戒”则强调“交友以信”。

从总的看，在新罗儒教思想中，突出“忠孝”、“信”、“勇”是较为突出的特点，可以说，圆光法师的世俗五戒思想也是以儒家的“忠孝”、“信”、“勇”为基础的。

新罗时期其儒教思想的代表人物有：

强首（？—692），新罗人。强首对儒教具有执著的热情，有一次父亲问强首，是愿意学佛法、还是学儒学呢？他回答：儿听说佛

① 《三国史记·真兴王》。

法是离世俗的宗教，儿怎么能学佛教呢？我愿意学儒道。说明强首从小立志学儒道的决心，也可以说他是新罗第一位“抑佛扬儒”的人，对统一新罗起了很重要的作用。强首从小拜师学习过儒家经典《孝经》、《曲礼》、《尔雅》、《文选》等。他文笔好，受到过文武王肯定。国家的外交文书均由强首执笔或起草。

强首其人不仅文笔好、学术功底深，而且在道德人伦上为后人、为整个社会树立了榜样。强首 20 岁时，交往了一个铁匠的女儿。后来有人牵线搭桥，给他介绍了一位富贵人家的千金小姐。强首对此予以谢绝。他说：贫和贱并不是不光彩的事情。掌握了学问不能付诸实施才是最不光彩的事情。古人说，糟糠之妻不能离，贫穷时期交的朋友是不能离异的。从中我们可以看出，强首是在观念上主张知行相统一、反对知行相离的人，是有高尚道德的人。

薛聪（655—740），新罗人，是朝鲜的儒宗，是元晓和瑶石公主之子。首先，薛聪是第一位讲“九经”（诗、书、易、周礼、仪礼、礼记、公羊传、谷梁传、左氏传）的学者。这是他的一大成就，值得肯定。其次，他在翻译和普及儒家经典上做出了较大贡献。也就是说，薛聪对儒教的“大众化”、普及化起了重要作用。

薛聪留给后人的著作只有一篇《花王戒》。这是一篇劝告国王的文章。在文章中，把“花王”比作国主、国王，劝告国王要注意听、体察平民百姓的意见和民情，特别要注意听取不同意见，更要听取“刺耳”的意见；劝告国王不要疏远刚直、正直之人，主张“亲正值，远妄邪”。薛聪还告诫国王不能以感情用事，不然容易导致失败，容易违反真理，容易失去民心。作为国王，只有做到重理重义才能树立威望，才能顺应潮流，得到群众支持。

崔致远（857—?），出生于现今庆州境内的一个村庄，出身贵族家庭，是三国时期儒家思想的主要代表。他 12 岁入唐，29 岁归新罗，在中国生活 18 年。他 18 岁开始做官，据说在中国江苏省漂县任过县长。崔致远著有《桂苑笔耕》20 卷，全部收录在中国《四库全书》中。这一点清楚说明了他在学术中的重要地位和影响。另外，崔致远在中国时正遇上黄巢起义，那时他就任兵马都统高骈的副官，即侍从官，因起草《讨黄巢檄文》，从此闻名于大江南北。

崔致远倾向于哪门？在学术界有争论。刘明钟认为，崔致远自认为“某为儒门之末学”，意思是自己还是倾向儒者，但他又是兼老庄、神仙、佛教的儒者①。有学者认为，在崔致远那里，儒、佛、道三教是融合的，但佛教是第一位的、主要的，而儒道则是第二位的、从属的。这是因为“孔发其端”，“释穷其政”。就是说，在他那里儒学只阐述道理之端初，而佛教则为穷极之真理②。还有人认为，他是道教思想的代表③。

崔致远在世界本源问题上提出，日、月、天、地等宇宙万物不是由精神实体“心”产生的，而是由“太极”产生的。他批判了把“心”看做世界万物根源的唯心论观点，指出“心”虽然主宰着人身，但是归根结底还是由人身所决定的。

在认识论上，崔致远反对“生而知之”，主张“学而知之”，认为获得知识的能力是人人都有的。他断言，人若不学，便不知其理，再聪明的人如不看、不听、不学，便不能知，无知的人通过学习能得到“知”，“圣人”也不例外。

在社会问题上，他把儒家封建伦理道德加以绝对化，认为社会混乱的原因就在于人们不遵守“三纲五常”。说明他的思想是站在封建主义“名分”论上的。

崔致远还主张儒、道、佛三教的融合。在韩国思想史上，他是第一次提出这一思想的学者。他在四山碑文中，以儒、佛、老思想的融合为基础，撰写碑铭，在《大朗慧和尚碑铭》中提出“立德”和“立言”之间的关系时，主张：学者讲立德，口学讲立言，德以言而立，而言依德而不朽。说明在崔致远那里，“德”与“言”之间存在密切的联系。在《初月山大崇福寺碑铭》中提到：“政以仁为本，礼以孝为先，仁以推济众之诚，孝尊亲之典，莫不礼。”④ 强调“仁”、“孝”为“政”、“礼”、“诚”之根本。在《智让大师寂照塔碑

---

① 刘明钟：《韩国思想史》，理文社，1981 年，第 125 页。

② 韩国道教思想研究会编：《道教和韩国文化》，亚细亚文化出版社，1993 年，第 465—478 页。

③ 同上。

④ 《新罗国初月山大崇福寺碑铭并序》。

铭》中："叙曰，五常分位，配动方者曰仁心；三教立名，现净城者曰佛。"[①] 又写道："麟圣依仁，乃据德，鹿仙至白能守黑，二教从称天下式，螺髻真人难确立。"[②] 尽管四山碑文为佛寺僧人的"序铭"，但从碑文中可以看出，崔致远对佛教知识的拥有，并对佛、道思想的适时活用，及对儒教核心思想的重视。客观地说，崔致远的特殊之处就在于突出仁、孝的位，及对儒、佛、道仙思想的融合和灵活运用。这大体或基本上规定了新罗社会儒教的性格及发展趋势。

在这里我们还提出比上述思想更为引起后人重视的观点，那就是崔致远的"东人意识"[③]。"东人意识"即"民族意识"。崔致远长期住在中国，对中国唐朝的历史和文化均有独到体察，并熟悉唐朝（618—907）290余年的历史。崔致远"东人意识"思想的提出，具有深刻的社会背景和历史意义。

儒教与佛、道、仙思想的融合是新罗时期儒教思想的特点。这是由当时的政治环境所决定的。经济基础决定上层建筑，上层建筑又主导其他意识形态的发展。新罗的这种趋势必然决定儒教与佛、道、仙的"统一"之路，不然对整个新罗社会的稳定和发展是极为不利的。这是儒教走向与其他宗教"融合"、"合一"之路的根本原因或主要原因。

三、中韩儒学（儒教）思想的相同点和相异点

中国和韩国均属于"东方儒教文化圈"，而且历史上均有过长期的政治、经济、文化诸方面的友好来往。因此，中韩儒学思想具有许多共同点，也存在一定区别。

（一）中韩儒学（儒教）思想的相同点

1. 社会政治思想基本相同

儒学的社会政治思想，可以概括为：首先它是维护奴隶主贵族

① 《智证大师寂照之塔碑铭并书》。

② "麟圣"指孔子，"鹿仙"指老子，"螺髻真人"指佛陀释迦牟尼。

③ 韩国哲学会编：《韩国哲学史》，社会科学文献出版社，1996年。

等级制和以奴隶主贵族的血缘关系为纽带的宗法制度。当时是“礼乐崩坏”的时代，这种主张难以实现。孔子的“道之以德，齐之以礼”的“德治思想”是针对当时旧制度（礼）行将崩溃、“名存实亡”的情况而提出的，试图用“名”去纠正已经改变或正在改变的“实”，做到“君君臣臣父父子子”，以挽救周礼崩溃的残局。后来，孟子继承了孔子的仁与德政思想，并把它发展为仁政学说。从此，“德治”就成为儒学社会政治思想的重要内容。

历史上朝鲜三国基本上模仿儒学的社会政治思想，提出了德治思想。高句丽太祖东明王提出的“以道与治”就是朝鲜三国德治思想的最初表现。从此，高句丽历代国王都把“以道与治”作为社会政治思想的重要内容，以此治理国家。东明王的“以道与治”无疑受到了《书经》里所记载的“以道与治”思想的影响。另外，高句丽还提出了“爱民”思想，这也是社会政治思想的主要内容之一。新罗封建统治阶级完成三国统一大业后，为了维护封建等级制，将儒学的“正名”思想搬到社会政治思想领域，使主要社会政治思想长期得到应用。由此可见，古代朝鲜儒学社会政治思想不仅居于统治地位，而且起到了主导的作用。

2. 制定典章制度和法令的依据基本相同

中国古代的各种制度和法令大都是根据儒学思想来制定的。例如，“君君臣臣父父子子”的身份等级制和以亲亲为基础的宗法制度，以及仁义道德与种种礼仪法节，无不依据儒学思想。

韩国的许多制度和法令都是从唐朝学来的。就拿其三国时期的情况来看也是如此。百济王朝建立封建制后，在朝廷实行“三佐平和十六等级制”（即在朝廷设立六部大臣，并实行自一品官至十六品官制），地方实行“五部五方制”（即把京畿地区划分为五个部，其余地方划分为五方），这些制度皆模仿唐制。其中“五部五方制”是以儒学阴阳五行思想为基础的。此外，百济还规定了国王的衣着、朝拜和严明法纪等，皆与唐制并无两样。

另外，新罗也很重视“忠谏”制度。据《三国史记》记载，新罗金后稷用“忠谏”思想劝谏真平王。新罗“忠谏”思想采用了孔子的“君使臣以礼，臣事君以忠”思想。还有，新罗从建国初开始实行贵族民主政治，每当选举国家最高统治者时，所有村庄的首领集中在一起，共同推举德高望重者为首领，称之为“居西干”。后来，把这一方法升格为一种制度，并把它称作“和白制度”。新罗历来王位由“朴”、“昔”、“金”三姓者来接替，但被选者如不经“和白会议”一致同意就不能登基。这说明“和白会议”具有绝对的权威性。新罗“和白制度”由于受儒学的“尧禅让于禹”的影响而形成。到新罗统一时期，“和白制度”因受儒学典章制度影响，变得更为完整，后来成为国家的一种制度。“和白制度”到高丽时期转变为“都堂”，到李朝时改称为“议政府”。公元6世纪，新罗改了国号和年号，并开始使用“国王”的称号。这些也是受儒学典章制度影响的结果。此后，受唐朝的影响，新罗开始加强封建中央集权制，在朝廷设置“兵部”、“司正府”、“位和府”、“租和府”、“三宫”、“礼部”、“领宾府”和“包部”，在地方实行“郡县制”，进一步整备国家体制，加强国力，终于完成了统一三国的大业。

3. 教育制度和内容大致相同

孔子通过自己大半生的教育实践，总结出前所未有的教育思想。他的教育思想包括“有教无类”、“学而优则仕”等思想和“因材施教”、“启发式教育”、“言行一致”、“学思统一”、“学用一致”、“实事求是”等方法。

孔子教育思想的传播，使朝鲜三国迅速掀起了新的教育热。可以说，儒学思想在朝鲜三国时最先扎根的就是孔子的教育思想，影响面最广的也是孔子的教育思想。

第一，朝鲜三国仿照儒学教育，建立了儒学教育制度。高句丽于372年建立“太学”，这是设在中央的最高学府。“太学”主要以贵族子弟为培养对象。不久，在地方设置“扁堂”。“扁堂”是以地方贵族子弟和部分“衡门斯养之家”的平民子弟作为培养对象。后来百济、新罗也相继建立了儒学教育机关。到了高丽时期，儒学教育有了更大的发展。992年把太学改为国子监，在地方12个州设立了“私学”。后将私学改称为乡校。另外，自958年起朝廷“始置科举”，并以此作为选拔官吏的主要手段。

第二，朝鲜三国以汉文字为本，创制了本民族的文字。7世纪中叶，新罗著名儒学家薛聪总结长期使用汉文字的经验，创制了“吏读法”。所谓吏读法，就是用汉文的音和意来表达朝鲜语的方法。吏读法的创制是朝鲜文字形成的雏形。

第三，朝鲜三国发展了本民族的科学技术文化。8世纪末至9世纪初，三国派遣许多贵族子弟去唐朝留学。他们在唐朝努力学习，取得了优异成绩。当时在唐的许多新罗学生参加唐朝的状元试，及第者达58人。他们中绝大多数人学完回国，参加本国的政治文化教育事业。在他们的带动下，三国的文化、艺术和科学技术都有了很大的发展。1145年，新罗学者金富轼以《旧三国史》和《海东三国史》，以及有关中国史料为基础，编写了《三国史记》。时隔半个世纪，新罗僧侣一然编写了《三国遗事》。当时三国的科学技术也有了相当的发展。在《三国史记》和《三国遗事》中均有有关天文、气象观测记录的记载。地理学的研究也取得了显著成果，编纂了《地理志》、地图。之后，又有新罗僧侣慧超编著的《往五天竺国传》三卷等面世。

4. 价值观基本相同。中韩儒学具有共同的价值观。这一价值观可以概括为：厚德载物，自强不息；忍耐；仁爱；忠孝。

（二）中韩儒学（儒教）思想的相异点

三国时期，韩民族虽然已进入封建社会，但尚不具有理性文化，同中国相比存在着很大的差距。这些差异决定了中国和三国儒教的差异。

1. 历史背景不同

中国儒家思想产生于春秋战国时期，后经历代儒学家的共同努力，形成了完整的儒家思想体系。而朝鲜三国时期的儒教思想的产生晚于中国。朝鲜三国时期的儒教思想不仅依托于中国儒家思想体系，而且本身面临世俗化、民族化的问题。

2. 理论形式不同

在中国因特殊原因儒学的宗教化进程遇到特殊情况。在汉代，儒学的政治制度化是成功的，并一直为以后的封建王朝继承。然而其宗教化的进程，却为魏晋以后兴起的玄学所中断，而且自玄学诞生后，儒学尽管在政治制度方面仍然保持着统治的地位，但在思想修养层面的功能，却已为玄学道家所取代。东晋以后，佛教的影响又超过了玄学和道家，在士大夫的思想修养方面起着重要的作用。这种情况一直到宋代新儒学兴起后才有所变化。宋、明、清时代的性理学是中国儒学发展的第三个阶段，性理学是指要复兴的儒学，主要不是政治制度层面的儒学，而是在伦理道德、身心修养层面的儒学，以夺回被佛、道占据七八百年优势的身心修养、思想理论方面的领地。总之，汉儒在推进儒学宗教化过程中所构造的那套以“天”、“天人感应”等为中心的神学理论最终没有获得成功，而在朝鲜后三国那些国家里，统治阶级和知识分子阶层把儒学推崇为儒教并获得了巨大的成功。

3. 所起的作用不同

儒学作为中国封建统治的思想统治工具，在漫长的封建社会中，起到维护封建社会的稳固和发展、促进民族传统文化发展的作用，但儒学的历史功绩绝不仅仅局限在这里，还突出地表现在文化教育思想领域里。孔子通过大半生的教育实践，总结出前所未有的教育思想，并整理、传播了大量古代典籍，培养了相当多的学思兼备的人才。这在当时和以后对中国民族文化的发展产生了巨大的影响。总之，由于孔子创立了儒家学派，而把古代文化典籍变为儒经，成为历代传播文化典籍的知识分子的必读的教科书。而且孔子的文化教育思想给封建统治阶级培养人才以最高准则，因此孔子的历史地位越来越高。

儒学传入朝鲜三国后，与朝鲜三国固有思想相结合，成为朝鲜三国古代封建社会的政治思想。在整个朝鲜三国时期，它作为封建统治阶级的思想工具，起到巩固、发展封建社会的作用。但是进入统一新罗末期，尤其到了高丽时期，随着佛教势力的加强，儒学的社会地位受到冲击，最终被佛教挤出统治舞台。

可是，到高丽末期，崔承老、李奎报等排佛论者对佛教的激烈批判和驳斥，使佛教渐失生气，滑向衰退，到李氏王朝时，儒教又恢复了正统地位，发挥其统治理念的作用。朝鲜儒教在文化教育领域里所起的作用更大。它作为进步的学问，起到了开导人们思想的作用。在儒教引导下，朝鲜文化教育思想有了很大的发展，学习儒教成为一种社会风气，凡有识之士无人不学儒学。在朝鲜像强首、薛聪、崔致远以及崔冲、崔承老等名儒脱颖而出，并不是偶然的事情。

4. 宇宙观不同

儒学宇宙观就是天命观。孔子认为天就是具有人格、意志的社会和自然的最高主宰者。他说："获罪于天，无所祷也。"[1] 可见，他把天作为自己思想的终极依据，并称自己就是受命于天。从此，他强调"敬天命"、"畏天命"，甚至把知天命作为成君子的重要条件。这种儒学宇宙观长期支配了人们的头脑。

在韩国，儒学宇宙观传入之前，已经存在过具有图腾制残余意识的、朴素的信天思想和祖先崇拜思想。当时，韩国把朴素信天思想和祖先崇拜思想混为一谈。其典型的一例就是《三国遗事》里所记载的《檀君神话》。该"神话"把桓因、桓雄、檀君皆视为天的子孙，进而将天之子作为古朝鲜的创始人。古代朝鲜对天神信仰甚烈，每年举行数次的祭天仪式，叫做"舞天"。所以儒学的天命观在韩国没有遇到任何阻力而迅速得到传播。儒学天命观与韩国朴素的信天思想相结合，形成古代朝鲜的宇宙观。从此，古朝鲜认为天就是宇宙万物的主宰者，指出："国之兴亡在于天。"三国的"天命观"后来又受董仲舒的"天人感应"神学目的论的影响，变得更加神秘化，甚至以自然界的奇特现象来说明国家的兴衰。

5. 伦理思想不同

儒学伦理思想以"仁"为核心。"仁"就是"克己复礼"。要做一个符合"仁"的原则的人，就要在"视、听、言、动"各个方面都要做到符合"周礼"的规定。"仁"乃是人们行动的准则和道德规范。儒学伦理思想的实质是强调人的主观自觉精神。

朝鲜三国为达到巩固封建身份等级制的目的，全面吸收儒学伦理思想。儒学伦理思想在朝鲜三国曾产生极为深刻的影响。韩国依照儒学伦理思想，将"君君臣臣父父子子"作为人伦之大伦。将以

---

① 《论语·八佾》。

"仁"与"礼"相结合而成的"三纲五常"作为伦理道德的基本规范。同时从韩国本国实际出发，将"孝道"思想提高到伦理道德的核心地位，强调"子孝于父，是天之经，地之义，民之行"。并提出"家国一致"说，即国家是家庭的延伸和扩大。所以，"子孝于父"则必然会做到"臣忠于君"。不仅要求"家国一致"，而且要"忠孝一致"。在古朝鲜之所以强调"孝道"是有其深刻的社会经济根源的。古代朝鲜长期处于"男耕女织"的、以家庭经济为基本生产单位的自然经济状态，所以，只有做到"子孝于父"，才能维持正常的家庭关系，进而维持整个社会的生产和生活的正常秩序。朝鲜三国把《论语》、《孝经》摆在学校教育的首位并把它作为必修科目，并不是偶然的。

我们再看一看高丽和李朝前期的有关学者的阐述就更确信这一观点的客观性。高丽学者安珦（1243—1206）认为："圣人之道，不过日用伦理，为子当孝，为臣当忠；礼以齐家，信以交朋；修以必敬，立事必诚而已"[①]；李穑（1328—1396）将其概括为"忠、孝、中、和"四字[②]；李退溪（1501—1570）把韩国人的核心价值观念表述为："故治国本于孝、悌、慈以及仁让忠恕之属。平天下亦本于三者"[③]；退溪弟子柳西涯甚至认为"忠孝之外无事业"[④]。学者如此，历届大多数国王亦如此，如成宗就提出"凡理国家必先务本，务本莫过于孝"[⑤]等。可见，韩国儒教主流学派对仁爱、诚敬、忠恕、孝悌、信义等价值是相当尊重的。他们对此有全面的领会，并身体力行的，尤其对"仁"、"孝"、"诚"等德目有所偏重。

① 郭齐勇：《中国儒学之精神》，复旦大学出版社，2009年，第104页。

② 同上。

③ 张立文主编：《退溪书节要》，中国人民大学出版社，1989年，第426页。

④ 郭齐勇：《中国儒学之精神》，复旦大学出版社，2009年，第106页。

⑤ 韩国哲学会编，白锐译：《韩国哲学史》上卷，社会科学文献出版社，1987年，第311页。

第二节 中韩朱子学（性理学）思想比较研究

朱熹是中国文化史上的一位巨人，是中国封建时代影响极为深远的杰出的思想家、哲学家和教育家。朱熹的思想体系之广大、精微综罗百代。他集周敦颐、张载、程颢、程颐及邵雍之大成，又吸收了道教、佛教及其他学派的一些思想，继承和发展了孔孟儒家学说，因而国际学界上通称为新儒学。朱熹学说是中国传统文化的一个重要里程碑，它的产生标志着中国文化史进入一个新的历史阶段。朱熹思想支配中国思想界长达600年之久，其统治时间之长、影响之深，远远超出了以往任何一种思想意识形态。

中国朱子学传入朝鲜以来，已历经一百年的传播期。1392年李氏王朝建立以后，李朝五百年间一直作为官学，占据了统治地位。就社会作用和理论思维的发展而言，可以分为开创、奠基、集大成、解体四个阶段。

一、中国朱子学基本思想

（一）理气论

所谓“理”（“太极”、“道”、“天理”），是朱熹哲学的最高范畴，也是其哲学的出发点和终结点。

朱熹所阐述的“理”，是宇宙的根本。他说：“天地之间，有理有气。理也者，形而上之道也，生物之本也。”[①] 又说：“万一山河天地都陷了，毕竟理却在这里。”[②] 这就是“理”的不灭性和超时空性。因此，朱熹所说的“理”不是从客观世界抽象出来的规律和法则，它没有物质基础，只是出于唯心主义的臆想。朱熹所说的“理”也是他的伦理道德的基本准则，并把封建纲常伦理说成是最高的主宰。

---

① 《答黄道夫》。

② 《语类》卷一。

由此可见，朱熹的理学，虽然吸收释、道家的思想资料，但与释、道有区别。他认为其根本区别在于释道空其理、虚其理，而他则"实其理"。在他看来，"理"存在于无物之前、有物之后，在阴阳之外，又位于阴阳之中，成为贯通先后、内外的实在的理念，这是程朱理学中"理"的一个重要特性。

"气"是朱熹的哲学体系中仅次于"理"的第二位的范畴。它是"形而下者"，是有情、有状、有迹的，也具有"凝集"、"造作"的特性，是铸成万物的质料。天下万物都是"理"和"气"的产物。

朱熹改造了张载的"气"的概念，并把它纳入哲学逻辑结构之中，然而，他既没有把"气"抬高到与"理"同等的位置上，也没有把"气"降到普通具体事物的地位，而把它置于沟通"理"、"物"之间的桥梁，因而它在朱熹哲学逻辑结构中起着"特殊"的作用。

他认为"理"与"气"的关系有主次，即为一种主从关系。他说："气之所聚，理即在焉，但理终为主。"[①] 因其为主，所以"理"能居主宰者和决定者的地位；另一方面，彼此不离。并不是指"理"寓于气中，而是"理"自"理"、"气"自"气"。他说："理在其中，如一个明珠在水里。"[②] 并把这种理、气既相分又不离不杂的关系，进一步说明为："所谓理与气，此决是二物。但在物上看，则二物浑沦不可分开，各在一处……若在理上看，则虽未有物，而已有物之理，然亦但有其理而已，未尝实有是物也。"[③] 这里所说的"理上看"，就是从本原上看，"理在气先"，"从物上看"，即从"流行"中看，理与气浑沦一起，不分先后。显然，朱熹的"无先后"的命题是指"理"与"气"合，并不是从本体论讲的。当前，国外部分学者认为朱熹是理气二元论者，因为朱熹承认天地万物的形成都是"生物之本"的理和"生物之具"的气相互结合所形成。很显然，这是只看"在物上看"的一个方面而导致的片面性。

---

① 《文集·答王子合》卷四十九。
② 《语类》卷四。
③ 《文集·答刘叔文》卷四十六。

(二) 辩证法

在中国哲学史上，辩证法思想历史悠久。朱熹继承先人辩证思想，尤其继承了邵雍“一分为二”的命题和二“程”“万物莫不有对”[①]的思想，也吸收了张载“一物两体”的辩证法思想资料，比较系统地论述了“一分为二”的辩证思想。他在《易学启蒙》中说：“天地之间，一气而已，分而为二；则为阴阳，而五行造化，万物始终。”一分为二是从气分化为物过程中的重要运动形态。这里的“一”是指统一物，其中包含着对立的两个方面，有阴便有阳。

朱熹从矛盾双方既对立又统一，推动事物的运动和变化出发，进一步探讨了“动”、“静”这一对范畴，形成了较为系统的“动静”学说。朱熹根据由“气”——“物”过程中的“一分为二”的思想，提出“动静”无端始的观点，以反对周敦颐“动静”有始端的形而上学观点。他说：“动静无端，阴阳无始。今以太极观之，虽曰动而生阳，毕竟未动之前须静，静之前又须是动。推而上之，何自而见其端与始。”[②]他把运动看成是一个无限连续序列，又把静止也看成是一个无限的过程。

朱熹的“动静无端始”的结论，与他的“理——气——物——理”的哲学逻辑结构发生矛盾。为了摆脱这种不可克服的矛盾，朱熹把运动的方向引向循环论。他又把“无端无始”看做是一种单纯的循环运动。他的局限就在于否认事物的循环运动是由低向高发展，不了解后一个循环是前一个循环的前进运动的环节，而把一切事物的运动简单地看成是周而复始的循环。然而，朱熹却提出了“动静”对立统一的思想。他说：“动静二字，相为对峙，不能相无。乃天理之自然，非人力之所能也。若不与动对，则不名为静，不与静对，则不名为动矣。”[③]他把动静看成是一个无限连续序列，在时间上和空间上都是无限的，无疑是对辩证法的精彩的猜测。

然而，朱熹并没有把“动静”对立统一这个精彩的思想贯彻到

① 《二程全书遗书》卷十一。
② 《语类》卷九十四。
③ 《文集》卷十四，《答胡广仲》。

底。他以为“动静”的形态有两种：一是物的动静；二是理的动静。就物而言，包括人、动物、植物、水、火等，界限是绝对的，其相互是不联结、不依赖的。就“理”而言，则是“神”妙莫测的。在他看来，所谓“神”是一个不离于物而超于形器、贯通“动静”而又支配“动静”的东西，这显然是一种形而上学的外因论。这也是他的哲学逻辑结构在“动静”上的对立统一矛盾。

与“动静”有关，朱熹还论述了运动的相对稳定和显著变动这两种形态。他称之为“变”与“化”。他认为事物的变化是渐化和顿变的对立统一。但是他没有把这一光辉的思想贯彻到底。他说：“三纲五常，终变不得，君臣依旧是君臣，父子依旧是父子。”①

总之，朱熹在动静观上以“一分为二”、“对立统一”的辩证思想开始，而以“定位不易”的循环论告终。

（三）格物致知论

“格物致知”始见于《大学》，原属于道德伦理修养问题。至宋代理学家才把“格物致知”从原来的伦理道德修养中分离出来，赋予认识论的意义，进行系统研究。大学写道：“致知在格物，物格而后知至，知至而后意诚，意诚而后心正，心正而后身修，身修而后家齐，家齐而后国治，国治而后天下平。”这就是所谓“八条目”。它把儒家哲学从自然观到社会观、人生观都概括为一。

“格”就是“尽”或“至”的意思，就是要穷尽事物之“理”。朱熹说：“格物者，格，尽也，须是穷尽事物之理。”② 他强调穷理离不开格物，格物才能穷其理。物的理穷得愈多，我之知愈广。由格物到致知，有一个积累逐渐到豁然贯通的过程。朱熹认为，要贯通，必须花工夫，要由近及远，由浅而深，由粗到精。博问之、审问之、慎思之、明辨之，成四节次第，重重而入，层层而进。人们必须经过这样由表及里的认识过程，才能达到对“理”的体认。由此可见，朱熹的“格物”，不是为了获得对客观事物的认识，而是为了穷尽先验之理。

---

① 《论语集注》卷一，《为政》第二。

② 《语类》卷十五。

在认识来源问题上，朱熹既讲人生有先天之知的先验论，也不否认见闻之知。由此，他探讨了认识的诸形式，如知觉、思虑等。他认为，人与事物接触而获得对事物的认识，便是知觉，这是属于感性认识的形式，而思虑则属于理性认识。不过，他对感性认识则采取否定态度。他认为知觉会妨碍对于人心中先天固有的“理”的体认。朱熹的错误就在于他没把知觉看做是对外部世界的认识，而是把它看做隔离认识外部世界的屏障。所以，他认为只有去掉知觉，才能去掉“物欲”，这好比镜子积满了灰尘，只有用力擦干净，镜子才能重新明亮起来。

在此基础上，朱熹又探讨了知行关系问题。知行问题是中国古代哲学史上争论不休的问题。宋明时期，理学各派对知行的关系提出了各种不同的观点，诸如知行先后、轻重、互发、合一等新命题，从而形成了较系统的知行理论。

朱熹继承“二程”的知行理论而又有所发挥：

第一，在知识来源问题上，朱熹主张知先行后。他说：“今就其一事之论之，则先知后行，因各有其次矣。”①

第二，在社会效益上，朱熹否认“二程”知难行亦难的说法，提出了“知轻行重，则当以力行为重”②。朱熹考虑到“事亲从兄”的封建道德的践行不可一日废的情况，由“知先行后”而提出“行重知轻”说，注重践行封建伦理道德，以补程颐之不足。朱熹进一步从“力行”是“明理之终”和“行”是检验“知之真不真”的标准两方面论证“行重知轻”。当然朱熹所说的“行”是检验知的标准，有其合理性，但他所说的“行”并不是社会的实践，而是属于先验之理的践行，其“真知”也不是经过实践检验的真理，而是“心”与“理”在自身心中的合一，即“心”的自我印证，这是他的主观唯心认识论的表露。

第三，在知行两者的相互联结和促进方面，他一方面主张知行常相须，而两者不可偏废。他说：“知行常相须，如目无足不行，足

---

① 《文集·答郭希吕》卷五十四。

② 《文集》卷五十，《答程正思》。

无目不见。”[1] 另一方面，他提出知行互发，相互促进。他说：“知之愈明，则行之愈笃，知之益明。”[2] 在这里，体现出其认识论上的知与行的辩证思想。

（四）心性理欲论

第一，天命之性与气质之性

朱熹继承了二程的“性即理也”和张载的“心统性情”的人性论。他说：“伊川性即理也，横渠心统心情，二句颠扑不破。”[3] 他还吸取了二程和张载的“天命之性”和“气质之性”观点，企图解决自春秋战国以来长期争论不休的人性善恶问题。他指出，孟子只讲性善，是从本源上说的，但他只知有“天命之性”而不知还有“气质之性”；荀子讲“性恶”；杨雄讲“善恶混”，他们只讲“气质之性”，而不知有“至善”的天命之性。到唐代，韩愈提出“性三品说”，但实际上还是只讲“气质之性”的问题。而后又有一种“无善无恶”论，其实这种说法只不过是陷入佛教的观点而已。朱熹认为，张载、二程把人性区分为“天命之性”和“气质之性”，这就解决了以往对人性问题上的种种不同说法的矛盾和缺陷。

朱熹发挥了张载、二程的人性论。他认为，“理”是最高、最完美的。它印到具体事物中，也是完美的，因此，它具备了“理”的“天命之性”，这无疑是至善的，是完美无缺的，而气有清浊、昏明的差别，所以“气质之性”是有善有恶的。朱熹指出，理与气相杂，便是“气质之性”，这个“杂”指的是“理”与“气”相杂并存。“理”在“气”中好比明珠在浊水里，要恢复明珠的明亮，就要下工夫把浊水中的明珠揩拭干净。这个揩拭的过程，就是在《大学》里所说的“明明德”的过程。

第二，道心与人心

朱熹认为道心出于“天理”，禀受“仁、义、礼、智”之心，发而为“恻隐”、“羞恶”、“是非”、“辞让”则为善。人心出于形气之

① 《语类》卷九。
② 《语类》卷十四。
③ 《语类》卷五。

私，是指饥食渴饮之类。如圣人不能无人心，不过圣人不以人心为主，而以道心为主。他对人心即私欲作了修正，认为人心不等于人欲。人心有善有恶，而人欲则无善无恶。他还认为道心与人心的关系既矛盾又联结。道心通过人心来安顿，犹如船和舵，人心如船，道心则如舵。

第三，天理与人欲

朱熹发扬了二程的性欲论，认为“天理”就是“三纲五常”，把封建时代的道德伦理说成是先验的、永存的“绝对真理”。所谓人欲就是“天理”的反面——“物欲所昏”、“嗜欲所迷”。人欲就是被物质的欲望所蒙蔽或迷惑而产生的恶念。朱熹还对二程人心即是私欲的观点作了两点修正和补充。其一，人心完全是人欲，人心有善恶，而人欲则是恶的。但朱熹也不否定人们追求维持生存的欲望是合理的。其二，人欲不尽同于恶，两者不能混淆。在朱熹看来，“欲”是指人们对于物质生活的正当要求和欲望。

天理与人欲是既对立又联结的关系，从人的道德修养来说，是“去人欲”，是以天理去克服人欲，是一方克服另一方、一方吃掉另一方的关系，即“存理灭欲”。就其相互联结来说，朱熹亦肯定“人欲自有天理”，“天理人欲，同行异情”①。这样，朱熹抹杀了“天理”与“人欲”所规定的客观标准。“人欲中自有天理”的思想被后学者所忽略，却被反理学家王夫之、戴震所发挥，这是历史的辩证法。

天理、人欲之辩，在社会历史领域的贯彻中形成王霸之辩。这就是说，施行王道，是天理在社会历史领域的贯彻；施行霸道则是人欲在社会领域的表现。

“存理去欲”，实质上是把封建社会道德伦理的基本原则当作“天理”，当作永恒不变的最高原则，而把“人欲”当作违背封建制度的思想感情和行为。“存天理，去人欲”，成为当时社会的重要信条，人人必遵而行之的准则。

---

① 《语类》卷十二。

二、韩国性理学基本思想和特征

（一）丽末鲜初是朝鲜朱子学的开创阶段

在此阶段为树立朱子学的绝对权威做出卓越贡献的代表人物是郑道传、权近（号阳村，1352—1409）等人，尤其是郑道传在两朝交替时期，作为改革派的核心人物，不顾自己的安危和握有军权的李成桂一派密切配合在理论战线上以朱子学为理论武器彻底驳倒佛教，以新的精神武器——朱子学取而代之。李朝建立以后，郑道传作为开国功臣担任政治、经济、军事、文化教育等各方面的要职，为李氏王朝的整顿和巩固立下了汗马功劳。同时代的名儒朴础评价道："郑道传，发挥天人性命之渊源，倡明孔孟程朱之道，辟浮屠百代之诳语，开三韩千古之迷惑，斥异端，息邪学，明天理而正人心，吾东方真一人而已。"①

（二）从1498年至16世纪六十余年间是朝鲜朝性理学的奠基阶段

在这期间曾多次发生流血事件，史称"士祸"。"士祸"挑起者，大多数是勋旧大臣和暴君，而其主要受害者则是金宗直、金宏弼、赵光祖、李彦迪等士林学者。

士林学者为其后朝鲜程朱理学的集大成者李滉、李珥等巨儒的出现作了理论准备，为程朱理学在朝鲜的兴盛和成熟，打下了牢固的理论基础和社会基础，因此，对士林派学者在朝鲜儒学史上承上启下的历史作用应予以充分肯定。

士林派哲学的主要贡献在于：

第一，程朱思想的实践者。士林派的显著特征之一，就在于他们并不仅仅局限于熟读儒家经典，而且更加注重将经典原理付诸实践。他们以所学的经典原理为指针，立志变朝鲜君臣为中国尧舜时代那样的君民，为实现这一政治理想而作出了坚持不懈的努力。

第二，在理论上，成为承上启下的奠基人。士林学者虽然侧重

① 《东文选》卷五十三，《辟佛疏》。

于实践，但亦不忽视他们对理论的研究。如金宏弼着重研究伦理道德修养，成为道学之宗。对此李退溪评价说："金先生……断然以为近学道学之宗也。"[①] 又如，与金宏弼同时代的郑汝昌著有《理气说》、《善恶天理论》和《立志论》等，都反映了他的宇宙论、伦理观以及教育观等理论研究的成果。

士林派的代表人物赵光祖，在理气观上，主张"理为主而气为理之所使"[②]；在人性论上，则主张"性无不善而气禀不齐，人之气不善，气之使然也"[③]。他的哲学世界观对后世有很大影响。对此，李珥评价说："今之有性理之学者，光祖之力也。"[④]

李彦迪（号晦斋，1491—1553）更加系统地阐述了理一元论观点，主张"太极"乃"道之本体"、"万化之领要"，"理"与"气"虽不可分，但"存理而后有气"[⑤]。

士林学者很少论及认识论问题，但他们也接触到了一些，如赵光祖在强调"学以致用"的同时，提出了感觉依赖于外界事物的合理之见。他说："太抵耳、目、鼻、声、色、臭味之欲，无非以气而出也。"[⑥]

第三，排斥异端，独尊儒术。士林派活动时期，程朱已成为官方哲学而占据了统治地位。然而，当时在意识形态里佛教、道教和汉唐经学也占据了不可忽视的地位。这些士林学者为了确立程朱理学的绝对权威，提出了"破邪显正"的口号。这种口号就其整体而言有害无益。因为它严重阻碍了学术的自由发展。但是，由于士林派所提的"破邪显正"的口号，就是针对早已在韩国丧失生机的佛教、道教及其他一些宗教迷信，因此他们所提的"破邪显正"是在韩民族思维的发展史上，起到一定的推动作用。

第四，王道政治和社会改革思想。士林派学者都宣扬王道政治。

---

① 《退溪集·答卢仁甫》。
② 《庵集》卷五，《筵中记事》二。
③ 同上。
④ 《石潭日记》。
⑤ 《晦斋集》卷五。
⑥ 《静庵集》卷五，《筵中记事》。

士林派代表人物赵光祖把程、朱的“三纲五常”视为绝对真理，强调靠道德教化施行王道政治，反对暴政。他说：“自古人君多好霸功，鲜行王道。尚霸者，虽易国富，兵强之效，岂复有仁义之道乎？行王道虽未见朝夕之效，悠久而大成矣。”① 在王道政治中含有爱民、重民思想。他指出：“君臣者为民而设，上下须知此意，昼夜以民为心，则治道可成。”②

为了实现王道政治的社会理想，赵光祖还提出了实行限田制、贤良科、修改奴婢法等一系列改革时弊的合理方案。

第五，程朱理学教育的创始者——士林学者不仅是哲学家、政治家，而且也是著名的教育思想家。他们继承儒家的教育思想，士林派先驱者之一——吉再及其门人金叔滋等人大办“私学”，培养了金宗直、金宏弼、郑汝昌、金驲孙、赵光祖等名儒；他们反对勋旧派的“生而知之”论，提倡“学而知之”论；勋旧派埋头于汉唐经学的空疏之风，提倡实用之学等，都在韩国教育史上留下了宝贵的历史遗产。

总之，他们对理与气、心与性、义与利、王道与霸道等朱子学的主要命题都有论述和发挥，为韩国朱子学的进一步发展奠定了牢固的理论基础。假如没有以赵光祖为代表的前期士林学者的理论探讨和实践活动，就不会出现像退溪、栗谷等闻名东方诸国的大儒。因此，必须充分肯定赵光祖等士林派学者在韩国哲学思想史上所占据的历史地位和作用。

（三）朝鲜性理学集大成阶段

性理学在朝鲜历经二百多年的发展，演变到16世纪后半期便趋于成熟，闻名于国内外的名儒辈出，其代表人物有退溪（名滉1501—1570）、栗谷（名珥，1536—1584）等人。

1. 退溪是朝鲜朱子学的集大成者之一。他继承和发挥程朱理学思想，建立了具有自己特色的理学体系。他的哲学思想不仅对朝鲜，而且对日本朱子学的发展皆具有深远影响。

---

① 《静奄集》卷中，《元子补养官时启》。

② 《静奄集》卷三，《检讨官时启》。

第一，理气观。

朱熹综合周敦颐、张载、二程的理学思想，并就以扩充发展，建立了以“理”为最高范畴的庞大而缜密的理学体系，使孔孟儒学升华到一个具有深刻思辨性的新儒学阶段。退溪从朱熹关于理具有“体用”的观念出发，阐述了理的“本然之体”和“至神之用”的关系。即从本然之体出发，“理却无情意、无计度、无造作”，但从至神之用出发，理到处可见，无所不至。他认为朱熹所说的“理却无情意”是指理的本然之体，理本身虽不能分化产生阴阳之气，但阴阳的产生是理的作用和表现（即至神之用）。由此，退溪解决了朱熹“理却无情意、无计度、无造作”而“理有动静，故气有动静”这两个基本命题的理论上的矛盾，并提出“理动则气随而生，气动则理随而现”① 的命题，由此导出理本身有动静之故产生气的重要结论。但这并不是说、体用并列，理气无别，而是说，理与气的关系是动静和之所以动静的关系问题。他说：“动静者，气也；所以动静者，理也。”② 因此，理气之区别就在于动静和所以动静的差异，并认为气的动静源于理的动静，理是生气、生万物的主宰者。这样理的主宰作用更加明显了。可见，退溪是用“体用”说去解决朱熹哲学尚未解决的难题。

第二，方法论。

朱熹对易学造诣颇深。他继承和发挥了“易学”中的辩证法思想，系统地论述了“一分为二”的思想。退溪不仅继承了朱熹的“一分为二”的辩证思想，而且根据“合而为一”的思想提出了自己独到的分合论。他还将分合论运用到治学方法上，指出：“分而为二，而不害其未尝离，合而为一，而实归于不相离，乃周悉不偏也。”③ 他认为，只有将“一分为二”和“合而为一”很好地结合起来，才可谓“周悉不偏”的方法。他将二者结合起来，并广泛运用到自然、社会及人类思维发展的各个领域。朝鲜哲学史，即使是在

① 《陶山全书》卷二，《答郑子中别纸》。
② 《陶山全书》卷三，《静斋记》。
③ 《陶山全书》卷三，《答奇明彦》。

中国哲学史上，直至16世纪尚未发现有人如退溪那样明确提出将“分而为二”和“合而为一”相互结合的辩证方法并把它运用到实际中去。到了17世纪中国明清之际哲学家方以智，才提出了“合二为一”的命题。他认为“两间无不交，则无不二而一也，交也者，合二而一也”[①]。退溪分合论的特点不仅在于将“分而为二”和“合而为一”密切结合起来，而且在于将它升华到一般的方法论并广而用之。他在分析许多理论问题时，往往用“分而言之”、“合而言之”，灵活运用“同中有异”、“异中有同”的辩证方法，真正做到了“周悉不偏”。因此，应该说退溪的“分合”论是对朱熹哲学思想中的“一分为二”所包含的辩证思想的进一步发挥。

第三，知行观。

知行观是中国古代哲学的重要范畴。从先秦时代开始，经过战国、两汉、隋唐，直至宋、元、明、清，出现了各种流派的知行论。而宋明理学的集大成者朱熹却提出了“知先行后”、“知轻行重”、“知行互发”的独到的三个基本命题：

（1）朱熹认为，从知识的来源看，是“知先行后”。他说：“道理明时，自是事亲不得不孝，事兄不得不悌，交朋友不得不信。”[②]相反，“义理不明，如何践履，曰：‘路人行路，不见便如何行?’”[③]朱熹的“知先行后”是和他在宇宙本体论上的“理先气后”论密切相关的。

（2）朱熹认为，从社会效果上看，是“知轻行重”。程颐是从“知先行后”引申出“知重行轻”，而朱熹则由“知先行后”提出了“行重知轻”说，以补程颐之不足。在朱熹看来，其主要依据是：“行”是检验“知之真不真”的标准。他基于孔子“学以致用”的思想，进一步发挥了儒家比“来世”更注重“现实”、比“抽象思辨”更珍视“具体实践”的实理精神。很显然，“行重”的观点，无疑在人类认识史上具有有价值的思想。

① 《东西均》。

② 《朱子语类》卷一百十七。

③ 同上。

(3) 朱熹还从知行的相互依赖、相互联系的观点出发，提出了“知行常相须，如目无足不行，足无目不见”① 的合理认识论命题。朱熹所说的“行”是指“操存涵养”；“知”是指“格物穷理”。他说：“知之愈明，则行之愈笃；行之愈笃，则知之益明。”② 可见，他的知行论是建立在“知先行后”的基础之上的，但是，其中有不少合乎认识规律的合理见解，它给后世学者以很大的启迪。

退溪在驳斥中国明朝王阳明学的过程中，抛弃了朱熹的“知先行后”、“知轻行重”的观点，提出了“知行并进”、“相为轻重”的见解。

退溪反对王阳明的“知行合一”，主张“知行并进”。他说：“阳明乃欲引彼形气之所为，以明此义理知行之说，则大不可，故义理之行，犹行不可谓之知，岂可合而为一乎？”③ 退溪不仅识破了知与行的区别，而且也看出了知与行的统一。他从知行二者相互联系、相互促进的关系出发，模仿朱熹的人之两脚、车之两轮、鸟之两翼的比喻法，论述了自己的观点。指出，“真知与实践，如两轮缺一不可，如人两脚，相待互进”④。

退溪在知与行何者为先、何者为重的问题上，没有随顺朱熹“知先行后”、“知轻行重”论，提出了独自的“互为先后”、“相为轻重”的观点。他说：“窃意知行者，如车轮两翼，互为先后，相为轻重。故圣贤之言，有先知而后行者，《大学》与《孟子》之类是也。似此甚多，不可胜举。然先知者，非尽知而后始行也；先行者，非尽行，而后始知也。”⑤ 又说：“二者虽相首尾，而实是两端工夫，切勿以分段为犹，唯必以互进为法。”⑥

总之，退溪和朱熹一样依然坚持把知看成是对先天具有的心的认识，将封建伦理道德规范看成是知与行的对象和目的。然而，退

① 《朱子语类》卷九。

② 同上。

③ 《传习录辨》。

④ 《戊辰六条疏》。

⑤ 《退溪集》卷二十一，《答李刚问目》。

⑥ 《退溪集》卷十四，《答叔献》。

溪将朱熹的“知先行后”修正为“知行并进”、“互为先后”；将朱熹的“行重于知”改正为“互为轻重”的命题，这可以说是比朱子学认识论，迈进了一大步。

第四，心性论。

心性论是关于人性论的重要命题。在中国儒学史上孟子首次论述了“心与性”的关系问题。他说：“尽其心者，知其性也，知其性则知天矣。”① 在他看来，仁义礼智之性根于心，尽心则能知性，性、情都是心所固有。张载明确提出了“心统性情”的命题。朱熹接受张载的“心统性情”思想，把它作为理学人性论的重要命题。朱熹认为心有体用，心之体为性，心之用为情，性情皆发于心。他说：“性者理也，性是体，情是用，性情皆出于心，故心能统之。”②

退溪既忠实于张载朱熹的心统性情说，又把它上升到体用，即从本体与表现、本质与现象的高度进行了阐明。他具体解释说：“心有体用之说……皆有所从来，其以寂威为体用，本于大易，以动静为体用，本于载记，以未发已发为体用，本于子思，以性情为体用，本于孟子，皆心之体用也。”③ 这就是说，心具理气，统性情，存体用，除外非别所是。由此，他基于心之体用说，充分发挥了张载的“民吾同胞，物吾与也”的思想，并强调了以天下之事为“自任以为己事看”的高尚品德和主体意识。

退溪还继承发挥张载、程朱的“天地之性”与“气质之性”的理论，明确提出了“天地之性”与“气质之性”的“异中之同”和“同中之异”的辩证关系，从而更加完善了程朱的心性论。

至于作为心性论的重要命题——“四端七情”的来源问题，在中国儒学史上《孟子》、《礼记》中有所言及，到了宋代朱熹等人对此已有原则性论述，但未加充分说明，以至于给韩国儒学家留下了深入研究和探讨的余地。

进入16世纪以来，韩国儒学界以“四端七情”的来源问题为中

① 《孟子·尽心上》。

② 《朱子语类》卷九十八。

③ 《答奇明彦论考心统性情图》。

心展开了长达300年之久的学术争论，史称“四七论辩”。退溪在论辩中灵活地运用“一分为二”、“合而为一”的辩证方法，将朱熹“四端是理之发，七情是气之发”的命题，修改并发展为“四则理发而气随之，七则气发而理乘之耳”[①]。他说：“四端之情，理发而气随之，自纯善无恶，必理发未遂而掩于气，然后流于不善。七者之情，气发而理乘之，亦无有不善，若气发不中而灭其理，则放而为恶也。”[②] 他认为，“四端七情”之“情”在“理发而气随之”、“气发理乘之”的情况下纯善无恶，然而，在“理发未遂而掩于气”或者“气发不中而灭其理”的情况下，则要流恶。因此，人人都应注意道德修养，用仁、义、礼、智四端指导自己的行动，人人改变气质的差异，以达圣人的境地，实现修身齐家、治国平天下的政治理想。

2. 李栗谷（1536—1584，名珥，字叔献）是16世纪朝鲜朱子学的代表，与退溪一起并称为朝鲜朱子学的双璧。但是栗谷在理论与实践上，具有与退溪等先儒不同的许多特点，其核心是他的批判自主精神。栗谷反对“不思义理而只信师说”的读经主义学风，提倡独立思考“自得之味”的自主学风。

首先，栗谷反对退溪的“理气互发”论，提出“气发理乘”论。栗谷在与牛成溪的论辩中说：“夫理者气之主宰也，气者理之所乘也。非理则气无所根抵，非气则理无所依著，既非二物，又非一物，非一物故一而二，非二物故二而一也，非一物者，何谓也？理气虽相离不得而妙合之中，理自理，气自气，不相挟杂，故非一物也，非二物者，何谓也虽曰理自理，气自气，而浑沦无间，无先后，无离合，不见其为二物，故非二物也。是故动静无端，阴阳无始，理无始，故气亦无始也。”[③] 栗谷批评退溪说：“若退溪互发二字，则似非下语之失，恐不能深见理气不相离之妙也……性情本无理气互发之理，凡性发为情只是气发而理乘。”[④] 之所以气发理乘，是因为

---

① 《答奇明彦》第二书。
② 《心统性情图说》。
③ 《栗谷全书》卷十，《答成浩原》。
④ 同上。

“理无为而气有为，故气发而理乘”[①]。因此，“大抵发之者气也，所以发者理也，非气则不能发，非理则无所发”[②]。

其次，他以“心即气”的观点进一步强调了“气发理乘”论。他认为，“心为性情之主”，“心是气也，或原或生，无非心之发，岂非气发耶”[③]。

最后，他从发生方式上，指出了“四端亦是气发理乘之”的道理。他说：“见孺子入井，然后乃发恻隐之心，见之而恻隐者气也，此所谓气发耶，恻隐之本则仁也，此所谓理乘之也。”[④]

由此可见，退溪与栗谷双方的治学态度有着明显差异。退溪唯以朱子之言为至理，不愿越雷池一步，他说：“不敢自信而信其师，朱子吾岁所同师也”[⑤]。并称自己在朱熹的书中找到根据后，“方信愚见不至于大谬”[⑥]。与此不同，栗谷则表现出自己的独创的批判自主精神，敢于怀疑“圣贤”的定论，对朱子也持批评的态度：“若朱子真以为理气互有发，用相对各出，则是朱子亦误也，何以为朱子乎？”[⑦] 甚至，他批判“太极生两仪”之说，指出：“圣贤之说果有未尽处，以但言太极生两仪，而不言阴阳本有非有始生之故也。是故缘文生解者乃曰，气之未生也，只有理而已。”[⑧]

16 世纪朝鲜处于在“破邪显正”的幌子下，对除朱子学以外的其他一切学派，均视为异端，一概取否定、排斥朝鲜处于时期，而栗谷却对朱熹、退溪等朱子学的权威人物也敢于采取批评态度，是难能可贵的。

另外，栗谷还反对徐花潭等人的气一元论，提出了“理通气局”论。他说：徐花潭“以为湛一清虚之气，无物不在，自以为得千圣不尽传之妙，而殊不知向上更有理通气局一节，继善成性之理，则

① 《栗谷全书》。
② 同上。
③ 同上。
④ 同上。
⑤ 《退溪集·奇明彦》第二书。
⑥ 同上。
⑦ 《答成浩原》。
⑧ 同上。

无物不在，而湛一清虚之气，则多有不在者也，理无变而气有变，无气相生不息，往者过，来者续而已，往之气已无所在，而花潭则以为一气长存，往者不过，来者不续，此花潭所以有认气为理之病也”①。“理通气局”是栗谷首次提出的新命题，他说：“理通气局四字，自谓见得，而又恐读书不多，先有此等言，而未见之也。”②

当然，程朱理学曾有“理一分殊”、“理气不相离、不相杂”、“理无为无形”、“气有为有形”等命题，佛教华严宗有“理事通局”之说，但“理通气局”，则是栗谷的创举。栗谷通过“理通气局”命题，确立了他独自的理气概念。

所谓理通，栗谷说：“理者无本来也，物无先后也，无本末，故未应不是先，已应不是后。是故乘气流行，参差不齐，而气本然之妙，则不害其自若也，此之谓理之通也。”③

所谓气局，栗谷说：“气已涉形迹，故有本末也，有先后也，气之本则湛一清虚而已，曷尝有糟粕煨烬粪壤汁汁汗秽之气哉！唯其升降飞扬，未尝止息，故参差不齐，而万变生焉。于是气之流行也，有不失其本然者，有失其本然者，既失其本然，则气之本然者已无所在。偏者偏气也，非全气也；清者清气也，非浊气也；糟粕煨烬，糟粕煨烬之气也，非湛一清虚之气也，非若理之于万物本然之妙，无乎不在也，此所谓气之局也。”④

对理与气的关系，栗谷说：“理气无不相离，似是一物，而异其所以者，理无形也，气有形也，理无为也，气有为也，无形无为而有为之主者理也，有形而为无形无为之器者气也，理无形而气有形，故气发而理乘。”⑤ 由此可见，理是超时空的普遍者，而气则在时间上有先后，是本来的具体存在，如果说前者是通而无限，那么后者便是局而有限。但是，气虽有局限性，却不丧失气的本然变化运动的功能，即升降、飞扬、流行的万变形态，正因为如此，超时空的

① 《答成浩原》。
② 同上。
③ 同上。
④ 同上。
⑤ 同上。

理必然要落脚到气上，通过气变易的参差不齐，而呈现自己而无所不在。这就是说，“理通”的通是通过“气局”的局来实现的，无“气局”理亦无所谓通，反之无“理通”亦无所谓“气局”，“理通”与“气局”相对而言，又不离不杂。这是栗谷理气观的特点，在朝鲜儒学史上有其重要地位。

以这种独创的批判自主精神为核心和动力，随处可以看出他的独创之见，如重视现实社会的务实精神，“厚德载物”的宽容精神，“有教无类”的教育精神，爱国、爱民的社会改革精神和十万养兵说等。

栗谷的哲学、社会政治思想和教育思想在弘扬韩民族传统文化方面，做出了巨大的贡献，对后来的朝鲜哲学思想产生了深远影响。

三、中韩朱子学(性理学)的相同点和相异点

中国和韩国山水相依，隔海相望。这种得天独厚的地理条件，使得两国相互交流、相互渗透，在源远流长的历史长河中，形成了独特的东亚儒学文化圈。在近代以前韩国是中国文化的接受者。作为中国思想文化的接受者韩国和日本的思想文化来说表现出许多与中国思想文化的相同点，同时作为不同的国、不同的民族在接受外来文化时又表现出自己的特点。

(一) 中韩朱子学（性理学）思想的相同点

1. 传统文化主流相同。儒家学说是中国传统文化的主流，这是众所公认的事实。中韩两国均属于东方儒教文化圈的国家，两国在民族传统文化上虽然有各自的特点，但就其主流而言，都以儒家文化为其基本特征。韩国自古以来在自己固有原始文化的基础上接受了中国的先进文化。朝鲜三国（高句丽、新罗、百济）时期（公元前后）已开始相继接受儒、佛、道等中国文化。统一新罗和高丽时期虽然在信仰方面佛教占统治地位，然而在政治、经济、文化教育等各个领域儒学却占了主导地位。高丽末期朱子学传入朝鲜半岛以后，打破了佛教统一天下的局面，为推翻高丽王朝，建立和巩固李氏新王朝开辟了道路。李朝初期，郑道传、权近等人以朱子学为政

治理念在改革旧制度和建立新制度上进行了创造的移植和发挥，为15—16世纪朱子学的繁荣奠定了理论基础。16世纪，朱子学在朝鲜迎来了极大发展的黄金时代。当时以李退溪、李栗谷为杰出的代表。他们在哲学理论、伦理道德和政治文化等各方面继承和发展了朱子学，使朱子学在政治、思想、文化、道德、教育以及日常的世俗生活等所有领域牢牢占据了支配地位。这种局面持续长达500年之久，使朱子学深深地融汇到朝鲜传统文化之中去，形成传统文化的主流。

2. 坚持实践理性的基本精神相同。儒学的显著特点，可以概括为实践理性精神，它总是关心或重视人间的现实生活，而不追求或向往死后或来世的幸福。此种精神，始于孔子。孔子说："未能事人，焉能事鬼?""未知生，焉知死?"① 孔子认为应致力于生人之事，不必追问死后的事情。到孟子提出了修身立命说，到荀子则发展为无神论。朱熹继承和发挥了孔孟儒学的这种实践理性精神。佛教讲"万理其空"，理论上导致否定"理"的实在性；道家只说"虚无"、"万理皆虚"、"有生于无"；而儒家则主张"实其理"，"理"存在于万物之前、有物之后，它在阴阳之外，又位于阴阳之中，成为贯通先后内外的实在的理念。

朱子学传入韩国以后，从一开始就打起实践理性的旗帜。为彻底贯彻这一精神，朱子学家们首先对佛学发起了总攻击，并将其从意识形态宝座上拉了下来，并用朱子学的实理论来指导改朝换代的革命。新王朝建立后，又用朱子学的实理精神进行了一系列的政治、经济制度的改革，这些努力一直延续到16世纪。他们根据韩国的客观情况及需要创造性地运用朱子学中的政治和社会思想，提出了关于国家管理、经济建设、普及教育、家礼等涉及各个方面的进步主张。尽管这些进步合理的主张由于受阶级和历史的局限，未能在当时得到实施，但是他们那些进步的设想和合理的理论都为后来在朱子学内部的自我反思及近代思想的产生提供了有益的思想资料。

3. 重视教育相同。儒学作为封建知识文化的结晶，在我国教育史上占有重要的地位。孔子作为古代教育思想家，不仅提倡教育，

① 《论语·先进》。

而且以文化知识教育学生。后来的儒学家在传授文化知识方面，也都作出了自己的贡献。朱熹继承和发扬了古代儒家重视教育的优良传统，建立书院、精舍，聚徒讲学，总结教育经验，在我国教育史上作出了重要贡献。

朝鲜朱子学者很重视儒学教育，中央设成均馆，地方设乡校，除了这些官学外，私学（即书院）也空前发展。据不完全统计，李朝时期仅书院就达 280 所左右。在李朝时期，私学教育有了很大的发展。其创始人是高丽遗臣吉再（1353—1419）。他以“不事二君”为由谢绝出仕，创办私学，在他门下涌现出许多如金叔滋等名儒高徒，这些名儒后来成为士林派的先驱者。如金叔滋的门下有士林名儒金宏弼、郑汝昌等人。金宏弼门下有士林派代表人物赵光祖等。由此可见，士林派对朝鲜朱子学的发展起到了重要作用。

4. 群体观念相同。欧美资本主义文化的特点是“个人主义、自我中心”，是完全靠个人主义原则来处理的。与此相反，“东方儒学文化圈”内的中、韩等国家，由于受儒学文化的影响在处理人际关系上较多地表现出“人我兼顾”的群体观念。

儒家认为个人总是生活在群体之中，个人是家族、国家乃至天下中之一员，因此，群体受到损坏，个人的生活也就失去了保障。始于孔子的此种群体观念，孟子作了更系统的发挥。他提出“人伦”说，将人际关系分为五个层次，即“父子有亲，君臣有义，夫妇有别，长幼有序，朋友有信”，后被称为五伦。汉代董仲舒更明确地提出了“三纲五伦”，把先秦儒学的人伦观发展为公私之辩，即儒家以群体利益为公，以个人利益为私，要求个人对群体具有忠诚和献身精神。

韩国是资本主义制度的国家，这就决定了其经济的资本主义性质。但在经营方法上与欧美资本主义相比，却具有截然不同的特点。

韩国在历史上或文化上，都属于儒学文化圈。美国学者赫尔曼·卡恩（Herman Kohn）指出，包括日本在内的东亚地区，皆受儒家传统影响，有着共同的文化特征，是“新儒教国家”[①]。美国哈

① 王家毕：《儒家思想和日本文化》，第 411 页。

佛大学东亚研究所所长挨兹拉·沃格尔（Ezra Vosrl）认为，由个人主义造成的“美国病”需用“东方药”治疗，应向日本等东方国家学习团体精神主义。

韩国把儒学的群体观念引入教育宪章时，指出：“唯有国家的强盛，才有自我的发展，享受自由与权力，尽责任与义务，并积极参与国家的自力建设，发挥国民的献身精神。”韩国的新乡村运动也是基于儒学的群体观念，靠“勤勉”、“自助”、“合作”的三个基本原则进行而取得成功的。

韩国的企业与欧美企业不同，有一种家族一样的感觉。韩国当然也重视有能力的高级人才，同欧美相比更加重视人性，即使员工能力不大，但只要为公司诚实地工作，就不会被公司所抛弃。在群体内上下级、男女间等构成了以礼相待、以礼相让的准则，形成了一个在大家庭内“上下有别”、“长幼有序”的生活气氛和准则，使大家不仅在工作上而且在感情上互相融洽，为群体的共同利益，各尽所能，各献其才。这就是东方儒学“群体意识”的优势。当前，在世界上有不少学者都认为日本人的“群体观念”（或称团体精神主义），是战后日本经济成功的奥秘之一。日本人认为，个人应属于某一企业团体之中，团体中的每个成员，对自己所属的企业或团体，具有忠诚和献身精神。这种精神，显然不同于欧美的个人本位的个人主义。日本人重视群体观念，但又分“内”与“外”。对群体内则“以和为贵”，以“和”来调解群体内的各项矛盾，而对群体外却变为竞争和斗争。

哈佛大学教授洛吉说，西洋文化是个人主义文化，而中、韩、日三国的东亚文化是集体主义文化。在今后的世界经济战中，集体主义文化将比个人主义文化占优势。现在的世界正在进入欧洲共同体、北美自由贸易区等联盟性的集体主义时代，这意味着世界正迈入以儒教为基础的东亚集体主义时代[①]。

（二）中韩朱子学（性理学）思想的相异点

如前所述，中韩两国朱子学虽然有不少相似之处，但是，由于

---

① 《首尔经济新闻》，韩国，1993年12月11日。

社会历史条件、地理环境以及固有的传统文化不同，两国的朱子学也有许多不同之处。

1. 学派形成情况不同。在学派形成方面，中韩两国各具特色。中国宋代理学按地区划分为不少派别，如谦、洛、关、闽四大学派。“谦”指周敦颐，“洛”指二程，“关”指以张载为首的学派，“闽”指以朱熹为首的学派。这四大学派的渊源关系是：朱子学的创始人是周敦颐，二程是奠基人，朱熹是集大成者。朱熹在世时，与他对立的学派是陆象山（九渊）创立的心派，后来至明代王阳明（守仁）有进一步发展，全称陆王学派。

韩国朱子学不管其传播期、兴盛期、还是衰弱期，都没有明显的多种学派，只有在丽、鲜两朝交替时期反对王朝交替的保守势力和提倡交替的革新势力而已。李朝建立之后也没有明显的派别，只是在李朝中后期分成“主气”、“主理”两派，围绕着“四端七情”的“来源”问题展开辩论（史称四七论辩）。后来其论辩与政治斗争相结合，变成“四色”党争，给韩国社会带来莫大的祸害。

2. 对异端学派的态度不同。朱熹哲学本有排斥其他学派的思想。韩国朱子学派遵循这一思想，也有排斥其他学派的思想倾向，但是，同中有异，各具特色。

（1）从朱子学与佛教的关系来看，朱熹也是排佛的，但是他没有从世界观上去批驳佛教。他认为佛教的错误不在于思想体系，而在于忘掉了道德。他说：“释氏只见得个皮壳，里面许多道理，他都不见，他皆以君臣父子为幻妄。”① 韩国朱子学在其传播期，已把佛教视为最大的论敌，力图彻底驳倒。在韩国哲学史上，14 世纪是朱子学与佛教的决战时期，是以朱子学取代佛教为特征的时期。在战胜佛教的斗争中作出贡献的有高丽末期的朱子学者李穑、郑梦周、朴础、金貂、郑道传等人，其代表人物是郑道传，郑道传的排佛论最彻底。

（2）从朱子学同古汉学、阴阳学等各种学派的关系来看，中韩两国的朱子学有明显差异。1175 年朱熹在江西鹅湖与陆九渊进行辩

① 《朱子语类》卷九十四。

论时，朱熹请自己的论敌陆九渊到书院给自己学生讲学等，而明代王阳明继承和发展了陆九渊的主观唯心主义，建立了心学的伦理思想，以弥补朱子学不足。至此，朱子学与陆王两派的伦理思想相互补充，构成了中国伦理学思想的总体。

与此相反，韩国朱子学在“破邪显正”的旗帜下，把阳明学等其他各种学派均视为“异端”、“邪教”，对他们实行残酷镇压。因而，朝鲜古汉学、阳明学等各种学派，由于受到正统朱子学派的排斥和镇压，未能得到充分的发展。

3. 社会作用不同。朱子学是适应社会政治斗争和理论斗争形式的产物，也是儒学自身逻辑发展的产物。

与任何社会思潮一样，理学本身也是精华与糟粕的对立统一体，所以，我们必须吸取精华、去除糟粕。

宋代至明中叶以前，中国社会进入了新的发展时期。在这一时期适应时代的而建立起来的朱子学，就整体来说，对安定社会秩序、维护经济制度、振兴文化教育等诸方面发展起了进步作用。但是，明代中叶以后，由于资本主义萌芽出现，引起了社会生产关系的变化，统治集团日趋腐败，土地兼并和赋税日益加重，促使社会诸矛盾十分尖锐。朱子学本身也随着封建社会的日趋腐败、没落而日趋丧失其生机。

韩国朱子学，在传播初期，即两朝交替时期和李朝前半期，均代表新兴势力在同保守势力的斗争中起了历史的进步作用。但在李朝后半期以后，它却代表既得利益的保守势力，压制新兴势力，阻碍了学术的自由发展和社会历史的前进。

第三节　中韩阳明学思想比较研究

阳明学是与程朱理学并肩而立的宋明理学的最大学派之一，也是宋明理学发展史上的一个重要环节。它由中国明代思想家王守仁所创立。以“心即理”、“致良知”、“知行合一”为中心内容的完整而缜密的心学理论体系的建立，不仅把中国古代哲学的理论思维水平提高到一个全新的高度，而且它在一个历史时期内取代朱子学而居社会思想的主导地位，对当世和后世中国学术思想的发展产生深远的影响。不仅如此，阳明学又传播到日本和朝鲜，融入两国的传统文化之中，对其思想文化发展和社会历史发展均产生了重要的影响。

一、中国阳明学基本思想

（一）“心即理”的宇宙观

“心即理”是王阳明心学的理论基础，也是其宇宙观。他的“心即理”说，是针对朱熹“即物穷理”的思想提出来的。朱熹认为人心包含万物之理，但是心不能直接认识自己，必须借助于“格物”，通过具体事物才能达到穷理。王阳明认为，朱熹“以吾心而求理于事事物物之中”，不仅分认识主体和认识客体，而且有以主体去认识客体事物之“理”、流入反映者与被反映者关系之弊。为了解决这一矛盾，他对心、理范畴作出了新的解释和多层次规范，最终完成了“心外无物”、“心外无理”的主观唯心主义理论体系。

首先，“心”不是“一团血肉”，而是具有意识活动的精神实体。他说：

> 所谓汝心，亦不专是那一团血肉。若是那一团血肉，如今已死的人，那一团血肉还在，缘何不能视听言动？所谓汝心，却是那能视听言动的，这个便是性，便是天理。
>
> 心者身之主宰，目虽视而所以视者，心也；耳虽听而所以听者，心也；口与四肢虽言动而所以言动者，心也。①

“心”不是常识中由血肉构成的器官，而是身体官能活动的主宰者，是身体之所以能够获得其自身存在的依据。

其次，“心”是具有封建伦理道德的主观意识。他说：

① 《王文成公全书》卷三，《传习录·下》。

心之体，性也。性即理也。故有孝亲之心，即有孝之理；无孝亲之心，即无孝之理矣。有忠君之心，即有忠之理，无忠君之心，即无忠之理矣，理岂外于吾心耶?[①]

盖良知只是一个天理自然明觉发见处，只是一个真诚恻怛，便是它本体。故致此良知之真诚恻怛以来亲，便是孝，致此之真诚恻怛以从兄，便是弟；致此良知之真诚恻怛以事君，便是忠，只是一个良知。[②]

“孝亲之理”和“忠君之理”等道德意识，都发源于至善的“心体良知”。可见，“心”除了人之存在的本体之外，同时也是道德的本体。它既是生命存在的依据，又是道德意识的源泉。

再次，心体为寂然不懂得虚明灵觉，但又感通而自成条理。心的条理就是“天理”，礼则是理的显现。他说：

心之本体原自不动。心之本体即是性，性即是理。性元不动，理元不动，集义是复其心之本体。[③]

夫礼也，天理也。天命之性，具于吾心，其浑然全体之中，而条理节目，森然毕具，是故谓之天理。天理之条理谓之理。是礼也，其发见于外，则有五常百行，酬酢变化。语默动静，升降周旋，隆东厚薄之属。[④]

按照王阳明的叙述，心的本体即是性，性就是“天理”，寂然不动的心之本体已蕴含着“天理”。但是这里有一个矛盾，即“不动”的心之本体，如何转化为万事万物之“理”。对此，他赋予“心”寂然感通的性质，认为心之本体是“体用一源”，故它感而遂通，能够发用流行。而心体的发用就是“天理”的展现和具体化，所谓变化、

① 《王文成公全书》卷二，《传习录·中》。
② 《王文成公全书》，《答聂文蔚二》。
③ 《王文成公全书》卷一，《传习录·上》。
④ 《王文成公全书》卷七，《博约说》。

动静、升降、厚薄等，无一不是“心之理”发于外的形式和条理节文。由此，他进一步认为万事万物之“理”，不是客观事物本身所固有，而是得之于“心”。他说：“吾心之良知，即所谓天理也；致吾心良知之天理与事事物物，则事事物物皆得其理矣。”① 事物之理与“吾心良知”之理是同一的，两者同一于“心”。

最后，意为心之所发，物为意之所在，心外无物。他说：

> 无心则无身，无身则无心。但指其充塞处言之，谓之身；指其主宰处言之，谓之心；指心之发动处，谓之意；指意之灵明处，谓之知；指意之涉着处，谓之物；只是一件。②

> 身之主宰便是心，心之所发便是意，意之本体便是知，意之所在便是物……所以某说：无心外之理，无心外之物。③

这就是说，事物的产生是由于人心所发生的意念的活动，离开了人的意念，就没有客观事物的存在。值得注意的是，他训“物”为“事”。他说：“物者，事也。凡意之所发，必有其事，意所在之事，谓之物。”④ 又说：“意之所用必有其物，物即事也。如意用于事亲，即事亲为一物；意用于治民，则治民为一物；意用于读书，即读书为一物。”⑤ “事”属于社会活动范围的现象，人在做“事亲”、“治民”、“读书”这些事的时候自然离不开人的意识活动。王阳明抓住“事”总是有某种意念相伴随的现象，加以歪曲和夸大，把事归结为意念活动，这样就只有人和主观意识才是唯一真实的存在，而客观事物则只能是意识的体现。从而作出“心外无物，心外无事，

① 《王文成公全书》卷二，《传习录·中》，《答顾东桥书》。

② 《王文成公全书》卷三，《传习录·下》。

③ 《王文成公全书》卷一，《传习录·上》。

④ 《王文成公全书》卷二十六，《大学问》。

⑤ 《王文成公全书》卷二，《传习录·中》，《答顾东桥书》。

心外无理，心外无义”① 的主观唯心主义结论。

(二)“致良知”的认识论

王阳明的“致良知”说既是认识论，又是道德修养论。他自称：“吾生平讲学，只是‘致良知’三字。”② 并郑重宣告，只有他的“致良知”学说才真正是“孔门正法眼藏”，足见其在他的心学理论体系中所占有的重要地位。

关于“良知”，王阳明了如下的规定。他说：

> 良知者，心之本体，即前所谓恒照者也。③
>
> 良知是天理之昭明灵觉处。故良知即是天理，思是良知之。若是良知发用之思，则所思莫非天理矣。④
>
> 良知只是个是非之心。是非只是个好恶，只好恶就尽了是非，只是非就尽了万事之变。⑤
>
> 良知是适化的精灵。这些精灵生天生地，成鬼成帝，皆从此出。真是与物无结。人若复得他，完完全全，无少方欠。⑥

首先，“良知”是心之本体，是“天理之昭明灵觉处”。即“良知”是先验的道德意识和天赋理性。

其次，“良知”是“是非之心”，它能判别行为的是非，并进行好恶的选择。所以，“良知”既是道德价值，又是分辨是非的标准。“这些子（良知）看得透彻，随他千言万语，是非诚伪，到前便明。合得的便是，合不得的便非，如佛家说心印相似，真是个试金石，指南针。”⑦ 是非、善恶、真假一放到“良知”面前，便明明白白。

① 《王文成公全书》卷四，《与王纯甫书第二》。
② 《王文成公全书》续编一，《寄正宪男手墨二卷》。
③ 《王文成公全书》卷二，《答陆原静书》。
④ 《王文成公全书》，《传习录·中》，《答欧阳崇一》。
⑤ 《王文成公全书》卷三，《传习录·下》。
⑥ 同上。
⑦ 《王文成公全书》。

合于"良知"的便真、善、是，不合"良知"的便假、恶、非。

再次，"良知"是造化的精灵，它是"与物无对"的本体，天地、万物、鬼神、人类皆从此出。

王阳明认为，"良知"作为天地之源和万物变化的主宰，世间万事万物都包含在我"心"的良知中，认识"本心"的"良知"，也就达到了一切真理的认识，因此，学习或寻求知识只是体认"吾心中"的"良知"。他说："好古敏求者好古人之学，而敏求此心则理耳。心即理，学者，学此心也；求者，求真心也。"① 把认识主体和客体融而为一，而且进一步认为，"良知"作为不学自能、不虑自知的道德观念和天赋理性，不由见闻而来，也不停滞于见闻。他说："德性之良知，非由于见闻。"② "良知不由见闻而有，而见闻莫非良知之用。故良知不滞于见闻，而亦不杂于见闻。"③ 见闻不仅不是认识"良知"的基础，反而是体认"良知"的障碍，他说："闻日博而心日外，识益广而伪益增。"从而完全否定了社会实践和感觉经验在认识过程中的作用。

由此，他反对向外探求，而认为认识的目的是"求得其心"。他批评朱熹"外心以求理"是"错训格物"，不合《大学》"致知格物"的旨意。他认为"致知格物"不是如朱熹所说的"即物而穷理"，而是致心之理、格心之物。他说：

> 所谓致知格物者，致吾心之良知事事物物也……致吾心良知之天理于事事物物，则事事物物皆得其理矣。致吾心之良知者致知也。事事物物皆得其理者格物也。是合心与理而为一者也。④

这就是说，"致知格物"不是探求事事物物的客观规律，而是把"吾心良知"推到事物中去，使事事物物与我心的"良知"相符合。

① 《王文成公全书》卷二，《传习录·中》，《答顾东桥书》。
② 同上。
③ 《王文成公全书》卷二，《传习录·中》，《答欧阳崇一》。
④ 《王文成公全书》卷二，《传习录·中》，《答顾东桥书》。

由于事物是由意念所生，而事物的善与不善决定于意念的善与不善。因此，“致知格物”就是克服意念中的不善，保存和发展意念中的善。故他把“格物”又解释为“正心”、“诚意”。他说：

> 故致知必在于格物，物者事也。凡意之所发必有其事，意所在之事谓之物。格者正也，正其不正以归于正之谓也。正其不正者去恶之谓也，归于正者为善之谓也。①
>
> 正心者，正其物之心也；诚意者，诚其物之意也；致知者，致其物之知也。②

用“正心”、“诚意”代替格物，这样的格物致知乃是一种摒除客观、排除实践的反理性的直觉的自我参悟方法。

王阳明认为心体“良知”是至善的，但由于人们的意念活动，“心”不免为私欲所蒙蔽，有如晶莹无瑕的明镜，往往为尘埃所染。因此，“致良知”最紧要的工夫是“正意念”、“去私欲”，使“明莹无滞”的本心复明如初。他说：“学者却须先有个明的工夫，学者唯患此心未能明，不患事变之不能尽。”③ 那么，如何才能使心地“精精明明，毫发无蔽”呢？他提出了“静处体悟”和“事上磨炼”两种方法。所谓“静处体悟”，就是反身而诚的内省，静坐思虑，摈去一切私意杂念，体认本心。而所谓的“事上磨炼”，也即“就学者本心、日用事为间，体究践履，实地用功”④，是指通过“声色货利”这些日常事物，去体认“良知”。王阳明认为，如果一味追求静坐，会使人变成“沉空守寂”的“痴呆汉”，“才遇些子事来，即便牵滞纷扰，不复能经纶宰制”⑤。因此，“人须在事磨，方立得住，方能静亦定，动亦定”⑥。由此可见，王阳明“致良知”说的主要目的，是

---

① 《王文成公全书》，卷二十六，《大学问》。
② 《王文成公全书》卷二，《答罗整奄少宰书》。
③ 《王文成公全书》卷一，《传习录・上》。
④ 《王文成公全书》卷二，《传习录・中》，《答顾东桥书》。
⑤ 《王文成公全书》，《传习录・中》，《答聂文蔚》。
⑥ 《王文成公全书》卷一，《传习录・上》。

要人们时刻体认和明白“本心”固有的“良知”，加强个人的道德修养，使其言符合封建道德和伦理规范，而不是通过实践获得认识。

（三）“知行合一”的动机论

王阳明“知行合一”的思想，是针对明代社会“文盛实衰”、知行脱节、只知不行的时弊而提出的，而且他认为，酿成这一弊端的终极根源是“外心以求理”的朱熹理学。他说：

> 晦庵谓：“人之所以为学者，心与理而已。心虽主乎一身，而实管乎天下理；理虽散在万事，而实不外乎一人之心。”是其一分一合之间，而未免已启学者心理为二之弊，此后世所以又求专本心，遂遗物理之患，正由不知心即理耳……外心以求理，此知行之所以二也；求理于吾心，此圣门知行合一之教。①

很显然，他是以“心即理”为理论前提，批评朱熹“物理吾心终判为二”是导致“知行之所以为二”的原因。

从“心即理”的原则出发，王阳明认为知行是无分内外、不可分离的。他说：“知行工夫、本不可离，只为后世学者分作两截用功，失却知行本体，故有合一并进之说。”② 这就是说，知行是不可分割的“一个工夫”，如果把知行分作两件去做，势必在理论上失却“知行本体”，在实践上造成“终身不行，亦遂终身不知”之弊。

为了论证“知行合一”，王阳明从几个不同的方面，对知行关系作了详尽的说明。

首先，以知为行，知即是行。他说：

> 夫人必有欲食之心，然后知食。欲食之心即是意，即是行之始矣……必有欲行之心，然后知路。欲行之心即是

---

① 《王文成公全书》卷二，《传习录·中》，《答顾东桥书》。

② 同上。

意，即是行之始矣。[1]

一念发动之处，便即是行了。[2]

在这里，“一念发动处”只是“行”的动机，只是一种意念活动。这种意念活动可以表现为“行”，但它还没有由主观见之于客观，还并不就是“行”。但他提出意念即是“行”，实际上是强调以“知”为“行”，把主观的东西列入了行的范围，将行主观化。所以王夫之批评他的“知即是行”的观点是“销行以归知，终归于知”[3]。

其次，“知”、“行”是相互依存、相互联系的。他说：

知是行的主意，行是知的工夫。知是行之始，行是知之成。若会得时，只说一个知已自有行在，只说一个行已自有知在。古人所以既说一个知，又说一个行者，只为世间有一种人懵懵懂懂的任意去做，全不解思唯省察也，只是个冥行妄作，所以必说个知方才行的是。又有一种人茫茫荡荡悬空去思索，全不肯着实躬行也，只是个揣摸影响，所以必说一个行方才知得真。[4]

王阳明认为，“知”中有“行”，“行”中有“知”，“知”在“行”在，“行”在“知”在，“知”与“行”相互包含、彼此融通。而且没有“知”作指导的“行”，是“冥行妄作”，就不会“行得是”；反之，不肯脚踏实地地去“行”，也只是“悬空思索”，不会“知得真”。他主张知、行并进，不能偏废。但他又片面夸大“知”的作用，把“行”看做是“知”的体现，认为“只说一个知，已自有行在”，归根结底，仍然是以“知”为“行”。

再次，知了即去行，“不行不足谓之知”。他说：

---

① 《王文成公全书》卷一，《传习录·上》。

② 《王文成公全书》卷三，《传习录·下》。

③ 《尚书引义》卷三。

④ 《王文成公全书》卷一，《传习录上》。

未有知而不行者，知而不行，只是未知。①

知之真切笃行处即是行，行之明觉精察处即是知，知行工夫，本不可离。只为后世学者分作两截用功，失却知行本体，故有合一并进之说，真知即所以为行，不行不足谓之知。②

“知”必然要表现为“行”，不去实行就不能叫真知。因此，他反对朱熹的“知先行后”，认为如果“以为知了然后能行……待知得真了方去做行的工夫，故遂终身不行，亦遂终身不知”③。

最后，行而后知，知必依赖行。他说：

夫人必有欲食之心，然后知食；欲食之心，即是意，即是行之始矣。食味之美恶，必待入口而后知，岂有不待入口而已先知食味之美恶者邪？必有欲行之心，然后知路；欲行之心，即是意，即是行之始矣。路岐之险夷，必待身亲履历而后知，岂有不待身亲履历而已先知路岐之险夷者邪？④

如言学孝，则必服劳奉养，躬行孝道，然后谓之学，岂徒悬空口耳讲说，而遂可以谓之学孝乎？学射则必张弓挟矢，引满中的；学书则必伸纸执笔，操觚染翰。尽天下之学，无有不行而可以言学者，则学之始，固已即是行矣。⑤

也就是说，学任何事情，都离不开“身亲履历”的实际活动，只有通过实际活动，才能获得关于某一事物的具体知识。这种行而后知的思想，是“不行不足谓之知”的必然逻辑发展，具有唯物主

① 《王文成公全书》。
② 《王文成公全书》卷二，《传习录·中》，《答顾东桥书》。
③ 《王文成公全书》卷一，《传习录·上》。
④ 《王文成公全书》卷二，《传习录·中》，《答顾东桥书》。
⑤ 同上。

义因素。但他又讲“必有欲行之心，然后知路”，认为先有“行”的意念，而后才去打探路，又把“知”、“行”辩证关系颠倒了。

王阳明的“知、行合一”思想，反对将知行割裂开来，反对朱熹及其后学“离行以为知”、“讲之以口耳”的烦琐学风，在当时有其积极的意义。但是，他把“一念发动处”也看做“便即是行”，实际上是将“行”消溶于“知”，否定了客观的社会实践。因此，他的“知行合一”思想的主要倾向是唯心主义的。此外，他过分夸大知、行的统一，而忽略和否定“知”与“行”的差别和矛盾，因而其“知行合一”的思想，又带有严重的形而上学的性质。而就“知行合一”的思想内容来说，王阳明所谓的“知”，无非是封建伦理道德的自我意识；所谓的“行”，是封建伦理道德的践履和实行。他主张“知行合一并进”，其目的是叫人在封建道德意识上下工夫，以挽救封建统治的危机。

二、韩国阳明学基本思想

（一）韩国阳明学派的早期代表及其基本思想

根据史料记载，韩国最初接受阳明学的学者是南彦经（1528—1574，字东冈）和李瑶（庆安令），李瑶为南彦经的弟子。继南彦经、李瑶两人之后的阳明学者，则首推许筠和张维。

1. 许筠（1569—1618，字蛟山），主要受到阳明学异端李贽的影响，其思想自由奔放、不拘格套，是个传统社会的叛逆者。他的思想的特色之处在于：反对桎梏人性的传统礼教，鼓吹人性的平等和尊严。他说：“天之生才原为一代之用而其生之也，不以贵望而丰其赋，侧陋而啬其禀。”[①] 许筠出生于庶子，从小是在歧视和冷眼中长大，所以他特别痛恨封建的宗法等级身份制和所谓的嫡庶之别，著有传世名作《洪吉童传》，讴歌了庶子出身的传奇式人物洪吉童率领穷人与官府抗争、最终建立“地上天国”的英雄业绩。他在小说里所描写的主人公也都是社会最底层的小民和贱民，但他肯定了他们

① 《星所覆瓿藁》卷十一，《遗才论》。

的人性尊严和生存价值。基于人性平等思想，许筠追求的是自由独立的人格。他因屡次触忤封建礼教，而被羁押在狱中，面对即将来临的死亡，还作诗言志道："礼教宁拘放，浮沈（沉）只任情。君须用君法，吾自达吾生。亲友来相慰，妻孥意不平。欢然若有得，李杜幸齐名。"[①] 表达了对神圣的封建礼教的公然蔑视。他的反礼教的彻底性，集中反映在他对人的情感欲望的肯定上。他说："男女情欲，天也；分别伦纪，圣人之教也。天尊于圣人则宁违于圣人，而不敢违天禀之本性。"[②] 在中世传统时代把男女情欲置于圣教之上，实在是振聋发聩的新思想，也需要莫大的勇气。

2. 张维（1585—1638），字持国，号谿谷。他是在韩国阳明学发展史上，起到承前启后桥梁作用的重要人物，以学术上的远见卓识和犀利的批判精神著称。他撰写的《谿谷漫笔》，对阳明学多有阐述，对后学颇有影响。郑齐斗即是其中之一，他在致友人的信中写道："当观谿谷老于之书，唯其文义兄解熟，故一见便会，无不得其要领。"[③]

张维在《谿谷随笔》中，首先驳斥了朱子学派指责阳明学为神学的观点，他说：

> 白沙之学，诚有偏于静而流于寂者，若阳明良知之训，其用功实地专在于省察扩充，每以喜静厌动为学者之戒，与白沙之学绝不同。但其所论穷理作品物与程朱顿异，此其所以别立门径也。

他认为阳明学与程朱理学同为圣之学，阳明学的优越之处在十主张知行合一，从而克服了朱子学"只知不行"、知行脱节、躬行不力的毛病。他说："先儒以穷理为格物致知之事，专属于知。唯王阳明以为兼知行而言。范淳夫妇曰：自君臣而言之，为君尽君道，为

① 《星所覆瓿藁》卷十二，《闻罢官作》。

② 安鼎福：《橡轩随笔》。

③ 《霞谷集》，《答崔汝和书·锡鼎》。

臣尽臣道，此穷理也，与阳明之说合。”① 一语道破了阳明学与朱子学的本质区别。

张维的学说中最具精彩的部分，是他对人的主体性的见解。他指出：“人必自治而后，可以不附物矣；有守而后，可以不附物矣；有守而后，可以不随物矣。”② 他认为，每个人都有独立的思考，“自作主宰”；反之，人如果失去思想之自由和独立的意志，只是依附和屈从于外物，那就不足以为人，与动物一般而无分别。他不无嘲讽地说道：“待物而立者，婴儿也；附物而成者，女萝也；随物而变者，影魍魉也；窃物为自利者，穿窬也；害物而自肥者，豺狼也。”③ 由此他主张不仅每一个人应当自主、自立、自强，每一个民族和国家也都应如此，进而他对朝鲜学术界故步自封，无实心、实功、实得，盲从权威，唯程朱是尊的陋习进行了严厉的批评。他说：

> 中国学术多岐，有正学焉，有神学焉，有丹学焉；有学程朱者，有学陆王者，门径不一。而我国者无论有识无识，挟读书皆称颂程朱，未闻有他学焉。岂我国士习果贤于中国耶？曰：非然也。中国有学者，我国无学者，盖中国人材志趣颇不碌碌，时有有志之士以实心向学，故随其所好而所学不同，然往往各有所得。我国则龌龊拘束，都无志气，但闻程朱世所贵重，口道貌尊而已，不唯无所谓杂学者，亦何尝有得于正学也。譬如垦土播种，有莠有实而后五谷可别也。茫然赤地之上，孰为五谷，孰为敌稗者哉？④

他的这一批评，是对当时朝鲜学术界封闭思想性的最佳概括和说明，其精辟的见解往往为后学针砭弊时所援引。

---

① 《霞谷集》，《答崔汝和书·锡鼎》。
② 同上。
③ 同上。
④ 同上。

（二）韩国阳明学派的确立与霞谷的阳明学思想

韩国阳明学经过艰难的发展步履，到了17世纪末至18世纪初才由郑齐斗完成其理论体系。

郑齐斗（1649—1736），字士仰，号霞谷，出生于贵族名门，先祖文忠公郑梦周乃韩国理学始祖，享祀文庙。霞谷不仅门阀显赫，而且在文章道德俱佳，但由于党籍少论，在党羽派阀政治体制之下，其学问事业亦随着少论政治地位的升降而有所变迁，难以施展其经邦治世的才华与抱负。而且在霞谷生存的时代，韩国朱子学更加堕落，完全沦为党争的工具。霞谷气愤地指出："至于今日之说者，则不是学朱子，而是假朱子，直是传会朱子，以就其意挟朱子而作之威，济其私。"[①] 对朋党政治和朱子学的教条主义深感失望的他，遂弃绝仕进，晚年则卜居江华岛潜心研究阳明学，最终形成了他独具特色的理论体系——"霞谷学"，这一时期成为韩国阳明学派的形成期。主要著作有《万物一体说》、《良知图说》、《存言上中下》、《学辨》、《心经集义》等，后结成文集《霞谷集》而流传于世。

霞谷的阳明学思想体系是在同朱子学的理论碰撞中完成的，并在对朱子学的理论体系进行全面的批判过程中，对王阳明的"心即理"、"致良知"和"知行合一"思想都作了新的补充和发展。

霞谷认为，朱子学的最大流弊是"析心与理为二"的思辨形式，它把"理与气"、"心与理"、形而上与形而下都截然划分为相互对立的两种存在，从而把"义理"和"心性"分为两途，要求人们"即物穷理"，致使人们走上支离破碎、学而无功的末途。他在批评朱子学的这一弊端时指出：

> 其不得理者，以其谓，理无形，性无物，理自理，气自气，心性为别件，理气为两物也，谓性自性也，以性为非心而别件也，特求之于静，谓在理自理也，以理为非心而外也，心求之于外，其原之所差者，以此也。不知理在

① 《霞谷集》，《答崔汝和书·锡鼎》，《存言·下》。

气，心即是性。[①]

他认为“理与气”、“心与理”是合而为一、不可分离的。并基于这一立场，他对朱子学的理气论进行了系统的剖析和批判。他说：

理者，气之灵通处，神是也；气者，气之充实处，质是也。一个气而能灵通在者为理，凡气之充实处为气。又凡气之条通，亦是此理，以其灵通者实有是条通故也。然若气道之条通而已者，则虽气无灵通而至粗顽者亦皆有之，盖有物皆有之矣。但是为其各物条贯而已，非所以为统体本领之宗主者也。[②]

这段话有两层意思：一是讲理乃是以气为体的气之理，两者是不可分开的；二是讲理作为气的某种属性（条理、条贯），为草木花果、飞禽走兽等各个事物所共有。从而因物而异的“物理”，“以气条为理者，盖物理是耳”[③]，它并非是万物所以然的“宗主者”。霞谷认为朱熹所讲的理，无非就是这种“物理”，他说：“朱子以气道之条路为之理。”[④] 然而朱子却把这种个别的“物之理”，提升为万事万物存在之前的唯一存在，霞谷认为这是很荒唐的。他说：

若又如论各物之理，而曰：萌芽者气也，未有芽之先当有其理云，则其未有此芽，未有此物之先，只是开地之气耳。天地之气，无物不有，亦何尝有一物可指待，而言其理者耶？[⑤]

霞谷进一步认为，理作为事物的属性（条理、条贯），是抽象而

① 《霞谷集》,《答崔汝和书・锡鼎》,《存言・中》。
② 《霞谷集》,《答崔汝和书・锡鼎》,《存言・上》。
③ 同上。
④ 同上。
⑤ 同上。

虚无的，它虽然适用于所体现的事物，但毕竟不过是“物之虚条空道”，不可能成为千姿百态的万有存在的根据。他说：“朱子以其所有条通者，谓之理，虽可以谓之该通于事物，然而是即不过物之虚条空道耳。茫荡然，不可以为本领宗主者也。”① 他认为朱子之失就在于把这种悬空独立、虚而无实的“在物之理”，当作万事万物的本源之理，导致了“理与气”、“心与理”、形而上与形而下的分离与对立。他说：“以虚条为理为性，实物为气为心，气发心用为气用为情为用，而曰：理与气、理与心、性与气、性与气质、性善气质性、志与气、心与情、体与用而为二。”② 其结果是“夫浮学事理”，“则于道体远矣”。

与朱熹的“虚理”、“在物之理”相反，霞谷认为理是心之条理，故理不在物而在于心，心即是理。他说：

> 视也，听也、臭也、味也、父子也、君臣也、是物也，非理。视之明也，听之聪也，子之孝也，臣之忠也，是理，则理不在于物也，即是心……理者即礼者，礼即此心之本体，莫不有条理者也，义即又此心本体之条理，于事无不得其宜者也。③

霞谷认为客观外界存在的事物也不过是主观心的体现，心包万物万理。他说：“所谓物者，非外于吾心也，乃吾心之日用可见之也，吾知之所在者也。其有条理皆出于心，而皆吾之性。是物也，理也，无非心也，内也。”④ 也就是说，霞谷认为万事万物之理并不是事物本身所具有，而是心发放给“物”的。所谓认识，只是心对事物的安排，是“心发出来的条件”。所以，他责难朱子学说：“天地万物，凡可与人事者，其理元未尝有一切定在物上，人可得以学之也，其遂件条制随时命物，实唯在于吾之一心，岂有外于心而求

① 《霞谷集》，《答崔汝和书·锡鼎》，《存言·中》。
② 《霞谷集》，《答崔汝和书·锡鼎》，《存言·中》。
③ 《霞谷集》，《答崔汝和书·锡鼎》，《存言·下》。
④ 《霞谷集》，《答崔汝和书·锡鼎》，《学辨》。

之理哉。"[①] 由此可见，他把天下万物摄于一心，以心之条理取代朱熹的"在物之理"，克服了后者的理气论的矛盾，但他把客观外界事物和规律说成主观意识所发，以主观并吞客观，从而进一步贯彻和发展了王阳明的"心外无理"、"心外无物"的主观唯心主义。

在批判朱熹理气论的基础上，霞谷进一步推论到心性问题，批判朱子学"外心而求物理"的支离烦琐，丰富和深化了王阳明的"致良知"认识论。

首先，霞谷认为"良知良能"是天赋予人之"明德"，是性命之源。他说：

> 性者，天降之衷，明德也，自有之良也。有是生之德为物则也，故曰：明德，故曰：降衷，故曰：良知良能，故曰：秉彝自有之中，故曰：天地之中，生生一理。于穆流行者，性之源也，赋予具全，同流无间者，性之命也。[②]

"良知"是至善的"天命之性"，是"天理"，心则以性为本体。对此，他从不同角度作了进一步的说明："心理本虚，寂然是静，无有其体，谓之至善。"[③]"性者，心之本体也，天理也。"[④]"心者，性之器，性者，心之道，语其全体则曰心，言其本然，则曰性。言心，性在焉，言性，心本焉。"[⑤] 这样，他便把心、性、理统一于一体，与朱子学心性相分的观点形成了明显的对照。

其次，霞谷认为，"良知"作为一种先验的知识和道德观念，是"不待学而能，不待虑而知"的"本然之知"。而且"良知"又是判断是非、辨别善恶的"是非之心"。他说：

> 凡有四端于我者，良知也，人皆有之，多不能察。及

---

① 《霞谷集》,《答崔汝和书·锡鼎》,《存言·中》。
② 《霞谷集》,《答崔汝和书·锡鼎》,《存言·下》。
③ 《霞谷集》,《答崔汝和书·锡鼎》,《存言·中》。
④ 《霞谷集》,《答崔汝和书·锡鼎》,《存言·下》。
⑤ 同上。

其知之也，则悉皆张大而充之，是致知也。如火燃泉达，则是其端始发，而其势不可遏者，充之至于炎炽，流溢而燎于原，放于海，则其体充尽而仁道之成也。①

所谓知者，即是非之心，人皆有之者也，孩提这童，无不知爱亲敬兄者也……是明德之得之乎天，而不味者也，是其天理之明处。②

因此，"良知"既是认识的源泉，又是认识的标准。

最后，从先验主义的原则出发，霞谷认为认识的源泉和对象不是外在地存在着的客观事物，而是"吾心良知"，"心"不仅是认识的主体，而且也是认识的对象。他说："理皆具于心，心自有良知，未有不知之理，但汨于私欲，故有昏愚，致良知，复其性，穷心之理，尽心之性，则五伦于心性于食物，无非天理。"③ 也就是说，"心"本是自满自足、包含万理的，无须借助于外物的认识。但由于"心"为物欲所昏蔽，妨碍了对"良知天理"的体认，因此，他认为所谓"格物致知"不是探求客观事物的规律，而是格心物、去私欲，而回复到自然"灵昭明觉"的"心"。他说：

心理明，而天地万物之性，皆可明矣；格心物，而天地万物之理，无不得矣，术技亦然，心体明，而古今事变之条目，皆可辨矣；得心体，而礼乐行政之宜无不得矣，书史亦然。④

这样，他完全否认了人追求客观认识真理的过程，把认识归于自我意识的自我认识。

霞谷在强调"心"的自知的同时，在一定程度上肯定了血气因素在认识过程中的作用。他说："心之有知，非有待于外者也。然亦

① 《霞谷集》，《答崔汝和书·锡鼎》，《存言中》。
② 《霞谷集》，《答崔汝和书·锡鼎》，《学辨》。
③ 《霞谷集》，《答崔汝和书·锡鼎》，《存言·下》。
④ 《霞谷集》，《答崔汝和书·锡鼎》，《存言·中》。

非血气形质于通于物，则亦不能以有其知也。”① 即人能够知觉，并发生认识是由于耳、目、口鼻等感觉器官同外界事物接触的结果。进而他又认为，感觉器官虽然有感觉能力，但如果没有声色味臭等外界事物的刺激和作用，亦不能有视觉、听觉、嗅觉、味觉等各种感觉。他说：“目之能视，非物之色，无所视矣；耳之能听，非物之声，无所听矣；鼻之能臭，非物之臭，无所臭矣；口之能尝，非物之味，无所尝矣。”② 在这里，他承认人的认识是感觉器官对客观事物的反映，多少带有一些唯物主义反映论的合理因素，但是与此同时，他又无限夸大了“心之知”的作用，认为：

> 耳目口鼻即心之形也，声色味臭即心之物也，美恶性是非即心之理也；而耳目口鼻亦理之形也，声色味臭亦理之物也，视听臭尝亦理之心也。又其美恶性是非，即亦形之理物之理，视听臭尝，即亦形之心物之心也。③

霞谷把人的感觉器官和活生生的外界事物统统收敛于“本心”之中，终究还是陷入了主观唯心主义先验论。

在知行观上，霞谷从心理合一出发，主张知行合一，批判了朱熹知先行后说。

他认为知行在本体是合一的。“知行一者，本体也”④，行就是致本体良知的工夫。而“朱子伊川以知行为二”，把求于外的知和发于内的行分作两个阶段，割裂了二者内在的统一。他在批评朱子学的这一流弊时指出：

> 独穷事物以明吾心，先知而后力行，其用功处失本领而差谬。唯此工夫之差谬，则盖亦于其本体，以其为一本万殊者对待看了，故其分合交互之间，已不免于支离岐二，

① 《霞谷集》，《答崔汝和书·锡鼎》，《存言·上》。
② 同上。
③ 同上。
④ 同上。

为两头并立矣。[1]

他认为本体即“良知”，知行即为“良知”的发用流行。如果强行将知行分为两截，就会失却“良知”心体本源，导致“蔽于欲不全”的地步。他称这种人为“庸人”，而把“知行一者”称为“贤智”。他说：

或知或行而二之者，蔽于欲不全也；知行一者，本体也。

知行二者庸人也；知行一者贤智也。思之，学之，行之各异者，失大本而非功夫之本源也；思之，学之，行之一者，功夫之本体也。[2]

霞谷主要是从道德意识与道德践履的关系上看待知行关系的，所以，在他看来如果其知其行不是出于“本体良知”，哪怕是知尽了、行尽了，“其知行皆非天理”，其知不过是懵懂无知，其行不过是冥行妄作罢了，毫无可取之处。由此，他主张知行合一与并进，并且进一步认为，为了使心体本然之性保持始终一贯，既要“致知”，更要“力行”，强调了“行”在“知”中的重要意义。他说：

若曰致知，则知之而行焉，已无不尽矣，如曰致知，又曰力行，则是纯笃不撤，以至于笃实光辉。[3]

如礼乐射御书数是实学问，乐以理心，俾不放舍，又间以射以正其道，间以御以舒其志，间以习礼以整其仪，间以书数正其心划精其心数，此皆相资相辅使之，无忌于一事。[4]

但他所主张的“力行”，无非就是封建道德实践，其宗旨在于存

① 《霞谷集》，《答崔汝和书·锡鼎》。
② 同上。
③ 同上。
④ 《霞谷集》，《答崔汝和书·锡鼎》，《存言·下》。

理去欲，以实践合一之功。

霞谷在晚年觉察到阳明学虽深邃至精，但过于推崇本心，立自家标准，使人心难收，有易于流入任情纵欲之弊。他说："余观阳明集有简要甚精者，心深欣会好而好之。辛亥六月东湖宿焉，梦中忽思得，王氏之良知之学甚精，抑其弊或有任情纵欲之患。"① 后来中国的王学末流们果然把阳明学发展到极端的非理性之一，或是恣意妄为，或是陷于"利欲漆胶盆之中"，不幸为霞谷所言中。

霞谷没后，其学问通过家传由孙婿李匡明和李匡师及其儿子李肯翊等所继承。他们以阳明学的观点治学，在史学、诗文和实学等领域取得了一定的成果，但在阳明学的研究上却毫无新的建树。经过长期的冬眠，到了20世纪初，朴殷植（1859—1926，号谦谷、白岩）结合达尔文的进化论重新阐释阳明学，试图以阳明学的改革实践精神来革新韩国儒林墨守旧辙、牢拒新文化的弊端，鼓舞民众的士气，拯救祖国于危机之中。在他的倡导下，阳明学重新引起人们的兴趣和关注。但毕竟时过境迁，不久，随着西方先进的科学文化和社会思潮的大量涌进，以及日本的侵略，阳明学最终在韩国历史舞台上销声匿迹。

三、中韩阳明学的相同点和相异点

中国是阳明学的故乡，韩国阳明学思想都渊源于中国的阳明学，是中国阳明学的移植和发展。但由于两国社会历史条件、文化发展环境不同，因而两国阳明学在理论形态和发展路径上，又表现出不同的特性和差异。

（一）中韩阳明学思想的相同点

1. 同属主观唯心主义哲学体系

阳明学的主旨是"心即理"说和"致良知"说，其实行路径是"知行合一"。韩国的阳明学在哲学体系的构成和思维路径上所遵循的，都是王阳明的这一主观唯心主义思想路线。韩国郑霞谷在他的

① 《霞谷集》，《答崔汝和书·锡鼎》，《存言·下》。

心学理论体系中提出，心不仅是“天地万物之总会者”，而且是“感应之主，万理之体”。由此而认为，从鸢飞鱼跃的自然现象到人伦日用的社会现象，皆是心的发用和外观，心包万物万理。他的这一观点，同王阳明的“心外无物”、“心外无理”、“万化根源总在心”的思想，可以说是一脉相承、毫无二致的。而且他的先验主义的认识论和方法论，也不过是王阳明“致良知”、“知行合一”思想的进一步的贯彻和发展。由此可见。中韩两国阳明学的世界观和认识途径是一致的，同属于主观唯心主义哲学体系。

2. 皆主张打破朱子学的一统天下，促进思想解放

王阳明不顾“非笑”、“诟訾”，敢于“抵牾”朱子而大胆倡导心学，其中一个重要的思想因素，是为了改变由朱学的僵化而造成的社会政治、思想弊端。因此，王阳明心学带有对朱子学的强烈的批判倾向。而且他的学说正如他自己所说，绝不是“凿空杜撰”的，而是基于不再安于旧的传统所定格的伦理观念、价值准则，重新反省历史和现实人生的安顿问题而开创的，所以它本身又必然包含着某种对封建的批判意识和导致封建礼制瓦解的活力。中国和韩国的阳明学后继者们正是啄收和利用阳明学中所具有的这种积极因素，批判传统意识，批判封建礼教，起到了破除迷信、促进思想解放的积极作用。

首先，阳明学的基本命题是“心即理”。他常讲：“夫学贵得之心，求之于心而非也，虽其言之出于孔子，不敢以为是也，而况其未及孔子者乎？求之于心而是也，虽其言之出于庸常，不敢以为非也，而况其出于孔子者乎？”[①] 又说：“大道，天下之公道也；学，天下之公学也，非朱子可得而私也，非孔子可得而私也。”[②] 在这里，他强调“自家 ”是是非取舍的标准，一切都要在“心”的法庭面前受到裁决，并明确提出，学说者，“天下之公也，而不能为孔子或朱熹所得而私也”。这实际上是对中世纪的权威垄断和文化专制主义的一个严重的挑战，只不过他本人没有自觉到这一点而已。但是，王

① 《王文成公全书》卷二，《答罗整庵少宰书》。
② 同上。

阳明从这种自由解放的思想出发，对于朱熹以及当时学者那种“寻章摘句”、“训诂经文”的“本本主义”学风，所进行的无情的抨击和批判，不仅打破了思想界死水一潭的僵化状态，而且极大地动摇了朱熹理学的统治地位。后来他的这一思想为李贽所继承和发展，提出“不能以孔子的是非为是非”的时代口号，彻底否定孔子的圣人地位和儒家的经典教条，在思想界掀起了巨大的波澜。在韩国，由于严酷的文化专制主义造成了阳明学的不发达和涵盖面的狭小，而且其影响也远远不及中国和日本，但是韩国阳明学者对朱子学的持续批判和其内在矛盾的揭露，大大开阔了当时学术界的视野，促使人们对朱子学进行反思，滋长了对朱子学的怀疑。而阳明学所具有的反传统、反教条、打破既成模式的思想，起了重要的桥梁作用。

其次，王阳明的“吾心良知”是指人人同具的人类的本性，只要“觉”和“悟”，人人都可成为圣人，“自己良知原与圣人一般，若体认得自己良知明白，即圣人气象不在圣人，而在我矣”[①]。这种“良知”面前人人平等、“个个人心有仲尼”的思想，不仅在理论上可能导致个人人格意识的觉醒，而且在客观上冲破了特权者对“圣人”的垄断，提供了以“吾心”任意解释封建道德规范，从而松弛乃至挣脱封建礼教羁縻的可能性。中国王门后学中颜山农、何心隐、李贽一派鼓吹离经叛道，走向反礼教主义异端，正是由阳明学中的这些积极因素所促成的。清代陆陇其说：“自阳明王氏倡伪良知之说……其弊也至于荡轶礼法，蔑视伦常。天下之恣睢横肆，不复自安于规矩绳墨之内，而百病交作。”[②] 此话虽带有明显的偏见和恶意，却也反映了阳明学在封建社会后期确实起到了偏离乃至破坏封建礼教的积极作用。在韩国，“异端之尤”许筠对封建礼教的激烈批判，不仅在当时引起思想界与整个社会的巨大反响与震动，而且他以小说为武器，对腐朽的封建社会所作的无情的鞭挞和批判，导致了与官方的“醇正文学”相对立的新的平民文学的兴起，对韩国思想文化的发展起了有力的推动作用。

---

① 《王文成公全书》卷二，《启问道通书》。
② 《三鱼棠文集》，《学术辨》上。

总之，阳明学在中韩两国的传播和发展历史表明，阳明学是一个多层次的复杂结构体。它的世界观和体系从根本上说是谬谈，但其中也包含着某些合理因素，而且由于历史条件和社会发展水平不同，它在不同的国度、不同的历史时期所起的社会作用，也有着明显的差异。因此，在分析和评价阳明学时，不能仅用某些条条作标准、作框架，去分割裁决，而是需要结合历史实际去加以科学的分析和解剖。

（二）中韩阳明学思想的相异点

1. 历史地位和社会作用不同

中国的阳明学在创立的初期，虽然一度受到来自各方的谴责和围攻，但它作为代表大官僚、大地主阶级利益的意识形态，最终为统治阶级所赏识而被钦定为官学，统治中国思想界长达一个世纪之久。韩国的阳明学则作为民间的异端思想，自始至终处于被压抑、受排挤的地位。因此，韩国阳明学在社会作用上，与中国阳明学相比表现出明显的差异。

在中国，王阳明高擎心学旗帜是为了重整封建伦理纲常，以钳制人民的反抗精神，阻止明王朝统治秩序的崩溃。它的出现，无疑给行将衰败、没落的阶级提供了新的兴奋剂和麻醉剂。因此，王阳明心学在当时社会所起的作用是消极的，甚至是反动的。然而，韩国的阳明学所起的社会作用则完全不同。在韩国，阳明学虽然没有发展壮大成为一股学术力量和社会思潮，但它的传播与发展，给陷于停滞、僵化之中的韩国封建社会以一定的冲击和震撼，并为韩国人民最终从封建专制主义的罗网中冲决出来埋下了一个契机。由此可见，韩国的阳明学在客观上起到瓦解和冲击封建社会的积极作用。

2. 价值趋向不同

中国阳明学的思想体系是保守和排他的，主要特征是以虚无主义的态度对待思想文化。它不仅排斥朱子学，而且反对心学以外的各派学说和思想。王阳明甚至提出，将"诸反经判理之说，悉取而焚之"[①]，表现出极端的虚无主义和一元价值观。在中国，阳明学盛

① 《传习录》。

行的恶果之一，是造成明中叶以后心学独盛、百家萧条的畸形发展局面，给科学文化的发展带来严重的反面影响。韩国阳明学的境遇则很凄惨。在封建朝廷和朱子学势力的严酷打击和迫害之下，韩国阳明学是以极端隐秘的家学的形式流传下来，勉强维持其学脉的。恶劣的生存环境严重地阻碍了韩国阳明学的发展，因此，它不仅没有形成一个流派，而且其学者亦寥若晨星。而更为可悲的是，韩国阳明学几乎没有能够走出书斋而影响于世。

3. 传承形式和发展步履不同

王阳明从 30 岁开始授徒讲学，直到去世，从事教育、学术活动凡 23 年。不仅弟子门人遍布各地，而且创造了一个横跨大江南北的庞大学派。黄宗羲的《明儒学案》载，仅列名记载的弟子就有 67 人之多，按地域分为浙中、江古、南中、楚中、粤闽、北方、泰州七大系统，可见其声势之大。王阳明死后，在封建朝廷的鼓励和弟子们的大力推进之下，阳明学更是盛极一时，成为明代中后期的“显学”。与中国阳明学曾经有过的宠遇相比，韩国的阳明学不仅发展步履异常艰难，而且未能形成系统明确而连绵不绝的学派。

韩国阳明学者由于深受朱子学垄断学术、阻碍思想文化发展的危害，强烈地反对朱子学的独断统治，反对一元文化。他们认为各种不同的流派和学说之间，应当相互并存，取长补短，共同发展。并要求开放学术，实行多元文化。这一点，已在上述的张维等人的思想中表现得可谓淋漓尽致。但是在极端的文化专制主义之下，他们的这些要求和主张在现实中根本无法加以贯彻和实行。因而韩国阳明学无论是从外在的形式、还是从思想内容来说都显得比较单一，缺少厚重感。

第四节 中韩实学思想比较研究

中韩实学思想都是在封建社会末期，随着封建社会总危机的爆发和资本主义萌芽的产生，对以儒学思想为核心的封建思想及其文化进行反思而产生和发展起来的一种社会思潮。因此，他们具有不少共同点。这一思潮一般都以“崇实黜虚”为基本特征。然而，它作为一种社会意识形态，必然受到两国历史条件的制约和两国传统文化的影响，而表现出各自不同的相异点。

一、中国实学思想

从16世纪至19世纪40年代，即从明中期至清末鸦片战争前夕，随着中国封建社会末期社会总危机的爆发与资本主义萌芽的产生，出现了一股既反省过去又面向现实的新的社会思潮。因为当时人们普遍使用“实学”这一概念来涵盖这一社会思潮，所以叫做“明清实学思潮”。

“实学”乃是“实事求是”之简称，来源于中国《前汉书·河间献王传》所载“修学好古，实事求是”一词。据历史记载，公元前155年，西汉景帝之子刘德被封为河间（今河南境内）献王。因他好古，收藏古籍，招聘学者，奖励儒学，排斥神秘的黄老之学与图谶之说，崇尚修身、齐家、治国之道和礼乐刑政之法，被誉为“修学好古，实事求是”。这就是“实学”一词的开端。可见，“实学”一词的来历源远流长。

中国实学思想的发展大体经历了三个阶段，即兴盛发展阶段、鼎盛阶段、低潮阶段。

1. 兴盛发展阶段。从16世纪初到中期，即从明正德年间至万历初午为明清实学思想的兴起和发展时期。

明代中叶以来，明王朝面临内忧外患，民族矛盾和阶级矛盾日趋严重。在全国范围内不断爆发农民起义和少数民族暴动，而且不断地遭到北方蒙古贵族和东南沿海倭寇的入侵。加上从封建社会母体中已开始孕育着新的资本主义萌芽和市民阶层的反抗斗争，加速了后期封建社会进入总崩溃的历史阶段。然而，理学末流之辈，无力扶危定倾，却不顾内忧外患、国难民艰而陷入空谈心性，追逐功名利禄，必然引起理学的分化，一支向心学发展，一支则向实学转化，而反对程朱理学的心学与实学同步发展。心学由王守仁集大成，实学则完成于罗钦顺、王廷相、吴廷翰等人。以王守仁为代表的心学学派从朱子学中分化出来后，被当时许多儒生视为挽回衰世、拯救人心的灵丹妙药而取代朱子学居社会的主导地位，成为明朝中后期的显学。但是，心学随着明王朝统治的衰亡，也由盛而衰，末流之辈抛弃了心学的反传统的精神，日益流于空谈；一些有识之士从心学中分离出来，引导心学向实学化发展，渐渐形成心学的改造派，成为实学一支劲旅，其代表人物有黄绾、王艮、何心隐、李贽等人。这两支实学派虽然在哲学基本观点方面存在分歧，但在“明道致用”实学这个时代的主调上却是完全一致的。王廷相认为，“儒学之为学，归于明道而已”[①]。黄绾在《明道篇》中说：“儒则经世之学也。”吕坤指责言行不一和空谈天道性命之学是“伪学”、“腐学”，提倡“于国家之存亡、百姓之生死、身心之邪正”的有用的实学[②]。他们都认为世儒之学的弊端就在昧于道，所以“空寂寡实”，而道就是致用，就是讲实功、实效。王艮更明确地认为，“百姓日用即道”。因此他们认为，当务之急在于“明道”。

“明道致用”实学派具有如下特点：

（1）殉道精神。“明道致用”的实学派具有可贵的殉道精神。罗钦顺对当时黑暗腐败的政治十分仇视，对民间疾苦非常同情，指出：“少壮之民，窘于衣食者，十常八九……中间一二岁，计粗给或稍有赢余，贪官污吏又从而侵削职。”[③] 他因不满朝政而乞归修养，触怒刘瑾，被“夺职为民”；王廷相认为，封建社会政治上腐败黑暗，是“民盗日起”的原因，他说：“今世纳贿受赂，公行无忌，大臣贪浊而日在高位，而小臣将无不唯利是图；京官贪浊而安处无事，则外官将无不唯利是图。由今之道而不变其俗，则民盗日起，而国事日非。且士大夫奔竞者进，则恬静者必退，由是以小人引小人，而朝廷之上无君子矣。是奔竞之风炽，世道不详之机也，岂非时政之大杏乎！”[④] 他因揭露朝廷腐败，对人民有正义感，曾先后两次遭到迫害；黄绾也认为人民没有起码的生活条件，就谈不上会有一个安定

① 《家藏集·太极辩》。
② 《呻吟语》卷四，《品藻》。
③ 《三续》。
④ 《少保王肃敏公传》。

的社会，主张贫富、贵贱“皆当一体视为”。他目睹封建统治的腐败、黑暗以疾“告归”；何心隐则训“君”为“均”。他说：“人必君，则仁也。君必位，则君也。臣民亦君也。君民亦君也。君者，均也，群也。臣民莫非君之群也，必君而后可以群而也，均也。”[①]这具有明显的反封建君主专制的思想。

（2）改革意识。“明道致用”实学派，在政治上不但充满了对时弊的批判和殉道精神，而且提出了旨在拯世的各种具体的改革方案。第一，田制。他们针对当时严重的土地兼并现象，提出了种种田制改革方案。罗钦顺看到在当时土地兼并中“并田势不可复，限田势未易行”[②]，为使无地少地农民有一条出路，提出了迁移无田可耕者到地广人稀的两淮汉沔流域，来解决土地不均的问题。崔铣从重农思想出发，主张“宜仿古限田，先禁兼并”[③]，而达到均田之目的。王廷相从考察现实社会出发，提出了“抑豪、稽籍、正租”的主张等。这些措施，虽然不能根治封建社会土地兼并这一顽症，但是对于豪族势家的土地兼并会起某种缓和作用。第二，水利。他们从发展生产出发，极力主张兴修水利和治理河漕。崔铣认为，开河修渠，可以使老百姓致富。在《洹词》中，他记载了“汉以来，良吏凿渠致富”的事迹，讴歌了水利建设者的功绩。黄绾根据对黄河中下游地形的考察分析，主张“中条、北条交合之处”浚导，“使返北流，至直沽入海”，或“分水之端于雍、豫、梁、冀之间”[④]，即可免除河患。第三，荒政。他们对于明代连年不断的灾荒，也提出了一些切实的救荒措施。黄绾在仿照朱熹的社仓法基础上，提出了义仓之法。他认为，设立义仓既可使“富者得肆安枕”，又可使“贫者得免流离”[⑤]，是救荒的理想之策。唐鹤征建改官赈粜为“业主之各赈其佃仆”[⑥] 的办法。这样，既可以克服欺贫之弊，也可以避免凶荒疾疠之

---

① 《何心隐集》第二卷，《论中》。

② 《困知记》卷上。

③ 《洹词》卷八，《均田》。

④ 《论治河理漕疏》。

⑤ 《上王太守救荒书》。

⑥ 《赈济说》。

势。第四，赋税。他们针对当时封建官吏的横征暴敛，主张“宽赋税，轻徭役”。罗钦顺从“裕民”出发，要求统治者减轻对人民的剥削，提出“爱民莫切于宽征”[①]。王廷相反对各级官吏的“繁役”、“重赋”，主张“轻徭薄赋”，反对统治者的“奢侈无度”，提倡“崇俭禁侈”。黄绾反对统治者的“横征暴敛”，提出“著赋役、宽民租”主张，反对统治者的“纵欲无度”，提倡“恭俭节用”。第五，兵制。他们针对当时“北虏南倭”的边患和各地风起云涌的农民起义，极力主张“文武兼资”。王廷相、崔铣、陈建等人都主张“万兵于农”，实行兵农合一，规定民壮“三时在野力田，一时入城讲武”。为了加强北方边关的防御力量，王廷相提出了周详的“振刷奋激之术”。黄绾则主张“安内攘外”，为此，他一方面建议去销内臣守边陲，以加强帅权；另一方面，在战术上，他根据“守边之道有经纬有奇正有权衡”的原则，主张“墩堡城关为经，探侯冲掩为纬，足食练兵为正，致精发锐为奇，信赏必罚为衡，明赏明罚为权”[②]。实践证明，黄绾提出的“安内攘外”的治边思想，是一个行之有效的治边措施。在抵御东南沿海倭寇方面，唐鹤征反对单纯的“江防”，主张加强海防，注重陆战；同时主张从严经常兵和“宜多积饷”，以保证抗倭战争的胜利。第六，吏治。他们针对当时吏治之弊，不但揭露了明代官场的腐败，而且也从不同方面提出了一些改进措施。罗钦顺反对“循资”排辈的用人制度，主张“破常格拔真材”[③]。黄绾主张打破明代“用人唯重于进士”的“偏重之弊”，“广询博访”，广开用人之路；反对明代“以资格考语之法”为准的用人制度，主张“行不次之擢”，从基层选拔德才兼备的“一世之才”[④]。高拱主张扫除当时重进士、轻举人的旧套，规定“唯考其政绩，而不必问其出身”升用，只要有才能有政绩，“当略其策瑕，行已悛改者，不问其旧过，俱要曲加保全，以图共济”[⑤]；考核官吏，重实政，黜虚名，为官“果有

---

① 《罗整庵先生存稿·送太守曹君之任临江序》。
② 《赠俞锦衣序》。
③ 《上献纳愚忠疏》。
④ 《上西涯先生论时务书》。
⑤ 《掌诠题稿·覆吏科给事中韩楫条陈疏》。

实政，则不必论名”，对徒有虚名而无实者，必处以法，以达到“官修实政而民受实惠”之目的①。

从上述可见，罗钦顺、王廷相、崔铣、高拱等人的实学思想，虽然提出了一些改革社会的进步措施，但只是在不触动封建社会根本制度的前提下所进行的某些调整，仍属于地主阶级改革派的社会构思。所以他们的思想还未能突破封建意识形态范围。而黄绾、何心隐、李贽等人为代表的启蒙哲学，则反映了明中叶后兴起的市民意识。诸如，王艮的尊重人格独立的“尊体立本”思想和维护个人生存权利的“明哲保身”论；何心隐从“视天下为一家”的前提出发，强调“凡有血气之莫不亲”和“君臣相师”、“君臣相交”的平等博爱思想；李贽的“私欲乃是自然之理”的理欲观以及焦竑等人诋毁儒家经典、否定封建圣人权威的思想等，对于启迪当时人们独立思考，推动思想解放，具有进步意义。

（3）哲学转向。以罗钦顺、王廷相、吴廷翰等人为代表的地主阶级改革派，从朱熹“析气与理为二”的矛盾出发，完成了从理本论向气本论的转化。第一，在本体论上，坚持元气实体论。他们从实学立场出发，主张把元气这一物质实体作为宇宙万物的本原。罗钦顺说：“通天地，亘古今，无非一气”，“气本一也”②；王廷相说：“元气者，天地万物之总统”③；吴廷翰说：“天地之初，一气而已矣”，气“为天地万物之祖”④；高拱说：“天地之间，唯一气而已矣”⑤；吕坤说，元气“是形化，气化祖也”⑥，等等，都明确表述了元气实体论。第二，在认识论上，坚持实践论。他们批判程朱的“知先行后”说，也批判王阳明的“知行合一”说，主张在“力行”的基础上知行统一。王廷相提倡“知行并举”⑦，强调“讲得一事即

① 《掌诠题稿·覆给事中吴文佳条陈疏》。

② 《困知记》卷上。

③ 《慎言·五行》。

④ 《吴廷翰集》，《去斋漫录》。

⑤ 《程士集·策》。

⑥ 《呻吟语》卷四，《天地》。

⑦ 《慎言·小字篇》。

行，行得一事即知一事”[1]；吴廷翰主张“必验之于物而得之于心”的“真知”[2]；吕坤强调“能行方算得知，徒知难算得行”[3]；焦竑主张“口说不济事，要须实践”[4]，等等。第三，在道德修养上，坚持实修论。王廷相主张“动静交相养”的工夫，强调道德要“察于事会”[5]，要在“人事著实处养之”[6]，反对道德脱离实际的修养方法；唐鹤征提倡“悟前悟后，凡有实功，皆实际也”[7]，强调在“实功”基础上的“悟”等。第四，在义利问题上，坚持义利统一论。他们批判理学末流整日侈谈义利、不言功利的重义轻利的儒家传统思想。高拱主张“义利之分，唯在公私之判。苟出乎义，则利皆义也，苟出乎利，则义也利也”[8]。强调“义”不是挂在嘴边的漂亮话，必用其力，方能成其义，指出：“以义用其力，以力成其义乎?”[9] 焦竑反对“以仁义功利为二涂”，主张“即功利而条理之乃义也”[10]。陈第针对“义乃道理，利乃货财”的迂腐观点，明确地提出了“义即在利中，道理即在货财之中”[11] 的思想。

黄绾、王艮、何心隐、李贽等代表市民阶层利益的启蒙派实学家也从程朱、陆王世界观出发，完成了哲学的转向。然而他们的哲学转向与地主阶级改革派实学家不同，在本体论和理欲观上较多地保留着程朱理学和陆王心学的痕迹，但在认识论和义理观上却反映了市民阶层利益和愿望的启蒙哲学。在本体论上，他们从“万物一体”、“理气兼备”的观点出发，较多地保留着理本论的哲学倾向。黄绾认为心性是“气理兼备、体用俱全”，就是说人性是气与理的统

---

① 《与薛君采》。
② 《吴廷翰集》。
③ 《呻吟语》卷一，《谈道》。
④ 《崇正堂答问》。
⑤ 《慎言·答孟望之论》。
⑥ 《雅述》上篇。
⑦ 《桃溪札记》。
⑧ 《问辩录·大学》。
⑨ 《问辨录·论语》。
⑩ 《澹园集·书盐铁论候》。
⑪ 《一斋集·松轩讲义·义利辨》。

一，即性是气中之理，也是“形质知觉中之理”[1]，何心隐深受王阳明、王艮思想影响，他的“万物一体”的思想受到王阳明“天地万物与人原是一体”的影响。正因为如此，他们的理欲观和宋明理学有不少共同点。例如，黄绾就把“人心”说成“人欲”，把“道心”说成“天理”而言，这和程朱、陆王没有什么区别。但是，黄绾并没有由此得出“存天理、去人欲”的结论。在他看来，道心与人心，天理与人欲，既是对立，又是统一的。人心所固有的视听言动而喜怒哀乐，声、色、味、安逸等“皆性也，皆人心也，由此无节，所以危也”，这是二者矛盾的一面。但是，由于“道心在人心中”，只要使视听言动“无非礼者”，即是道心；只要使喜怒哀乐“发而皆中节而待其知者，道心之一也”；只要使“声、色、嗅、味、安逸皆有所节，即是道心”。这是两者统一的一面。因此，“身修为物偏僻，则家由之齐，国由之治，天下由之平矣”[2]。他依据他的理欲统一观，尖锐地批判了周濂溪的“无欲”之说的“神学”性质，充分肯定了人的生活欲望与价值。这是黄绾的合理的思想闪光。他从“道心在人心中”这一重要命题出发，反对儒家“重义轻利”的传统思想，主张“义利皆不可轻”。在格物致知上，黄绾既反对“外求于物”，又反对“内求于心”，主张“以致知示工夫，以格物示功效”[3]，把二者调和起来，具有折中主义的倾向。因此，他的格物致知论，既有心学的内容，又有实学的闪光，充满着自身的矛盾。王艮的格物致知论，虽然也带着浓厚的伦理色彩，主张“仅己自修”、“正己物正”，但是其着眼点主要不在于天理、人欲之辨，而是激发人的自尊与自信，去积极参与社会政治活动，以实现“百姓用用之道”。他对“格物致知”这个古老的哲学命题作出了与前人不同的解释，用来肯定人们对物质价值和精神价值的全面要求，虽然他本人并没有意识到这是集中了中世纪禁欲主义理学朝着近代维护生存权利的思想转变。何心隐进一步发展了王艮的思想，他从“万物一体”的观点出

---

① 《明道篇》卷一。

② 同上。

③ 《明道篇》卷二。

发，强调“凡有血气之莫不亲、莫不尊”①，“相交而友”、“相友而师”②，“农工商贾”可“超之而为士”③的平等博爱思想，他要冲决封建等级制度和封建礼教的伦理网络。至于李贽，则进一步发展了王艮的思想，认为“穿衣吃饭即是人伦物理”④。他关心人生的现实问题，肯定人的物质欲望的合理性等等，都反映了市民阶层的物质利益和愿望。

2. 鼎盛时期。从16世纪末至17世纪末，即从明万历中期至清康熙中期，为明清实学思想的鼎盛阶段。

从明万历中期以后至清康熙中期，史称明清之际，是我国历史上“天崩地解”的大动荡时期。这个时期，由于市民意识对封建意识的冲击，由于农民起义对封建专制制度的冲击，这座古老的封建堡垒即将塌陷。华夏中原之乱，引起满族贵族入主中原的历史性变化，加剧了民族矛盾的上升。明王朝的灭亡，对士大夫阶层来说是一个极其沉重的打击。他们在极其痛苦中，进行深刻的自我反省、自我批判，总结明亡的历史教训，憧憬未来的理想社会。新兴市民阶层也与地主阶级革新派相汇合，构成了明清实学思潮高涨的主要基础。而且这时随着“西学东渐”对中国传统文化的冲击，开始出现了中西文化的交流与融合，促进了实学思想的高涨。

士大夫中的有识之士在明朝覆亡的沉痛现实中，更加清醒地认识到程朱“理学”和陆王“心学”的空疏本质是导致明亡的重要祸根。于是他们从痛苦的反思中提出“救弊之道在实学，不再空言”，必须以有用之“实学”取代“明心尽性”之空言。从而他们力求超出旧意识的羁绊，对理学、心学进行全面深刻的审查，摆脱经学的形式，探求经世实学。

“经世致用”实学的宗旨，就是专讲实用之道、实用之功，注重“致用”是其根本点。但是他们同中又有异，大致可分为三类，即“明体实学”、“实测实学”、“济时实学”。

---

① 《何心隐集》卷二，《仁义》。

② 《何心隐集》卷二，《是说》。

③ 《何心隐集》，卷三，《答作主》。

④ 《焚书》卷一，《答邓石阳》。

其一，“明体实学”，与“明道实学”有类似之处，强调致用的重点在于“明体”。其主要代表是王夫之。王夫之认为，治学有“顺而言之”与“逆而推之”两条路径。所谓“逆而推之”，即由探本，从现象界出发，进而达到对心性这些道德本体的认识；所谓“顺而言之”，即由本贯末，通过对心性这些本性的探讨，从而把握“道”，以指导自己的行动。王夫之治学大体上采取“顺而言之”这一路径。他认为道德本体的存在已确然无疑，学问的重点不在探求这个本体，而在从此主体向外发散，以成就具体的道德事业。所以，他特别重视经世致用之学。王夫之儿子王敔对其父一生“守正道以屏邪说”的治学道路概括为“明人道为实学，欲尽废古今虚妙之说，而反之实”[①]，一语道破了其“明体实学”的实质。

其二，“质测实学”。以方以智为主要代表。这是明代以来自然科学发展的反映。所谓“质测”即实测，以实际事物的通理为对象。方以智解释说：“物有其故，实考究之，大而元会，小而草木蠢蠕，类其性情，征其好恶，推其尝变，是曰‘质测’。”[②] 即对整个宇宙的演化直到微小的植物昆虫等，进行分类研究，考察其性质、生态，以发现其因果联系和变化的客观法则。由此可见，质测实学的研究对象是悠久广大、无所不包的客观物质世界。研究范围是鉴定性质、评品优劣、把握规律，相当于今天所谓的实证科学或自然科学。方以智所倡导的“质测实学”的求是学风，是对晚明以来“蹈虚空谈”学风的一个否定，反映了务求实证，对中世纪愚昧是一个启蒙，包含近代自然哲学的萌芽思想。

其三，“济世实学”。这是“实学”发展的最高峰。“济世实学”以博山、黄宗羲、颜元为主要代表。他们既注重于“明道”，也注重“明体”和“质测”实学，特别注重济世、济时。博山认为学问之事，在于“因时取济”，在国家、民族危亡之时，能“救亡使存”。博山一生，学必实用，思以济世，行以用世，言行一致，精实纯粹。“文章为实用”，博山自己就是这样概括自己的学术思想特色的，并

① 《大行府君行状》。
② 《物理小识·自序》。

一再强调“实学”是他治学的出发点和归宿，同时也是衡量学问真假的一个标准。黄宗羲面临“天崩地解”的年代，为了辩明“国家治乱之原”，“提出生民根本之计”，坚决反对浮虚风气，主张言性命必究于史，把理性的认识、民生的讲求，把现实的状况、问题和历史教训、智慧结合起来加以探讨。这是黄宗羲“经世致用”实学重要的特点。颜元生当“天崩地解”的年代，对社会前途特别关心。他对当时社会可能转入两种前途的分析说：“文盛之极则秘衰，文衰之返则有二：一是文衰而返于‘实’…… 一是文衰而返于‘野’。”①他认为，这一“文衰而返于‘野’”的前途不是不可避免的，这就需要改革政治，引导社会走向返于“实”的前途，于是他提出了平均土地、寓兵于农、寓治于教的“富天下”、“强天下”、“安天下”的谋富图强的三点根本纲领，等等。他们反对过时之学，反对无实用之学，认为学问就只能是有用的，学问只能是用世、应世、救世、济世的。他们以行道济时为急，用世之心最殷，具有我国近代实用主义的萌芽思想。

“经世致用”学派具有以下特点：

(1) 反清复明。“经世致用”实学家均为明朝遗民，他们具有强烈的民族主义热忱。当清兵入关后，黄宗羲、顾炎武、陈子龙、夏允彝等复社巨子领导江南百姓奋勇抗清，其中陈子龙、夏允彝、吴应箕、杨廷枢、侯峒曾等复社领袖人物在抗清斗争中壮烈牺牲。

除复社名士抗清外，各地爱国名士也纷纷投入抗清复明的民族斗争的行列。如浙江的朱子瑜、湖南的王夫之、山西的博山、河北的孙奇逢等，不畏强暴，出生入死。当抗清斗争失败后，他们仍坚持民族气节，不仕清廷，或流亡国外，或隐居山林，或深入民间。他们潜心反思，总结明亡教训，著书立说，“质测”考察，探求“济世”、“致用”之学。他们在明清之际的实学思潮中起到鼓浪推波的积极作用。

(2) 早期启蒙。“经世致用”实学家，他们又往往从早期反对清王朝而转向了在政治上反对封建专制主义，这是我国早期启蒙思潮

① 《存学编》卷四。

的突出表现。博山认为，“天下者，非一人之天下，天下之天下也”①。顾炎武提出，“以天下之权，奇天下之人”②。王夫之提出，“不以一人疑天下，不以天下私一人”③。黄宗羲说：“天下之大害者，君而已矣。”④ 唐甄说：“天子之尊，非天帝天神也，皆人也。”⑤ 又说：“自秦以来，凡为帝王者皆贼也。”⑥ 这是他们反对封建专制的共同表述。

（3）理性自觉。“经世致用”实学思潮的一个重要的特点，就是反对蒙昧主义，具有重视理性自觉的倾向。程朱理学把从客观事物中抽象出来的“理”的观念，夸大为绝对的精神实体或宇宙本体，视为世界的主宰。“经世致用”实学家针对“理在气先”的观点，进行了彻底的揭露和批判，提出了“气者，理之依也”、“理在气中”的观点，摘掉了理学家关于“理”即“天理”的神圣花环。王夫之认为，理依于气，理依于客观的具体事务，指出“气外更无虚托孤立之理”⑦，“气者，理之依也”⑧。博山对“理”作为历史的考察，认为理就是“文理密察之理，犹之乎条理”⑨，指出理是事物的结构和规律。戴震认为“理”或“天理”，就自然界来说，就是客观事物的规律；就社会伦理来说，“理”就是“情之不爽失业”，就是“以我之情染人之情而无不得其平也”⑩。由此，他指出人欲根源于人的性情，人欲就是人的本性。他还进一步指出：“理者，存乎欲者也”，“欲，其物；理，其则也”⑪。他还尖锐地指出，程朱“其所谓理者，同于酷吏之所谓法，酷吏以法杀人，后儒以理杀人”⑫，深刻地揭露

① 《霜红龛集》卷二十一
② 《亭林文集》卷九，《守会》。
③ 《黄书·宰制》。
④ 《明夷待访录·原君》。
⑤ 《抑尊》。
⑥ 《室语》。
⑦ 《读四书大全说》卷十。
⑧ 《思问路·内篇》。
⑨ 《孙郅藏博山手稿照片》。
⑩ 《孟子字义疏证》卷上，《理》。
⑪ 同上。
⑫ 《孟子字义疏证·与某书》。

程朱以理杀人的理欲观的本质。同时，经世实学家主张博学广问、审辨精断，不受古人、圣人束缚自己的思想，都是建立在尊崇理性、反对盲目崇拜的基础之上的。王夫之说："凡论事者违实，不引效验，则虽甘义繁说，众不见信。论圣人不能神而先知，先知之间，不能独见，非徒空说虚言，直以才智准之工业。事有证验以效实。"[①]正可谓"科学的理性，亦是批判主义的武器"[②]。黄宗羲更明确指出："天子之所是未必是，天子之所非未必非。"[③]公开表示对封建权威圣谕的否定，是一种大胆的议论。他们以科学的态度反对蒙昧和迷信，是一种历史的理性自觉，标志着对封建意识的否定，因而具有重要意义。

(4) 中西交融。明清之际，由于资本主义萌芽的进一步发展和西学东渐，自然科学开始由沉寂转向复兴。这时，不但中国古典科学技术进入总结阶段，而且从西方输入了近代科学常识，出现了徐光启、宋应星、徐宏祖、方以智、王锡阐等一批杰出的科学家。他们的著作如《农政全书》、《天工开物》、《徐霞客游记》、《物理小识》、《晓奄新法》等，是在考察、实验和系统地总结前人科技成果的基础上而有所发明、有所创新的产物。在他们的著作中，排除了"格物穷理"或"明心见性"的道德性命之学的理学内容。有的将矛头直指理学"迂疏"、"空谈"之弊，主张摒弃"明心见性之空言"，代之以"修己治人"之实学；有的试图结合自然科学新发明来进行哲学世界观和方法论的研究，提出了"质测即藏通几"的自然哲学世界观，强调了哲学认识论的自然科学基础以及哲学对自然科学的方法论意义。有的长途跋涉、历时数年考察我国西南部各省分布的溶蚀地貌以及江河水系，在近代前夜开创了实地考察自然、系统描述自然的新方向，开辟了近代科学的方向，并为今天刚兴起的洞穴学提供了极有价值的科学材料。在自然科学思想上，如"数学化"思想的出现，以及注重考察、注重实验的科学实验活动，都标志着

① 《知实篇》。
② 《船山学案》。
③ 《明夷待访录·学校》。

近代实验科学的萌芽，显现出走向近代科学的一线曙光。除此之外，这时还出现了一批中西学者合译的介绍西方近代科学的著作。诸如徐光启、利玛窦合译《几何原本》、《测量法仪》、《泰西水法》，利玛窦、李之藻合译《乾坤体义》、《同文算指》，徐光启等人在西方人协助下完成《崇祯历书》等，涉及数学、天文学、测绘学和逻辑学等诸多方面。晚明以来开启的中西文化的交流与融合，为明清实学思想的兴起提供了必要的条件，成为明清实学思潮高涨的重要文化思想来源之一。

3. 低潮阶段。从17世纪末至1840年鸦片战争前期，为实学思潮的低潮阶段。

康熙中期至鸦片战争前夕，是明清实学思潮由盛转衰的时期。这个时期，由于战争的破坏和清朝推行重本轻末的政策，遂使江南地区，特别是长江三角洲一带的资本主义生产萌芽受到严重摧残，从而使实学的基础发生了动摇；清朝统治者由于对外实行闭关锁国政策，使中西文化交流由昌盛转向低沉，堵塞了实学吸收外来营养的道路。再加上清朝统治者大力扶植程朱理学的同时，大兴文字狱，使明清实学思想由高潮转入低潮，进入了一个曲折发展过程。

康熙中期，实学思想虽然从总体上比不上明清之际那样昌盛，但在哲学、政治、科学、史学、文学、艺术等方面，仍有很大影响，且在内容方面，也有新的突破和发展。这时，以颜元、李塨，王源为代表的颜李学派，在理论上虽然没有王夫之那样博大精深，但是，他们敢于标榜"实学"，强调"实文、实行、实体、实用"，与理学相对抗。

由康熙转入乾嘉时代考据学进入了全盛时期。从此朴学代替了实学与理学，成为学坛主流。以汪中、焦循、阮元为代表的扬派，具有重要影响。乾嘉考据学派以顾炎武为开山祖。但是乾嘉考据学与顾炎武等人的清初考据学是有重要区别的。清初考据学是以考据作为实学之目的，而乾嘉考据学则是士大夫为逃避现实、避开文字狱之祸的产物。这个学派的最大特点是除个别汉学家身上仍有一定的批判精神外，绝大部分汉学家不过问政治，缺乏清初实学家那样的爱国热忱和关心国危民难的经世胸怀及针砭时政的实学精神。注重史实，鉴别真伪，纠正宋儒相继下来的许多牵强附会以至篡改原意的作法，从这个意义上讲，他们还是曲折地贯彻了明清实学精神的。

道光以后，清王朝开始由乾隆“盛世”向“乱世”滑落，农民起义和少数民族暴动遍及全国，加上西方殖民主义的入侵，造成国危民难的局面。在这种情况下，身怀忧国忧民的志士仁人，终于渐渐对“皓首穷经”的“纯汉学”从怀疑走向“经世致用”，由古文经学走向今文经学。以龚自珍、魏源为代表的常州今文学派的出现，就是这种学术转向的明显反映。他们以“通于天道人事，志于经世匡时”为宗旨，重新恢复和发扬了清初的经世实学和批判精神。龚自珍、魏源是道光、咸丰年间经世实学的代表人物。龚自珍主张以武力抗御英国，是探求改革时弊、关心农用水利建设的“忧国忧民”的经世学者话。而魏源则把经世实学作为自己学术活动的中心。他不但指斥汉学是“书蠹”，揭露其危害，大力提倡公羊学的“通经致用”精神，“以经术为治术”，而且著书立说，针对清代“漕盐河兵”四大政之弊病提出了一系列解决方案。更为可贵的是，他编纂了《海国图志》，提出了“师夷长技以制夷”的战略口号，不但提出“师”西方之技艺，而且赞美西方的工商业和民主政治，已经超出了中国古代经世实学的水平。龚自珍、魏源既是明清实学思想的终结者，又是近代新学思潮的先驱，是从中国古代经世实学到中国近代新学的界碑式的代表人物。

这一时期的实学思想有如下特点：

(1) 通经致用。乾隆、嘉庆年间文网严密，学者纷纷“逃世”。但至道光、咸丰时情形有所变化。一方面朝廷的文禁渐弛；另一方面内忧外患日迫，学者的视线逐步由“考古”转向“究今”，治当朝史的论著如雨后春笋，“史学经世”的观念再度抬头，构成道光、咸丰年间经世实学的重要侧面。而魏源是这一新的学术动向的倡导者。乾嘉时期的汪中等人倾向于从经术中论实用。相反，龚自珍、魏源则倾向于从实用中论经术，着眼于“通经致用”，研究和解决社会所面临的现实问题，所以在当时起着某种“开风气”的作用。魏源认为空谈心性和“皓首穷经”，均是无用的学问，是“俗学”。他还讥之为“无用之雕虫”[1]，并揭露其危害是“锢天下聪明智慧，使尽出于无用之一途”[2]。他以实学思想批判那种趋空蹈虚的顽症，一方面是为了“祛虚患”，把思想从蒙昧中解放出来；另一方面是为了“祛虚患”，把思想从教条主义中解放出来。龚自珍学《公羊春秋》，然其志趣不在考证群经，而是注重“天地东西南北之学”，即经世致用之学。

（2）救世图存。在清王朝由乾隆盛世转入道咸衰世的转折关头，身怀忧国忧民的地主阶级改革派，揭露朝政的种种弊端之后，提出了一系列“救世图存”的更张方法。龚自珍目击“日之将夕，悲风骤至”的道咸衰世，罗列朝政的种种弊端之后，发出了“奈之何不思更法”[3] 的感慨，提出了涉及朝政的诸多侧面，如科考取消八股文而改为策论，提倡兴修水利，打击强占民田的豪强地主，制造银元等“更法”之策。他提出所谓“豫师来姓”的“自改革”，即预先采用新朝代的更新办法，以防止本朝的崩溃。他的这一“救世图存”建议最典型地表现了地主阶级改革派企图在封建制度内部（最好在原有朝代内部）自我疗治社会疾病的改良主义性质。他认为，救治社会危机的根本办法是“尚平”，即以平均分配土地达到“尚平”境界。由此可见，就总体而言，他作为一位旧社会的批评家，曾发出了惊醒世人的猛吼，而至于怎样改革这个社会，却提不出什么有价值的总体方案。这是由他的阶级属性和他所处的文化氛围所决定的。魏源也适逢道咸衰世。他针对清王朝的种种弊端，从公羊学的历史循环论（包蕴历史进化论）观点出发，力主“变古”、“变法”，同“执古以绳今”的顽固派展开了思想交锋。他面对矛盾丛生的社会现实，留心社情政务，研讨本朝掌故之学，探究边疆及域外史地，谋求富强之策。他对明清通称“漕运、盐法、河工（黄河水利）、兵饷”“四大政”的研究，并向朝廷及疆吏提出建议，构成了他的经世实学的重要内容。经过鸦片战争的刺激，他在《海国图志》中提出

① 《默觚下·治篇一》。
② 《魏源集》上册，《武进李申耆先生传》。
③ 《龚自珍全集》，第35页。

的“师夷长技以制夷”，是其面对西方资本主义侵略，主张放眼世界、学习西方，以抵抗侵略、救世图存的战略思想。龚自珍的“更新”思想，仍停留在以“农宗”之类古方解决社会矛盾；魏源则主张“变古”，提出“师夷长技以制夷”的新思想，致使他的经世实学通向新学的端倪。然而，魏源所说的变革新论并没有从根本上触及封建制度。他虽说“气化无一息不变者”，但却认为“其不变者道而已”①，这是地主阶级改革派的根本局限。

下面我们把明清实学思想的基本特征概括为如下几点：

（1）批判精神。“崇实黜虚”的时代精神，首先表现在揭露时弊上，无论是地主阶级改革派还是新兴市民阶层，都把批判矛头指向腐败的封建制度及其僵化的传统文化，共同构成了一股强大的社会批判思潮，在哲学、经学、史学、伦理、文学、艺术以及自然科学等各方面，从不同的角度冲击封建主义的传统思想及腐败的封建统治制度和禁锢人们思想的陈规陋习，闪耀着新时代的光辉。

（2）经世思想。“崇实黜虚”的时代精神，表现为锐意于改革现实社会的经世主义。为了挽救明代的社会危机，罗钦顺、王廷相等先进思想家，不仅揭露了当时的各种弊端，还提出各种改革方案，甚至亲自参与了社会改革活动。明清之际，以顾宪成、高攀龙为代表的东林党人，面对“天崩地陷”的严峻现实，反对王学末流的空论虚谈，提出了救世济民的崇高理想。顾炎武的《日知录》和《天下郡国利病书》、王源的《平书》，尤其是黄宗羲的《明夷待访录》，惊世骇俗，闪烁着民主思想的光芒。清代进步思想家龚自珍、魏源，针对激化了的社会矛盾，也提出了各种社会改革方案，为后人留下了重要遗产。明清时期的经世思想，虽立足于补偏救弊，但他们与当时理学末流单凭说教、不顾现实的态度却形成了鲜明的对照，在历史上曾起过一定的进步作用。

（3）科学精神。“崇实黜虚”的时代精神的一个明显表现，就是对科学的提倡。明代，由于理学末流空谈性命、不务实学，致使自然科学冷落、沉寂。随后，由资本主义萌芽，再加上“西学东渐”，

---

①《治篇》。

自然科学开始由沉寂转向复兴。这时，不但中国古典科学技术进入总结阶段，而且也从西方输入了近代科学常识，出现了一批著名的科学家和划时代的科学著作。如李时珍的《本草纲目》、徐光启的《农政全书》、宋应星的《天工开物》、梅文鼎的天算之学、刘献廷的舆地之学，等等。这是宋明理学衰颓和明清实学思潮兴起的产物。在实学思想的影响下，思想敏锐和注重实际的学者，把注意力放在自然科学的探索上，不但提出了许多有价值的科学思想，也开创了重实践、重验证、重实测的时代新风。

（4）启蒙意识。由于资本主义萌芽和市民的觉醒，在思想文化领域，出现了反映市民阶层利益和愿望的启蒙意识。市民阶层的启蒙意识，表现在许多方面：在土地制度上，他们已突破封建士大夫的“均田”、“限田”说，反对封建土地私有制。王源提出了“唯农为田”的主张，开启了近代“耕者有其田”的先河。在经济思想上，黄宗羲、唐甄、王源等人反对“崇本抑末”的传统思想，主张“工商皆本”。在政治上，黄宗羲、顾炎武、唐甄等人以民本主义为武器，猛烈抨击封建君权，主张多方面限制君权，甚至提出君臣共治天下的主张。在哲学上，王艮、何心隐、李贽等人阐发人的主体意识和人的社会价值，提倡个性解放和人文主义。在伦理道德上，他们抨击封建主义的“三纲五常”，针对理学“存天理，灭人欲”的说教，揭露其“以理杀人”的本质，力主理、欲统一，从而使封建主义的天理人性论变成具有近代意义的人性论。在文学艺术上，随着封建正统文化的衰败，兴起了一股市民阶层反传统的文化思潮。徐渭的“本色”论、汤显祖的“至情”论、袁宏道的“性灵”说等，都是对一切封建正统文艺的鄙弃。所有这些启蒙意识，都在原则上不同于地主阶级改革派的进步思想，是新兴市民阶层利益和愿望在思想领域的反映。

二、韩国实学思想

韩国实学思想随着李朝社会的变迁而不断演变，经历了产生、发展、鼎盛三个历史发展阶段。学界一般将其划分为：从 17 世纪初至17世纪中期为韩国实学的创立阶段，主要代表人物有李睟光、柳馨远；从17世纪中期至19世纪初为韩国实学的兴盛阶段，这一阶段实学具有科学精神、批判精神、启蒙意识等；从19世纪初至19世纪上半期为韩国实学后期阶段。这个时期的实学在政治上，反对国王专制和势道政治，主张实行君民“公治”制度；在经济上，反对锁国政策，主张实行开国政策、吸收西方先进科学技术、发展对外贸易、建设富强文明国家；在理欲问题上，针对程朱理学者“存理灭欲”的传统观念，充分肯定了人的物质性欲的正当性。

韩国实学思想的特点有哪些呢?

第一，“实证”、“实用”。实学思想是以“实证”、“实用”为特征的“实事求是”的学问。这也是韩国实学思想的第一个特点。

实学派的实学思想是反对程朱理学脱离实际的清淡空论，主张把学问应用于社会生产和生活，以达到“经世致用”、“利用厚生”为目的而产生的。所以，所有实学派思想家都无不反对朱子学的“空疏”、“虚谈”，强调研究对生产与生活有“实用”的学问。诸如，李睟光针对理学末流对经典的“空疏”、“虚谈”，提出了“学如射，射者志于鹄者”的“有的放矢”的学风，强调“为学之方”、“唯在知行二字”，主张学以致用。柳馨远反对程朱理学者的清淡空论，主张研究“实用为主”的学问，并把解决土地问题作为实学的中心问题。李瀷抨击程朱理学者绝对崇奉程朱经典及其注释的文牍主义恶习，强调读书的目的在于“致用”，不仅将解决土地问题作为实用之学，而且把实用之学扩大到天文、地理、历史、数学、医学、农学、军事、文学、语言等广泛领域。洪大容、朴趾源、朴齐家等实学派北学论者不仅把解决土地问题作为实学的中心问题，而且公开提出向外国学习先进的科学文化技术，指出“苟利于民，虽其法之，或出于夷，圣人将取之”①。丁若镛在《牧民心书》、《钦钦新书》、《经世遗表》等书里比较集中地阐述了以“经世致用”为目的的实用之学，并把实用之学的范围扩大到社会科学和自然科学的广泛领域，主张利用科学技术造福于社会等。然而，实学派思想家面临着被正

① 朴齐家:《北学仪·尊周伦》。

统朱子学残酷镇压的严酷现实，他们吸取汉学派尹镌等被镇压的教训，在批评程朱理学时往往打着古代儒学的旗号，通过对汉唐古典的“考证”来阐述自己的实学思想。如李睟光的《芝峰类说》、柳馨远的《磻溪随录》、李瀷的《星湖僿说》、洪大容的《湛轩书》、朴趾源的《燕岩集》、丁若镛的《与犹堂全书》等，都是通过对儒教经典的“考证”或“实证”来阐述自己的实学见解的。在这里，实学思想家所倡导的“实证”是学问研究的方法，而“实用”则是学问研究的目的。所有这些都是为了挽救国家的危机，建设一个“富国裕民”的国家，表现出爱国主义精神。

第二，民本思想。民本的民主思想是韩国实学思想的第二个特点。

李睟光从“民者君之天也”的民本思想出发，认为富国强兵的根本在于解决人民的民生问题。他指出：

> 养兵以养民为本，不养民而能养兵者未之有也。①

柳馨远认为，富国安民的根本在于土地制度的改革，为此要实行以均田制为内容的“科田制”。他针对当时“富者连络阡陌，贫者无立锥之地”，是以“富者渐益富，贫者渐益贫”的情况，指出：

> 治天下，不公田，不贡举，皆苟而已。公田一行，百度举已，贫富自定，户口自明，军伍自整，唯如此而后教可行，礼乐可能，不然大本已紊，无复可言。②

他从民本思想出发，主张废除奴婢从母法，取消科举制，实行贡举制，撤销门阀、嫡庶差别，实行在官衙俸仕的男女公奴享受同等待遇和禄俸，反对歧视工商等一系列均民的民主平等思想。

李瀷继承李珥、柳馨远的民本思想，他说：

① 《芝峰类说》卷三，《兵制》。
② 《磻溪随录》卷一，《田制上》。

> 国朝以来，实务唯李栗谷，柳磻溪二公在。栗谷太半可行，磻溪则究到源本，齐划新，为王政之始，志固大矣。[①]

他把柳馨远的民为治国之本发展为创富之本，指出："财非天降，必由于民"，"民得则国得，民失则国失"[②]。因此，他提出"国命在民"的民本思想。根据上述思想，他首先提出了以实行限田法为内容的"永业田"制度，以解决不合理的土地制度。在此基础上，他提出废除世袭奴婢法，主张解放奴婢（家奴）为良人；反对娣庶、门阀差别，主张实行科举与地方推荐相结合的"科荐合一制"；反对大官僚的独断专行，主张实行下级官吏的"合议制"等一系列均民、均权的平等思想。

朴趾源也把解决土地问题当作解决民生问题的根本。因此，他提出以土地均分为内容的限田法，以防止大土地所有者的土地兼并，进而消灭贫富差距。并且，他主张采用先进的耕作技术，在发展农业生产的同时，发展交通运输业和商品货币关系，以推动工商业的发展，反映了当时工商业发展的客观要求。

朴趾源还从人道主义精神出发，对劳动人民的苦难生活寄予极大同情，如称赞以积粪为业的严行首的纯洁的美德，尊称为"秽德先生"，并为死亡多年的家奴写祭文、行祭祀，表现出尊重劳动、尊重劳动人民的思想，为尊重人格的近代民主平等思想的萌芽。朴趾源的民主平等思想集中地反映在他的著名小说《许生传》中。在作品中，主人翁许生用做买卖赚来的巨额金钱，把数千农民起义军引渡到无人岛上，建设了一个没有剥削和压迫、也没有法律和文字，只知道耕田、饮食、衣着、尊重长老的平等的"理想社会"。很显然，他所设想的"理想社会"只不过是小国寡民的乌托邦的原始社会的复归，是根本不可能实现的幻想。但是，他所设想的没有剥削、

① 《星湖僿说类选》卷三下，《变法》。

② 《星湖僿说类选》。

压迫的绝对平均的“理想社会”，却反映了农民小生产者绝对平均主义的思想和愿望。

洪大容揭露封建两班制度的弊端，主张取消身份等级制度差别。根据“万民皆劳”的原则，主张对游食者实行制裁，并提倡不分身份等级都给予受教育的机会，实行初等教育“义务制”。他认为要实行士农工商四民平等，就必须进行土地制度的改革，实行土地国有化基础上的土地平分。

朴齐家揭露了封建两班、门阀、科举制的不合理性，主张克服两班士大夫好逸恶劳、歧视劳动的恶习，鼓励士大夫从事被人歧视的商业，主张普及教育、改革科举制度、大胆录用贤能的贫家子弟，等等，把民本的平等思想发展为四民平等思想。

丁若镛进一步完善了民本的民主平等思想。他认为，牧（治者）是在古代为解决民事纠纷而被人民推举产生的，所以，如果人民不赞成甚至有权改选天子，借以反对君主专制，实行“人民协议会”，从而把民本的平等思想发展为均权思想。在他看来，为解决人民的民主权利，就必须进行土地制度改革，主张在土地公有和“农者受田”的基础上，实行共同劳动、共同收获、按劳付酬的集团农制，即“闾田制”，以防止懒散，提高劳动生产率，进而消灭贫富差别。当然，这在当时条件下是不可能实现的幻想。但是，丁若镛的“农者受田”思想开启了近代“耕者有其田”的思想先河。

崔汉绮在19世纪上半期把民本的民主平等思想发展为资产阶级初期民主主义思想。他以“仁”为伦理道德的基础，设想了人与人之间“互亲互爱”、“博爱”、“慈爱”的平等民主的“理想社会”方案。他认为，在这样的社会里，在国内启蒙君主领导下，选择、录用官吏和各种人才时必须经过“公选”，并且被“公选”出来的官吏和人才必须是为人民，并受人民的监督。这就是所谓的“公治”思想。在国外，用“世界学”教育、感化人民，并使用“世界语”可以消除因语言不同而造成的彼此间的间隔，实现各民族平等的、“互亲互爱”的“大同世界”。当然，这是乌托邦而不可能实现的。但是，他所提出的士农工商四民平等思想，可以说是对实学派民本的民主平等思想的进一步发展。

总之，实学派民本的民主平等思想尽管没有彻底摆脱儒教“重民”思想的圈子，但是，他们所提出的均权平等思想却在客观上微弱地反映了工商资本的利益，具有一定的进步意义。

第三，自主思想。反对事大主义、强调民族自主精神是韩国实学思想的第二个特点。

实学思想是受17世纪初“西学东渐”的影响而反思既往的产物。当时身怀忧国忧民的两班士大夫中的“有识之士”，为挽救祖国的危亡、建设一个“富国裕民”的国家，认为必须克服盲目崇拜外国的事大主义和照抄照搬外国的模仿主义，主张独立自主地研究自己国家的文化遗产，创造文学作品，学习外国的科学技术。

李睟光率先反对绝对崇信程朱理学，主张在独立自主地研究祖国的文化遗产的同时，学习外国的先进科学技术。他在韩国第一次报道了西欧天主教在中国的传教情况和西欧文物利器。他指责盲目剽窃他国文学作品的行为时，指出：

> 唐人为诗，勤致功，精思数十年，然后名家，由此观之，今人于诗，无积久之功，而欲自名家，岂非可笑。①

李瀷从实学立场出发，反对朱子学学者绝对信奉儒学经典及其注释的观点，主张不要盲从，要有创造性的理解和发挥。他不仅特别注重研究韩国的历史、地理、语言、风俗、艺术等文化遗产，而且注意研究和吸收西方自然科学技术。他举朱子学经典及其注释中的错字为例，反对盲目崇信的行为。他说：

> 曰一字致疑则妄也，考校参互则罪也，朱子之文尚如此，况乎经乎，东人之学难免鲁莽矣。②

朴趾源反对那些盲目崇信外国文化的事大主义，主张继承和发

---

① 《芝峰类说》卷九，《文章部二》。
② 《星湖僿说类选》卷六，《论学问》。

扬民族文化的优良传统。他说：

今懋官朝鲜人也，山川风气，地异中华，言语谣俗，世非汉唐，若乃效法于中华，袭体于汉唐，则吾徒其法益高而意实卑，体益似而言益伪耳。左海虽僻，国亦千乘，罗丽虽俭，民多美俗，则字其方言，韵其民谣，自然成章，真机发现，不事沿袭，无相假贷，从容现在，即事森罗。①

他认为自主地发展民族文化传统，必须贯彻“法古创新”，以及继承与创新相结合的原则，指出：

法古者病泥遗迹，创新者患不经，苟法古而知变，创新而能典，今之犹古之文也。②

朴齐家为了强兵富国，主张在自主的立场上学习外国的先进技术，指出：

苟利于民，虽其法之，或出于夷，圣人将取之。③

丁若镛也主张文化主体论。他批判动辄就使用外国的事实作诗、写文章，主张充分利用朝鲜自己的事实与文献写诗、做文章。他说：

我邦之人，动用中国之事，亦是陋品，须取三国史、高丽史、国朝宝鉴、舆地胜览、惩忠录、燃藜述及他东方文字。采其事实，考其地方入于诗用，然后方可以名世而传后。④

① 《燕岩集》卷七，《婴处稿序》。
② 《燕岩集》卷一，《楚亭集序》。
③ 《北学议》，《尊周伦》。
④ 《丁茶山全集》第一集第二一卷，《答二儿子·丙子六月初四日》。

但是，他并不反对学习外国先进科学文化知识，甚至还主张向“夷狄”学习先进的科学文化。

上述实学派的反对事大主义、强调自主精神，是韩国进步学者受西方进步的科学文化影响的结果，是两班士大夫中有识之士对事大主义给韩国社会带来严重后果的反思，是把韩国建设成国富兵强国家的尝试。

第四，托古改制。在实学派的实学思想中都贯串着社会改革思想。其社会改革的特点，是借古人之道、行改革现实之实，即“托古而改制”。

从经济改革上看，实学派都非常重视田制改革，并把它看做是富国强兵的中心环节。但是，他们提出田制改革时却采用通过美化古代“科田制”的方式。李瀷的“均田制”，洪大容、朴趾源的“限田制”以及丁若镛的“闾田制”等，都是憧憬着周代“井田制”而根据不同情况所提出来的。对此，洪大容指出：

> 井田制难行，先辈固已言之，虽然无分田制产之法，皆苟而已。居今之也，虽不能尽反古道，而善谋者必有通变之制矣。[①]

从政治改革上看，实学派主要是通过美化古代社会的“王道”、“仁政”来反对“霸道”、“暴政”，实现其政治改革之目的。柳馨远的“贡举制”、李瀷的“科荐合一制”、崔汉绮的“公选制”等科举改革方案是借儒家的“举贤才”思想，行改革不合理的科举之实。又如，李瀷的下级官吏“合议制”和丁若镛设想的“人民协议制”等政治制度改革思想，也是通过美化古代的“王道”政治来反对君主专制，实现其改革政治制度之目的。正因为如此，实学派的政治、经济改革思想没有也不可能跳出封建制度的圈子。

第五，气一元论。韩国实学派的哲学特点就是气一元论。

实学派的史学思想是为了克服朱子学的“空疏”、“虚谈”，主张

① 《湛轩书》内集卷四，《补遗·林下经论》。

“实证”、“实用”，以达到“经世致用”、“利用厚生”之目的而产生的。所以，实学派思想家们批判了朱子学脱离实际的清谈空论，揭露了封建社会的弊端，大肆宣扬改革社会之必要。这无疑是对封建社会的叛逆行为。他们要批判现实、改革现实，就要与朱子学相决裂，并奠定气一元论哲学基础。

纵观实学派的哲学思想，可以肯定地说，其哲学基础倾向不是理元论，而是气一元论。李睟光认为太古有“混沌其物”，谓之“太极”，一为“太极”，变成“两仪”，即“阴阳之形”，又变为“泰素”(物质要素)，生成万物。他把世界的始源看做是物质的“气”，即“太极”①，并认为“气”创造了世界万物。这显然是气一元论思想。

柳馨远在《磻溪随录·书随录后》一文中集中阐明了他的哲学思想。他不仅阐述了《书随录》变法之道的宗旨和治理国家所必须遵循的法则，而且指出，要治理好国家必须“循天理，顺人道”，即按客观规律办事，否则就会“失去当”，即脱离客观规律性。并且，他明确指出了自己哲学的立脚点。他说：“天地之理，著与万物，非物，理无所著。圣人之道，行于万事，非物，道无所行。”② 由此可见，柳馨远是站在气一元论立场上的。

李瀷指出：“天地间者，莫非气也，然其凝结为物，即气之精英。”③ 他认为，人也是气的产物，精神不是起源于超物质的东西，而是肉体器官的微妙技能。很显然，李瀷是站在气一元论立场上的。

朴趾源、洪大容在理气关系问题上也是站在气一元论立场上的。朴趾源说：“万物之生，何莫非气也，天地大器也，所盈者气则所以充治理也，阴阳相荡，埋在气中，气而包之，如桃怀核。”④ 洪大容说：“太虚寥廓，充塞者气也，无内元外，积气汪洋，凝聚成质，周补虚空，旋转停住，所谓地月日星，是也。”⑤

丁若镛继承气一元论传统，指出：“太极者谁也，天地之胚胎

① 《芝峰类说》卷一，《天文部·天》。
② 《磻溪随录》，《书随录后》。
③ 《星湖僿说类选》一卷下，《鬼神魂魄》。
④ 《燕岩集·答任亨五论原道书》。
⑤ 《湛轩书·毉山问答》。

也”，“气”有“轻清”和“重浊”之分，谓之“两仪”。主张“两者四生”，“天火相与，而雷风以生，地水相比，而山泽以成”①。所以，“万物之生皆受气化”②。这是明显的气一元论的见解。

崔汉绮总结理气之争时指出：“盖天地人物之生，皆由气之造化，而后世阅历经验，渐明乎气，穷理者有准而熄其纷纭，修行者有津梁而庶无违越。”③ 又指出：“克赛天地。渍洽物体，而聚而散者，莫非气也。我生之前，唯有天地之气，大而长存，形体之气，小而暂灭。”④ 很明显，崔汉绮是站在气一元论立场上的。

总之，从上述主要史学家的哲学思想中可以明显地看出，他们的哲学基本倾向是气一元论。然而，由于实学派出身于朱子学，尽管他们在批判程朱理学的过程中阐述气一元论的宇宙观，但是他们的气一元论从总体上来说不够彻底，还夹杂着理一元论观点。例如，李晬光不敢正面批判程朱理学，他的气一元论观点，是在批判程朱理学中无系统地表露出来的。由于柳馨远哲学思想中尚存在着“理优位论”观点，所以受到吴光运等儒学者的赏识。李瀷虽然企图用物质的“气”来解释鬼神，却承认鬼神的存在和渐灭中的魂魄之气“种种显灵”。尽管如此，可以断定，实学派哲学的基本倾向是气一元论，而不是理一元论。

综上所述，从17世纪初至19世纪上半叶，在朝鲜兴起的实学思想，其设计内容之广、持续时间之长、影响面之大，是空前的，是韩国哲学思想的优秀遗产之一。但是却有其时代和阶级的局限性。然而，实学思想家为改革封建弊端、建设富国强兵的国家，反对封建锁国政策，主张开放、学习外国的先进科学文化、发展工商业、加强对外贸易，这种开国思想为后来的开化思想奠定了理论基础。

---

① 《与犹堂全书》第二集第四十四卷，《周易四笺》卷八。
② 《与犹堂全书》第二集第四十七卷，《易学绪言》。
③ 《气测体义》序。
④ 《气测体义·天人之气》。

三、中韩实学思想的相同点和相异点

中韩的实学思想都是在封建社会末期，随着封建社会总危机爆发和资本主义萌芽的产生，在“西学东渐”的影响下，对作为以儒学思想为核心的封建思想及其文化进行反思而产生和发展起来的一种社会思潮。因此，它们有不少的相同之处。然而，它们都作为一种社会意识形态，必然受到本民族传统思想文化的影响和各自不同国度历史条件的制约而表现出各自不同的内容和形式，又使其具有不少相异之点。

（一）中韩实学思想的相同点

第一，历史条件大体一致。中韩两国实学思想都是封建社会末期自身内部的产物。尽管两国进入封建社会末期的时间不同，但是它们因同属于封建社会末期的范畴，而具有不少相同之处。

中国是从16世纪中期末进入封建社会末期，而韩国是由16世纪末开始走上封建社会后期。

中韩两国由于资本主义萌芽的产生、发展，严重地冲击着以农耕为本的自给自足的自然经济体系，并且随着“西学东渐”的日益扩大，中国、韩国的原来的封闭的思想体系，日趋受到猛烈冲击，在意识形态领域里，宋明理学随着时代的发展和社会的变迁，越来越暴露出自身的弊端，只剩下虚伪的道德说教和空谈心性的腐朽学风以至“置四海之困穷不言，而终日讲‘危微精一’”[①]，祸国殃民至极。

可见，封建社会已走到自己的尽头，在政治、经济、意识形态领域都面临着一场总危机。整个封建社会及其统治思想，虽尚未达到“崩溃时期”，但已进入“能够进行自作批判”的历史阶段。

在这一历史时期，具有清醒头脑和忧国忧民意识的中韩两国有识之士，在“西学东渐”的影响下，承担起“自作反思与自作批判”的历史使命，为社会提出种种改革设想。这就是时代的产物——实

① 《亭林文集·与友人论学书》。

学思想。

第二，反对空谈心性，主张由虚返实。宋明理学在中韩两国思想领域统治达300至500多年左右，其道学的腐朽性已暴露无遗，加上中国明王朝的灭亡、韩国“两乱”的震荡，更使其空谈心性的危害性有目共睹。

身历亡国之痛的思想家，把明王朝的灭亡归罪于脱离实际空谈心性的宋明理学，强烈要求“由虚返实”，研究经世致用的“实用之学”。他们说，“救弊之道在实学，不再空言”[①]，必须以有用之“实学”取代“明心见性”之空谈。从而主张从架空的道德“虚局”中回到现实生活中来，从伦理道德的先天范畴中解脱出来，按照活生生、实实在在的价值标准去完成人格及社会的道德行为，建立对国家、人民有实用、实效的学问体系。这样，黄宗羲、顾炎武、王夫之、朱之瑜、颜元等人都终生以“经世致用”、“利用厚生”为治学宗旨，不仅将政治、经济、军事、教育等社会改革视为自己研究实学的首要课题，而且将研究自己国家的历史、地理、风俗、制度、语言、医学、农学等自然科学技术也纳入实学中来。

第三，批判与革新精神。实学思想本身就是对封建制度及其传统文化的一种反思，所以，在实学思想中始终贯串着批判与革新精神，此乃实学思想之生命所在。中韩实学思想家由于所处的历史条件、历史使命以及本身的阶级地位等不同，而且他们的批判的侧面、激烈程度以及所要革新的内容等也不尽相同，但是，他们对封建制度及传统思想文化的批判精神和改革意识却是共同的。

中韩两国实学家都对封建社会至高无上的以皇帝为核心的君主专制、田制、科举、身份奴婢制、赋税、兵制，以及封建传统思想和学风等在全国范围内展开了空前的大批判，达到了未曾有过的高峰。他们破天荒地抨击封建皇帝为“天下之大害者，君而已矣”[②]，莫之谁敢议君主，实为“大盗也已”[③]，“凡为帝王者皆贼者”[④]，天

① 颜元：《存学篇》卷二。
② 黄宗羲：《明夷待访录》，《原君》。
③ 丁若镛：《与犹堂全书》第一集第十一卷，《监司论》。
④ 唐甄：《室语》。

下是天下人之天下，而“非一姓之私也”[①]。他们一针见血地揭露了“荼毒天下之肝脑，离散天下之女，以博我一人之产业”[②] 的封建君主的罪恶本质，并将君主专制下的整个官僚机构斥责为“四方劳扰，民生之憔悴”[③] 的根源，提出了“皇王之本，起于里正，牧为民有”[④] 的君民平等思想。在田制上，他们目击封建官僚、富豪大地主任意兼并土地，致使“富者连络阡陌，贫者无立锥之地”，“富者渐益富，贫者渐益贫”[⑤]，导致道德沦丧，指出：“以私田而陷人伦于禽兽也”[⑥]，“岂知其所以亡天下者之在斯乎”[⑦]？提出“限田”、“均田”的主张，甚至提出废除地主土地所有制和租佃制度，土地归劳动农民所有，主张“唯农为有田”[⑧]、“农者受田”[⑨]。在科举上，他们对科举制度表示出极大的不满，深刻地揭露其危害性，指出：“科举盛而学术衰”、“举业盛而圣学亡”、“科举盛而人才绌”[⑩]，“学问丧于科举”[⑪]，“八股之害，甚于焚火”[⑫] 等。

中韩实学家对朱子学的批判达到了无以复加的地步。他们痛斥宋明以来空谈心性的腐朽学风，指出道学家们平日高谈“为民立命”、“万世开太平之阔论”，一旦有士大夫之忧，或当报国之日，则“蒙然张口，如坐云雾”[⑬]，并批判程朱理学为“千余年来，率天下入古纸堆中，耗尽身心气力，做弱人、病人、无用之人”，则“入朱门者便服砒霜，永无生气生机”[⑭]。而日本启蒙思想家，直接受西方实

① 王夫之：《读通鉴论·叙论一》卷末。
② 《明夷待访录》，《原君》。
③ 《明夷待访录》，《原臣》。
④ 《与犹堂全书》第一集第十卷，《原牧》。
⑤ 柳馨远：《磻溪随录》卷二，《田制下》。
⑥ 柳馨远：《磻溪随录》，卷六，《田制考说下》。
⑦ 《明夷待访录·田制二》。
⑧ 李塨：《平书订》卷七，《制田》。
⑨ 《与犹堂全书》第一集第十一卷，《田制二》。
⑩ 《黄梨洲文集》。
⑪ 朴齐家：《北学仪·农蚕总论》。
⑫ 颜元：《习斋记余》卷四。
⑬ 《南雷文案后集》卷三，《牟玉吴君墓志铭》。
⑭ 颜元：《朱子语类评》。

证主义哲学影响，继承幕末洋学家们用实学批判儒学的方法，将儒学和佛教划为虚学予以批判。他们认识到现代化建设首先要解决的一个重要课题是思想革命，及消除重虚学、轻实学，鄙视商人等发展资本主义的主要思想障碍。他们从东西方文化的比较中认识到，国家得以富强，必须批判和抛弃虚学，而发展与其相对立的实学。

第四，哲学基础相同。中韩实学思想家的哲学基础是唯物论的气元论。

实学思想本身反对的就是程朱理学清谈空论和空洞的道德说教，主张由虚返实。因此，纵观中韩实学思想家的哲学思想大都重视物质现实，以唯物论的“气”或“元素”（物质）作为自己哲学思想的出发点。

黄宗羲认为“通天地，亘古今，无非一气而已”①；李瀷说“盈天地间者，莫非气也”②；方以智道：“盈天地间，皆物也”③，“一切物，皆气所为也”④；丁若镛指出：“万物之生，皆受气化”⑤；崔汉绮在总结几百年来朝鲜理气之争时指出：“盖天地人物之生，皆由气之造化，而后世阅历经验，渐明乎气”⑥；王夫之更是在哲学上继承了张载等人的气一元论传统，全面扬弃程、朱、陆、王的客观唯心论和主观唯心论，提出了“太虚一实”、“理依于气”的唯物论宇宙观，把唯物论的元气本体论发展得更加完备。他在自然观、认识论、辩证法和历史观等方面都有所发展，把中国古代朴素唯物论和辩证法推向最高阶段。

然而，由于时代、阶级、文化等诸因素的局限，中韩史学思想家的唯物论还表现得不够彻底。如李贽虽有自发的唯物论倾向和辩证法思想，但主观唯心论色彩更浓；黄宗羲因具有泛神论因素而动摇于唯心、唯物论之间；柳馨远哲学中还存在着“理优位论”的观

① 《明儒学案》。

② 《星湖僿说类选》卷一下，《鬼神魂魄》。

③ 《物理小识自序》。

④ 《物理小识自序》，卷一。

⑤ 《与犹堂全书》第二集第四十七卷，《易学绪言》。

⑥ 《气测体义·序》。

点；丁若镛对当时哲学上的“理气之争”采取折中态度。

第五，社会效果基本相同。实学思想作为一种传统文化的反思形式，产生于“天崩地解”（中国）、“病入膏肓”（韩国）的时代，起到了特殊的批判与“破块启蒙”的作用，其科学与民主意识也为社会向近代迈进做出了必要的思想准备。

随着中国后期封建社会总危机的暴发和资本主义萌芽的产生而出现的既反省以往、又面向现实的社会思潮的实学思想，是“古老的中国传统文化通往近代新学的桥梁，是近代进步学者批评封建社会制度的理论先驱”①。它一方面，根据时代的要求，对宋明理学的范畴、概念、命题等，经过总结性的批判，达到了古代思想史的最高水平，又孕育着如科学、民主等近代意识的基因，成为近代思想的理论先驱；另一方面，明清史学思潮开始冲破了宋明理学的一统天下，荡涤着封建社会已僵化了的礼教、旧传统、旧观念、旧习惯的束缚，导致了又一次思想解放，为新的生产力的发展开辟了道路。所以，“明代中后期如果没有实学对理学空疏学风的批判，就不会出现张居正的社会改革及由它带来的暂时的社会稳定和经济繁荣。如果没有，明清实学思想的洗礼，就不会出现晚清的维新变法和近代孙中山领导的革命”②。明清实学思想的社会效果和历史作用不容一笔抹杀。

韩国实学思想也同明清实学思潮一样，它是韩国古代传统文化通向新学即开化思想的桥梁，也是两班士大夫阶层中进步学者批判封建制度的理论先驱。其历史地位和社会效果不应低估。如果没有实学思想对程朱理学末流空谈心性学风的批判和朴趾源、朴齐学、丁若镛、崔汉绮等史学思想家的改革思想和开国思想，就不可能出现开化派的维新政治和近代金玉均领导的甲申政变以及后来的爱国启蒙运动。

但是，以儒学为主导的中韩传统文化在自己悠久的历史中已形成了“超稳定型结构”，封闭的自身机制已很难做到自我更新，从而

---

① 《明清实学思潮史》导论。

② 同上。

导致了“死的拖住活的”局面。然而，由于“西学东渐”的影响和实学思想家把异质的自然科学纳入“实学”中来，给其注入了新的生机，起到了“破块启蒙作用”。而随着清朝统治的稳定，统治阶级大力扶植程朱理学，广开博学鸿词科，怀柔引诱知识分子，且又大兴“文字狱”，所有这些都是实学思想逐渐转向纯学术的考据学，失去了明清之际实学的生命力；韩国也随着英正两朝的结束和一代先哲们相继离世以及党派之争的越演越烈，到后期实学成为知识分子书斋之中不结果实的花朵，失去了兴盛期的活力，未能给社会以应有的实际效果。尽管如此，中朝实学思想的社会效果和历史作用不可抹杀。

（二）中韩实学思想的相异点

第一，发展过程不同。中国的明清实学思想产生于16世纪中期；至17世纪的明清之际发展至高潮；18世纪以后，随着清朝统治的巩固和加强，统治阶级大力扶植程朱理学，实行怀柔政策以引诱知识分子，且又大兴“文字狱”，使实学思想逐步转向纯学术的考据学而处于低潮阶段；进入19世纪，伴随着阶级矛盾、民族矛盾的日益尖锐，经世实学又逐渐抬头，其总进程表现为一种波浪式的发展，前后长达300年左右。

韩国实学产生于李朝后期的17世纪初，它不像中国明清实学思潮那样时高时低，而表现出先后衔接非常清晰且呈直线上升式，而持续时间长达两个半世纪左右。其划分为：从17世纪初实学思想先驱李睟光到17世纪中期柳馨远的实学初创期；17世纪中期到19世纪初，星湖学派、北学派以及丁若镛实学集大成的实学兴盛期；19世纪前半期，李圭景、崔汉绮等人的后期实学。

第二，侧重点不同。明清实学思想侧重于对政治及传统意识形态各个领域，进行全面而富有战斗锋芒的批判，其言词甚为激烈；韩国实学则侧重于对封建的具体制度的改革和经济振兴，因忧患意识重，批判的言词也较温和。如果说，中国明清实学思想像“滚滚惊雷”的话，那么，韩国实学思想就像一种“执著的探索”，所有这些都是由当时两国的具体历史条件和社会环境所造成的。

中国明清之际是“天崩地解”的时代，随着中国封建社会后期总危机的暴发和资本主义萌芽的产生，阶级矛盾、民族矛盾和统治阶级内部的矛盾空前尖锐。封建统治者不择手段地巧取豪夺、封建官吏横征暴敛，激起了极大的民愤，导致农民起义和暴动此起彼伏、连绵不断，终于农民起义大军推翻了明王朝，却引来了满族统治者入主中原。异族的统治使原有的政治秩序、道德观念、价值体系等都受到极大的冲击，使当时思想家极易从迷信、保守、教条中摆脱出来，用清醒的理性思维举起批判的旗帜，把矛头直指封建政治的最集中代表——皇帝和统治思想界500余年的宋明理学。黄宗羲就是典型的代表，他的《明夷待访录》一书是摧毁封建政治的第一本宣言书。他在《明夷待访录》中首先把矛头针锋相对地指向尊君思想，指出："天下为主，君为客"[①]，"天下之治乱，不在一姓之兴亡，而在万民之忧乐"[②]，"故我之出仕，为天下非为君也，为万民非为一姓也"[③]。甚至竟然提出"为天下之大害者，君而已矣"[④]，表现出敢把皇帝从主子位置上拉下来，并将人民抬高到主人翁地位的大无畏的革命精神和战斗风格。

与中国不同，韩国实学家把注意力集中到改革社会时弊上，通过完善封建制度来实现富国裕民之目的。这样，除了丁若镛之外，没有一人将批判的锋芒指向封建君主，甚至他们还将改革的希望寄托在君主身上。如像李瀷那样的著名实学家同时却还具有深沉的忠君思想，极力维护封建伦理道德，要求人民忍让，甚至为国王"服勤至死"。之所以出现这种情况，除根深蒂固的儒学文化原因之外，还因为当时封建社会已开始解体，但表面上仍表现出"歌舞升平"的繁荣景象，不但没有像中国那样爆发以农民战争推翻王朝的革命，更没有受到异族入主的冲击，人民还在原有的文化氛围中继续进行自己的思考。因此，虽然时代已经使他们进行反思与批判，但是同身历巨变的中国思想家相比，显得保守与温和。除此之外，还有一个重要的原因，就是韩国实学家忧国忧民的意识相当强烈。他们对

① 《原君》。
② 《原法》。
③ 《原臣》。
④ 《原君》。

“病入膏肓”的国家和灾难深重的人民寄予无限的同情，不惜呕心沥血，探究救民之路。如星湖一派多数人，虽深受党派之争的残酷迫害，但仍在草野，忍辱负重。丁若镛历经长达18年之久的流配生涯，却始终抱着“报效国家”的初衷，呕心沥血地写出“百科全书”式的著作《与犹堂全书》共76卷。柳馨远的《磻溪随录》、李瀷的《星湖僿说》、朴趾源的《热河日记》、朴齐家的《北学仪》等都是他们为报效国家而付出的心血结晶。

第三，阶级基础不同。中国明清实学思想是由地主阶级改革派的自我批判意识与新兴市民阶层的启蒙意识汇合而成的。而韩国的资本主义产生于18世纪后半期，且市民阶层的形成更晚，所以实学思想的倡导者基本上是两班士大夫的改革派。这是由他们所处的不同历史条件和社会环境所决定的。

中国明中期以后，在封建社会内已开始孕育着资本主义萌芽，明嘉靖之后，商品经济有了明显发展，由于中央政府财政枯竭，迫切要求增加税源，放松了对商业的控制，给工商业的发展提供了良好的条件。大批破产农民流入城镇，为工商业的发展提供了大量劳动力。由于城市人口的增多，消费品的需求量扩大，进而扩大了商品流通市场，这些条件促成了资本主义经济因素的产生。当时手工作坊日益发展，分工更为细致，手工场“聚佣至万余人”，佣工聚集，“每日不下数万人”，表明了当时的盛况。随着商品经济的进一步发展，工商业城镇迅速兴起。在江南地区还形成了苏、松、杭、嘉、湖等五大手工业区域，兴起一些比较繁华的镇市。城市人口也明显增长，明末已出现有数万人口的大镇。城市中的手工业工人、贫民、中小工商业者。由于个人利益得不到保护，纷纷联合起来，共同进行反对封建统治者的斗争。明万历年间，为反对明朝政府对城乡工商业者的掠夺，在江苏、山东、浙江等大中城市先后爆发了大小数十次市民暴动。在斗争中，他们抗税、罢市、夺矿、怒杀盐监税吏，并提出了初步的民主要求。可见，中国此时已形成了市民阶层及其意识。实学思想在“私心”、“理欲”、“民主议政”等方面的见解，正是这种时代特征的反映。然而，中国微弱的资本主义因素在清朝封建统治者的种种限制和打击下，不可能得到真正的发展，新型的市民阶级及其力量非常脆弱，加上受封建传统思想文化的束缚，所以，明清实学思潮不可能成为完全代表新兴市民阶级利益和愿望的近代启蒙思想。

17 世纪后半期，韩国由于战后和平环境的出现，农业生产得到恢复和发展，商品货币关系兴盛起来，专业性手工业规模和范围也逐渐扩大，出现了拥有数十名手工业者的铁匠炉，还形成了专门制针的针店等新兴手工业作坊。18 世纪以后，伴随着生产力的进一步提高，商品有了更快的发展，金属货币开始流通。进入 18 世纪后半期资本主义萌芽，首先在矿山部门发生。这时原有手工业体系发生变化，官僚手工业逐渐衰弱，民间手工业得到发展。商业的迅速发展和商业资本的日益壮大，新兴商人与封建市侩商人的特权不断加大而“市侩”现象日趋严重，集市贸易、对外贸易非常活跃，城市人口激增，城市日益成为政治、经济的中心。到 19 世纪，韩国资本主义萌芽都有发展。尽管如此，它只存在于极其有限的部门，其速度之缓慢、经济力量之微弱，是不容置疑的。至于韩国出现会社、商社组织，是在韩国开港后的 19 世纪 80 年代以后的事情。虽然韩国在进入 18 世纪后半期出现了资本主义萌芽，但它在远离政治、经济中心的山区矿山部门中产生，而且还看不到像中国明清时期那样的抗税、罢市、暴动等市民的集团活动。所以，17 世纪、18 世纪韩国实学家无一人肯定人的感情欲望的天然合理性，反而像李瀷这样的著名实学家却主张“节欲”，为国王“忘己”。到 19 世纪前半期，李圭景虽然反对把“人欲”一味说成“恶”的不当性，但他没有彻底否定封建禁欲主义。同时期，崔汉绮虽然反对先天伦理范畴，但还认为“君君、臣臣、父父、子子”是社会秩序的“大本”，等等，这些都是韩国时代意识的反映。

第四，对待传统文化的看法、态度、程度有所不同。在近代之前，由于中国文化一直居于领先地位，因此，中国历代知识分子往往对外国文化皆视为劣于自己的“夷狄文化”，背有较重的传统的文化包袱。这种沉重的包袱，阻碍了中国奋发向上，是使中国成为落后之国的重要原因之一。但韩国虽深受中国“华夷文化观”及其名分论思想影响，且又一直以“小中华”自居，然而对于他们来说接受的中国文化毕竟还是外来文化，而且又看到所谓满夷的清朝文化却比明朝大，这种因素多少冲淡了韩国人的华夷观念，使他们能够从实际出发，较正确地对待世界文明。

中国思想家在近代以前基本上囿于中国乃世界之中心、世界文明之首的孤陋见解之中。明清之际具有丰富的西学知识的自然科学家方以智对西学的态度就足以看到这一点。著名自然科学家方以智待外来文化，不持本位主义，而持分析批判地加以改造、吸取之态度。这种态度就叫“借泰西为问郯”，就是指春秋时东夷郯子朝鲁，孔子向他问学的故事。孔丘通过学习曾深有体会地说：“天子失官，学在四夷，犹信。”[①] 方以智意在借这个典故说明，中国传统文化科学知识湮灭停滞，反倒落后于西方，应该像孔子问学郯子一样，吸收和借用西方的长处。但是，这位远见卓识的自然科学家方以智也没有摆脱沉重的传统文化的包袱。对此，他儿子方中说，他父亲“以远西方郯子”，是因为他父亲以为西方自然科学“足以证明大禹、周公之法”[②]。方以智本人的确也说过“借远西方为郯子，申禹、周之矩积”[③] 之类的话。他还说：“地球在日北陆之带为中国，故阴阳最和，人最灵。”[④] 在他看来，中国地理环境最好，导致中国人最聪明，而这些聪明人所创造出的文明自然也就最优。这种地理文化优越感，使他放眼世界的胸怀受到限制。因此，他不能站在人类文化史的高度做会通中西文化的工作，而只能在人为中国传统文化胜过西方文化的前提下，试图以西方科学之始来论证中国文化的优越和补充完善传统文化。

与此相反，韩国实学思想家就没有这种传统文化的沉重包袱。洪大容在否定儒教“天圆地方”说的基础上，提出了世界“均是正界”的科学见解。他说：“中国之于西洋，经度之差至于一百八十，中国之人，以中国为正界，以西洋为倒界；西洋之人，以西洋为正

---

① 《左传·昭公十七年》。

② 《物理小识编录缘起》。

③ 《物理小时总论》。

④ 《东西均源流》。

界，以中国为倒界；其实戴天履地，随界皆然，无横无倒，均是正界。”[①] 丁若镛批判当时尊明反清、无视清朝文化的陈旧观点，指出人们的认识随着时代的发展必然胜于前人，所以，现今的清朝文化要比清朝以前的中华文明更属“新式妙制”。朴齐家也进一步主张从“华裔秩序”观念中解放出来，大胆地提出学习任何先进的东西，“苟使法良而制美，则固将进夷狄而师之”[②]。基于这种认识，他还提出了走出去、请进来的办法，把国内优秀子弟派到国外去学习，并将学有专长的包括西洋在内的外国人招聘进来，以学习先进的天文、立法、农业、医药、造船、武器等科学技术，以实现富国裕民之目的。甚至崔汉绮还主张创造“世界语”，消除彼此间的误解和隔阂，以便相亲相爱，进而统一人们的思想，实现其“大同 ”世界。可见，当时他们确实站得较高，看得较远。

---

① 《湛轩书》内集卷四，《毉山问答》。

② 《北学仪·序》。

第三章

中韩佛教思想比较研究

佛教是世界性的三大宗教之一。在世界三大宗教中它是传入中国和韩国最早的一个。迄今已有两千多年的历史。佛教对两国的影响颇大，不仅波及政治与经济领域，而且广泛地深入社会生活的各个方面。在漫长的社会历史发展中，它虽然一般未能像亚洲其他国家那样凌驾于君王和政权之上，并在思想文化领域造成绝对垄断地位，但它和中韩两国固有的传统思想文化彼此融合、互为消长，始终扮演着维护各国封建制度的重要角色。因此，比较研究佛教在中韩两国的发展和演变，对于了解佛教本身和两国封建社会的意识形态，乃至两国封建社会的历史发展，都是不可缺少的。

截至 2008 年底，中国有各种宗教信徒 1 亿多人，信教人数呈平稳增长态势。宗教活动场所比 1997 年增加约 5 万所。宗教教职人员约 36 万人，比 1997 年增加 6 万人。宗教团体 5400 多个，宗教院校 110 所①。目前西藏有各类成规模的藏传佛教寺庙 1700 多处，另有 4 座清真寺、1 座天主教堂②。

现被列入中国国务院确认的全国重点佛教著名寺院有 142 座，它们是：北京市的广济寺、法源寺、佛牙舍利塔、广化寺、通教寺、雍和宫、西黄寺；天津市的大悲院；河北省正定县的临济塔院，承

---

① 《人民日报》，2009 年 9 月 1 日。

② 同上。

德市的普宁寺；山西省太原市的崇善寺，大同市的上华严寺，交城县的玄中寺，五台山的显通寺、塔院寺、菩萨顶、殊像寺、罗侯寺、金阁寺、广宗寺、碧山寺、十方堂、黛螺寺、观音洞；辽宁省沈阳市的般若寺、慈恩寺；吉林省长春市的般若寺、地藏寺，吉林市的观音古刹；黑龙江省哈尔滨市的极乐寺；上海市的玉佛寺、静安寺、龙华寺、沉香阁、圆明讲堂；江苏省南京市的灵谷寺、栖霞寺，苏州市的西园戒幢寺、寒山寺、灵岩山寺，镇江市的金山江天寺、焦山定慧寺，常州市的天宁寺，常熟市的虞山兴福寺，南通市的狼山广教寺，扬州市的大明寺、邗江高闵寺，句容市的隆昌寺；浙江省杭州市的灵隐寺、净慈寺，宁波市的七塔寺、天童寺、阿育王寺、新昌大佛寺，普陀山的普济寺、法雨寺、慧济寺，天台山的国清寺、高明寺、方广寺，温州市的江心寺；安徽省合肥市的明教寺，安庆市的迎江寺，潜山市的乾元禅寺，滁州市的琅琊寺，芜湖市的广济寺，九华山的化城寺、肉身殿、百岁宫、甘露寺、祇园寺、天台寺、旃禅寺、慧居寺、上禅堂；福建省福州市的涌泉寺、西禅寺、林阳寺、地藏寺、闽侯雪峰崇圣寺，厦门市的南普陀寺，莆田市的广化寺、囊山慈寿寺、广孝寺，福清市的万福寺，泉州市的开元寺，晋江市的龙山寺，漳州市的南山寺，宁德市的支提华严寺；江西省九江市的能仁寺、东林寺，云居山的真如寺，吉安市的青原山的净居寺；山东省济南市的千佛山兴国禅寺，青岛市的湛山寺；河南省洛阳市的白马寺，郑州登封少林寺；湖北省武汉市的归元寺、宝通寺，黄梅县的五祖寺，当阳县的玉泉寺；湖南省长沙市的岳麓山寺、开福寺，南岳的祝圣寺、福严寺、南台寺、上封寺；广东省广州市的六榕寺曲江县的南华寺，乳源县的云门寺，潮阳的灵山寺，肇庆市的庆云寺，潮州市的开元寺；广西壮族自治区桂平的洗石庵；四川省成都市的昭觉寺、文殊院，新都县的宝光寺，乐山寺的乌尤寺，峨眉山的报国寺、万年寺、洪椿坪、洗象池、金顶；重庆市的罗汉寺、慈云寺、梁平双桂堂；贵州省贵阳市的宏福寺、黔明寺；云南省昆明市的圆通寺、筇竹寺、华亭寺，鸡足山的祝圣寺、铜瓦殿；陕西省西安市的大慈恩寺、大兴善寺、卧龙寺、广仁寺，长安县兴教寺、香积寺、净业寺，户县的草堂寺；宁夏回族自治区银川市的海宝塔寺。

目前韩国著名的寺刹有庆尚北道的黄龙寺、佛国寺，庆尚南道的海印寺、通度寺、双溪寺，首尔的曹溪寺，全罗北道的金山寺、弥勒寺，全罗南道的宝林寺、大兴寺，江原道的月精寺、乐善寺、双溪寺、新兴寺、上元寺、龙岩寺、光福寺，忠清北道的广德寺、百廉寺、德瞩寺、法主寺，忠清南道的广德寺、恒天寺、修德寺、丽谷寺、甲寺、固联寺等。

现在看来，朝鲜国留存下来的寺刹仅有十余座，它们是黄海道的贝叶寺、月精寺，咸境南道的盖心寺，平安北道的杨华寺等。

第一节 中国佛教宗派与基本思想

一、佛教宗派

1. 天台宗。天台宗渊源于北齐、南陈，创于隋，盛于唐。该宗尊印度龙树为初祖，北齐慧文（北齐僧人，生卒年不详）为二祖，从北齐至南方的慧思（515—577）为三祖。而实际创始人则是身处陈隋之际的四祖智顗（547—597）。智顗于南陈太建七年（575）率弟子二十余人居天台山（位于浙江天台县城北）十年，关于佛教义理和观行独树一家之言，并在陈隋统治者的大力支持下，一度获得了迅速的发展，该宗以天台为名。天台宗把《法华经》推至经中之王的最高地位，又以智顗所撰《法华玄义》、《法华文句》、《摩诃止观》为依据，所以也被称为法华宗。智顗之后五祖灌顶（561—632）多有经疏，广弘天台宗思想。九祖湛然（711—782）号称中兴，在理论上有进一步的发挥，对该宗也有建树。

天台宗的形成是中国隋唐封建王朝“大一统”思想的宗教产物，它的出现结束了中国南北定慧异趣的现象，也使大小乘一切经教在汉地得到了“矛盾的统一”。天台宗的学说既是思辨的，又是实践的，他们主张研习佛理和进行禅定应同时并重，即所谓“双弘定慧”。在本体论上提出了客观的唯心论的“真如缘起”说，他们宣称

“真如”（即“佛性”）是超自然、超时空，无处不在、无时不在的，是不依赖于任何人而独立存在的最高“心体”。这个“心体”具有染“污”和清“净”两种属性，整个客观世界是“真如”随缘，即因被“无明”所“熏染”而派生出来的。因此，在认识论上，他们建立了“一念三千”、“一心三观”和“圆融三谛”的理论。他们把包罗万有、千差万别的“三千世界”，包括人世间和出世间两者的区别，统统归结为信念之偶动。认为只有把客观世界都是为真如随缘而起的产物，皆虚幻不实，没有独立的实体，从而建立空观；把它们当作一种假借的概念或“名相”，从而建立假观；两者有不可分离，非空非假，这才符合佛教的中观，即所谓真理——“中道观”。空、假、中三谛或三条“真理”是互相融通的，它们都系与信仰者的一心，此三谛“虽三而一，虽一而三，不相妨碍”，“一念心起，即空、即假、即中”①。只有这样观察和分析世界，才能把握“诸法实相”，达到认识佛教最高最后的真理，而这也就使真如（或佛性）排除可“无明”、清“净”之性为净业“熏染”，实现涅槃境界。居于上述唯心主义的说教，他们还强调“一切众生，皆有佛性”的命题，宣称无论是压迫者还是被压迫者，只要皈依佛教均可进入天国，企图用以掩饰阶级社会的本质，为封建统治阶级服务，从而形成了他们的社会历史观。后来，沿着这条思路，他们不仅主张动物和人一样，凡“有情”皆“有性”，甚至进而认为连草木瓦石等“无情”之物也有佛性的见解，这就使该宗逐渐走进了泛神论。

天台宗在智𫖮和灌顶时期曾弘盛一时，之后几代，由于初唐慈恩、华严各宗勃兴，宗教势力未能得到进一步发展，直到中唐，由于湛然的努力，才出现短时期的中兴。但湛然时唐王朝已由盛而衰、由治而乱，适应时代需要的密宗、禅宗相继产生，加上湛然在佛教思想上提出了“无情有性”说，从佛性方面一下子摧垮了佛教至高无上的权威，从而使佛教内部出现了“泛神论”的萌芽，这也就标志着天台宗进入晚期。后经会昌废佛和五代之乱，天台典籍多遭湮灭。但自隋代便有高句丽、百济、新罗来华留学僧人在天台山修习

① 《摩诃止观》卷一下。

学法；唐贞元二十年（804）也有日本僧人最澄等人入唐求法，曾在天台山国清寺从道邃和行满习学该宗教法，回国后创立了本国的天台宗，并保存了一些天台宗教典。

2. 三论宗。三论宗的基本思想源于印度的大乘空宗。该宗因以印度龙树、提婆所著的《中论》、《十二门论》、《百论》为主要经典，故名。又因该宗着重阐扬“诸法性空”，亦称法性宗。中国三论学说开始于鸠摩罗什，后师徒相传，研究者群起，著名的有僧睿、僧肇、僧导、昙济等，中经南朝宋、梁的僧朗、僧诠，陈代的法郎。但实际创立宗派者是隋代的吉藏（549—632）。吉藏生于陈，创宗于隋，死于唐，身历三朝，名闻一时。著作有《三论玄义》、《大乘玄论》、《法华玄论》、《法华义疏》、《中论疏》、《二谛义》等多种。

三论宗以宣扬既不偏于有、又不偏于无的中道实相论为其主旨，以所谓破邪显正、真俗二谛、八不中道为其立宗的三种法义。即认为破邪也就是显正，客观世界森罗万象，皆由因缘而生，空幻不实，但在世俗人看来它们是真实的存在，此为俗谛；而在得道的“圣贤”看来，皆空无实体，此为真谛。然而俗真二谛又是“二而不二”的，二者不可偏废，世界的真实面貌（“实相”）是非有非无，“虽空而宛然假”，“虽假而宛然空”，此则为“中道”。万物既然“非有非无”，那么生非真生，灭非真灭，而是不生不灭、不常不断、不一不异、不来不出，此为“八不”；用“八不”说明中道，名“八不中道”，也就是说，他们认为，客观世界的万有本原是非有、空也是非空，有和空都是邪执偏见，应该破除，只有超脱时（生、灭、常、断）空（一、异、来、出）、了然“八不中道”，才明合中道实相。

三宗论形成于隋代，曾一度流行于关中及江南地区，但由于它据以立宗的“三论”思想宣扬“一切皆空”，反映了印度奴隶制瓦解时期没落奴隶主阶级的幻灭感，虽经吉藏等人进行了些“改造”，但仍不能符合隋唐王朝封建制“鼎盛”时期的需要；再加之它往往短话长说，小题大做，烦琐难明，因此，至唐以后，在中国便逐渐衰亡，是一个短命的宗派。625 年高句丽僧人慧灌把此派说传到日本。此后其弟子日本僧人智威、道慈又入唐研习三论教义，回国传布，形成元兴寺、大安寺两个流派。

3. 净土宗。净土宗也称“莲宗”。相传东晋元兴元年（402）僧慧元在庐山邀请僧俗18人结成“白莲教”，发愿往生西方净土，被后代奉为该宗初祖。此后山西汾州玄中寺昙鸾（476—542）著《往生论注》、隋唐间道绰（562—645）撰《安乐集》，宣扬净土教义，影响较大。但该宗的实际创始人是道绰的弟子善导（613—681）。唐初善导至长安，在光明、慈恩等寺弘传净土，著有《观无量寿经疏》、《转经行道愿往生净土法事赞》、《观念阿弥陀佛相海三味功德法门》、《往生礼赞偈》、《依观经等明般舟三昧行道往生赞》等，完备地组成了净土一宗的宗义及行仪，使该宗正式形成。

净土宗以三经一论为主要依据，三经是龙树所著《阿弥陀经》、《无量寿经》、《观无量寿佛经》；一论是世亲所著《往生论》，全名为《无量寿经优婆提舍愿生偈》。该宗认为人们所居住的现实世界是所谓“秽土”、“尘世”，而佛所居住的彼岸世界则是所谓的“净土”、“佛国”，在净土佛国中尤以阿弥陀佛所居住的西方净土（亦称极乐世界）最值得追求，那里“无有众苦，但受诸乐”。他们鼓吹人们修行成佛，应该求往生净土。而求往生净土需具备内因和外缘，以修行者的心、行、业为内因；以弥陀之愿、业、力为外缘，内因与外缘相应，就可往生极乐净土。在宗教实践中提倡快速成佛法。

净土宗鼓吹信徒相信报应、修功德、专事念佛、修习简易，可快速成佛。他们所出售的“天堂”入门券极其廉价，因此中唐以后得到广泛传播。后净土宗与禅宗逐渐融合，中经五代、宋、元、明，直至晚清在中国仍有一定市场。9世纪日本天台宗僧人圆仁入唐学天台、密宗教义，也学净土念念法门并将此宗传入日本；12世纪源空（法然）根据善导的《观无量寿经疏》著《选择本源念佛集》，倡导专修念佛，开创了日本净土宗，尊昙鸾、道绰、善导为最初三祖。后分流很多，主要有镇西派和西山派两大派系。

4. 唯识宗。唯识宗是在唐太宗和唐高宗（650—683）等唐初统治者的大力支持下建立和形成的，用一系列佛教名相对一切物理现象和心理现象进行概念的分析、解释，宣扬一切事物“唯识”所变的观点，故名。又因创始人玄奘、窥基常住长安慈恩寺，窥基后来还被称为慈恩大师，故又名慈恩宗。此宗被看做是最接近印度大乘佛学的。这是由于玄奘（600—664）曾求学于印度，从当时瑜伽行学派大师戒贤学习，回国后大量译出瑜伽行派的典籍，并将印度十家注释《三十唯识论》的著作，加以统一编纂，糅译为《成唯识论》，后来窥基（632—682）据玄奘的解说为《成唯识论述记》，又作《枢要》以发挥要义，从而奠定了此宗的基础。因此，此宗学说，基本上是继承印度瑜伽行学派的。唯识宗认为，一切事物都是缘起的，而缘起的“缘”，主要是指人意识中的种种习气，也就是人们积累的经验。所谓缘起就是一切事物依靠人们的自身经验而生起，一切客观现象都是依存于经验的，这也就是唯心主义的“唯识”缘起说。唯识宗张调心和理的不同。心，指心思；理，指道理，人们只有使心思寄托在道理上，才能得到解脱。并与天台宗以及后来的华严宗、禅宗等都持心与理为一回事的观点不同，由此而形成彼此的理论上的重要分歧。由于法相唯识宗认为心与理不同，又坚持众生有一族类的心是没有佛性的，永远不能成佛，也招致了其他宗派的反对和攻击，加之论证异常烦琐晦涩，不适应中国封建社会的具体情况，以及唐王朝的社会需要，以致影响到自身难以在中国畅行，仅三数传也就销声匿迹了。该宗在唐代曾传入朝鲜和日本，在朝鲜三国和统一新罗时期以及在日本奈良和平安时期曾是最有势力的宗派之一。

5. 律宗。律宗是中国佛教中以研习及传持戒律为主的一个宗派，佛教非常重视戒律的作用，从典籍上说，它是经、律、论三藏之一；从教义上说，它又后戒、定、慧“三学”之首，戒律随佛教传入中国，但在南北朝以前只有“律学”，尚无“律宗”。中国律宗逐渐形成于隋唐时期，实际创始人为唐代僧人道宣（596—667）。道宣曾受玄奘影响，用大乘教义讲解“四分律”，晚年入终南山潜心述作，著有《四分律删繁补阙行事抄》等五大部，以及《广弘明集》、《续高僧传》等，得弟子千余人，被称为“南山宗”。与道宣同时，还有相州日光寺的法砺（625—698）和居于西太原寺东塔的怀素（625—698），也专弘律部，被分别称为“相部宗”和“东塔宗”。但相部、东塔仅小有流传，只有南山一部传承独盛，绵延不绝。后道宣三传弟子鉴真（688—763）曾受日本僧人荣睿、普照等邀请，于唐天宝元年至二十年（742—753）六次渡海，历尽艰辛，到达日本，在奈良建立唐招提寺，并筑坛传戒，成为日本律宗的创始人。

佛教戒律的条文非常烦琐，如《四分律》中比丘戒共250条，比丘尼戒共384条。从不准“淫、盗、杀、妄”等所谓“根本戒”，到行、住、坐、卧以及如何进门、吃饭等均有明文规定。如果受戒者真照此办理，必将寸步难行。所以，尽管中国佛教各宗都讲戒律，律宗历代也都有重振律宗者，但实际影响并不大。

6. 华严宗。华严宗因以《华严经》立宗，故名。又因女皇武则天赐号其创始人法藏为“贤首”（《华严经》中菩萨名），故也称贤首宗。又因此宗发挥“法界缘起”的旨趣，还被称为“法界宗”。华严宗的学统传承，一般坐杜顺（557—640）、智俨（602—668）、法藏、澄观（738—837）、宗密（780—841）。法藏的师父二祖智俨著有《华严孔目章》、《华严五十要问答》、《华严一乘十玄门》，对后世影响较大。至唐代，三祖法藏为迎合武则天的政治需要，曾住太原寺，成为武后的家庙和尚，并参与唐译八十卷《华严经》，在批评别派的名义下吸取了天台、唯识宗的某些观点，自行判教，发挥和充实了《华严经》的思想；著述《华严经探玄记》、《华严经旨归》、《华严金狮子章》等一百多卷，形成了比较完备而独具特点的佛教理论体系；后他还为唐中宗、睿宗授菩萨戒，成皇帝的门师，一时地位颇高，声势很盛，使华严宗发展成为独立的宗派，实力也因之大增。后法藏的三传弟子澄观又为唐德宗的门师，被尊为教授和尚，诏授镇国大师称号，令其主持全国佛教。穆宗、敬宗相继封为大照国师，文宗加封为大统国师。由是华严宗更加不可一世，达到了最高峰。

华严宗以《华严经》为最高经典，它自我标榜为佛教中的“圆教”，而将印度和中国佛教的其他各派一概判为“偏教”。在教理上，它的基本思想是所谓法界（“如来藏清净心”）缘起。即认为精神性的“一真法界”或“一心法界”（也称真如佛性、如来藏自性清净心）是物质世界的本质和本原；客观世界中的一切现象均由“清净心”“随缘”而起，离开“一心”别无他物；在此“一心”的作用下，各种现象虽然千差万别，但它们无不同摄于“一心”，体现着“一心”，都是“一心”的显现；无不处于你中有我、我中有你、你即使我、我即是你的“混然一块”的联系之中，也即“圆融无碍”、“重重无尽”。由此可见，华严宗的法界缘起说接触到事物的本质与现象的内在联系，涉及不同事物的同一性和差别性的关系问题，包含了某些辩证法的因素。但是华严宗以本质为真实，以现象为虚幻，则是形而上学的割裂和唯心主义的解释。因为不同的事物都有自己质的规定性，是不能无条件地相即相融的。华严宗肯定了差别性，但又片面夸大了统一性，从而最终抹杀了差别性，这是它陷入唯心主义的关键所在。为了论证法界缘起，华严宗还提出了四法界、六相圆融、十玄缘起等说教，其中始终贯彻了以理与事的关系解说教义的原则。他把世界区分为事与理两大类，并揭示了两者的关系即相异、相融，从认识史角度来看，这对于人们区分和认识现象和本质、物质和精神及其相互关系有一定的启示作用。但它的根本目的是宣扬个别事物的虚妄和一般规律（精神）的真实；宣扬事对理、个别对一般、物质对精神的依赖关系，即为了论证其唯心主义的世界观。正因为如此，在认识论上，华严宗把人们对世界的正确认识成为“妄想”，宣扬只有接受了上述唯心主义的说法，“离妄想，一切智、自然智、无碍智即得现前”，才可成佛。只是由于“事能隐理”，故令众生现实法身不现，所以虽然“众生即如”，如不修习仍不能成佛。正是因为上述说教，它企图协调佛教各个宗派、各种修习法门和修习次第之间的关系，并运用于现实，企图抹杀封建社会的阶级矛盾和斗争，宣扬一切都是“圆融无碍”，以为巩固封建统治服务。

随着历史的发展，华严宗在其圆融无碍思想的支配下，理论上的调和色彩愈来愈浓。澄观之后，其弟子五祖宗密著有《禅源诸诠集》、《华严原人论》等，企图糅合佛教和儒、道等家的思想，表现出企图统一三教九流的倾向，使该宗的体系更加庞杂。宗密是澄观独得妙传的高徒，又是禅宗七祖神会（公元？—760）的四传弟子，思想中有着明显的禅宗烙印，在《禅源诸诠集》一书中，他充分肯定了禅宗明心见性、顿悟成佛的教旨，并竭力融合禅和教，认为佛的内心意向和佛口授教义是完全一致的，并把两者统一起来；还在《华严原人论》等书中，完全肯定释迦、孔丘、老聃都是至圣，以提倡“三教同源”、“会同本末”为己任，和儒家同声鼓倡孝道，甚至以儒学经典《周易》的“四德”（元、亨、利、贞）配佛身的“四德”（常、乐、我、净），乃至以“五常”配“五戒”。这说明华严宗的形成和流传适应了圆融佛教内部各派和教外中国传统封建文化的发展趋势。但由于其发展凭借的主要是政治势力及政治活动，为了圆融各派，义疏也难免烦琐难通，致使其在往后的发展中，对佛教特别是对宋明理学的形成有着一定的影响，然而作为佛教的一个流派也难免于走上一蹶不振之路。智俨门下新罗人义湘将该宗传入朝鲜，称海东华严宗初祖。日本天平十二年（740）新罗僧人审祥到日本宣讲华严宗义，传法于日僧良辨，以奈良为根本道扬，开创了日本华严宗。

7. 密宗。密宗出于印度后期佛教中与显教相对而言的密教，以《大日经》、《金刚顶经》、《苏悉地经》、《瑜衹经》、《要略念诵经》等密经为其主要依据，约在东晋时传入中国。唐玄宗开元年间梵僧善无畏（637—735）、金刚智（669—741）、不空（705—774）来华进一步翻译密经并进行传播，受到唐王室的扶植和提倡，正式形成宗派，一度流行于汉地。

密宗教义认为法身佛大日如来（毗卢遮那）智理之光遍照一切处，发挥最大之照明作用，无有内外、方所、昼夜之别，是宇宙万物之本体。六大，即地、水、火、风、空、识，是宇宙万物之体性。前五大属于大日如来之理德，如人腹中胎藏其子，故称胎藏界；最后称作识大者，属于大日如来之智德，此种智德可斩除烦恼，无比锐利，犹如金刚，故名金刚界。四种曼陀罗（梵语音译，意为诸佛诸德聚集之坛场）是宇宙万物的相状，其中大曼陀罗是诸佛的形体，三昧曼陀罗是诸佛手持之器杖，法曼陀罗是诸佛所说的法门，羯磨曼陀罗是所显之威仪，此四曼陀罗又名四智门。总之，上自大日如来，下至芸芸众生，以及宇宙万象，林林总总、变化万千，均莫能超出四曼陀罗范围之外，而六大、四曼又和三密息息相通。身密总括一切有形质、能使人感触到东西，语密总括一切声音，意密总括精神现象，地、水、火是身密，风、空是语密，识是意密；大曼陀罗、羯磨曼陀罗为身密，法曼陀罗为语密，三昧曼陀罗为意密。因此，众生修行必依三密，即手结印契为身密，口诵真言为语密，念念观想大日如来为意密，这样，众生修行之三密和如来之三密相应，便可无比自在，超越时空，即身成佛。以上教义显然和显教各种唯心主义有所不同，是另一种颠倒的佛教唯心主义世界观。

密宗在唐朝只留传数代，后因武宗废佛和五代变乱而在汉地渐至绝响。日本僧人空海，于唐德宗贞元二十年（804）来华学佛，后归日本，弘传密宗，使之在日本有所流传，称为“东密”。

8. 禅宗。禅宗因主张以禅定（重在“修心”、“见性”）概括佛教的全部修习而得名，还因自称“传佛心印”、以觉悟所谓众生本有之佛性为主旨，又名“佛心宗”。该宗在中国最初只表现为禅学，中唐之后始成一宗，并弘盛于晚唐及五代，至宋、明、清尚连绵不已，成为在中国流传最久、实力最大、影响最广的佛教宗派。据史传记载，其创始人为南北朝时来华的印度僧人菩提达摩（公元？—528 或 536 年），达摩传慧可（487—593），慧可传僧璨（公元？—606），僧璨传道信（579—652），道信传弘忍（601—674）。弘忍之后分成北宗神秀（606—706）、南宗惠能（638—713），时称“南能北秀”。神秀施化于北地，重经教，强调“拂尘看净”，力主渐修，要求打坐“息想”，起坐拘束其心，得到唐武则天、中宗、睿宗三代帝王的宠信，称为“渐悟派”，不久渐趋凋落。惠能行教于南方，主张摆脱教纲，不堕名相，不滞言句，只要有坚定的信仰，相信自己的内心，一念顿悟，即可解脱，直入佛境，后世称之为“顿悟派”，中唐以后，惠能的南宗取代北宗，成为中国禅宗的主流。所以说，慧能是禅宗的实际创始人。惠能嗣法的弟子中，南岳怀让和青原行思两支法系到唐末特别繁盛。

唐末五代间，南岳一系又分出沩仰、临济两宗，青原一系又分出曹洞、云门、法眼三宗，合称禅宗五家，也称五宗，其中以曹洞、临济两宗流传时间最长，影响也最大。临济宗在宋代形成黄龙、杨岐二派，合称“五家七宗”。然而五家七宗之分，并非教旨不同，只是在启发的方式上有所差别而已。

禅宗在佛教经典上受《楞伽经》、《金刚经》、《大乘起信论》的影响较大，但其主要思想则集中于记录六祖惠能传教及其活动的所谓《坛经》之中。该宗教旨的基本要点可以概括为8个字，即“净性自悟”、“顿悟成佛”。在本体论上，禅宗和其他宗派一样，把精神性的世界视为第一性的、永恒的、真实的，把理想中的不生不灭的世界，称作“真如”、“佛性”、“涅槃”，把现实世界的万事万物看成是“真如”本性的显现，带有明显的客观唯心论的色彩；但是到此他们并未止步，进而认为真如佛性是恒常清净而不是污染的、是性善而不是性恶的，这种净性属于每个人的本心，是人的内在的真实的本质。这样，禅宗又和其他宗派不同，他们用主观吞没了客观，使心与性等同起来，从客观唯心论又转向主观唯心论。在认识论上禅宗和其他宗派有着更明显的区别，他们强调佛性本有、自性具足一切，又不执著一切，觉悟不假外求，不必谈经，无需礼佛，只要“以无念（指不要存有世俗的认识、思想，忘记世俗）为宗”、内求于心、自在解脱，就可去迷转悟、见性成佛，而且迷与悟的区别仅在一念之间，因此依靠每个人先天所具有的神秘智力，在一刹那间去掉妄念浮云，就可顿显真如、直显心性、立地成佛。在社会历史观上，禅宗也和佛教的其他宗不同，他们打破僧侣贵族对教义解释和成佛的“权利”的垄断，宣扬真如佛性为人人所普遍具有，人人只要对这种内在的本性有所觉悟，都可以“即心是佛”、“见性成佛”，鼓吹“自性迷，佛即众生；自性悟，众生即是佛”①。并且以“顿门”自我标榜，提倡不立文字、以心传心、看话禅简易法门。禅宗客观上适应了封建地主阶级的利益和要求，对于当时社会的下层来说具有相当的诱惑力。总之，在上述宗派中，哲学色彩比较浓厚的是天台、三论、唯识、华严和禅诸宗。其中，三论宗和法相唯识宗的基本理论，分别搬自印度大乘中观学派和瑜伽行派，理论创造不多，流传时间也较短，而天台宗、华严宗和禅宗则是中国化的佛教宗派，因而有较大的影响。

① 《大正藏》卷四十八。

二、基本精神

以公元前2年为起点，至2010年正好是佛教传入中国2012年，在这2012年的岁月沧桑中，佛教以其深厚的信仰、圆融的思想植根在中华大地上。迄今为止，虽然历史上曾有过的辉煌已不复再现，但佛教作为一种思想力量、历史的沉淀，仍不断地闪现在现代人的行为与观念中。回望佛教发展的历程，反思中国佛教之精神，不仅是对古人精神生活的重现，而且可以获得一种现代启示。

（一）中道方法

第一，释迦牟尼的中道思想。佛教的创立是同中道思维方式密不可分的。

众所周知，释迦牟尼出身王族，是迦毗罗卫国净饭王的太子。关于他出家的原因，佛传文学中有“四门出游”的说法。释迦牟尼出城游乐时，在城的东、南、西、北门分别见到老人、病人、死者、出家人4种人，随即感到人生之无常，老、病、死是人生所不免，唯有出家做沙门才能得到解脱。佛陀出家后首先学习禅定，很快地他就能够进入禅定的状态，掌握了禅定的技术，但是他发现禅定并不是他所要追寻的解脱之道。虽然在禅定状态中人的精神能够得到暂时的愉悦，但是一旦出离禅定，生、老、病、死的现实会重新浮现。于是释迦牟尼离开极力挽留他的导师，选择另外一种宗教的实践方法——苦行。他认为，摩擦湿木不能生火，摩擦干木才能生火，对人来说，充满液体的人身同样不能产生智慧，必须清除体液，才能觉悟。他和苦行僧们一起，尝试控制呼吸、终止信念活动、减少饮食，直至断绝饮食，居住在荒郊野外，睡在荆棘之上，卧在牛粪之中。经历6年的身心折磨，释迦牟尼形容枯槁、气息奄奄，却仍没有获得觉悟和解脱，但是他已经认识，到苦行这种极端的修行方式同纵欲一样对人的觉悟毫无益处，“他开始明白最有成效的途径，应该是这些极端方法的‘中道’(Middle way)”[①]。释迦牟尼觉悟的历程，实质上是在思想与实践上的一次突破，这种突破的意义主要体现在方法论的角度。

考察早期佛教的教义，无论是“四谛”的教义，还是禅定的实修方式，同当时流行于印度的各种沙门思潮都有千丝万缕的联系。例如，就四谛而言，其组织结构可能借鉴于印度医生治病的“四诀”。早期佛教经典《杂阿含经》卷15说：“有四法成就，明曰大医王者，所应王之具王之。何等为四？一者善知病，二者善知病源，三者善知病对治，四者善知治病，以当来更不动发。”从内容上说，四谛说吸收了佛教所谓的“六师六道”的思想，特别是受到了苦行派思想的影响。该派提出的“命”于“非命”的思想，主张通过苦行等修行摆脱由“业”、“法”等物质性的东西构成的“非命”对精神性的“命”的束缚，获得解脱，永驻清净。而早期佛教的禅定技术，乃是由当时著名的修定大师阿逻迦罗摩和郁陀加罗摩子所亲传。由此可见，早期佛教在确立自己的存在价值时，主要依靠的是对各种修道方式折中后不偏不倚的中道修行方式及与此相适应的佛教学说。

第二，大乘佛教的“八不中道”思想。大乘中观学派真正继承了佛陀的精神，以一种“空”的中道重新诠释了释迦牟尼的思想。

从思想发展的次第看，大乘佛教是为了对峙小乘佛教的偏执兴起的。释迦牟尼所确立的中道精神在小乘佛教诸派中逐渐异化，这种中道的思维与行为方式为小乘佛教所漠视，他们认为我空法有，自我可以是空而不实，但假我却必须依赖真实的诸要素才能建立起来，即外法实有。依据这种思想，世间无常之苦是实，而脱离实践之涅槃也是实有，无常之苦与涅槃之净互不相容，在修行上则必然表现为“厌生死苦，欣涅槃乐”的遁世行为。早已为释迦牟尼所抛弃的极端修道方式如苦行等重新成为可能，与社会的脱节是必然的后果。

① 关大眠著，郑柏铭译：《当代学术入门佛学》，辽宁教育出版社，1998年，第22页。

大乘佛教对此深感不安，《大般若经》说："修习甚深般若波罗蜜多，不为厌离生死过失，部位欣乐涅槃功德。所以者何？修此法者，不见生死，况有厌离；不见涅槃，况有欣乐！"直接指陈小乘佛教的二元思维与修行的错误，并且提出"假名空"的概念，进一步贯彻"中道"思想，即"色不异空，空不异色，色即是空，空即是色"①。

这种原则在小本《宝积经》中更明确地被作为一种观法来看待，《佛说摩诃衍宝严经》中说："真实观者，谓不观色有常无常，亦不观痛想行识有常无常，是谓中道真实观法……复次，迦叶，有常是一边，无常是二边。次二边中间无色，不可见亦不可想得，是谓中道真实观法……如是不善法、世间法、有诤法、有漏法、有为法、有淫秽法，是谓一边；如是善法、出世间法、无诤法、无漏法、无为法、白净之法，是谓二边。此二中间无所有亦无可得，是谓中道真实观法。"这里不仅使用了"中道"的概念，而且将之具体化。如果说，释迦牟尼仅仅确立了一种实践的中道精神的话，那么，大乘空宗则把其视为一种普遍的观察世界与认识世界的不二法门。

"八不中道"是大乘中观学派的重要观点，也是这种不二法门的一个典型表达。所谓"八不中道"是中观学派的代表人物龙树提出来的，即"不生亦不灭，不常亦不断，不一亦不异，不来亦不去"。并认为此乃"诸说中第一"的对峙戏论之说。"生灭、常短、一异、来去"四对概念在佛教语境中有特定的内涵（主要从缘生、因果关系角度的论述），但以"不"这个否定词作为中心，将这些概念一一连接，显然这种表达方式又具有普遍意义。在"八不"中，"生灭、常短、一异、来去"都是虚词，龙树及中观学派学者们并不是真的要讨论事务的产生与灭亡、恒常与中断、统一与差异、空间上的来去等诸方面的问题，事实上这些问题对他们来说不仅无关痛痒，而且很遥远，是无意义的伪问题。基于这一认识前提，才会有一虚一实的对比，"不"是实，"生灭、常短、一异、来去"是虚。重点是破除邪见、偏执。物之生灭、常断等不过是偏见的代称。中国三论

① 《心经》。

大师吉藏说："明经之深处，即是八不。不则不于一切法也，以不而明义，故知其深奥也。"①"不则不于一切法"，可谓一语中的。这种否定的方法，不但要打破世俗观念建立的常识世界和此岸世界，而且要摧垮同样依托世俗对立的超越世界和彼岸世界。中观学派认为这才是终极的中道。对佛教而言，此乃一把极锋利的双刃剑，在杀伤敌人（魔说、邪见）的同时，也伤及自身（佛教建立的一套学说体系）。这套"八不"的理论，通过"破邪显正"的方式对佛教的"中道"思想进行了新的探索。

第三，《维摩诘所说经》的"不二法门"《维摩诘所说经》全经十四品，以"维摩诘"居士的言行表达了大乘佛教的中道观念。僧肇《维摩诘所说经·序》说："此经所明，统万行则以权智为主，树德本则以六度为根，济蒙惑则以慈悲为用，语宗极则以不二法门。""权智"关系和"不二法门"是《维摩诘所说经》的两个中心观念。他们所传达的含义关乎佛教全部的修行和终极追求。两极化的分裂是宗教生活的一个重要特征，佛教也同样面临这个问题。"权智"关系的处理可以说是大乘佛教般若思想的核心议题，《维摩诘所说经》在下面几个方面突出地说明了这个问题。首先，通过塑造"维摩诘"居士的形象，对佛教的中道思想进行了人格化的表达。该经《方便品》说："（维摩诘）虽为白衣，奉持沙门净律行；随处居家，不著三界；示有妻子，常修梵行；现有眷属，常乐远离……入诸学堂，诱开童蒙；入诸淫舍，示欲之过；入诸酒肆，能立其志。"作为《维摩诘所说经》中具有示范意义的人物，维摩诘的所作所为就是中道思想的人格化体现。他不出家，身为居士，却奉持戒律；精通世俗知识，却乐信佛典；混于妓女与酒鬼中，而能洁身自好。双重性格集于一身，权智殊途同归。其次，该经《入不二法门品》对贯穿前后的"不二"中道思想进行了总结。"本品"一开始云："尔时，维摩诘谓众菩萨言：诸仁者，云何菩萨入不二法门？各随所乐说之。"维摩诘向诸菩萨提出了什么是不二法门的问题，法自在菩萨等30位菩萨，分别以超载

① 《大乘玄论》卷2。

“生来”、“我与我所”、“受与不受”、“垢与净”、“相与无相”、“有漏与无漏”、“有为与无为”、“世间与出世间”等二元对立的范畴为入于不二法门的标志，维摩诘对上述理解未置可否，众菩萨要文殊菩萨表明看法，文殊说：“如我意者，于一切法，无言无说，无示无识，离诸问答，是为入不二法门。”文殊菩萨的说法同前30位菩萨的表达相比，后者以解决宗教修行中出现的冲突与矛盾，消除分别，为达至“不二”境界为唯一手段；而文殊则进一步认为，分别是不必要的。文殊此时再问维摩诘：“何等是菩萨入不二法门?”维摩诘则“默然无言”，文殊对此叹服不已：“善哉！善哉！乃至无有文字语言，是真入不二法门。”再次，在《维摩诘所说经》中，佛国不是空中楼阁，不是在遥远的西天，而是在我们脚下，就在人间，在人们的心中。“譬如，有人欲于空地造立宫室，随意无碍，若于虚空，终不能成。”[①] 彻底否定了二元思维中建立两个世界的做法。

(二) 圆融境界

1.《大乘起信论》所确立的“圆融”依据

第一，“一心二门”。

《大乘起信论》在佛教中，特别是在中国佛教中的理论价值是无法否认的。中国佛教宗派天台宗、华严宗，甚至禅宗都或多或少吸收了它的思想。著名佛学家吕澂先生曾指出：“隋唐时代的禅、天台、贤首等宗的思想结构及其发展，都受到了《起信》的真心本觉思想的影响。”[②]

《大乘起信论》的核心思想在于“一心”开出“二门”，它依托唯识的观点，独创了一种新的理论体系。在唯识的系统中，阿赖耶识是最高的本体，它的特点为净染交织，是个杂染的识体。由此出发解释一切众生的生灭流传，由染的本体到染的众生，顺理成章，比较信服地解决了众生为什么流传生死，说明了此岸世界产生的原因。换言之，阿赖耶识的提出较好地展示了向下的流动，即随染的

① 《维摩诘所说经·佛国品》。
② 《起信与禅》。

一面。但是，这还不圆满，因为阿赖耶识无法解释终身成佛的必要性和可能性。天台宗曾批评唯识宗说："那得发头据阿赖耶识生一切法。"说明了阿赖耶识作为最高识体有缺陷，这种缺陷表现在阿赖耶识中并不无先天得包含清净无漏种子，清净的种子经由后天的学习获得，而后天的学习主要指听从佛、菩萨、善知识的教化。这就暗示众生的觉悟与否与他们自己无关，关键在于佛菩萨等外缘的帮助，如果没有佛菩萨的"慈悲愿护"，众生就不可能脱离苦海，众生信佛教和成就佛果的理论基础植根在一种偶然性上，阿赖耶识理论中的不完善由此凸显。

《大乘起信论》则以"众生心"作为最终极的根源，"是心则摄一切世间法与出世间法"，是一切世俗生活与出世生活的总根源。并且"依一心法有二种门。云何谓二？一者心真如门，二者心生灭门。"此二门各有特点：心真如门是众生心之体，不可言说，不变、不动、纯净、无染。心生灭门则是众生心之相和用，是宗教修行的根据，同时也是诸法染污的根源，在《大乘起信论》中是第二位的本体，因为它依托于心真如门，是个由动与静、生于灭、染与净和合而成的杂染本体，也就是法相宗所谓的"阿赖耶识"。这样依据"众生心"开出"二门"就成为《大乘起信论》的核心架构，此种架构的特殊之处在于它的两重本体说，虽有人批评此说为"房上架房，屋上叠屋"的重复设论，但它的高明之处正寓于此。"心真如门"与"心生灭门"这两重本体在"染净互熏"的作用下，既保证了涅槃成佛的可能性和充足性，也解释了现实中人类迷失而沉沦于苦海的原因。据《大乘起信论》，有四种法可以产生熏习作用，导致众生或由净到染，流转世间；或由染到净，还灭涅槃。这四种法分别是真如、无明、业识、妄境界，其中业识和妄境界分别由根本无明所派生。所以从最根本的意义上讲，能对众生的解脱或轮回产生影响的就是两个：真如和无明，分别代表净的熏习和染的熏习。但是二者的熏习作用不同，"真如净法，实无于染，但已无明而熏习故，则有染相。无明染法，实无净业，但已真如熏习故，则有净用"。无名对真如的熏习结果是使真如产生了"染相"，真如对无明的熏习则使无明有了"净用"。需要注意的是，染相之相，是外在的、非本质的相状。

这就表明，无名对真如的熏习并不能改变真如的本性，它的净与静等内在性无论如何深重也无法撼动。相反，真如对无名的熏习，则是剿灭性的，“（真如）以熏习因缘力故，则令妄心厌生死苦，乐求涅槃……乃至久远熏习力故，无明则灭，以无明灭故，心无有起，以无有起故，境界随灭，以因缘俱灭故，心相皆尽，名得涅槃，成自然业”。又，“染法从无始以来熏习不断，乃至得至佛后则有断；净法熏习则无有断，尽于未来。此义云何？以真如法常熏习故，妄心则灭，法身显现，起用熏习，故无有断”。这些无可置疑地表明了真如与无明互熏的不对等性。

这种不对等性是由《大乘起信论》所设定的前提决定的，它不像法相唯识宗那样，以一个杂染的阿赖耶识为本体，而是以一个纯净的心真如为最后的基点。因此，真如是所有佛法的宗依持，是超越的标志，而超越性又通过阿赖耶识的沟通内在于众生身上，上下贯通，成为一体。上，提升众生；下，落于实处，不致蹈空。这便是《大乘起信论》的最基本的理论前提。

第二，“根本智”与“后得智”。

智，在佛教中使用有特殊的内涵。从其梵文原意上，智指一种认知与理解能力，而这种能力由主体的慧心所发出，因此从严格意义上讲，智与慧是不同的。但中国人则习惯于“智慧”连称，不加区分。自大乘佛教兴起，以“般若”为代表的佛教智慧成为佛教的代名词。其后大乘经典进一步丰富了佛教智慧内容，如《法华经》提出了方便智（针对众生不同的根基，分别不同说法的智慧），《大智度论》继承《般若经》的某些说法，提出三智说，即一切智（观空之智）、道种智（观有之智）、一切种智（观中之智）。唯识中将此智一分为二，《成唯识论》说：“缘真入故是无分别，缘余境故后得智尔。”[1] 无分别是根本智，后得智是应用智慧。“若时菩萨于所缘境，无分别智都无所得，不取种种戏论相故。”[2] 就是说，无分别智是证得真如之理后所获得的一种主客一体的智慧。“后得无分别智，

① 《大乘起信论》卷10。

② 《大乘起信论》卷9。

虽不亲证二空真理，无力能断迷理随眠，于安立非安立相，明了现前，无倒证故，亦能永断迷事随眠。”① “后得无分别智”是将根本无分别智用于分析现象时所产生的智慧，从时间上讲，是晚于根本智的，所以称后得。从重要性上讲，获得后得无分别智相地更重要一些。这一点和大乘佛教的菩萨观念及慈悲精神相联系就更显现其重要性。《大乘起信论》对这种智慧的两分法非常重视，认为根本智之特点是“平等性”，对万物采取无分别性的态度，即“诸法平等，无有高下”；与此对应，世俗智慧的特点是“能见、能现、妄取境界”，有主有客，主客分离，主体且不断地追逐客体，执著于其中而不觉。后得智，该论中又称“自然业智”，寓意深刻。首先，“业”原指由身、口、意所构成的行为，即人的思想、行为、言语等活动，按佛教中因果律，这类活动必定产生果报，导致人类沉沦苦海、轮回与六道之中。而《大乘起信论》中冠以“自然”一词来限定“业”，显然此“业”非彼“业”。自然可作“自由”解，有业本不自由，因为有来世牵挂，而能成就自然之业。此需“随顺世间一切境界种种知故”。“随顺”即教化众生、救度众生。此类行为与智慧表面上看与俗智无疑，实际上这种智慧的运用是“随”，根据世间需要是“顺”，适应众生要求，应运而生，无造作，无分别，二者有天壤之别。

2. 天台宗之“圆教”

谈及天台宗的“圆教”说，就要从天台宗的“五时八教”的判教说入手。判教是佛教创立的一种独特的方法，旨在梳理佛教历史，确立各种不同说法的历史地位。对中国的佛教宗派来说，它也是借以建立自己学术和宗教影响的一种手段。除此之外，判教同时也是各种佛教流派表达自己思想的一个重要渠道。判教的做法虽不是天台首创，也不以天台为终。该宗通过这种判教说，试图建立一种包容一切、圆融无碍的理论体系。牟宗三先生曾讲：“依照天台宗的判教，最高的标准是圆教，修行的最高境界亦是圆教……那么，何谓圆教?”何谓非圆教？“何以前面所说的只是别教而非圆教？这圆不圆实在是一个很有趣的大问题；而这个问题，在西方哲学中，是不

① 《大乘起信论》卷 10。

曾出现的……所以圆教观念，可以说是佛教在中国的发展过程中，所提出的一种新观念。”①

“五时八教”之说是在对流行于南北朝时期“南三北七”说批判继承的基础上提出的。所谓“五时”，指华严时、鹿苑时、方等时、般若时和法华涅槃时。详述如下：

华严时。天台宗认为，此时为佛成道后所最先讲说之法，所讲内容为《华严时》，此经内容为大乘高深教理，故而聪明者闻听欢喜，而得觉悟；愚笨者却枉然不知，如聋如哑。《华严经》中将此喻为“日出先照高山”；《法华经》则喻此为长者欲付家业，富者领受，而穷子逃遁。

鹿苑时。因根基浅愚笨者不肯领受《华严经》的义理，所以此后12年时间，佛开始为这些人讲说较为浅显的义理，如《阿含经》等小乘教法，讲法的地点在鹿野园，故称“鹿苑时”；所讲之经为《阿含经》，又名“阿含时”。

方等时。鹿苑时以后的8年间，佛讲说《方等经》、《维摩经》、《思益经》等大乘经典，故名方等时。

般若时。方等时后22年的时间，佛宣讲的经典为《般若经》，主张万法皆空。

法华涅槃时。般若时后的8年间，佛开始讲说《法华经》，佛生多数众生闻听此经后，都能觉悟解脱。但仍有极少数人根基愚钝，不能理解，于是释迦牟尼佛便在入灭的前一昼夜间，为他们讲《涅槃经》，使他们最终有所收获。

这五时说表面上看，是从时间上对教理次第的梳理，但其中更重要的，却是对这些教理深浅层次差异的说明。

八教分别指“化仪四教”和“化法四教”。“化仪四教”是指佛教化众生的方式，具体说有如下4种：

顿教，为智力超人者所开之法门，不依次第，顿说大乘法门，经为《华严经》。

渐教，为智力平平、不能速证者所开之法门。讲究由浅入深，

---

① 《大乘起信论》卷9。

由小乘及大乘的先后顺序，故称渐教。其中小乘阿含类经最为浅显，是初渐；大乘方经类经是中渐；大乘般若类经是终渐。

秘密教，又称秘密不定教，佛以其不可思议的神通，能在一次法会之中令众生“同听异闻，互不相知”，为顿根人说顿法，为渐根人说渐法，众生虽共处一堂，却得益不同，因此是不定。“互不相知”是秘密。

不定教，又叫显露不定教。佛以同一音声说法，众生各得其解。从佛所说法的角度看，无有分别，“彼彼相知”，故为显露；从众生角度看，获益不同，是不定。

上面的“五时”和“化仪四教”的教判虽为天台宗人明确提出，但都有所本。相对来说，“化法四教”更体现了天台宗独到的理论见解和创造精神。天台宗的创宗智顗断然否认“化法四教”是由继承地论师“四宗”说发展而来，表明他自己对这种教判方法自视甚高。“问曰：四教义与地论总人四教义同不？答曰：若人问言四谛即是四大不，此为非问。”[①] 智顗直指此为“非问”，四教与四宗的区别如同四谛和四大的区别一样、泾渭分明，是不可混淆的。那么化法四教的内容又是些什么呢？

藏教。即“三藏教”，三藏是经、律、论的总称。这里主要指小乘教法，该类教法以声闻、缘觉为对象，讲述万法皆由因缘构成的道理。

通教，此教下彻于声闻、缘觉，上贯菩萨，通于三乘之人，故名通教。此教法讲万法无有自性，当体即空，不像藏教那样是通过分析万法的生灭而获得“空”之理的。

别教，此教以菩萨为对象，即不与声闻、缘觉相沟通，不同于藏教、通教，同最上乘之圆教也有区别，故名“别教”，信教人通过次第观察空、假、中之理获得觉悟。因其是“次第三观”而非“一心三观”，故而仍非圆教。

圆教，圆即不偏、圆满。此教为上根人所说，是至上圆满之理，

① 石峻等编：《中国佛教思想资料选编》第二卷第一册，中华书局，1983年，第135页。

无有缺失。此教门中所讲之力就是天台宗所推崇的“一心三观”、“一念三千”、“三谛圆融”的教理。

至此，天台宗通过教判确立了以“圆教”为主要特征的理论体系。天台宗的“圆”从其最广义上讲，包括以下两个意思：其一，包容一切；其二，融通一切。此两意互为补充，但以后一意为核心。

包容一切，即天台宗教义之“一念三千”。所谓“三千”，是天台宗人对大千世界的一种表达，具体可做如下之解：首先，依凡圣不同作划分，有天、人、阿修罗、地狱、恶鬼、畜生，六界和声闻、缘觉、菩萨、佛四界共十法界。每一法界代表一个世界，此10个世界地位不同、等级不同，但并非固定不变，随缘或上升或下降或示现，各有不同。六道中低层的地狱、畜生由于修行可上升为佛，佛为教化众生也可变化为六道。换句话说，一个世界中即潜在包含了其他9个世界，有变化其他九界的可能性。这样十界互具，成为百界。此百法界每个又分为三种世间，即国土世间、众生世间和五阴世间。国土世间是众生所依住的地理环境，众生世间是有情众生所构成的世界，五阴世间是由色、受、想、行、识构成的物质和精神世界。因此就构成三百法界。天台宗进一步认为一切现象都可从相、性、体、力、作、因、缘、果、报、本末究竟等10个方面加以分析，并认为此10个方面是实相的内容。那么，三百法界各有此10个方面的特点，总起来为三千世界。智颤说：“夫一心具十法界，一法界又具十法界、百法界；一界具三十种世间，百法界即具三千种世间，此三千在一念心。”[①] 此处“三千”之数为虚指，言万法之多，不是说世界只有这三千种法。理解了三千的含义，则“一念心”之心亦非实指，如唯识“心生一切法”之心，仅是借用。因为法界互具，故“三知在一念心”，只是在这个意义上使用。

通过“一念三千”的表达，天台宗建立了圆教的宇宙观。在这个宇宙中，“十法界”确立了世界基本面貌，六凡四圣十种生存的样态构成了世界的外在的基本结构。“十如”则界定了世界的基本性质，性、相、体、力、因、作、缘、果、报、本末究竟等10个方面

① 《摩诃止观·大下藏》第46卷，第54页。

分别构成了世界的内在结构。

相对而言，融通一切是天台宗圆教中更为重要的思想。“一念三千”作为这一说法的理论前提，从融通一切的角度，便可解释为“性具三千”。那么“性具三千”如何体现了融通的思想呢？性，本性，体性；具，具有，具备。性具三千，一方面是说三千法之体性、实相本自具备，不假外求，无须依一个外在的他物作为自身的依持；另一方面，此实相与作为现象的三千之法也非相生的关系，不是实相产生现象，更不是现象起生实相，二者是相即、互具的关系，这一思想殊为独特。这种思想不同于《大乘起信论》所设计的“真如心”作为本体的体系，也不同于一切现象依持于阿赖耶识的说法。天台宗人认为上述二说，无论把生心放在“纯净”之体上，还是放在“杂染”之源上，都无法避免“生起”的缺陷，即纯净说陷于自生，杂染说陷于他生，不够圆满。在天台宗的世界观中，现象是自然存在的，并且这种存在不是孤立的、封闭的，而是互相连接、互相包含、互相开放的圆融体系。所谓连接，指六道（天、人、阿修罗、畜生、饿鬼、地狱）乃至四圣（声闻、缘觉、菩萨、佛）的不同存在，展现了丰富的现象样态，这种样态互相连接构成了丰富的世界整体。所谓包含，指“一念三千”所代表的一法摄三千法的包容精神。所谓开放，指由“十界”构成的表象世界是一个敞开的世界，人的生活空间不只体现在人的世界中，天的世界也不只局限在天的世界中，六道和四圣在天台宗的世界观中是流动的变量，他们随着修行进程而居在不同的层次，因此较低的存在有向较高的境地攀升的潜在的能量，天台宗人也正是在这种潜在性中发现了生存的现实性。换言之，生存的多样性（十界）本身是现实和无可选择的，我们可选择的只是在这种现实中发觉存在的真实意义与价值。

由上所述，天台宗建立的是一个圆教的世界观，此圆教首先通过判教得以确立，再通过“一念三千”和“性具”之说进一步展开。在此，世界存在的方式是圆融的，因为他们是互相连接、互相包含、互相开放的。

3. 华严宗的法界“圆融”思想

同天台宗一样，华严宗也建立了自己的圆教体系，即华严宗的实际创始者法藏提出的“五教”的判教思想。此说在继承天台宗“五时八教”的基础上，将《华严经》判为一乘圆教，具体如下：

（1）小乘教，以四谛、十二因缘为基本教，依据经典为《阿含经》。

（2）大乘始教，为小乘初入大乘、根基未熟者说，又分为空始教和相始教。空始教即《般若经》所讲的一切皆空的义理；相始教即《解深密经》等所阐发的“万法为识”的思想。

（3）大乘终教，依据典籍《涅槃经》、《大乘起信论》等，讲说“空有双陈无障碍”的教理，即假有与真空互不相碍的大乘终极教义。

（4）顿教，以《楞伽经》、《维摩经》为典籍依据，主张超越语言文字、修行阶梯的障碍顿悟教理。

（5）圆教，包括“别教一乘”的《华严经》和“同教一乘”的《法华经》。华严宗人认为前者不与其他教法相共，超越其他诸教；后者虽也讲圆教教义，但却混同于其他教法。

总之，五教之说认为只有《华严经》才真正称得上是一乘圆教，是不与其他教法相同的最上乘的佛法。在华严宗人看来，《华严经》之所以被称为一乘，是因为其中包括无上的圆融精神。六相圆融和十玄无碍构成了这种圆融的主要内容。而这种圆融的实现必须依据“法界缘起”这个基本教义。华严宗二祖智俨曾说：“今且就此《华严》一部经宗，通明法界缘起，不过自体因之与果。所言因者，为方便缘修，体穷位满，即普贤是也，不过自体因之与果。所言因灭圆果，十佛境界，一即一切。”[①] 如果说智俨这段表达还略显晦涩的话，三祖法藏的说法就相对更明确一些：“夫法界缘起，如帝网赅罗，若天珠交涉，圆融，自在，无尽，难名。”[②] 法界一词有时指现象，又指本体，有时二者兼有。“缘起”是佛教特有的宇宙论和本体论。该本体论的特点据法藏的表达应该是一个“网”，它就像印度神话中帝释天宫中所悬挂的宝珠网一样环环相扣、珠珠相连，每一定

① 《华严一乘十玄门》，载《中国佛教思想资料选编》第2卷第2册，第19页。
② 《华严缘起章》。

珠都能映照出其他所有宝珠，天珠交涉，无穷无尽。此网用智俨的话说即是“十佛境蜀，一即一切”。从上面的描述看，这个法界之网是一个立体的“网”，是一种圆融之相，此圆相的象征意义在于法界的圆融无碍。华严理论中“理事无碍”的概念是这种圆融思想更明确的表达。“事”，指人的视野中的对象与行动，华严宗以“事”指代“物”，具有很深的哲学意义，这实际上就是讲，被我们指为物的东西，乃是经我们认识处理后的结果，即现象。就这一点讲，和德国哲学家康德的观点有些类似，但是不同于康德的是，华严宗认为不存在一个完全与我们认识隔绝的“物自体”，法之自体即是“一真法界”，此“一真法界”“即是诸佛平等化身，从本以来，不生不灭，非空非有，离名离相，无内无外，唯一有实，不可思议”[①]。也就是说，这是一个超越常识的世界，但此超越在华严宗的思想中是既常识又超越的。华严宗经常讲“一切即一，一即一切”，这不仅是数量上一与多的表达，而且也是本体和现象关系的一种说明。借用法藏“金狮子”之喻，即“说此狮子，以表无明；语其金体，显彰真性。”就“金狮子”作为整体来讲，无“金体”不成，无“狮子”不显，此乃理事的圆融。

对华严宗人来讲，“理事无碍”仅是初步，“事事无碍”才是纯圆的境界。从常识上看，一件事或物在一定时空中发生和存在，这也就意味着它充满了该时空，并排斥其他的事与物，因而事事之间是相碍而非圆融的。那么华严宗怎么解释它提出的与这个常识相冲突的理论呢？法藏在《华严经探玄记》中列出了10条理由，其中最重要的两个方面：一是万物相待生起，互相连接，如网相似；二是万物一体，法性融通，如宝珠之网，同为宝珠结成，因而才会叠相辉映，重重无尽。从中我们看出，圆融非是消解自性，取消事与物时空上的客观存在。否则，这个圆融之网，就不是一个网，而是混沌一体，也不再是圆融，因为有差别才有相融的可能，无差别虽无相碍，但却谈不上相融。宗密说：“若唯约理，即无可相碍，亦无可

① 《三藏法教》。

遗容。”[1] 讲的就是此层含义。对这种意义上的圆融，法藏做了如下的表述：“狮子眼、耳、支节，一一毛处，各有金狮子。一一毛处狮子，同时顿如一毛中。一一毛中，皆有无边狮子，又复一一毛，带此无边狮子，还入一毛中。”[2] 据说法藏为了使大家更清楚地理解他所说的圆融无碍境界，曾做过一次演示。他用10面镜子，摆在东、南、西、北、东北、东南、西北、西南、上、下这十个方位，每面镜子之间相隔约一丈的距离，镜面相对，而后在中间安放一尊佛像，点上蜡烛照亮它，于是10面镜子互相影射、摄入，一面镜子中不仅可以包容其他9面镜子本身的镜像，而且可以显现这些镜子中所摄佛的影像，“互影交光”，结果是：所有的10面镜子的影像，都具有无限的景深，佛影重重而无尽。这种形象的表达更充分地说明，华严圆融实现的方式是借助传统佛教的因缘之网，灌注了华严万物一体的观念。借此，事的存在方式和意义，既不需要像大乘空宗那样全盘否定，也不必像常识那样完全肯定。虽然事物之间的因果联系否定物作为现象存在的独立价值，但华严宗通过它设计的圆融体系，又将物的真实性通过物性互显的方式加以确立。

除上述事事无碍的理论外，华严宗描述的圆融无碍理论主要有两大部分：一个是“十玄门”；另一个是“六相圆融”。十玄门指的是：（1）同时具足相应门，万法的产生从时间和空间上讲都具备充足根据和条件，宇宙整体乃是由这具足的法和谐共成的。此门是十玄门的总纲。（2）广狭自在无碍门，消除空间的对立与紧张，像通过很小的一面镜子可以见到无限的风光一样。（3）一多相容不同门，一多相入无碍，互相包容，好像一间房屋中千盏灯光的交涉。（4）诸法相即自在门，万法相通无碍，好比金黄的颜色离不开金子。（5）秘密隐显俱成门，表述了两层关系其一，现象与本体的显隐关系；其二，事物之间的主次关系。此两种关系好像月与云的关系，随着云的遮盖程度不同，月或隐或显。（6）微细相容安立门，讲的是诸法护摄无尽直至微细，而微细世界亦能摄尽一切大世界，好像琉璃

① 《华严法界观门》。
② 《华严金狮子章》。

瓶子中含的芥子一样。（7）因陀罗网法界门，一切法都相互缘起，无尽无碍，如帝释天宫中之蛛网，重重无尽。（8）拖事显法生解门，认为对诸法之深奥道理，我们可以通过一个具体事物来了解，从而生信得解。（9）十世隔法异成门，十世指过去未来现在三世，每一世又包括三世，共九世，再加上这九世融成一体，总不过当前一念即为一世，所以为十世。（10）主伴圆明聚德门，论述的则是事物之间的主次关系，任何一法都为主，同时又都是伴。这样主伴圆融，举一全收，达致圆融无碍的最高境界，好像夜空的北斗星为众星所拱绕。“十玄门”这个名称本身就含有华严宗人的特殊用心，“十”是《华严经》中经常使用的数字，特指义理的圆满；十玄这个概念，不仅是说万法是圆融的，同时是说十个条目之间也是互不冲突的。

六相圆融是华严宗圆融理论的另一个重要部分。六相，即世界万物之间的六种主要关系。法藏说：“总相者，一含多德故；别相者，多德非一故，别依止总，满彼总故；同相者，多义不相违，同成一总故；异相者，多义相望，各各异故；成相者，由此诸缘起成故；坏相者，诸义各往自法不移故。”① 总相，即事物的总体、整体、全体，包含了该事物得以存在的多方面的属性。别相，即部分，指构成总相的诸方面要素，所谓“别即诸缘”，如房子的“椽、瓦”和金狮子的“眼、耳、四肢”都是别相。总相与别相互相依存，没有总相，就不存在别相，没有别相，也就不可能有总相。总相与别相，只不过是一个事物的两方面认识，不可能有孤立的总相，也不可能有单独的别相。如一座房子，它是一个实体，我们见到它时，首先总体的概念便是房屋，然后具体分析，就看出其中的椽、瓦等诸种材料的结合物，这些材料一旦构成了房屋，就成为房屋的一部分，就有了它的新的规定性。

同相和异相是从别相的角度的进行分析，事物中的各要素共成一个整体，所以这些因缘便不是矛盾和冲突的，它们之间能够和谐地存在就表明了它们的同一性，即同相。比如说：椽、瓦等因缘和合，构成了“舍”，因此椽、瓦在构成一个房屋上所起的作用

---

① 《华严五教章》。

是相同的，它们之间就有了同一性。诸因素之间有同一性、也有差别性，即异相，在构成房屋的过程中，椽是椽，瓦是瓦，二者各有自己不同的规定性，因此在统一性基础上，又存在差异性。一个事物借与他物的共存来保持与它们的统一，同时又保持着自己的特性。

成相和坏相是对事物存在趋势的描述：成相，即成就、完成。用活动方式来表达，成相是一种静止之性，是物得以保有自身的一个基本条件。具体地说，成相又分为两种：一是总相之成；二是由别相作为因缘支撑。什么是坏相呢？法藏认为当椽等诸椽各住自性，而不变化，这相对于“舍”来说，就是其坏相，因为它们单个独立的存在不同于整个舍的存在，是对舍的一种否定；而对于椽、瓦等来说，舍的形成也是自己的坏相，因为它们构成于一起而丧失其自身的独立性。当然成坏二相表现的是事物内部的两种趋势：一种是形成，一种是消灭。两种趋势也是彼此依存、彼消此长、你中有我、我中有你的。

华严宗的六相概念，论述的是事物的整体与部分、统一性与差别性、肯定与否定等几对矛盾范畴。它的论述在一定意义上是符合辩证法的，但是由于它要把这种理论置于华严宗的圆融理论中，作为其中的一部分，所以六相的一切论述最后又可以用两个字概括：圆融。总体而言，华严宗成功地用圆融的学说，对传统佛学进行了改造，建立了一个立体的圆融网络，一切存在都是其中的一个节点，该节点之于网络的整体，是一中之多，并且融入其中，同时该节点又是支撑点，网络整体意义透过这些散布的点得以体现和成立。这不仅仅是华严宗的宇宙观和世界观，更是其人生观的体现。华严宗视野中的人类，既渺小又伟大，既空虚又实在，在对人的地位进行恰当定位的同时，又为人的自立奠定了基础，因为世界千变万化，要成佛的是人，就它的宗教意义说，缩短了天国与人间的距离，增强了信徒成佛的信心。

（三）自立精神

中国佛教的理想是成佛、觉悟。成佛是人格的转换，觉悟是认识的升华。人是解决所有问题的核心。表面上看，成佛是一种超常识的境界或结果，但是，实际上此种结果或境界的意义的确立乃是以人为依托的。借用马克思的话即是：“宗教是那些还没有获得自己或是再度丧失自己的人的自我意识和自我感觉。”[①] 恩格斯也说：“在这种反映（宗教）中，人间的力量采取了超人间的力量的形式。”[②] 这里我们不去讨论宗教的全面的定义和如何理解宗教，从这两段话中我们可以看出，宗教不是和人无关的一种超人间力量。相反，它是和人的认识、情感、信仰密切相关的一种对象。佛教既然是宗教。那么人的解脱、成长、提升无疑是重要的一个问题。因此，对人的本性的体认，人的实践和修行活动的展开，对中国佛教来说不仅是一个哲学问题，也是一个宗教问题。

1. 自立之依据：人人皆有佛性说

佛性，是一个含义复杂的概念。从它的梵文原意看，佛是觉悟义，性乃界义。界又有二义：领域义和本原义。第一义，佛性是指佛的全部领域，众生的修行至此解脱，功德圆满；在因果关系上，由众生的角度，佛性是修行之果，实践后的果地。第二义，此佛境虽不是众生的空间，但从存有论的角度看，一切法的存在依据是法性，众生亦不例外，这也就是说，众生就显示而言尚不是佛，但其存在的本原却与佛无二。结合佛性的这两种含义，在印度佛教的发展中，佛性衍生出“性得佛性”和“修得佛性”两种不同的理解。“性得佛性”类似于中国佛教中的“本有”说，从佛性的本原义推论出佛性为一切众生所具；“修得佛性”类似于中国佛教中的“当有”说，从佛性的领域义得出佛性是后天修行获得，因而也就必然和众生的素质相关，部分众生可能会由于根基的障碍而不能成佛。这两种意义的相互激荡，使佛性和种性概念相连。《阿毗达摩俱舍论》：“法种族义，是界义”，“界声表种族义”。这种论述将印度的种姓制度人性结构的看法引入佛教，用来强调这样一点：由于个别人不具备成佛的人性结构，所以像一阐提人（此类众生罪孽深重，诽谤佛法）等不能划入佛种性这个阶层中。中国佛教的唯识宗坚持这种

① 《黑格尔法哲学批判·导言》，载《马克思恩格斯选集》第1卷，第1页。
② 《反杜林论》，载《马克思恩格斯选集》第三卷，第354页。

看法。

对中国佛教来说，对佛性问题的关注是从竺道生开始的。在竺道生之前，流通于中土的佛教经籍一般都主张一阐提人不能成佛。418年，六卷本的《泥洹经》译出后，有如下的经文："佛身是厂，佛性是我，一切众生（除去一阐提人外）皆有佛性。"这种说法在以前的大乘经中从未有过，立即引起人们的注意。竺道生通过对经文上下的贯通，认为经中虽明确排除了一阐提人成佛的可能性，但就全经的基本精神看，这种结论可能是误译造成的，因此他，提出一阐提人即使有情，就当成佛。此说一出，就被众僧视为邪说，受到排挤。但是全本的四十卷《涅槃经》译出后，果然有一阐提人也能成佛的说法，大家遂认可了竺道生的说法，并称他为"涅槃圣"。

自此以后，对佛性问题的探讨成为南北朝时期的佛教话题之一，各家师说中尤以涅槃师对该问题十分关心。据吉藏《大乘玄论》记载，当时对佛性的探讨一共形成了12种观点，归纳为三类：第一类，沿袭《涅槃经》中的说法，以众生为佛性；第二类，以心识为佛性；第三类，以理为佛性。此外，当时激烈争论的另一个问题就是佛性的始有与本有，即众生是将来才能成佛，产生佛性（始有），还是本来就有佛性（本有）？《涅槃经》中对此没有明确的说法，有时称佛性是贫穷女家的宝藏、雪山顶上的妙药、大力士头上的明珠；有时又反对"因中有果"的说话，认为"卖骍值，不卖驹值"，就是说卖骏马只能算马本身的价值，不能把它将来下小马驹的价值也算上。暗示佛性是始有而非本有。经中矛盾的说法引起了不同的解释，一直没有定论。我国唐代著名僧人玄奘之所以到印度取经，其中一个原因就是想解决这个问题。这种对佛性问题的探讨，使人们的视野由研究佛教的本体转向了研究人的心性问题，不仅深化了对佛教的理解，也扩大了佛教的影响。

关于佛性的各种认识，在此后并没有取得完全的统一，但基本上分为两个系统：一是天台宗、华严宗、禅宗等受《大乘起信论》的"众生心"思想影响，普遍把"真常心"作为佛性，主张一切众生皆有佛性，成为中国佛教中的主流思想。二是唯识宗以"无漏种子"作为佛性，坚持"五种性"说，认为部分不能成佛。此说由于过于拘泥于印度有宗的思想，而逐渐被人们冷落与遗忘。

从上述佛性思想的发展思路看，人性越来越成为其中的主要内容，从哲学的层面而言，佛性代表着真、善、美的结合，人性即佛性。其揭示的内容是人性善，这一点和儒家的性善论殊途同归，同时也就和基督教“原罪”说泾渭分明，一般来说，基督教主张人对上帝背叛的原初之罪。而在绝大多数的中国佛家看来，人解脱虽有“缘”相助，但其“因”却在自身。自救是关键，外缘是辅助，自度、自觉、自立是在人性即佛性，人人皆有佛性的基础上推演出的必然结论。

2. 自立之实践：日用心行处即是道

人人皆有佛性的理论是自立的前提与基础。但如何使这个理论在实践中得到贯彻、实现呢？在回答这个问题时，禅宗打破了一个传统的世界，建立了一个崭新的世界。

如果说天台宗和华严宗对这些问题的回答停留在教法、教理的理论层面的话，那么号称“教外别传”的禅宗则以极富实践色彩的活动昭示出自性自度的佛教真谛。为了真正地使佛性建立在现实的人性中，而不是陷于理论的探讨，这种以佛教实践为主要旨趣的宗派，首先要剿灭的就是外在于人的语言文字。据传，在灵山法会上，释迦牟尼向大众说法时，忽然他一言不发地拈一支莲花向听众示意，与会者面面相觑，不知世尊何意，此时唯有大迦叶破颜微笑。世尊当即宣布：“我有正法眼藏，涅槃妙心，实相无相，微妙法门，不立文字，别教外传，总持任持，凡夫成佛，第一义谛，今方付嘱摩诃迦叶。”①

在以这个传说为禅宗开端的标志性仪式上，释迦牟尼拒斥言说的态度鲜明表现出来了。“以心传心”，心灵的相互印证是成佛的关键。“心印者，达摩西来，不立文字，单传心印，直指人心，见性成佛。”语言文字是人类创造的精神成果之一，是人们思想与感情的模拟表达。但在禅宗看来，觉悟和解脱作为人类的普遍理想固然可以用语言和概念加以表达，但这种传达必须建立在个人的体验上，而

① 《世尊传》。

神秘的宗教体验是拒绝把语言作为中介的，即“不立文字”。《五灯会元》卷四载：“裴相国一日请师（黄檗希运）至郡，以所解一编示师。师接置于床，略不披阅。良久曰：‘会么?’裴曰：‘未测。’师曰：‘若便恁么，会得犹较些子。若也形纸墨，何有吾宗!’”黄檗希运是禅宗五家中临济宗的大师，他拒绝批阅裴相国向他展示的文本，实际上即是说，裴相国的所作所为对觉悟是无益的，因为文字是外在的，对体验来说，是障碍和糟粕。由此可见，禅宗对文字语言的基本态度是否定的，“世界如许广阔不肯出，钻他故纸，驴年去”[①]。真实的世界、现实的生活是充满生命力的“广阔”地带，而固化为文字语言的佛教典籍是个“狭小”的空间，禅宗的体验来自于生活，要保持体验的活力，只有置身于活生生的世界中。因此对禅宗来说，打破枷锁、建立自信，首先要做的便是破除经典的权威。云门宗曾有一偈：“大智修行始是禅，禅门宜默不宜喧。万般巧说争如实？输却云门总不言。”[②] 千言万语不抵云门宗的缄默不言，语言文字的优势被彻底瓦解。

传统佛教的佛、法、僧三宝构成宗教信仰的三种力量。佛，是教主，是崇拜和敬奉的对象；法，是佛教的义理，体现文字语言的经教；僧，是承载佛教精神的现实力量。对禅宗来讲，首先他们破除了对经典的迷信，改变了“法”外在化的倾向。在此基础上，其结论是彻底否定权威和偶像崇拜。权威建立在对义理的把持上，偶像是义理的人格化，所以从根本上来说，无论是以文字语言为代表的经籍，还是权威和偶像，都是名相，而非本质。禅宗和尚德山宣鉴宣称：“我先祖见处即不然，这里是五祖无佛，达摩是老曹胡，释迦老子是干屎撅，文殊、普贤是担屎汉，等觉妙觉是破执凡夫，菩提涅槃是系驴撅，十二分教是鬼神薄，拭疮疣纸。”[③] 传统佛教建立的观念世界在这里以一种“大不敬”的方式被打破。

禅宗打破的不仅仅是语言和偶像，对传统修行方式的革新也是

① 《五灯会元》卷 4。
② 《五灯会元》卷 15。
③ 《五灯会元》卷 7。

其创举之一。慧能说："此法门中，何名坐禅？此法门中，一切无碍，外于一切境界上念不起为作，见本性不乱为禅。"[①] 一般谈到坐禅，即使不必选择僻静的处所，至少也需要形体上的"坐"来保证禅定正常进行。但在慧能眼中，"外离相"（不执著外界培相），"内不乱"（内心无杂念），即是坐禅。一切外在的要求都不是必需的，保持心的原初状态，直指人心，便是最好的禅。初习禅时，在衡山脚下打坐，南岳怀让看到后问："大德坐禅图什么？"道一说："图作佛。"怀让随即取一砖，往石头上磨起来。道一问："磨什么？"怀让说："磨作镜。"道一很奇怪："磨砖岂得成镜邪？"怀让反问："磨砖既不成镜，坐禅岂得作佛？"[②] 怀让为了引导道一，还作了一个比喻：如牛驾车，车若不行，打车还是打牛？要想成佛，就要掌握成佛的根本。佛非定相，不是固定不变的外在与我的名相，所以道一坚执坐禅的死板教条，而丧失了活生生的心灵，在怀让看来是不能成佛的。

禅宗反对一切形式化、教条化、外在化的思维和行为方式，反对名相世界对人性的束缚和背离，并构成一股强大的否定力量，摧毁一切既成的现实。这也是很多论者以为禅宗与大乘空宗思想相近的原因之一，不同的是禅宗不仅有所破，同时也有所立。"师（临济义玄）与王常侍到僧堂，王问：'这一堂僧还看经么？'师曰：'不看经。'曰：'还习禅么？'师曰：'不习禅。'曰：'既不看经，又不习禅，毕竟作个什么？'师曰：'总教伊成佛作祖去。'"[③] 王常侍认为，要打破传统佛教的价值观和世界观，如果没有新的建立，容易走人虚无。义玄禅师的回答发人深省：抖落枷锁之日，即是人的解脱之时。

发掘日常生活的意义、根植生命之源泉，是禅宗发现和实践的解脱和超越之道。著名的"百丈清规"的创立者百丈怀海在幼时随母亲入寺，见到佛像后问母亲："此是何物？"母亲回答："是佛。"

---

① 《坛经》，敦煌本。
② 《五灯会元》卷 3。
③ 《五灯会元》卷 11。

怀海说："形容似人无异，我后亦当作焉。"[1] 马祖道一说："道不用修，但莫污染……若欲直会其道，平常心是道。何谓平常心？无造作，无是非，无取舍，无断常，无凡无圣。"[2] 成佛作祖的超世俗生活不在天国，亦不在彼岸，就在人间，甚至进一步说，根本就无所谓凡、圣的区别，由分别即非平常心。那么，"行住坐卧皆道场"、"任其自然"是不是说浑浑噩噩的生活即是道呢？下面的一段对话回答了这个问题。"源律师问：'和尚修道，还用功否？'师曰：'用功。'曰：'如何用功？'师曰：'饥来吃饭，困来即眠。'曰：'一切人总如是，同师用功否？'师曰：'不同。'曰：'何故不同？'师曰：'他吃饭时不肯吃饭，百种须索，睡时不肯睡，千般计较。所以不同也。'"[3] 在禅宗看来表面上看都是穿衣吃饭，但却并不相同。悟解后，一切任运自然，举手投足，都是有意义的生活，所谓"从心所欲不逾距"。悟解前，虽也过同样生活，但却处处牵挂，种种计较，终归是酒囊饭袋。这种不同，青原唯信表达得更清楚："老僧三十年前未参禅时，见山是山，见水是水，及至后来亲见知识，有个入处，见山不是山，见水不是水，而今有个体歇处，依然见山只是山，见水只是水。"[4] 未修道时别有洞天；觉悟后，尘世即佛界。在这个认识的"否定之否定"过程中，成佛、觉悟、解脱的理想成为现实。

总而言之，禅宗的这场革命性变革，隐含了这样一种思路：人人皆有之佛性应该更直接地表示为人即是佛。

（四）慈悲情怀

《大智度论》卷二十七说："大慈，与一切众生乐；大悲，拔一切众生苦。"人生旅途，苦乐年华，佛教以这种与乐拔苦的慈悲气概，赋予自身巨大的人文情怀，形成了普度众生、救苦救难、关爱生命的观念。

普度众生，是大乘佛教区别于小乘佛教的基本观念之一。小乘佛教以独自觉悟为目的，强调个体的修行与体验；大乘佛教则以自

① 《五灯会元》卷3。
② 《江西马祖道一禅师语录》。
③ 《五灯会元》卷3。
④ 《五灯会元》卷17。

利利他为终极目标。不同的导向反映了佛教不同的人生观。大乘佛教认识到人生的问题不单纯是个体生存遇到的挑战，同时也是人类整体面临的困境。“一切皆苦”体现了人类自身的真实处境，“无明”这个概念所传达的也不仅是某个人的愚昧和无知，而是人类社会整体丧失觉悟或从未有觉悟所造成的暗黑的、没有光明的状态。大乘佛教认为，要彻底、全面地解决问题，小乘佛教的方法是具有局限性的，如同用车载人，小乘佛教提供的是一辆只能坐很少人的交通工具，而大乘正如名字所声称的那样，是一辆大车。这辆大车要运载所有众生。大乘空宗的典籍《心经》开篇即说：“观自在菩萨行深般若波罗蜜多时，照见五蕴皆空，度一切苦厄。”众生无不受苦受难，消除一切痛苦、解救众生于水火之中就构成了普度众生的重要内容，这也是大乘佛教的共同精神。

从小乘佛教只求自救到大乘佛教普度众生的观念变化，我们可以在一些佛教要领中找到一些痕迹。譬如通过“八正道”和“六度”这对概念的对比，就能看到重心的变化。“八正道”是“苦集灭道”四谛之道谛的重要方面，作为早期佛教提出的解决人生问题的方法和通路，虽普遍为后来佛教教派所接受，但其提出的八种正确道路和方法，多数仍以个体的活动和行为为中心。正见、正志、正语、正业、正命、正精进、正念、正定，从行动、语言、思想（身、口、意）三方面规定了佛教的日常活动。这些规定强调的是单个的个体，反映了小乘佛教的人生态度。对大乘佛教来说，“六度”的提法充分考虑了普度众生的理论要求。六度包括布施、持戒、忍辱、精进、禅定、般若，其中布施和忍辱两条涉及和他人的关系。《大乘起信论》说：“云何修行施门？若见一切来求索者，所有财物随力施与，以自舍悭贪，令彼欢喜。若见厄难，恐怖威逼，随己堪任，施与无畏。若有众生来求法者，随己能解，方便为说，不应贪求名利恭敬，唯念自利利他，回向菩萨提故。”通过财施、无畏施、法施，断绝自己的贪念、怯弱、名利心，助长他人的勇气和对佛教的信心，达到自利利他之最终目的。小乘佛教虽然也讲布施，但将重心放在祛除自己的各种欲望上，以自利为目的，与大乘佛教布施所具有的大慈大悲是不同的两者。虽然都是自利利他的行为，但大乘佛教是为了济度众生，大乘佛教主张无私无畏、悲天悯人的社会道德。何谓忍辱？同论还说："云何修行忍门？所谓应忍他人之恼，心不怀报，亦当忍于利、衰、毁、誉、称、讥、苦、乐等法故。"主张在人和人的关系中建立对他人的同情心，以示范、引导的方式，促使众生远离苦海。实际上，"六度"中不仅这两度和救护众生的慈悲情怀相关，而且其他四度也都是指向普度众生目标的，因此，"六度"又称"六舟"，像六艘渡船，运载众生到达彼岸世界。

除了"六度"之外，大乘佛教还主张通过"四摄"，直接处理个人和社会的关系，提倡帮助他人、同情他人、感化他人。其目的是为了使他人生起对佛教的亲近之心，最终皈依佛教。四摄中除"布施"包括于六度中外，其他三条为：爱语摄，以善言开导众生；利行摄，做有利于众生的事；同事摄，和众生相处，不脱离大众。

无论是六度，还是四摄，总起来在大乘佛教中又被称为"菩萨行"。大乘佛教的"菩萨"观念塑造了"救苦救难"实施者的人格形象。"菩萨"，"菩提萨捶"之略称，意为"觉有情"，《翻译名义集》卷一引法藏解释："菩堤，此谓之觉；萨，此曰众生。以上智求菩提，用下悲救众生。"即菩萨的标志就是"上求下化"和"自利利他"。特别是大乘后期的经典更进一步将菩萨的形象落实在"救他"一面，通过种种方便手段，应机说法，教化众生，更显现了佛教积极救世的精神。

在中国佛教中，菩萨的利他性在民间逐渐演变为特殊的菩萨信仰，如"观音菩萨信仰"、"地藏菩萨信仰"等。中国的四大佛教名山分别以四位菩萨作为信仰的代表，即五台山的"文殊菩萨"、普陀山的"观音菩萨"、峨眉山的"普贤菩萨"、"九华山"的"地藏菩萨"。在民间最为流行的是观音信仰。"观音"，即"观世音"，唐代因避太宗李世民讳而改。观音，因能"观其（众生）音声"、解救众生而得名。在民间，人们认为观音能救护众生于灾难、痛苦、危险之中，并且有多种神通，常化为不同形象，为众生说法。也有人认为，观音能满足人生男生女的意愿，"若有女人设欲求男，礼拜供养观世音菩萨，便生福德智慧之男；设欲求女，便生端正有相之女。"①

① 《法华经·观世音菩萨普门品》。

后来民间多有供养“送子观音”的习俗，即来源于此。

“扫地恐伤蝼蚁命，爱惜飞蛾纱罩灯”是《西游记》中对唐僧“心太软”的文学描绘，而中国近代著名文学家、僧人弘一法师，则把这种文学描绘变成了事实。据传弘一法师到别人家做客时，在落座之前，总要将藤椅摇晃几下，当问他为何这样做时，他回答：椅子中间的缝隙内可能会藏有小虫，摇几下，慢慢落座，以便它们逃生。这让常人看来不可思议的做法实际上体现了佛教对生命的关爱，这也是佛教慈悲观念衍生的又一追求。就基本教义来讲，佛教叫人识破世界和“我”的幻相，“我法二空”，不执于世间名利、欲望，进而脱离生死之途，永不再轮回。但是在处理现实社会问题时，佛教关爱生命、倾心有情的大悲之心却须臾不离。佛教戒律中，无论“八戒”还是“五戒”，都以“不杀生”为首，在中国佛教中，更有“无情有性”之说，主张无情之物同具佛性的泛灵类，将不杀生、爱护生命的范围扩大到一切动物、一切生物乃至整个世界。

第二节　韩国佛教宗派与基本思想

佛教传入韩国是从公元 4 世纪后半期开始的，佛教在韩半岛各国特殊的地域、风土、民族和社会条件的制约下，逐渐和当地原有的传统信仰和思想意识相互接触、融合，改铸成独具特色的新学说。

韩半岛三国，最先接受佛教的是地处北方的高句丽。据史书记载，佛教最早传入高句丽是在小兽林王二年（372），由前秦苻坚遣使僧顺道送去佛经和佛像。374 年，由僧人阿道前去。高句丽为了安置他们，于 375 年建造了省门寺和伊弗兰寺①。这是佛教传入朝鲜半岛之始，比中国大约晚 300 年左右。

佛教传入百济比高句丽晚 12 年。即百济第十五代枕流王元年（384）九月，一个百济使臣从东晋返回，印度僧摩罗难陀跟着他进入百济。本来，摩罗难陀是要经过西域到中国，以传播佛陀之道、

① 《三国史记》卷十八，《高句丽本纪》。

周游中国各地，因偶然的机会在东晋遇到百济使臣，因而跟随到达百济。

佛教开始传入新罗民间，大约是在5世纪初讷祇王（417—458）时期。在直到法兴王十四年（527）的近一百年间，佛教走了一段艰难的路。《三国史记》记有这方面的两个传说。

一个是，在新罗第十九代讷祇王时代沙门墨胡子从高句丽潜入新罗，住在一善郡（今庆尚北道善山郡，当时位于高句丽与新罗之间的边界地区）的毛礼家秘密从事传道。正巧当时晋国使臣作为礼物带来了香，但臣下无人了解其名称和用途。国王下令臣下，带它到国内各地去打听其用途。墨胡子见到就说，香为向佛陀、达摩、僧伽致诚所用，烧香祈祷，必有灵应。这时公主正有病，召墨胡子烧香，向三宝祈祷，使病痊愈。结果，公主的病果然好了。国王非常高兴，赐给他厚礼，使他得到保护。这件事成了缘起，新罗王室与佛法从此有了吻合，开始信佛。但由于国王周围的臣僚坚决反对，费教在韩国国内没有机会自由传播。

另一传说，墨胡子到新罗又回去后，第二十一代毗处王时期（479—500），一个容貌同墨胡子相似的阿道和尚带随从三人从高句丽到新罗，也留住在毛礼家，致力于佛教传道。过了几年，阿道死，侍僧三人留下，讲度经律，信教的人逐渐增加①。

这时，第二十三代法兴王（514—540）皈依佛教。他自即位以来即兴佛教，但遭到周围朝臣的反对。有一天，法兴王召近臣议论佛教的弘传问题，名叫异次顿的信佛近臣猜到国王的心思，就说："斩小臣的头，以压众议。"国王拒绝说，不能为兴佛而处死无辜。但异次顿说，为佛教兴隆而牺牲生命并不遗憾。于是，国王召集朝臣，问接受佛教如何。朝臣异口同声拒绝佛法，只有异次顿提出异议。国王将反对众议的异次顿交刑史处斩。临死前异次顿说："我为佛法受刑，佛必有灵应，我死后定将出现异常的事情。"传说，斩异次顿头时，出现大地震等许多奇异现象。目睹这些光景的周围群臣

① 《三国史记》法兴王十五条。

大为震惊，再也不敢诋毁佛教[1]。

关于高句丽、百济、新罗的初期佛教流派，历史文献都没有明确记载。据当时佛教流传的形迹和发展情况看，各种佛教流派都有传播，其中除了包括说一切有部、俱舍论、成实论、律宗等小乘佛教系列的流派外，还有三论宗、法相宗、涅槃宗、天台宗、法华宗、摄论宗等大乘系列的流派。就是说，小乘佛教、大乘佛教学派都有传入，而发展快的是大乘佛教学派。大乘中有较大影响的是三论宗和法相宗；小乘中的成实宗、律宗等也有一定影响。

一、佛教宗派

新罗统一韩半岛三国（669）之后，受中国隋唐佛教的影响，新罗佛教界也开始了宗派分立，佛教呈现繁荣景象。这是韩国封建社会从三国鼎立到政治统一观念在意识形态领域里的反映，是韩国政治、经济和文化综合作用的结果。在这以前，韩半岛各国已经出现了许多疏述和名僧大德，但他们在疏述佛经方面不分宗派，只是努力阐明教理和教义，力求将其解释为中国流派。考诸三国末期新罗高僧元晓、圆光、慈藏等的形迹，看不出宗派的迹象。这是统一新罗以前的佛教状况。此后，从新罗统一三国起，开始大力整理出各宗派的教义，出现了像元晓这样通晓佛教各宗和一切经论的著名学僧。接着，入唐留学僧侣不断回国，在唐的影响下，佛教在教理方面逐渐出现派别。经过一个世纪的教宗分立时代，由于从中国传来的禅宗势力兴起，教宗各门势力受挫，佛教界发生了重大变化，使历来难懂的佛教教理、著作和立言几乎成了毫无意义的废物。

佛教也成为高丽500年教政的大方针，这不仅因为太祖王建建造伽蓝、厚待佛僧、举行盛大法会，更重要的是由于王建在去世前一年，作为遗训给大臣朴述熙提出了十条训要。训要说：“我国家大业，必资诸佛护卫之力。”[2] 明确指示，佛教要长久成为护国的根本，

---

① 《三国史记》。

② 《高丽史》卷二。

特别是在新罗和高丽王权交替时期，社会非常混乱，著名大德躲进深山寺院。为了吸引沉浸于佛教思想400年，现处于新政权统治下的国民之心，时庇护佛教是其唯一的道路。因此，王建在开京一定都，就招徕佛僧，予以优待，并以佛教作为教政的大方针。于是，僧侣们不顾政权交替，士气有了提高，造塔建刹事业更为盛行。应邀出任的许多名僧，成为太祖王建的后援力量，对收拾民心起了不少作用。佛僧依靠太祖王建的佛教保护政策，扩大了宗团的势力。

以后，历代高丽国王遵循王建的遗训，始终一贯地以推佛信法为教政的大方针。到光宗时期（950—975），设立僧科和王师、国师制度，使僧侣的素质有了改善，权威有了提高，僧侣职业在高丽社会成了最光荣的事业。僧侣受到很大推崇，使富贵世家子弟争先恐后削发敲佛门，佛门人才集结，学博德高的名僧大德辈出。

在高丽王朝，从第十一代文宗开始约50—60年，是佛教的黄金时代。这个时期的国王是文宗（1047—1083）年、宣宗（1084—1094）、肃宗（1096—1105）三代。这时的高丽处于鼎盛时期，佛教乘国运兴隆亦达到顶点；以后到高宗时期为止，佛教一直是兴盛的。

中国隋唐两代产生许多学派和宗派。这些佛教学派和宗派，在朝鲜统一新罗时期和高丽前期，除个别例外，主要通过来华求法高僧传入韩国。所以，此时期也是韩国佛教宗派的形成和发展时期。

据义天的《墓志铭》，新罗的“五教九山”，是韩国佛教与中国佛教相呼应、在这个时期形成的各种宗派的总称。所谓“五教”，是指五个佛教宗派，即戒律宗、涅槃宗、圆融宗、法性宗和法相宗。各宗始祖相应为：慈藏、普德、义湘、元晓和真表。所谓“九山”，是禅宗的9个宗派，即道义的迦智山派、洪陟的实相山派、慧哲的桐里山派、无染的圣住山派、道允的狮子山派、梵日的阇崛山派、玄昱的凤林山派、智诜的阳山派、利严的须弥山派。

高丽时期，韩国佛教形成“五教两宗”。这个时期，禅宗大扬宗风。大觉国师义天创立了天台宗。这在中国属教宗，而在高丽则为禅宗。原来禅宗的9个宗派合并为曹溪宗。此后，“五教九山”开始改称为“五教两宗”。对“五教两宗”有不同的说法。一般认为：这时的所谓“五教”，即教宗的五个宗派，已改名为南山宗（戒律宗）、慈恩宗（法相宗）、华严宗（圆融宗）、中道宗（法性宗）、始兴宗。这时的所谓“两宗”，就是天台宗（义天）和曹溪宗（知讷）。

经过长期盛衰兴亡的结果，在韩国最盛行和有影响的宗派有以下诸宗：

1. 华严宗

（1）自新罗整理出佛教经典解释以来，在中国的影响下，确立国内教宗宗派的先驱是义湘。义湘（625—702）是统一新罗时期华严宗的始祖，俗姓金，新罗鸡林府（庆北庆州）人。20岁出家。26岁时与元晓赴唐，至辽东被唐的官宪抓住，视为间谍，被扣教训后才回新罗。文武王元年（661），乘唐船入中国，到终南山至相寺，师事于中国华严宗第二祖智俨，与中国华严宗第三祖法藏是同学。文武王十一年（671）回国。后奉旨于太伯山（庆北荣州郡）创建浮石寺，传华严宗教义，创始海东华严宗。门下有悟真、智通、真藏、道融、义寂等著名学僧。义湘著有《法界品抄记》、《华严一乘法界图》、《华严经略疏》、《白花道场发愿文》等著作。

义湘的华严宗哲学思想是适应统一新罗的封建统治阶级的阶级要求而产生的。当时，统一大同江以南地城的新罗封建统治阶级，首先需要的是为了整顿和加强刚建立起来的中央集权的封建国家，缓和国内尖锐的阶级矛盾，需要把日益深化的贫富差异加以合理化的新的思想统治工具。义湘的华严宗哲学正是适应这种要求而产生和发展的。

《华严经》阐发的主要是法界缘起、理事无碍、事事无碍、无尽圆融的教义，并以“圆融无碍”作为最高的认识境界。以义湘为始祖的海东华严宗也以《华严经》的这种思想为基础，对前一时期所流行的各种佛教哲学流派的见解进行批判，从而提出适合于新罗封建社会的独特的唯心论哲学体系。在他看来，前一时期小乘的俱舍论和成实论，在论世界时只是谈论有差别的现象世界，而大乘的三论和唯识论则主要是停留在论世界的本体，即贯穿于宇宙万物中的本质的侧面。此后，元晓虽然提出本体现象不是各自孤立而是统一的，本体即现象、现象即本体的见解，但仍然没有涉及现象世界中各个诸现象间的相互关系。据此，义湘着重提出自己的“事事无碍”

说，特别强调事与事之间相互依存、相互包容的无限的融合关系。

第一，构成义湘哲学的理论基础是法界论，即对世界的见解。所谓“法界”，在义湘哲学中是指世界（或宇宙）。义湘的法界论在其所著《华严一乘法界图》中有集中的说明。义湘在这里明确地说：“法性圆融无二相，诸法不动本来寂，无名无相统一切。”[①] 他主张世界是由作为普遍而绝对的精神实体的“理”所构成的统一体。并明确提出了自己对世界的唯心主义见解。接着他又说：“一中一切，多中一；一即一切，多即一。”[②] 这里“一”即“理”，指本体；“一切”即“事”，指现象。义湘不仅把世界分成本体世界（理法界）和现象世界（事法界），把世界一切事物现象看成是精神实体“理”的体现，而且将本体世界和现象世界、本质和现象看成是“一中一切，多中一”的关系，进而又得出“一即一切，多即一”的结论。就是说，作为世界本体的“理”和作为事物现象的“事”是相互包容他者，本体中有现象，现象中有本体，相即相入，所以没有什么差别。既然本体和现象是一体，那么，各个差别的现象归根结底也成为绝对的本体。如果一切事物现象都是绝对的，那么在各个事物现象之间也应该是相互融通、互不妨碍的。由此义湘就得出，由于世界上任何事物的现象都是与“理”相联结，都是“理”的体现，因而凡是存在的一切应该被看成是合理的结论。我们认为，本质和现象、本体的世界与现象世界处在相互密切的联系之中，但不能因此就像义湘所主张的那样认为本质即现象、现象即本质。如果只是这样看，那么事物的本体和现象就没有任何区别了。义湘对世界的上述见解，特别是“一即一切，多即一”的逻辑，说到底就是一种抹杀世界事物现象的差异和对立，把世界看成没有任何运动而处于停止状态的非现实、非科学的诡辩而已。

第二，义湘提出“六相”说，认为考察世界上的每一个事物应从全体和部分、同一和差异、肯定和否定等 6 个对立的侧面去看。所谓“六相”就是总相、别相、同相、异相、成相和怪相（坏相）。

---

① 《大藏经》第 45 册，诸宗部 2，《华严一乘法界图》。

② 同上。

任何事物现象都由此六相所构成[①]。义湘认为，考察事物首先要看“总相”（即整体）和“别相”（构成整体的部分、差别的侧面）。他举例说，考察一个房屋，不仅要看其全体，还要看构成房子的柱子、椽子、墙壁、瓦片等部分和侧面。其次，不仅要考察“同相”（部分的同一性），还要知道“异相”（即部分在位置、作用上的差异）。譬如，个别的柱子、椽子、墙壁、瓦片是在同一目的下互相协调起来形成房子的，而各个部分在其属性、位置、作用等方面都具有自己的特性。最后，再去把握“成相”和“怪相”。“成相”即房子部分之间的依存关系、部分与整体之间的依存关系。“怪相”即逐渐被破坏的侧面。构成房屋的柱子、椽子等是相互依存而形成房子，各个部分都具有自己的特性，所以如果各个部分强调自己的特性，或者从整体中脱离出去，房子就会受到破坏。

义湘的“六相”说指出，事务的全体和部分、同一和差异、成立和破坏等对立的侧面都具有其内在的不可分离的联系，从而在一定程度上提出关于事物现象的普遍联系思想。不过义湘由此进而又得出全体即部分、部分即全体，同一即差异、差异即同一，肯定即否定、否定即肯定的结论，从而沦落于诡辩的境地。义湘在这些相对关系之中完全无视 6 个侧面的绝对性，完全不考虑 6 个侧面之所以能转化的条件，将他的事事无碍法界观照样搬用于认识论，因而妨碍了对客观现实的正确认识。

总之，义湘的华严宗哲学思想是用事物现象的相互依存和无差别性来为当时新罗的封建等级制进行辩护，又用一切事物现象是“理”的体现的思想把新罗封建王权的绝对权威加以合理化的，这是其反动的一面。不过，也不能因此就完全忽视他关于事物的现象应在其互相联系中考察的进步思想。

（2）高丽时期华严宗的代表人物是均如（923－973）。新罗末期，当均如法德渐有提高时，华严宗内出现继承观惠和继承希朗法统的两派，观惠法门称为南岳（智异山派），希朗法门称为北岳（浮石寺派）。两派水火不容，相互反目、妒忌和仇视。均如是北岳的法

① 《法界图记总数录》卷上。

孙，加入新兴封建势力一边，与其他人一起致力于两派合并。他的著述有《教分记释》(7卷)、《法界图记》(2卷)、《三宝章记》(2卷)、《旨归章记》(2卷)、《十句章记》(1卷)、《探玄记释》(28卷)、《孔目章记》(8卷)、《搜玄方轨记》(10卷)、《五十要问答记》(4卷)、《入法界品抄记》(1卷) 等，在佛教界广为流传。

均如的佛教思想是从他的“一如”思想出发的，他认为世界万物虽似千差万别，但因处在互为因果的关系中，所以都拥有同一个水平线上的“同等”思想。他说：

> 一切法皆唯心现中，一切法无非一心，故大小等相随回转。①

这就是说，均如以华严宗“一即一切，一切即一”为思想的基础，认为美与丑、生与死、善与恶、众生与佛、生死与涅槃、烦恼与觉醒等宇宙的一切现象，没有一个是互不相关的，而且在其根据里都有一个共同的原理，所以本质上都是同等的。这就是均如特别鼓吹的、企图否定世界一切对立和差别的“一如”思想。它的这种“一如”思想不仅停留于理论，而且积极地服务于当时高丽封建剥削制度的合理化。按照这个理论，高丽社会的压迫者与被压迫者、地主与农民都成了宇宙关系之网的不可缺少的纽结，应该“融通无碍”地和睦相处，从而为维护建立不久的高丽王朝的统治提供了理论“依据”。

2. 中道宗（海东宗）

统一新罗初期占据意识形态领域支配地位的佛教思想，除了由义湘传入的华严宗外，还有“中道宗”（亦称“法性宗”或“海东宗”）。

元晓（617—686）生于押梁郡佛地村（今庆南庆山郡慈仁面），俗姓薛，幼名誓幢。29岁出家，后慕唐朝僧人玄奘、窥基之名，乃于31岁（650），与道友义湘结伴赴华。半途遇雨，两人在路旁一个

① 《旨归章圆通抄》卷下，《佛教全书》，第四册。

土窟过了一夜。元晓因念“三界唯心，万法唯识，心外无法，胡用别求”，故让义湘一人去唐，自己转身回到新罗。这就是元晓“学不从师，因心自悟”的态度。

元晓毕生从事佛教理论探讨与研究，批判地综合研究了当时流传在国内外的各种佛教理论和思想流派，并在此基础上写出了100余部240余卷佛教理论书籍。这些著作，大部佚失，现只存20部23卷。其中叙述他的哲学观点的著作，主要有《大乘起信论疏》、《金刚三昧经论》、《十门和诤论》、《法华经宗要》、《华严经疏》、《涅槃经宗要》、《无量寿经宗要》和《中边分别论疏》等。其中，《大乘起信论疏》集中反映了元晓的哲学基础，被称为《海东疏》或《晓公疏》等，在中国广为流传。

元晓的佛教思想首先是从对先前流传的各种佛教思想的批判开始。他在批判三国时期的佛学者们远没有把握佛教真义时说：

> 从来释者，鲜得其宗，良由各守所习而牵文，不能虚怀而寻旨，由是不近论主之意，或望源而迷流，或把叶而云干，或割领而补袖，或折枝而带根。①

他批判当时成为大乘佛教两大潮流之一的三论宗（或中观宗）说：

> 如中观论十二门论等，遍破诸执，亦破于破而不还许能破所破，是谓往而不遍论也。②

他又批判唯识宗（瑜伽论）说：

> 其瑜伽论摄大乘等，通立深浅，判于法门，而不融遣

① 《大乘起信论别记》，《佛教全书》第一册。
② 同上。

自所立法，是谓与而不夺论也。[①]

元晓在此批判三论宗和唯识宗偏颇的逻辑方法的同时，又指出最正确的理论和方法应该是："既智既仁，亦玄亦博，无不立而自遣，无不破而还许而还许者，显彼往者往极而遍立，而自遣者，明此与穷与而夺，是谓诸论之祖宗，群诤之评主也。"[②] 这就是他所创立的所谓"和诤"的逻辑方法。元晓用这种方法重新审查他前期的所有佛教思想理论时，一方面吸收他认为是合理的部分，另一方面又否定他认为是不合理的部分。元晓提出的绝对的、统一的精神实体——"一心"，本身就是扬弃了空与识、有与无、觉与不觉、真知与无明、真与俗等三论宗和唯识宗的对立的概念和见解，进而在此基础上建立起包括"一心"论、"九识"说、"净国"论在内的另一种新的佛教唯心论形态——"中道宗"。"中道宗"这一佛教唯心主义的新形态，不仅为在新罗建立一乘佛教打下理论基础，而且成为新罗封建国家的精神支柱。

3. 法相宗

8 世纪，新罗的法相宗佛教思想特别盛行。新罗统一三国后的 50 多年间，新罗封建统治阶级通过元晓和义湘的佛教哲学使当时混乱的思想界得到一定的整顿。但是为了进一步加强封建政权，使初步得到整顿的政治思想界更加适于封建统治，新罗的统治阶级要求出现更加精炼的宗教哲学。就是说，与其像从前的元晓、义湘的佛教哲学那样完全抹杀客观世界的物质性，倒不如否认人们思维的规律性，使人们不能正确地把握客观事实，把所有的社会罪恶归之于人们本身的错误认识上，统治阶级所需要的正是这样一种哲学。为适应统治阶级的这种要求而产生和发展起来的佛教哲学就是 8 世纪的法相宗。其代表人物有太贤、明朗、憬兴、遁伦和神昉等。在高丽朝文宗（1047—1083）、宣宗（1084—1094）时期，法相宗出现了韶显，从而使法相宗在一个时期内又有了新发展。

① 《大乘起信论别记》，《佛教全书》第一册。

② 同上。

据《三国遗事》载，太贤是海东瑜伽（法相宗）之祖。他师从圆测的弟子道证学习瑜伽教义。他的著作之多仅次于元晓，主要有有《瑜伽论古迹记》、《成唯识论学记》、《因明论古迹记》、《梵纲经古迹记》等。

8世纪初新罗法相宗的另一主要代表是遁伦。他住在兴轮寺，专门研究瑜伽学，主要著作有《法华经疏》(3卷)、《维摩经料简》(1卷)、《金光明经略记》(1卷)、《胜鬘经疏》(2卷)、《阿弥陀经疏》(1卷)、《唯识论要诀》(2卷)、《瑜伽论杂记》(9卷)等。其中《瑜伽论记》(简称《论记》)(24卷)，在当时国内外广为流传。

法相宗以阐释外境非有、内识非无、“万法唯识”、“心外无法”为宗旨。为此，韩国的法相宗佛教学者也步中国法相宗学说的后尘，进一步详加考说、烦琐论证，着重表述了“三自性”说、“阿赖耶识”说等。

“三自性”说集中地概括了法相宗的世界观和认识论，认为客观世界的诸种事物有3种“自性”(或“自相”)，即遍计所执性和依他起性和圆成实性。执该说者认为：物质世界之凡以客观地呈现出森罗万象，完全是人们内心对各种现象“虚妄分别”，以致“周遍计度”，是执著于名词概念的结果。其实这种对物质世界的分别和认识，只是万物的假名，并不能反映事物的真实相状和本性，是以“无”为有。但人们的这种遍计所执并不是凭空而来的，而是由于世界万物皆“依他众缘而得起”。这里的“依他众缘”，主要是指依人们主观的意“识”，也就是说人们之所以会将客观世界视为无有，完全是主观的“识”在起作用。因此，只有破除遍计所执性，才能在依他“识”起性之上显示出一切事物的所谓“实性”，获得对事物的圆满认识。而有了这种认识就能成就佛教的种种功德，达到“圆成实性”①。

他们所宣扬的“阿赖耶识”说是其认识论的继续和延长。他们认为，“三性”不离“识”。而识有8种，即眼、耳、鼻、舌、身、末那（联系第八识和第六识的桥梁)、阿赖耶识。其中以阿赖耶识

① 《瑜伽论记》卷20下。

（“藏识”）最为重要。这是因为阿赖耶识梵文原意为家宅，且有收藏的意思，所以法相宗借用它，说明阿赖耶识是收藏一切现象的种子仓库，是包摄一切现象种子的总体，是人们具有的一种能够变现所有现象的精神性的潜在功能，一切现象的产生完全依靠于这种种子的作用。也就是说，在法相宗佛学者来看，阿赖耶识是一切现象的总根据，它作为总体能够产生一切现象，而现象之所以千差万别、各不相同，是由于阿赖耶识内部藏有性质不同的种子，它完全是因种子性质的不同而产生的。他们认为种子有染污和清净两种。人们应当通过宗教修持，使染污变为清净，也即转“识”为“智”，如果8种识都变为（佛）智，也就达到了成佛的境界。而人们只有心思寄托在道理上，才能得到解脱。法相宗实际上主张在认识上有两种转变：一种是由染污转为清净，这种转变是在“藏识”上实现的，也就使之归于心。另一种是由迷妄转为觉悟，即由对事物的分别执著，转为了解事物的本来面貌（真知、佛性），由此可见由迷而悟。染污转为清净在于心，迷妄转为觉悟归于理，而心和理并不相同。这种观点和天台宗、华严宗乃至禅宗所提倡的心理等同的看法相去颇远，从而也就成为该宗与其他各宗理论上的分歧之一。由于太贤、遁伦的基本理论，大都搬自印度和中国的瑜伽行派。理论创造不多，加之论述异常烦琐，以致影响其自身难以在韩国畅行，仅三数传也就消失了。

4. 密宗

据《三国遗事》（卷五）记载，善德女王元年（632），明朗入唐，在龙宫受密教，于善德王四年（635）回国。其师承关系尚不清楚。但据说善德王四年明朗带来密教，是善无畏和金刚智到唐之前80年。据此推测，明朝的密教是西晋时期到中国翻译密教经典并传播密教的帛尸梨密多罗（西晋永嘉年间即307—313年来洛阳传法）系的神印密教。明朗于文武王时期（661—681）修建了四天王寺。他以用文豆娄秘法使唐的东征兵船沉海而扬名，被推崇为新罗神印宗的宗祖。与明朗同时的密教僧密本曾为善德王治好疾病，并秘密作法治愈了被邪鬼变成哑巴的丞相金良图。

此外，尚有传入唐朝善无畏真言宗的惠通。据说，惠通入唐，曾为善无畏服勤三年，未得心印。后来，他头戴火盆，得到印诀。他于文武王五年回到新罗，由于治好了公主的疾病，因而得到孝昭王的欢喜，被封为国师，密教之风便勃然大兴。在惠通之后，真言密教已成为一个宗门，颇为盛行，并且随之迷信杂行流行。

最晚传入金刚智真言宗的是佛僧明晓。明晓在孝昭王九年（700）入唐，为学真言他翻译和传布了金刚智嫡嗣不空的《蠊索陀罗尼经》一部。学到真言之后，他回国时将之传入新罗。从新罗灵妙寺等寺院由不空翻译的《大毗卢遮那经》看来，明晓传进的金刚智真言宗在新罗曾相当流行。

由金刚智、善无畏等传到中国的密教到唐末日渐衰弱。但对喜欢神秘和侥幸的高丽封建统治阶级来说，密教的魅力不亚于显教，依然在宫中和有学士中间流行。

高丽时期密教的著名代表人物鼎贤（慧照国师），在文宗时期精通瑜伽密教，受到王室的厚爱和信徒的尊信。据说，他在成宗十五年（996）五教大选时，因成绩优异，扬名讲场；显宗时期，得到国王的优待；在德宗时期，被任为僧统；靖宗时，他在三角山建立名叫沙岘寺的密教寺刹，大施密法，显示了许多异象，受到文宗下赐的紫绣僧伽梨。门下有灵念、咄云、仁祥、甚泉等数十人。

5. 律宗

佛教任何宗派均应信守戒律。因此，凡是有佛教的地方必有戒律。但是，通常所说的律宗，是指按照四分律的律经，将其思想组织化所形成的佛教的一个宗派。首先将律宗传进新罗的是慈藏。据《三国史记》载，在慈藏之前，真平王二十四年（602），高僧智明入隋学律，回国后成为大慈。但是，没有资料表明，他曾致力于传播律宗。慈藏（636 年入唐，643 年归国）出家以来严守戒律，从唐朝回国后成为大国统。他作为当时的大德以戒律管理僧尼的纪纲。慈藏从唐国回国后在灵鹫山建通度寺作为律宗的大本山，并设金刚戒坛，规定受戒半月，并致力于弘传戒律，从而振兴了律宗。著有诸经戒疏十余卷和《出观行法》1 卷。据《续高僧传》载，圆胜与慈藏为同时代人，真平王四十九年（唐贞观元年，627 年）入唐，进长安修习教禅两宗，以一心护法与慈藏同心，回新罗后大兴律宗。

6. 天台宗

高丽佛教大体上不过是继承新罗佛教而已。但是，第十一代文宗之子大觉国师义天的出现，使高丽佛教颇具生气。他开立的天台宗主张教观兼修，因此教禅两宗长达 3 个世纪的相互拆台和争吵的纠纷有了调和。

义天开立的天台宗在新罗时期已由玄光留学回国时传入。当天台宗的重要先驱之一的慧思宣扬法华宗义时，新罗高僧玄光留学慧思处，与天台宗开山祖智觊并肩研修法华三昧，成为慧思 28 高足之一。玄光学得天台宗奥义回国，在熊州翁山建寺院传法。此后，经憬兴、太贤、元晓、顺憬、义寂、遁伦之手著述疏记。玄光传来的法华宗并未形成独立的一派。新罗统一三国后，圣德王时期，法融、理应、纯英三法师入唐，继承天台九祖荆溪（湛然，711—782）法脉归国，传播宗义。

宣宗时期，义天入宋（108 年），从天台山得到天台心印回国，在国清寺开天台法席，为听讲论而聚集的学僧达千人，在教界掀起一股旋风。义天开立天台宗后，宗风突然风靡天下，许多其他宗门的寺刹转向天台宗。义天在这种形势下，企图以天台宗改造高丽佛教，不仅从教宗，而且从禅宗九山门选拔有名望的高僧作为天台宗的骨干。这样，他发扬教禅两宗的优点，克服其缺点，直到创设走教禅中道，以一佛乘、会三归一为理念的大宗团。

义天平时已经有组织天台宗团的意愿，所以成为国清寺主持后就开讲天台教观。他说，教禅两宗相互对立是出于俗僧的偏见。他主张教观兼修说，认为真诚的佛教徒不要偏于教或观的任何一方。既应懂得宗门和教理的理论，同时也要兼修心的本性。他自述道：

> 亡躯问道，立声于斯，幸以宿因历参知识，而于晋水大法师讲下，粗承教观，讲训之暇，尝示诲曰，不学观唯授经，虽闻五周因果，而不选三重性德，不授经唯学观，虽顿三重性德，则不辨五周因果。夫然则观不得不学，经不得不授也，吾之所以尽心于教观者，佩服斯言故也。①

① 《大觉国师文集》卷 16，《示新参学徒缁秀文》。

义天的这种意愿是当时高丽社会的政治历史状况在佛教思想上的反映。11世纪，高丽封建社会的统治阶级内部矛盾已经非常尖锐，开始形成对立的派系，而伴随着这种派别斗争，在佛教内部也出现了各宗派之间的互相拆台和争吵现象。在这种社会条件下，义天等人根据当时的政治需要把天台宗奉为"纯圆独妙"之教理，试图以它为中心实现五教统一，达到教禅合一的目的。

7. 禅宗

新罗和高丽禅宗不过是中国禅道的延续。禅宗的九山在其形成的初期尚未达到结成宗团的程度，而只是相对于当时已经具有宗团组织的华严宗、法相宗和律宗等被称为禅门或者"禅寂宗"。但是到了义天，以王室为靠山大兴天台宗的时候，有些禅宗高僧被吸引到天台宗来，禅宗有所受挫。特别是义天企图把禅在思想上和宗团上吸收入华严宗和天台宗之中，将新的天台宗列为禅宗，这种凭借国家权力的压迫，反过来刺激了九山僧侣们的宗派自觉。其表现之一就是禅宗宗名的改称。为了同天台宗明确地划清界限，与其仍笼统地叫做"禅宗"或"禅寂"，不如直接取南禅开祖慧能所住过的山名，因而把它改称为曹溪宗。义天殁七八十年后，在高丽曹溪宗中出现了要从禅主教从的立场实现禅教合一的知讷。

知讷（1158—1210）俗姓郑，黄海道瑞兴人，自号牧牛子。8岁出家，25岁僧科合格。后住全罗南道松广山吉祥寺，建立曹溪山修禅社，召集弟子传播他的新教理。他的著作有《定慧结社文》、《诫初心学入门》、《修心诀》、《真心直说》、《圆顿成佛论》、《看话决议论》、《念佛要门》、《华严论节要》、《法集别行录节要并入私记》等。

首先，知讷针对义天的教观兼修论，主张定慧并修论，力图以禅为基础，融摄教学诸宗。他据《六祖坛经》认识到，真如本身就是定慧；后来通过阅读一切经典认识到，华严圆顿之意与禅旨毫无区别。其定慧并修说包括：惺寂等持门，圆顿信解门，径截门。惺寂等持门和圆顿信解门吸收了教宗内容；径截门阐明了禅宗。从而，他主张禅教不二、定慧并行。但二者并非平等，而以禅为主，以教为从。他认为如果没有身心的体验，教不过是一纸死文，真本领在禅，不在教[①]。

其次，知讷提出了自己独特的新范畴“真心”，认为此乃“万法之王”、“千圣之母”，实为世界一切发生之根源[②]。这里“真心”指的就是人的主观意识，是精神。所以，他的佛教哲学是以主观唯心主义为基础的。

最后知讷由此出发，对前时期的佛教教理和对“佛”的偶像崇拜进行了批判。在他看来，佛不是别的，“只要信自己，本来是佛”，要想求佛，就求我心，我心不在别处，就在我身中[③]。他企图把佛性解消于人性之中，把“佛”融化在自然的现实之中，表现出一种泛神论的思想倾向。这反映了当时一般僧侣阶层摆脱教宗旧的思想束缚的要求和中小地主阶层反对大地主所有者贵族僧侣的利害关系。

知讷禅学思想中另一重要组成部分是他的“顿悟渐修”说。这是他的认识论内容，也是其修养方法。他认为，修身见性的要诀有两门，即顿悟和渐修，要先顿悟后渐修，所谓顿悟是指用直观的方法在刹那间见得的人之本然之性（“一念回光，见自本性”）。而自性虽可顿悟，但长期养成的恶习，不可一朝顿除，需要长时间的修行过程（“无始习气，难卒顿除故，依悟而修，渐熏功成”），这就是渐修[④]。

知讷认为，悟与修虽名不同，但在终究的意义上，修也是一种悟。悟有不同层次，修也有不同阶段。悟分解悟、证悟两个层次。头一层次的解悟靠直观冥想悟得世界本体之“真心”、“菩提”。这种解悟是在自身内刹那间实现的。但作为觉着，菩提是以普度众生为目的。所以，修道人还要将自身不断向外扩展和修行。

二、佛教的基本思想和特点

从上文中我们可以看到，凡是在中国盛行的佛教学派和宗派几

---

① 《华严论节要》序。

② 《真心直说》，《真心妙体》。

③ 《真心直说》。

④ 《修心诀》。

乎都传播到朝鲜半岛。其各时期佛教思想的基本特点：

（一）初传时期佛教的基本思想和特点

1. 高句丽佛教。在高句丽王朝时期，佛教是在国王的礼遇中平稳传入。在这之前，高句丽已盛行东方特有的巫术信仰——以鬼神和精灵为崇拜对象的原始宗教。另外，高句丽旧地原属于“汉四郡”，深受汉文化的影响。不仅流行祭天的风俗，还有对阴阳、五行、谶纬、风水等的信仰。在礼教方面，儒家早已传入高句丽。在佛教传入的同一年（372），高句丽建立太学，对贵族子女进行儒教教育。由于在佛教传入之前，原始宗教和巫教已经相当流行，所以，佛教尽管作为高级的宗教而传入，但已经不可能在其纯粹形式下得到传播，只有与原有的思想信仰互相融合才有可能扎下根子。这就决定了高句丽初期佛教具有包容性特点。

造成这种特性的原因：一是当时传入的佛教的性质；二是当时高句丽的宗教政策。对于最初传入高句丽的佛教究竟具有何种性质，虽无从考察，但从佛教最初由关中的前秦传至高句丽的形迹中，可以推断是属于空宗性质的三论宗。佛教作为世界性宗教，本身就具有很大的包容性，但作为空宗的三论宗更加如此。所以，正如中国初期佛教是由老庄式的格义佛教来促进的一样，高句丽初期佛教是由空宗三论系统的佛教来促进的。因为它具有很大的包容性，所以高句丽人在最初尽管对佛教教义还缺乏深刻的理解，而只是把它当作禳灾招福的手段，与氏族神、国土神和鬼神等同等看待。正是这种理解使佛教易于与高句丽的土俗信仰相结合，并且使之未遇到多少抵制就得以顺利传播。

当时高句丽的宗教政策带有明显的调和和和合性质。392 年，高句丽第十八代故国壤王下达了崇信佛法而求福的敕令，就是把信仰佛法作为求福的手段。高句丽荣留王（618—641）、宝藏王（642—668）时代是以道教为主的儒、佛、道三教并行的时代。荣留王时期，唐高祖曾派遣道士到高句丽讲述老子学说，王更乞请学佛老之教法。宋代宝藏王二年（643），重臣渊盖苏文奏王说：

> 三教比如鼎足，缺一不可，今儒释并兴，而道教未盛，

非所谓备天下之道术也，伏请遣使于唐，求道教以训国人。[1]

王知道由道士叔达等人带《老子》到高句丽时，高兴地将佛寺变成道观使他们居住，并尊重道士，使之位于儒士之上。末期又传入始于汉末张道陵的道教五斗米教，国人争先信奉它。甚至起源于佛教的八关会[2]，在高句丽也作为道教的祭事盛行起来，551年由高句丽僧惠亮再把它传入新罗。高句丽佛教的混融性，后来长期作为朝鲜佛教信仰的背景，成为其内在的特性之一。

2. 百济佛教。文弱的百济为了对抗强大的高句丽和新罗，也把佛教作为加护国祚的法力加以笃信。百济圣王四年（526），谦益带着梵文《阿毗昙藏》五部律回国后，翻译五部梵本律文72卷，著律疏36卷为新律，从而完成百济律典。从此，百济佛教具备了尊重戒律和仪式的特点。在百济，戒律性佛教特别隆盛。从与日本的关系中来看，百济威德王二十四年（日本敏达天皇六年，公元577年），百济曾送经论律师到日本[3]；威德王三十四年（用明天皇二年，公元587年），大臣苏我马子向百济僧慧聪请教受戒之法[4]；翌年，日本最初僧善信、禅藏、慧善等三尼为学习戒律留学百济3年[5]；602年到日本的百济僧观勒被推古朝任命为首任僧正，从事于僧尼的检校[6]。在百济方面来说，终生为佛教礼赞和佛法振兴不遗余力的威德王在位44年后死去，经过短命的惠王，法王（599—600）即位。法王笃信佛教不亚于先王，他即位当年，就下令禁止杀生，让民家把饲养的鸟类放生。与此同时，又令民家放掉狩猎用的鹰鹞（鹰鹯）。不杀生是消极的从善行为，放生是积极的从善行为。有了放生令之

---

① 《三国史记》卷21，《高句丽本记》。

② 指八关斋会，在俗佛徒受“八关斋戒”的法会。八关斋戒时：不杀生、不偷盗、不淫欲、不妄语、不饮酒、不眠坐高广华丽之床、不装饰打扮及听歌观舞、不食非时之食。前七项为戒，后一项为斋，故称“八关斋戒”。

③ 《日本书纪》卷20。

④ 《和汉三才图会》。

⑤ 《日本书纪》卷21。

⑥ 《日本书纪》卷22。

后，到处举行放生法会，全国都放生，以致出现为放生而捕获动物或收买不活动物，然后放生等形式上的从善行为。

3. 新罗佛教。佛教在新罗的传播开始并不顺利。这里固然有地域闭塞、文化相对落后等因素，但更为重要的是由于它业已拥有国祖朴赫居世的建国神话以及对第二代南解次次雄（慈充）这样的巫或祭司的崇拜为中心的社会和祭政一致的政体，有较强的国家、民族的观念，因而不能轻易接受外来东西。但是，法兴王一旦公认佛教，新罗君民即以非常热心和敬虔的态度去皈依佛教，并通过发展佛教来培养真挚、刚健的国家观念，以致在三国争霸中终于战胜高句丽、济二国，完成统一半岛的大业。佛教在新罗作为占统治地位的意识形态，反映了当时要求民族独立和建立统一国家的新罗新兴地主阶级的进取精神，从而使它具有较强的国家意识和军事性特点。

证明新罗佛教这种特点的例子很多。在真平王三十年（608年），新罗企图征伐高句丽，向隋请兵。圆光奉王命写乞师表。圆光说："力求自存而灭他，不是沙门之行，但贫道于大王土地吃的水草而生，岂能不从命。"[①] 可见，他善于将作为佛者与作为国民的自觉加以区别开来。当时边境很乱，新罗的国家精神大为高涨，花郎团正活跃。贵山、帚项两个花郎出征前找圆光问花郎应该遵守的职责，圆光给他们教以世俗五戒，其中有一条就是"临战无退"。据说，他们以后在战场上陷入百济军包围之中，仍想起圆光的教导，最后都壮烈牺牲在战场上[②]。

开创新罗戒律宗的慈藏曾向善德女王上奏，花了3年时间在皇龙寺建九层塔，并昼夜祈祷周围9个敌国军队降服退散[③]。可见，慈藏也大兴护国护法佛事，以图国家安全和兴隆。

另外，在真兴王的巡狩碑中也可以看到作为马沙门的法藏、慧忍的名字，还有在庆州郊外发现的元晓之碑中冠以"誓幢和上"的新罗军号，在其断碑中写有"还为居士□□□□匡国匡家允文允武"

① 《海东高僧传》卷2，《释圆光》。

② 《三国史记》卷4，真平王条。《列传》5，《贵山传》。

③ 《三国遗事》卷4，义解5，慈藏定律。

（葛城末治：《朝鲜金石考》）字样。这些事实都可以说明新罗佛教的军事性特点。这些特点在以后的高丽和李朝时期的“降魔军”中仍旧有所表现。

（二）发展时期的佛教基本思想和特点

统一半岛三国后富于进取性的新兴新罗封建统治阶级，为了提高本国的文化努力吸收世界性的唐文化。作为其媒介的新罗僧侣陆续被派往唐朝，因而，凡是在中国盛行的佛教学派和宗派几乎都传播到新罗。尽管这是新罗佛教对唐佛教的依存和模仿的表现，但事实上新罗佛学者在理论修为上已达到了较高水平。例如唐玄奘的高弟慈恩的对手圆测是新罗人，又如元晓、义湘等人在华严学领域占有特殊地位，元晓的著作以《海东疏》名义在唐很受欢迎等。与佛教教学的发展一起，佛经的刊行也达到很高水平。著名的高丽版大藏经，在当时中国、日本的二十余种异版中，无论在其内容和外形上，或者在学问和美术工艺上都是最优秀的，这是韩民族留给世界文化史的最大遗产。堪称新罗艺术精华的庆州吐含山石窟庵、佛国寺多宝塔、释迦塔等，都是新罗统一后建成的。这些伟大的佛教艺术创作，既是新罗人富有才华的体现，也是韩国入唐求法高僧输入中国文化的结果。

高丽佛教与前期佛教相比具有以下特点：

1. 祈祷性佛教十分盛行

高丽历代国王都想通过佛力解决社会诸矛盾，以达到护国护王之目的。高丽太祖王建“谓凝曰，昔新罗造九层塔，遂成一统之业，今俗开京建七层塔，西京建九层塔，冀借玄功，除群丑合三韩为一家，卿为我发愿疏”①。

高丽历代国王皆大力扶植佛教，兴建大批寺院，经常到寺院做佛事，以祈愿国家的兴旺和国王个人的长寿。当时盛行的佛事有“藏经道扬”、“饭僧”、“行香”、“经行”等。这些佛事大都为祈愿、禳灾、招福的仪式。

高丽王朝在面临外敌入侵、自然灾害、社会危机之时，妄图借

① 《高丽史·崔凝传》卷92。

佛力解决。比如，11世纪初契丹军大举入侵高丽，高丽显宗就在所谓“丹寇祈攘”的荒唐口号下，用70余年时间（公元1011—1087年）刻印大藏经，要借它“镇兵”。1041年5月，高丽靖宗王为了免除旱灾“设金刚明经道场于文德殿祷雨”①。

2. 禅宗佛教空前发展

高丽时代有影响的佛教宗派主要有教宗（天台宗）和禅宗。其中最盛行、最广为流传的是禅宗。两派虽然都信仰佛教，都为高丽统治阶级效劳，但在解释教理及其修养方法上各有差异。高丽初期由于教禅两宗之间的对立较为缓和，两派均得以发展，但后来两派之间的对立日趋尖锐，到了12世纪以后，终于由禅宗压倒了教宗，在佛教界占据了统治地位。禅宗之所以占统治地位有如下几方面的原因：

（1）与对佛教教理的研究和修养方法有关。教宗注重佛教经典的理论研究，因而信仰教宗需要有相当的文化知识，所以它的传播范围只限于有文化知识的王室为首的朝廷官吏和文臣贵族。而禅宗则不然，它“以无念为宗”，其方法简便、单纯，不读经、不立文字也可以当教徒，因而它被广泛传播到武臣贵族和一般平民之中。

（2）与佛教仪式有关。教宗繁多的佛教仪式需要可观的经济支出。这只有王室及其大土地所有者才能承受，因而它只能受到少数特权阶层的欢迎，遭到包括广大人民群众在内的社会下层的排斥。而禅宗不需繁多的佛教仪式，其教义也很简便，因而被广大社会下层所接受。

此外，12世纪后半期开始的武臣集团的执政也是禅宗迅速传播的条件之一。教、禅两宗的对立斗争，虽然在形式上表现为佛教内部两大派系之间的对立斗争，但其内容却包含着两大政治势力之间的斗争。教宗代表封建大官僚、大土地所有者和文臣贵族两班的利益，禅宗却代表中小地主阶层和武臣两班贵族的利益。由于这种矛盾冲突，有的禅宗佛教家在批判教宗的过程中表现出了揭露和批判佛教的虚伪性的进步思想倾向，这种思想的发展导致了高丽末期佛

① 《高丽史》卷6。

教的衰落。

3. 佛教的衰落和反佛教思想的出现

高丽时期宗教哲学战线上的斗争，是与当时的阶级斗争的状况相适应的。高丽后半期，高丽王朝由于阶级矛盾、统治阶级内部的争权夺利，以及民族矛盾的激化，已陷入内外交困、走投无路的境地。佛教也随之日益腐败堕落，再也负担不起挽救国运和收拾“人心”的作用。佛教的宗旨是宣扬轻世俗、富贵，摒弃物质享受，但佛教教徒和寺院经济的发达势必导致奢侈、腐化和享受，自行剥下了原有的欺骗伪装，由此应运而生的便是反对佛教的思想潮流。崔承老的“抑佛扬儒”论，李奎报的元气一元论和以李穑、郑道传为首的程朱理学就是这一时代的产物。

（三）衰微阶段的佛教基本思想和特点

韩国佛教，经新罗时期的成长期，在高丽文宗时期到达顶点的成熟期后，已走上衰落之路。继文宗时期之后，教宗出现义天、禅宗出现知讷等，但这属大旱骤雨，已经无法抑制佛教走上衰微的总趋势。

新罗末期和高丽初期的佛教宗派叫“五教九山”。高丽中叶，宗团势力有了沉浮，从此“五教九山”又开始叫“五教两宗”。五教指的是华严（圆融）宗、慈恩（法相）宗、中道（法性）宗、始兴宗、南山（戒律）宗；两宗是指禅宗的曹溪宗和教禅混合的天台宗。在五教两宗中特别是禅宗盛行。高丽中叶，知讷统一了禅宗九山门。此后的禅宗以知讷著作作为其依据经典，以他住过的山名命名为曹溪宗①。从新罗末期开始流传到高丽末期，禅宗虽有九门山的名称，但除了南岳曹溪宗以外没有产生新的门派。各山门几乎都仰望着曹溪山的旗帜，禅宗自身内部的分派活动几乎全部消失。

但是到恭愍王时期（1352—1374），普愚（1301—1382）和慧勤（1320—1376）两僧到中国元朝游学，去找禅宗五家之一的临济宗本

① 高丽熙宗（1205—1211）即位，重视知讷，赐名全罗南道松广山吉祥寺为曹溪山修禅社。该派除弘传中国南宗之风外，又吸取净土宗、华严宗教义，融合他宗之长，以适应韩国佛徒信仰。

家。当时在中国，南岳禅宗分为马祖派和青原派以后，只有马祖的禅风大盛。从马祖以后，形成了沩仰、曹洞、临济、云门、法眼五家，其中临济派最旺盛。所以，普愚受临济宗石屋清珙（1272—1352）之法，慧勤受平山处林之法。清珙和处林都是及奄宗信的同门兄弟。普愚和慧勤回国后，广布临济禅宗，他们的法脉传承到李朝，成为李朝禅门的主系。

禅宗接连出现了亮法灯的大德，维持了韩国佛教的面目，教宗自大觉国师以后，却没有出现能广济苍生的大德。高丽末叶，教宗在僧侣腐败、滥设佛事、占断田土凶吉和勒索财物等方面更为猖獗，因而不能不走衰退之路。特别是高宗，并师事于临济宗懒翁慧勤之弟子无学自超（1327—1405），任天台宗僧祖丘（公元？—1395）为国师。李太祖创业时期，尽管斥佛气浪滚滚，受儒臣的牵制很厉害，但王室与高丽时期一样崇奉佛教，优待僧侣。但是，太祖的近臣幕僚郑道传的斥佛论，比太祖走得更远，站在了朱子学的立场上，以《心气理篇》、《佛氏杂辨》对佛教教理全面地进行了尖锐的攻击，企图彻头彻尾地抹杀佛教。所以，太祖在内心上采用的是庇护佛教的政策，但在外部教政方面，虽然比较温和，但实行的是斥佛政策和祖护儒教的方针。这是高丽末期佛弊过大，与反对佛教的儒臣势力过强，并受其思想压制的结果。当然，李太祖并不反对佛教的本质，只因佛教过于腐败，不消除其堕落面，势必成为创业的巨大障碍。所以，为了去除佛教的腐败因素，自然走上了抑制佛教的方向。同时，李太祖周围有很多与他同生死、共患难、帮他创业的新进儒臣，如果不去最大限度地启用这股新兴的儒臣势力，就不能完成建国大业。而太祖是以儒者为基础而取得变革成功的。在这种情况下，对佛教加以打击是当然的事，而且李太祖也无法阻止这股力量。

因此，李朝五百多年的（1393—1910 年）是一贯实行排佛政策的时代，是佛教失去国家的保护而走上衰微的时代。佛教只是作为民众的信仰，在民间无气力地继续存在。尽管李朝的佛教一贯受镇压，但每处于窒息状态时，就出现信佛国王，点亮法灯。太祖以后在佛教受到五代国王（定宗、太宗、世宗、文宗、端宗）镇压的致命打击时，出现了第七代世祖（1456—1468），给佛教输入了血液。

其后，佛教又经五代国王（睿宗、成宗、燕山君、中宗、仁宗）的抑压，陷入死寂状态；这时，因文定王后（明宗时期）的兴佛政策，佛教起死回生。再往后，由于第二十二代正祖（1777—1800）护法，已经熄灭的法灯又点燃了，因而呈现“一进一退”的起伏状态。

在明宗（1546—1567）时期，明宗生母文定王后恢复了禅教两宗僧选和度牒制度，使曾受残酷镇压近一个世纪而非常衰弱的佛教，一时起死回生，暂时也为八道寺刹带来了光明。作为李朝佛教的大祖师，同知讷一起在朝鲜佛教史上举足轻重的西山大师休静（1520—1604），在30岁壮年时参加僧科，以最好的成绩及第。他继续晋升，颇孚众望，成为教宗判事兼禅宗判事，达到僧职的顶峰。主要著作有《禅教诀》、《禅教释》、《云水坛》、《三家龟鉴》各一卷，《请虚堂集》8卷等。休静的法系是：从太古普愚、幻奄混修、龟谷觉云、碧溪正心、碧松智严、芙蓉灵观，至清虚休静，代代相传。休静的付法嫡嗣有松云惟政，付法高徒有鞭羊彦机、逍遥太能、静观一禅。休静入寂后，上述4人形成各自的派别，但嫡派惟政的法脉不堪兴旺，而其他3派却比较繁盛。

到了第二十二代正祖（1777—1800）时，国王为亡父庄献世子的非命追福，在各方面实行了保护佛教的政策，但此时佛教已经衰老，加之严重受创，已经无法站起来。只是因为妇女的力量，佛教没有完全灭绝，继续保持残力。虽然历代国王和儒臣极度厌恶佛教，但禁中的内宫和士大夫的内房皆皈依佛教。自太祖的神懿王后以来，王妃的佛教皈依状况几乎没有变化。太宗、明宗、显宗、英祖等看佛教不顺眼，对其进行了残暴的镇压。但是，且不说王母、王妃，就连宫女也几乎都皈依佛教。国王和儒生虽在庙堂极端地谈论排佛政策以企图灭绝佛僧，但禁中的妃嫔、公主和内人却秘密地来往于寺刹、办愿堂，祈祷王室繁荣。她们向佛陀求助，以弥补人间弱点和不足，秘密地命令名僧祈福。对她们来说，佛寺是唯一充实空虚的地方。燕山君时期，砸烂了汉城内的兴德、兴天、圆觉三大寺刹，但没有碰城内的两所尼僧院，这是因为尼僧院与禁中有复杂的关系。之后，英祖、正祖、纯祖都废除了两所尼院，下了尼僧出入都城的禁令，但尼僧的出入依然频繁，未能断绝她们的联络。

朝鲜后期的佛教，据李能和的《朝鲜佛教通史》（上）称，休静死后，他们已分成教禅两派，惟政等传了教门，彦机等传了禅门。就是说，传教门的是惟政的法系，传禅门的是彦机的法系。但他们都是既非禅宗，又非教宗的教禅混合的西山法系。

此外，李朝中叶的一代法师休静站在佛教的立场上主张儒、佛、仙三教虽形相不同，但在修行练心、从迷惑中醒悟这个意义上说是相同的。儒、佛、仙三教混融，这与中国宋代以来佛教调和儒、道思想的倾向相类似。李朝时期，由于佛教受镇压，人们为了寻找出路，也提出儒、佛、仙调和思想，出现三圣化现说。

李朝时代，佛家除主张儒、佛、仙异同说外，还接受了阴阳五行说、地理风水说和其他思想。佛教成了不纯杂说的混合物，佛教信仰混杂，完全丧失了佛教的本来面目。

到高宗时代，韩国与日本、美国、中国的交通往来频繁，自由民权思想高涨，不能再像从前那样对僧侣和寺刹无端地进行迫害。高宗三十二年（1895）四月，解除了从仁祖以来近 3 个世纪所实行的不准僧侣入城的禁令，僧侣有了入城的自由。1922 年 1 月，作为统一全国寺刹的中央编制机构，在觉皇寺设置了韩国佛教禅教两宗总务院。但因国家已沦于日本之手，亡国的悲哀比法悦更为深切。

第三节　中韩佛教思想的相同点和相异点

一、相同点

中韩佛教经过长期的发展，在后期，逐渐走上衰败。而它由盛而衰的标志，从佛教内部来看是禅宗和净土宗的出现。

1. 禅宗和净土宗形成和流传绝不是偶然的，它们使佛教在中国和韩国的发展达到了顶峰，也标志着佛教民族化的完成。这是因为：它们不仅面对神权向王权挑战，而且寺院经济、僧侣势力恶性膨胀的现实，客观上顺应了王权和庶族地主的利益和要求，适应了两国国封建社会发展的需要，并在理论上完成了佛教和两国传统文化的结合。特别是禅宗主张自立宗旨，破除了印度经典和戒律的权威，放弃了印度佛教的装缚，并变佛教“凡人前生皆有过失”的性恶论为正统儒学“人人皆可为尧舜”的性善论，一反佛门出家不重孝道的传统，竭力与儒家的以孝悌为人之本的伦理说相调和，从而使佛教与儒学的分歧从根本上得到了弥合，实现了佛教的儒学化。此外，它们还使两国佛教徒从浩如烟海的烦琐义疏、苛难戒律中得到解脱，自觉境界一新。正是由此种种，使得禅宗和净土宗在各国封建社会后期的佛教中独占鳌头，受到历代封建统治者的欢迎。

然而，禅宗、净土宗的出现和盛弘，也给佛教带来了自身无法驾驭的后果，标志着其开始走向衰败。从佛、法、僧三方面来看，表现为：

首先，禅宗破除了佛祖的权威。长期以来，两国出家为僧者都改姓为释，佛祖位居“三宝”之首，处于高不可攀的神圣地位。而禅宗却主张明心见性，自性成佛，他们把佛降到了人的地位，甚至斥佛是“杀人贼”，发出了“逢佛杀佛，逢祖杀祖，逢罗汉杀罗汉”方是解脱的呼喊，乃至捣毁佛像，焚烧取暖等；并且把心外的佛变成心内的佛，否定外在佛的存在，几乎打破了佛的偶像。

其次，禅宗、净土宗动摇了佛经的地位。佛教经典历来被佛教信徒视为神圣不可动摇，而禅宗、净土宗却无视它的权威，甚至不主张研习经典，以免为文字所障。禅宗、净土宗也不大讲三世因果报应，有的禅宗领袖竟认为佛经是鬼神簿、毒药等。他们认为成佛不在研习经典，而在内求于心，只要一念觉悟，便可立地成佛，或者只要念一遍阿弥陀佛名号，便可往生西方净土，从而使佛教从其内部实现了一次改革。

最后，禅宗、净土宗破坏了僧侣的戒律。传统佛教各宗派，僧侣的生活围绕着戒、定、慧三项内容进行。而禅宗、净土宗完全无视这些传统，他们摈弃戒律，反对拜佛、坐禅，厌恶累世苦修；主张举手举足是道扬，是心是性，同归性海。由此，在后期，禅宗、净土宗中除孝僧多外，还出现了破戒僧、诗僧、艺僧和茶酒僧等。这说明佛教的戒律和全部传统生活，在禅宗、净土宗出现后已从根本上发生了动摇。

当然，禅宗、净土宗仍然是佛教。由于它们提倡简易成佛法，主张人人都有佛性，皆可成佛，因此在两国封建社会的后期使更多的人成为佛教的信徒，并战胜其他宗派，成为两国佛教的主体。但它们的形成、发展和流传，也使佛教发生了蜕变，走向了自身发展的反面。特别是在后期，禅宗也逐渐重视文字的功夫，大量刊印各家《语录》，并强调传法世系，走向烦琐玄奥的道路。这样也就使佛教不能不随着时代的前进日益面临着下坡的道路。

综上所述，佛教这一唯心主义的宗教体系，起源于印度，但在中国和韩国的发展中却形成了自己的特点。佛教在东亚汉译佛教圈中的发展，有其相同的规律，也有它们各自的特色。

2. 中韩佛教遵循了共同的发展规律。

佛教在漫长发展过程中表现出的共同规律是：

（1）佛教作为一种外来文化，必须适合传入国家的具体国情，必须排除该国固有传统文化的抗拒；必须迎合、依附于该民族固有的文化，进而与其合流，而后才有可能存在、发展、产生作用，并不是它一经传入就会产生巨大的影响。

（2）佛教的发展深受不同国度、不同时期政治上各阶级各阶层的盛衰兴替的制约，深受历代统治阶级的兴佛或灭佛的政策和措施的制约。所以凡获得统治阶级支持，佛教就会繁荣，反之，就衰竭。

（3）佛教在封建统治者的支持下，以占有寺院经济为条件，从讲解到创新，从研习一类经书到评判全部经论，从偏于义理或偏于修持到“定慧双弘”，从学派到宗派，从追求超现实的彼岸世界到许愿“即身成佛”，从烦琐苦修到简易价廉，是佛教适应社会需要，而得到发展的带有规律性的现象。

（4）佛教哲学所阐发的问题、强调的重点及其表现形态，是随着时代的发展而演变的。这种演变除了和政治、经济的具体情况有密切的联系外，也和当时其他思想流派的影响有关，如玄学、儒学、神仙、神道等都分别给佛教哲学的变化以很大的影响；同时，这种演变也表现出佛教哲学自身逻辑发展的内在作用。

二、相异点

1. 在历史上，韩国佛教曾经取得过国教地位，而在中国它一直是儒家思想的补充工具。

天台宗本身就是由中国人自己创立的，即使是更多地接受了印度佛教理论的三论宗、唯识宗，也经过了中国佛教学者的整理、发挥和改造，比它们的原型有了更高的水平；至于净土宗、律宗和密宗，就更加注意适合中国的国情，具备了更多中国特点，华严宗接唯识宗之席，进一步推进了中国佛教，它不仅会通了佛教各宗的教义，成为中国佛教的“杂家”，而且对后世中国的思想文化产生了较大影响。禅宗使佛教在中国的发展达到了顶峰，在理论上完成了佛教和中国传统文化的结合，从而使佛教成为中国封建文化的一个组成部分，而且得到比印度佛教更高的理论成就。尽管中国佛教忠实地为封建地主阶级服务，但始终无法取得正统地位，而只能充当儒家思想的补充工具。之所以如此，首先，因为中国封建社会自秦始皇统一天下，大部分历史是集中的封建帝国统治，皇帝及其所属的大小官僚，形成了几千年来整个中国的支配力量。中国封建社会的统治思想——儒家的一套所谓孝、悌、忠、信、礼、义、廉、耻，中心点就是忠于皇帝。形形色色的宗教及其派别，不过是皇帝和官僚的工具和附庸。无上权威的代表，不是天上的神，而是神在地上的化身皇帝；中央和地方的各级官僚，则是皇帝的化身。因此中国的封建统治者，如果需要宗教，皇帝应该是这个宗教的首脑，皇权与教权应该是统一的，绝不容许在皇帝之上有更高的教主和权威。当然这就制约了佛教在中国的发展。其次，封建国家和世俗地主的现实利益，迫使他们不能不限制佛教的发展。在中国，佛教的发展是和寺院经济的膨胀联系在一起的，而寺院经济的膨胀，不仅意味着寺院实有土地的扩大和免税免役优惠的增加，而且许多有钱有势者也挂名寺院逃避赋役，这就减少了国家的税收和役源；同时也必然地损害了世俗地主的经济利益，寺院争夺了土地和劳动力，寺院的租役豁免权增加了他们的租役负担。因此，佛教的过度发展必然会引起封建国家和世俗地主的不满和反对。此外，封建国家和世俗地主的现实利益，也使他们不能最大限度地接受佛教的教义和宗教形式。佛教是出世主义的宗教，在现实的社会政治生活里，佛教不可能把更多的世俗地主转化为僧侣地主。因为佛教固然是用外世而入世，用退出政治来增加政治，但让更多的地主都这样做是不可能的。最后，佛教本身也存在着很多问题和弱点，使它受到了局限。如在义理方面过于夸诞、过于烦琐；在宗教实践方面，要求大量的金钱布施、难堪的舍身修行，以及严格的清规戒律等。所以，无论在信仰佛教的人中间，或者在不信仰佛教的人中间，都难免产生种种疑惑、责难和畏惧。相反，儒家的传统则不仅根深蒂固，在发展中对各教各派的思想兼容并蓄，而且实际易行，做一个儒者，只要十载寒窗，就可以做官食俸、封妻荫子，不用等待渺茫的来世、追求不着边际的净土。因此，儒、佛之间，前者更容易为人所接受。而中国佛教虽然忠实地为地主阶级服务，但始终无法取得正统地位，而且注定了它的发展道路是曲折的。这是中国佛教发展的一个突出特点。

佛教在公元 4 世纪后半期传入韩国后，受到韩国社会、思想、文化及习俗的影响，也发展为其独具特色的佛教。首先，从教理和宗派的发展上看，韩国佛教具有单一性和混合性的特点，这是由韩国佛教所具有的调和与统合的性质中产生的特色。所谓单一性，是指禅、教两者相互对立地被统合在一个宗派里，作为宗派来说，没有禅宗和教宗的区别，而只不过是有一个被叫做禅教宗的一个宗派而已。所谓混合性，是指佛教与萨满教以及道教的信仰相互糅合在一起，以致在任何一个寺刹里都可以看得见像七星殿、山神阁之类的堂宇，即这种特点的表现。这种混合性应该被看成正在趋于统一的一种过程。所以，这种统一如果是出现在衰退时期，就会成为草率的妥协；如果是出现在兴盛时期，那就会成为显现个性的发展，进而也会走向分裂。其次，从寺院的伽蓝位置来看，具有山林性、观光性的特点。所谓山林性，是指韩国的寺刹到了李朝时期，除了在庆州和开城等旧都里仍残存若干罗、丽时代的寺刹外，无论是在汉城还是地方城市里，寺刹已经是完全无影无踪了，都盘踞在国内的一些大山和远离城市的内地。譬如，作为大山、名山的金刚山里有榆岾寺，妙香山里有普贤寺，五台山里有月精寺等。所谓观光性，就是指在这些山和寺的名胜地里，经常有四时探胜的游客。号称天下奇胜的金刚山 1 万 2 千峰，皆冠以诸佛、诸菩萨之名，全山都成为修养道场。寺院建立在山上，作为东方的冥想之地，也许是适宜的，但对以民众为对象的布教活动来说，显然是不方便的。再次，从社会的角度来看，韩国佛教可以说具有隐遁性和女性特征。这是由李朝佛教迫害政策所带来的结果，也是从原来作为咒术性和祈祷性宗教所具有的独善、隐私等性质中产生的一个特点。韩国佛教到了李朝时代，与其说它是男性社会的宗教，不如说它是内房的女性的信仰。所以，有学德之僧虽然在内轮中拥有若干信者，却没有像日本佛教中举家成为某寺檀家的那样的信徒。最后，韩国佛教的民族性、国家性特点。韩国由于其自然地理位置和社会环境原因，曾经经常受到周围诸民族的威胁，因而其性情不能不为民族性和国家性的，而其佛教亦不能不具有这种倾向。但是，佛教是由佛陀创立和传授的世界性、人类性的宗教。韩国佛教作为东方特殊地域社会中的一个佛教，与日本的佛教一样，是以中国的佛教为母胎。不过，韩国佛教似乎缺少同日本佛教，特别是像镰仓佛教那样经过民族的消化而再创新的独特色彩，又往往依存于中国佛教，没有脱离其副本的领域。这是由于历史上韩国长期处于政治上没有获得自由，而往往又被大陆强国所支配的状况下。

2. 韩国佛教具有强烈的护国性。这是韩国佛教的最大特点。其中高丽佛教尤为得到王室的重视和崇拜。最为重要的原因就在高丽佛教的内在特点和作用上。何为高丽佛教的内在特点呢？高丽王室认为，佛是万能的，佛力则是无边的、巨大的。只要依靠佛，依靠佛力来办理一切事情是完全有可能的。他们进一步宣扬和主张佛力是一种反对邪恶、主张正义的巨大力量，它能够起到保护国家的安宁和和谐发展的作用。具体讲，就是高丽太祖主张的“禆补寺塔”论，实际上“禆补寺塔”论源于僧人道诜的风水地理说。道诜曾经说过：韩国“山川虽然是秀丽的，但具有相互争斗、相互背离的趋向。由于山川的这种背离之像，会导致盗劫的横行和洪水的泛滥及干旱的濒临”，“地形犹如船就要用重物来压一压，能够压住这只船而且防止其漂流那就可以免去厄运”。他建议：察看好地势，如有哪一块地势有缺陷就以建寺庙来加以弥补，如有地势相背的地方以建塔来镇住，而盗劫出没的地方则用符图来遏制或立石佛来镇邪，而石佛将达到1万3千座时就能够实现高丽国的真正统一。这就是裨补寺塔论的基本内容。这就是说，借助佛力调整地理上的缺陷是可能的，利用佛力把逆境转变为顺境也是可行的。这就叫做佛教的“镇护”作用，它可以镇护地势山水，也可以镇护盗劫的横行，还可以镇护国家的兴盛和发展及稳定。

除此之外，佛教还有“外护”的作用，即可以利用佛力击退外部侵略势力，保护国家的安全和社会的稳定。高丽佛教认为，佛教的这种“外护”作用是巨大的。曾经侵略过高丽国的有中国历史上的辽国、女真国、蒙古国等。这些国对高丽社会造成的危害是巨大的。高丽国为了抗击这些国的侵略采取了种种措施，其中最为引人注目的还是企图借用佛力来打退侵略军，以保证国家完整和独立。当时的高丽国充分利用八关会和燃灯会等传释道场、四天王道场、法华会、镇兵道场、倭寇祈禳法席、金光明经道场等共约83种佛教仪式。《仁王般若经》是高丽护国佛教的主要经典。《仁王般若经》是由2卷8品构成的，其品名如下：(1) 序品；(2) 观空品；(3) 菩萨教化品；(4) 二谛品；(5) 护国品；(6) 散华品；(7) 受持品；(8) 嘱果品。序品讲的是佛祖于王舍城耆阇崛，发以前所没有的大光明，出现稀有之相，这时，大众互问原因，波斯匿王就向舍利佛等大比丘、弥勒等大菩萨、无后土居士等问其原因，但是谁也做不出回答，世尊视众眼色接着说：“佛告大众，知十六大国王意欲问护国因缘，吾今先为诸菩萨摩诃萨说护佛果因缘护十地因缘，谛听谛听，善思念之。”这是序品的主要内容。从第二品起讲般若的内护作用，讲依据般若外护国土的意义及其因果关系。在菩萨教化品种，关于护十地菩萨的教说问题，关于如何修行的问题，如何化导众生的问题，用什么样的相（姿势）表示住（关心）与观（透视及评价）的问题，均做了明确的阐述。

(1) 十地行菩萨的修行法，即指向思想境界的心持自我生华法，就是五忍法。五忍就是指“伏忍”、“信忍”、“顺忍”、“无生忍”、“寂灭忍”；“忍”是“安忍”和“忍可”的意思，也是抑制心性的欲望来维持纯粹的人格（本觉）。菩萨修行般若波罗蜜多，具体说来就是修行五忍法，在这里“伏忍”是指修习观慧，心解调伏烦恼之意；“信忍”是指“随顺法慧，信解伏忍所证之法”；“顺忍”是指领会信忍后修胜慧，接着“随顺无生”；“无生忍”的“无生”。意为“理寂不生起”，在此位上有远行、不动、善慧等三忍；“寂灭忍”的“寂灭”，意为“一切法界常寂不动”，此位中有法云等觉（一切智）忍，它是佛、菩萨的境位。这样一切众生的烦恼和诸佛法身的应化，均在三界中形成，三界中断无明者即是佛，失恃无明，自性清净的本觉性，既是诸佛的一切智，同时也是诸佛菩萨行本。因此，护十地行的菩萨一定要在开显涵养本觉性具体执行过程中修多种忍。

（2）菩萨是如何化导众生的？菩萨自始至终在自性处、佛性处修性，自觉领悟一切智见，现在化导众生的方法也是强调自觉。这种方法虽不是一定之规，但一般认为，菩萨在所住佛刹里必修行相应数量的法门，再用适于情况的德来教化众生。不空在《仁王护国般若波罗蜜多经·菩萨行品》中说：“若菩萨摩诃萨住百佛刹，作瞻部州转轮圣王，修百法明门，以檀波罗蜜多往平等心，化四天下一切众生，若菩萨摩诃萨住千佛刹，作忉利天王，修千法明门说十善道，化一切众生——若菩萨摩诃萨住不可说不可说佛刹，作第四禅大梵王为三界王，修不可说不可说法明门，得理尽三昧同行佛行处，尽三界原普利众生如佛境界。”这就是菩萨成为诸王身，实行化导的方法。

（3）菩萨是用什么样的相（姿势）来观（事务）呢？又是如何住（关心）的？有情的主体用肉眼来看仿似存在，假如用透视事物实相的智眼来看，它又像所有事物一样，在眼中稍作闪烁又行消失，与幻化身相同，因此，在这实相上来看，万有均为平等，“菩萨摩诃萨应如是观，以幻化身而见幻化，正往平等无有彼我，如是观察化利众生”。这一品的要旨是说菩萨应具有的姿态，就是说菩萨在实践中，在化导他人以及在观察一切有情的态度中，掌握基本的心持，是以幻士而见幻化来透视诸法的实相，具备脱离一切执著的、“空”

的心相（般若）。在这种心持之中，是没有彼我、以平等之心普度众生。因此，般若中的“空”是诸佛菩萨的智母。佛教的基本概念之一——“空”是指佛教的根本命题三法印，即“诸行无常，诸法无我，涅槃寂静”，将这三句话集约之后即成“空”。“空”不是说现实事物中的无，也不是指一切行为和事物作为永远不变的个体存在，而是“作为众缘和合的事物，时时刻刻变化过程中的现象存在”，它表示直到最后，众缘四散，自然就成“空”。这也就是说，现实存在并映照到肉眼中的“色”，用永恒的智眼来看，仍旧是“空”的那种色，故称“色即是空”。另外，从“空”不是虚空的事物（色）实相来看，亦可说是“空即是色”。当我们能够脱离一切相的执著，自我消除烦恼（贪、嗔、痴）时，就是“空用”，这就是所说的般若波罗蜜多。般若波罗蜜多没有一切差别相和自他相，往往是在化利一切众生时，又没有化利相，它是诸佛、菩萨的智母，那么如法成全它，就是护十地、护佛果。

在护国品中，具体谈到了护国的直接因缘。教说到：“一切国土若欲乱时，有诸灾难、贼来破坏。汝等诸王，应当受持，读诵此般若波罗蜜多，严饰道场，置百佛像、百菩萨像、百狮子座，请百法师解说此经。于诸座前燃种种灯，烧种种香，散诸杂花，广大供养衣服、卧具、饮食、汤药、房舍、床座一切供事；每日二时讲读此经。”其中提到了在战乱、内乱、疾病、暴雨等灾害中如何保护国家、保护国民的问题，还提到当国家处在危难之际将供奉 100 位佛像和 100 位菩萨像，请来 100 位法师讲授般若波罗蜜经并每天坚持颂此经以达到遏止“欲乱”的问题。此经还强调只要受持、读诵并讲说此经即可成为禳灾招福的巨大力量，教说到：“若国欲乱，鬼神先乱；鬼神乱故即万人乱，当有贼起，百姓丧亡，国王太子、王子百官，互相是非。天地变怪，日月众星，失时失度，大火大水及大风等，是诸难起，皆应受持读诵，一切所求，官位富饶，男女慧解，行来随意，人天果报皆得满足，疾疫厄难，既得除愈……破四重戒、作王逆罪……悉得消灭。”此经为了强调《般若波罗蜜多经》的受持、读诵、讲说的巨大力量，又用往昔的故事加以详述，教说到：“往昔过去释提桓因，为王领四军众，来上天宫，欲藏帝释，时彼天主即依，过去诸佛教法数百高座，请百法师讲说般若波罗蜜多经，顶生即退，众安乐……昔天罗国王，有一太子，名曰班足，登王位时，外道师，后为善施与王灌顶，乃今班足取千王头，以祀冢间，摩诃迦罗大黑天神……北行万里，乃得一王，名曰普明，其普明王曰，班足言，愿听一日礼敬三宝饭食沙门……时班足王问诸王言，汝等今者皆诵何法，尔时普明即以上偈答班足王，王闻是法亦证空定，欢喜踊跃告诸王，我为外道邪师所误，非汝等咎，汝各还国当请法师，解说般若波罗蜜，时班足王，以国付弟出家。”此经提到诵读此经还能把各种类型的鬼转变成守护国土的鬼，要把国家从遇难中救出来就要通过实实在在的修炼，要理解般若经的真谛和要义，不然护国是不可能的。

在此经的第六散华品和第七长持品中也程度不同地提到了佛力的护国作用。如在第七品中教说道，此经的受持、读诵、解说产生“七难即灭、国土安乐”妙力等。

除了上述护国经之外，还有著名的护国经——《金光明经》。《金光明经》由 31 品构成。此经教说的是灭罪业障必须持咒礼敬法；吉祥天女使之充满一切生资，坚牢地神保护土地使之获利，药叉大将可消除一切灾难，给予福德智慧；天界诸神使此经的奉持者守护国土安宁度日；断除凡夫的一切烦恼障等。在这里我们用此经的第十二品为例着重说明它的护国性质。第十二品的品名为“四天王护国”品。该品载有以下具体的教说。四天王说：“我等闻《最胜王经》的甘露法味，气力充实，威光增益，神通倍胜”，“我等四天王修行此法，常说正法，以此化世。可使天龙、药叉以及诸人王以正法化世，让诸恶鬼神远去，与 28 部药叉大将用净天眼观察世人，守护此瞻部洲，若国王遭怨敌侵扰，流行饥馑疾疫，四天王将至该国广宣流布是经，由于经力之故，可令无量百千灾厄之事悉皆除遣……若有受持此经的四部众，该人王可根据四众需要供给供养，若无有缺少，四天王即令彼国王和国人悉皆离灾安稳”。这些叙述均体现了《金光明经》的护国性质。除此之外，在《金光明经》第十一品的“四天王观察人天”至第十二品就阐述四天王和大辩天等这些神是怎样信奉金光明经的、怎样守护诵读金光明经的人、怎样根除众生的苦难、怎样解除众生的饥饿、怎样治好众生的疾病、怎样治理国家等——作了表述。在此基础上，《金光明经》还宣扬，以《金光明经》来治理国家就将受到四天王的保护，因而可以防止国家的衰退、疾病的蔓延、外敌的入侵。可见，在这里淋漓尽致地把《金光明经》的护国性质表述了出来

除此之外，高丽佛教的护国性质也可以从僧侣们的积极参军和反侵略行为中分析出来。据有关统计，高丽僧军在14次反侵略战事中，表现出敢打敢拼、机智勇猛、穷追猛打的精神，击退了侵略军一次又一次的反扑，取得了最终的胜利。在肃宗（1096—1105）时由僧侣组成的降魔军敢于面对侵略军，前赴后继，勇猛杀敌，震撼了整个社会。降魔军的首领法言、金允侯、洪之等将领立了赫赫战功，成为人们敬仰的民族英雄。他们的战斗事迹鼓舞了整个高丽社会，高丽社会为之而振奋和骄傲。总之，高丽僧军在朝鲜反侵略斗争史上给后人留下了最为珍重的“法宝”，即护国精神。

3. 韩国的佛教还重视现世的特点和性质。一般来说，传统佛教的着眼点主要不在于现世，而在于来世。传统佛教总是要摆脱现实的人间问题而追求将来，对现实采取消极的态度。但从韩国传统佛教关心、追求的角度来看，除僧侣层以外几乎所有的信徒皆寄希望于现实。正式的法会、道场、斋等各项法事绝大多数是为祈求成全现实中的一切愿望而兴办的。祈求来世到达彼岸世界的信众趋向不是没有的，但社会主流的信众拜佛的关心所在，仍是成全现实所愿。这一倾向在新罗时代已经存在并一直延续至近当代。

4. 韩国佛教具有会通、混容的特点和性质。韩国佛教尤其是高丽佛教同国外佛教是有区别的。韩国佛教强调“禅教融摄”、“定（禅）慧（教）双修”的会通精神，从教理角度尤为强调诸经的会通理解，抵制单一性、单向性的理解。从“融摄”和“双修”中去全面把握，深入悟道。在信行方面，太祖宗教是以佛教为基本骨干，带有明显的混容宗教的性质。高丽佛教的燃灯会和道教的八关会，它们的起源虽不同，但在韩国进行土著化的过程及其仪式内容都很相似，即同样挂明灯、设酒果和歌伎乐。君臣共享同乐之际，还要让诸神（天地神明）喜悦，祈求保佑国家和王室的安乐。八圣堂思

想是道、佛、土俗及地理图谶说的一种糅合的形态。八圣堂是一种万神殿，将佛的诸神格与韩国国内各种名山（山神）相配而奉安。这种现象在新罗时期将儒、佛、道混合而形成的风流道中也显露出来；另外，黄龙寺的九层塔的修建也体现了这种思想。

第四章

中韩道教思想比较研究

中国无产阶级文学家、思想家、革命家鲁迅（1881—1936）曾说："中国根底全在道教……以此读史，有多种问题可迎刃而解。"[①]又说：中国"人往往憎和尚、憎尼姑、憎回教徒、憎耶教徒，而不憎道士。懂得此理者，懂得中国大半"[②]。日本学者窪德忠致力于中国道教的研究五十余年，他在《道教入门》一书的前言《致中国读者》中不无感慨地说："我认为要了解中国和中国人，最有效的手段是研究中国固有的道教。"[③] 足见，道教在中国文化中的重要地位不容忽视。

20 世纪 80 年代后，中国理论界、学术界以崭新的面貌，解放思想、实事求是，与时俱进，对道教思想文化在内的中国传统文化进行了客观的、历史的、深入的研究并取得了举世瞩目的研究成果，得到了国际学术界的赞誉和充分肯定。可以说中国改革开放之后，对道教思想方面的研究是极为重视的，对道教理论、历史、派别等的研究及外缘于社会学、文艺学、心理学、医学等方面均取得了丰硕成果。这一点是有目共睹的。

但我们认为，至今为止中国学术界对中国道教的国际影响和作用等领域的研究还未有充分的涉猎，还有一些"处女地"。如关于中

① 《致许寿棠》。

② 《小杂感》。

③ 谢路军：《中国道教源流》序。

国道教思想对东亚国家，如韩国等国家的影响，关于中韩道教思想的共性和个性以及特点分析等。

第一节　中国道教基本思想述略

中国道教是中国传统文化的重要组成部分之一，是土生土长的中国人的宗教。因此要了解中国人及中国文化，首先要研究道教。

道教形成于东汉时期，至今已有近两千年的悠久历史。道教与中华古老文明浑然交融为一体，而又独具自己的风骨和特色。千百年来，道教对中国人的思想观念、思维方式、生活方式和行为方式等都产生过深远而广泛的影响，至今仍在人们的精神世界占重要的位置。

一、中国道教史概述

(一) 原始道教

道教正式创立的标志是太平道和五斗米道的出现。东汉末年，政治非常黑暗，外戚和宦官专权，豪强之间武装争斗，大地主兼并土地，农民生活愈来愈悲惨，被迫到处发动起义。在社会的动荡之时，精通方术、道术、谶纬之学的方士、儒士们纷纷建立带有宗教色彩的集团。对于失去土地、到处流浪的农民来说，他们需要一种新的信仰来代替遭到破坏的旧的信仰，需要一种可依赖的组织来代替被解体的村落共同体。这种需要反映了他们迫切要求摆脱无休止的贫困或灾难，重过安定生活的强烈愿望。因此，带有宗教色彩的改朝换代的符命学说或以符水咒术治病赐福的宗教活动，很容易得到他们的信仰，很容易将他们吸引到宗教小集团中。东汉末年的局面，为道教的正式创立提供了社会土壤。在这种特殊的历史环境中，道教的正式创立，是同农民起义和武装割据共生在一起的。

太平道的大规模活动表现为黄巾起义。河北巨鹿人张角得到了《太平清领书》。他自称大贤良师，奉事黄老道，蓄养弟子，跪拜首过，以符水咒语治病，治愈了很多人，很受百姓信赖与推崇。于是，他派遣弟子8人代表他分赴各地，以善道教化天下。十余年间，徒众达到数十万。公元184年，张角利用太平道发动和组织了黄巾起义；黄巾起义反过来也同时成为一场波澜壮阔的宗教运动，推动太平道迅速地广泛传播。

黄巾起义遭到残酷镇压后，太平道也受到沉重打击，大批骨干和道徒惨遭杀戮，从此无法公开活动，趋于销声匿迹。但是，太平道的教义和影响并没有消失，它们改头换面地继续流传下去，汇入道教的总洪流中。

五斗米道的名称，据《后汉书》和《三国志》等书的记载，因为要求信道的人或有病者交五斗米，故有此名。

五斗米道的创始人是沛国丰县（今江苏省）的张陵。张陵祖孙三人为五斗米道的前三代领袖，后人合称他们为“三张”。张陵为第一代天师，其子张衡为第二代嗣师，衡子张鲁为第三代系师。

张鲁继承祖、父行五斗米道，占据汉中，以五斗米道教民，建立政权，割据一方达30年之久。张鲁自号“师君”；规定初入道者名“鬼卒”；信仰坚定且经过考验者号“祭酒”。祭酒各领部众，部众多者为治头大祭酒。祭酒既是宗教骨干，又是行政官吏，不再另设官员。五斗米道在各地设有道场，作为宗教和行政中心，称为治。先有24治，后与28宿对应，增为28治。居于首位的是阳平治，为五斗米道的总部。

五斗米道的修道法与太平道基本相同，崇尚符祝，令病人饮符水，并设静室，使病者处于其中思守。又使人为奸令祭酒，主讲《老子五千文》，令道民诵习。又使人为鬼吏，为病人主持祷告仪式。祷告之法是书写病人姓名，说服罪之意。写三份，一份放在山上表示呈给上天；一份埋于地下；一份沉水中。这叫做三官手书。因经常令病人家出五斗米，故称五斗米师。张鲁在汉中，继续此法，并作了补充。令祭酒设置义舍，将义米肉悬在义舍中，任过路者量腹用。如果取得过多，鬼道辄让他生病。教育道民要做到诚信不欺诈，有病需自我反省。对于犯法者，可原谅三次，再不改正，就要行刑。有小过者，罚其修路百步，修完后罪则消除。又依月令，春夏禁杀，又禁酒。

可以看出，五斗米道的组织机构比较简单，其符咒和三官信仰，易于被群众接受，其经济措施和法律措施都很宽松。这些使张鲁政权在汉末全国混乱的形势中，保持了一方社会的安宁和生产发展。

张鲁降曹之后，四川的祭酒和信徒大都随他到达曹魏本土，即今河南、河北一带。由于张鲁受到优待，所以五斗米道没有受到公开的严格限制，比太平道的命运好得多。但五斗米道原有的组织系统已宣告解散，祭酒们各自独立布教。分散流传的五斗米道，在动荡不安的魏晋时代，发展很快。其信徒不再仅仅限于农民群众，而扩大到门阀贵族中。

（二）贵族道教

由于原始道教具有反抗统治阶级的传统，且又流传广泛，无法禁绝，很难使统治阶级放心，遂有一些贵族出身的宗教家起而对原始道教进行改造。葛洪就是其中著名的一个。

原始道教主要是以符水为人治病，通过祈禳、悔过为人求福，具有救世度人的利他性和群众性。在太平道和五斗米道盛行的同时，一些人以追求成仙为主要信仰的信道、传道活动并未中止。葛洪继承神仙家的传统，反复论证神仙实有，提倡通过金丹等术修炼成仙，咒骂张角等农民领袖，贬低符水治病等原始道教，将原始道教从救世度人再度引导到个人度世成仙。一方面旨在消弭农民的反抗性；另一方面也满足了统治阶级自秦皇汉武以来的长生幻想。葛洪还通过《抱朴子内篇》对道教神学从哲学的高度进行整理和提高，增加了儒家伦理道德的比重，使原始道教的理论更加精致，更加符合维护地主阶级统治的需要。《抱朴子内篇》的问世，标志着贵族丹鼎派道教的得势。

北魏道士寇谦之改革天师道，制定乐章诵戒新法，整理道教典籍，是道教史上一位重要人物。

《云中音诵新诫》伪托老君所授，实际上是寇谦之为改造民间道教而亲自撰写的。这部书为新天师道制定了重要规范。新天师道的主要特点是：第一，奉太上老君为最高尊神，宣扬上有 36 天，下有 36 土，天有 30 宫，宫中皆有主神，并有辅佐主神的其他神仙和翼从。第二，抛弃了五斗米道的租米钱税制和房中术，以清虚为本旨，吸收了儒家礼教，强调通过养生修炼达到长生不老。同时，重视符箓、斋戒沐浴、烧炼金丹。召神劾鬼，皆有科仪。第三，辅佐北方泰平真君，即依靠皇帝。第四，吸收了佛教的教义和礼仪。

424年，寇谦之把记载符箓科仪的《录图真经》献给魏太武帝，被接受。太武帝的大臣崔浩信奉道教，师事寇谦之，向太武帝再次推荐寇谦之。太武帝采纳崔浩建议，信奉新天师道，重用寇谦之、崔浩和其余弟子，在京城大设天师道场，自称太平真君。太武帝还亲至道场，受符箓。从此，道教成为北魏国教。总之，寇谦之依靠皇帝发展北天师道取得了巨大成功。

陆修静是南朝刘宋朝道士。宋元嘉末年，宋文帝在宫内召见他。王太后雅信黄老，降母后之尊，向陆修静执门徒之礼。太始三年(467)，宋明帝以礼敦请，亲自问道，并在北郊天印山筑崇虚馆，供陆修静居住。他在那里大力发展道教，宣讲教理，名震朝野，在道俗中赢得极高声望，使道教非常兴盛。

陆修静即继承张道陵、张衡、张鲁的五斗米道教义，发展葛玄、葛洪的理论，整理道典，倡导三洞之说。他既是原始道教的改造者，也是两晋贵族道教各学派的综合者，为道教教理、科仪的统一奠定了基础。

陶弘景继承老庄哲学和葛洪神仙理论，在《老子》和《周易》思想的基础上充实和发展了道教的世界生成论。他继续陆修静综合上清、灵宝、三皇诸经学的事业，吸收佛教和儒家观点，主张儒释道三教合流，宣称“百法纷凑，无越三教之境”。他编纂的《真灵位业图》，将元始天尊作为最高尊神，并广泛吸收各教派尊奉的神仙，组成一个完整的神系，表明陶弘景试图统一道教诸派；他引入儒家教义，严格地区分神仙的等级尊卑，曲折地反映出陶弘景的社会观，表明陶弘景也是按照地主阶级的需要改造道教的。到陶弘景为止，可以代表地主阶级的道教理论家们对民间道教的改造业已完成。

(三) 发展与传播

南北朝以后，历代统治者基本上都重视儒释道三教，只是各个皇帝对每个教的喜爱、信奉程度有所差异，有的更重视佛教，有的更重视道教。在尊奉的同时，统治者也加强了对佛、道二教的控制。

隋王朝朝代短，对三教的尊崇均未来得及做出突出的“业绩”。在统治阶级的扶植下，隋代道教上继南北朝，下启盛唐，经过了一小段稳定发展的时期。

唐王朝同道教的关系非常密切，具有特殊关系。这是因为道教尊奉的老子姓李，与唐朝皇室同姓。这本来是一种巧合，但是在门阀风气仍然很盛的唐初，唐高祖、唐太宗为了抬高自己的出身，为了神化自己的统治，遂攀上太上老君为先祖，将太上老君奉为祖神、族神。所以，唐代非常尊崇老了，道教也便受到优待。唐代道教的特点之一是茅山派最盛；特点之二是内丹术兴起；特点之三是科仪更加完备；特点之四是道教哲学有了新的发展。

五代不少地方王朝尊奉道教。五代的著名道教学者有谭峭和陈抟，他们的学说对后世产生了深远的影响。

北宋王朝对道教也很重视，从宋太祖、宋太宗起就是这样。但北宋王朝中最倾心于道教的皇帝是宋真宗和宋徽宗。北宋道教的特点是：（1）经过唐五代的酝酿、积聚，北宋时期内丹学术广泛传播开来，压制了外丹派；（2）茅山派和龙虎山天师派比较活跃；（3）出现了神霄雷法派；（4）道教进一步世俗化，即进一步向儒家靠拢，出现了善书《太上感应篇》；（5）在北宋王朝政治统治越来越腐败的情况下，北宋道教出现了严重的腐化堕落现象。

在南宋统治的南方形成了张伯端系金丹派。南宋王朝对佛道的崇信均不如北宋，引人注目的是朝廷向僧侣道士征收免丁钱。但龙虎山历代天师仍受到朝廷召见，令他们在宫中设醮。上清派同帝室无密切关系，仅活动在民间。南宋符箓派道教在仪式上进一步世俗化。

元代出现了净明道。另外，紫阳派并入全真道。合并后，原紫阳派被称为全真道南宗，原全真道则成为全真道北宗。同时，诸符箓派合为正一派。元代对正一教和全真教基本采取了一视同仁的态度。元代江南道教受到许多知识分子的信奉。在教义上，江南诸派皆宣扬三教同源，向理学靠拢。诸派教义互相配合，尤其是内丹与符箓结合，皆以真性为行法、炼丹之本。

明初，统治者为了进一步加强封建专制主义，对宗教活动也采取了严格限制的政策。明代道教走向衰落，对统治阶级的影响远远地逊于唐宋时期，主要特点是进一步世俗化、民间化。具体表现是：(1)《太上感应篇》等道教善书的流行达到鼎盛时期，表明大部分人不进道观、不依靠道士，只是在日常世俗生活中，靠自己的道德修养信奉道教。(2) 一些知识分子以研究学问的形式信奉道教，大都偏重于研究丹法，着重于个人修炼。(3) 符箓派道士更加深入民间，以驱邪捉鬼、丧葬经忏为主业，雷法尤为盛行。(4) 对道教俗神的信仰更加普及，不少道教教义进一步为秘密宗教所吸收。(5) 道教对民间文学和小说的影响增大，如八仙故事流传更广，充满道教内容的神魔小说成批涌现。

到了清代，皇室尊崇藏传佛教，对道教采取严厉限制的方针。道教更加衰落，活动主要是在民间。但作为长生之术，仍不时引起一些皇帝的兴趣。宫观中循规蹈矩的道教活动仍受到保护，一些道士也受到封赐。但总的比起来，清代道教比明代衰落更甚，即势力单薄，组织松弛，系统的教义几乎无人继承，纷纷流于歧途和浅陋。

韩国学者称，韩国是神仙信仰的发源地之一，中国的神仙故事和方士早在秦汉时期就已到达韩国。韩国盛行风流道。可以认为，风流道是儒释道三教和韩国原有信仰结合的产物，与道教的关系非常密切。

日本学者认为，至迟在奈良、平安时期，中国道教的经典、长生信仰、鬼神信仰、方术、科仪等就大量传入日本，对古代日本的政治、宗教及民间信仰、风俗习惯等方面产生了重大影响。

隋唐之际，道教传入柬埔寨。不独柬埔寨，东南亚其他诸国也很早就受到道教影响。如道教崇奉的航海神妈祖，至今受到东南亚各国的崇奉。

随着华侨遍布世界，道教信仰也带到各地。但一般限于华人社会自己信奉，且多为三教融合，如广庙、关帝庙和祖庙到处可见。欧美本土居民中，虽然出现道教信徒和道教团体的历史不长，而且是少数，但道经《太上感应篇》、《常清静经》、《玉枢真经》、《日月经》等均早已被翻译介绍过去，特别是关于内丹修炼的一些著作更是受到欢迎。法国研究道教起步尤早，已有近一个世纪的历史了。

当前被列入中国国务院确认的全国重点道教宫观有21座，它们是：北京市的白云观；辽宁省沈阳市的太清宫，鞍山市的千山无量观；江苏省句容市的茅山道院；浙江省杭州市的抱朴道院；江西省贵溪的龙虎山天师府；山东省青岛市的崂山太清宫，泰安市的泰山碧霞祠；河南省郑州登封县的嵩山中岳庙；湖北省武当山的紫霄宫、太和宫（包括金顶）；广东省博罗县的罗浮山冲虚古观；四川省成都市的青羊宫，灌县青城山的常道观、祖师殿；陕西省华山的玉泉院、镇岳宫、东道院，西安市的八仙宫，周至县的楼观台。

二、中国道教的主要信仰

道教是以道家哲理和神仙信仰为核心的多神教。中国道教的主要信仰可以概括为“崇神拜仙”。牟钟鉴先生把中国道教的宗旨概括为三句话：尊道敬神，修道成仙，求福消灾。

（一）道与老子

道教崇奉和注释《道德经》等，其重要目的之一是为了阐述对道的信仰。对道的信仰中的一个重要内容，便是解释宇宙生成。这既是一个宗教哲学问题，也是一个宗教神话的问题。

《太平经》认为，道是万物的元首，元气必须守道，才能产生万物，才能包裹天地。也就是说，道是宇宙化生的根源和师长，万物都依据道而生。《太平经》又提出“一”的范畴，将一作为道之根，因而强调守一。

葛洪在《抱朴子内篇》中以玄为宇宙来源，但将玄等同于道。

道教在论述道的时候，往往离不开气，或者是道生气，或者是道等于气。所以，道教哲学始终是有二元论的倾向。这和它的长生信仰是分不开的。道教哲学不够十分精致的原因大概就在这里，但这也使道教神学包括了丰富的科学内容，在这种道与气二元的宇宙生成论中，道教构筑了一个庞大的神灵世界。

道教认为性命来自道，道就是人的神和气。由于道无生死，因此，守住道则人可不死。怎样守道或修道呢？方法很多。有的强调修心，认为修心即修道；有的强调保存精气；有的强调以无为养神。内丹修炼精气神，也称为修道。有的派别强调精神修炼，认为人的精神本是道的一部分，只要与道合体，便可长生。这叫做“神与道合”、“与道冥一”、“同于道”等。所谓得道也就是心神与真道会、与道合，即可长生。

秦汉以来，老子逐渐被方士神化。西汉黄老之学与神仙方术相结合，逐步演变为初具宗教特征的黄老道。东汉初，黄老道已经将老子作为神来供奉。张角的太平道也称黄老道，五斗米道令教徒诵习《老子五千文》，也尊崇老子。这是对黄老道的继承。黄老道供奉老子，除了借用老子作为哲学家的巨大影响之外，还将他神化为方术之祖，作为追求长生成仙的偶像。

关于老子出生的神话，东汉边韶《老子铭》说老子生于混沌之气，与天地日月同在。也就是将老子等同于道，使他具备了主神的一切条件。另外，还有上帝之师元君感日精入口或苦县尹氏女感日精而孕生老子；圣母攀李树而生老子，遂姓李，因生下来即满头白发，遂号老子等说。所谓怀胎 81 年或 72 年，大概是因为《老子》被分成 81 章或 72 章，由此联想而编造。这些都旨在说明老子是神，而不是凡人。

为了将作为神的老子和历史人物老子统一起来，道教需要老子变化的神话。《老子变化经》宣称老子具有任意变化和无所不能的能力。该经宣称老子可以世代变化为不同的形象降到人间。《魏书·释老志》也叙述老子变化无穷，全知全能，授轩辕等各种经典。道经中称老子造经、授经之事相当多，现《道藏》中这类题为老子所造、所授的经还存有许多。

道教神化老子，把他作为主神之一加以供奉，向他叩拜祈祷。道教在方术中也崇拜老子，认为老子在召神劾鬼的符咒术中也起重要作用。存神是道教的重要法术之一，在记述占卜吉凶、趋吉避凶之法中，老子是存神的对象。老子在其他法术中也经常出现，这里就不一一列举了。

（二）神仙信仰

仙是长生不死信仰的产物，仙的最基本特征是长生不死，是由人修炼而成的。也就是说，人如果能通过服药或修炼，达到长生不死、肉体永存，就是仙。仙可以升天，也可以留在地上，各随其便。当然，既然长生不死，在其他方面也必然不同于凡人，拥有种种神通，所以仙也称神仙。

在早期，神与仙的区别是很明显的。后期，神和仙有混淆的倾向。道教的长生信仰表现为崇拜仙人，并以自己也成为仙人为目的。

仙人的名号成千上万，不胜枚举。道教将仙人分为不同类型、不同品级，并将仙界描写成有官吏的仙人社会。

按类型分，早期一般分为天仙、地仙和尸解仙。即上等仙由于修炼得好，可以直接肉体升天，叫天仙；中等仙不能升天，只能留在地上，但也是肉体直接成仙；下等仙的肉体不能在大庭广众面前直接升天，需假托死掉，然后再化去成仙。后期又增加了一种鬼仙。鬼仙是为那些在修炼上不甚成功，或者根本没有修炼，但却符合儒家道德标准的人设立的。他们不仅肉体要先死掉，而且灵魂也要先变成鬼，然后再成仙。许多帝王将相、圣贤才俊被道教追奉为仙，就是根据鬼仙的理论。

后期道教对天仙、地仙、尸解仙的分类作了某种修正，主要是提高尸解仙的地位。有些经典不再将尸解仙列为下等，而解释说，尸解成仙是根据布道、尽哀等需要而采取的一种方法，并非不能直接白日飞升。

仙人分为天仙、地仙、尸解仙和鬼仙，实际上就是仙的品级，即上、中、下及等外。后来神与仙混在一起，用人间的封建等级观念将神仙排列为主从贵贱，这时的品级基本上失去了修炼优劣的意义，完全变成了权力大小的反映。

由于神仙被编排成官僚体制式的系统，故有仙官之称。在不同的经典中有不同的官职位号。另有一种不担任官职，但也不是侍者、扈从的神仙，称为散仙。八仙实际上是散仙，但后来被尊奉以显赫的名号。

道教通过大量的神仙故事，反复向人们宣传仙界的真实性和成仙的可能性。这种宣传偏重于形象，可以说是一种艺术性、“实例”性的宣传。从理论上，道教主要是通过三个方面论证人能成仙的：

一是由道或“玄”的神秘性导出人能成仙的结论。道教认为，道生万物，道寓于万物，而道是永恒的，甚至是有意志、有不可思议的生命力的。所以，作为有生命力的人，只要守道、得道，即可像道那样永恒。

二是以形神分离的理论论证长生。道教往往把生命看成由性和命两部分组成。一般来讲，性指精神，命指形体。这种形神观，既重视命，又为神的独立存在提供了依据，可以从肉体长生和灵魂不死两个方面分别或结合在一起论证人能成仙。

三是夸大事物的变化和医药等作用。道教对事物间的变化有比较丰富的知识。谭峭著《化书》，专门论述了这个问题。葛洪在《抱朴子内篇》中，将人能改变性别、人能回归自然而化为其他物质，夸大为人能成为神仙。将人能改变自然界的某些事物，夸大为人能制造长生不老药。道教还将中草药能治病、养生，能使人长寿等，夸大为仙药能使人长生，人本身就具有长生的可能。至于说松柏能活千年，人也能长寿；金子可以不朽，人食之也必然长生，皆属于简单类推，理论性就更差了。

（三）济度与符咒

无论是太平道，还是五斗米道，均主张以符咒为人治病驱邪，向神灵祈福求安，悔罪首过。可见早期道教既试图济度他人，即度人，也宣传济度自己，即充世。其度人的对象是世上所有活着的人，其度人、度世的内容主要着眼于改变现实的苦难，给信徒和自己带来现实的利益，如解除疾病痛苦、获得长寿、免除贫困等。他们对于济度死者亡魂，对于自己死后成仙，不大关心。早期道教的济度理论和手段都处于原始阶段。

追求长生成仙，也是为了济度自己，即也蝶恋花世。这种度世思想关心的不仅是延长现世生活的幸福，或者改变目前不甚幸福的生活，也着眼于克服死亡，实际上是关心死后。

道教济度思想在南北朝、隋唐时期有了很大发展，首先表现在陶弘景的《真诰》一书中。《真诰》宣扬的度世思想，包括提倡烧炼金丹在内，并不将这种“他力度世”放在度世方法的第一位，而是着重宣扬“自力度世”。

道教度人思想主要反映在《太上洞渊神咒经》和《度人经》中。《太上洞渊神咒经》和《度人经》受佛教轮回果报思想的影响，将神仙信仰同度人思想相结合，使道教变得不仅关心所有人的痛苦，而且关心所有人的往世、今世和来世，因而对群众具有更广泛、更强烈的吸引力。

北宋末期出现了道教善书——《太上感应篇》。善书也是宣扬自力度世的，宣扬在世俗生活中，通过遵守封建道德，行善去恶，而通往仙国。度世的方法更加世俗化。以后，道教更加向儒家思想靠拢，其伦理、道德、度世的比重越来越大。

自雷法派出现以后，雷法成为度人的重要方式之一。元、明以来，无论是符箓派还是内丹派，都将内丹和雷法相结合，用于斋醮之中。这表明，道教各派均非常重视度人，早期道教中仅求个人度世的想法逐渐薄弱。

全真教倡导三教合一的理论，吸收宋明理学和佛教禅宗重视精神修养的理论，以“明心、见性”作为济度的必要条件和手段。可见，后期道教的济度，更加重视精神上的解脱，更加强调从解决世界观入手。

符箓是道士使用的一种文字或图形。道士称它们具有神力，可以遣神役鬼、镇魔压邪、治病求福等。它们被书写在纸、绢、木片或建筑物上，大部分文字似字非字，图形也千奇百怪，均难以辨认。符箓种类非常之多，数不胜数。

符和箓尚有细微区别。符的内容主要是祈禳之词，箓的内容主要是鬼神名字。

《道藏》中有大量专门记载或论述符箓的道经。符箓在斋醮和各种方术中被广为运用。

道士很重视符箓。接受真师传授符契图箓，叫做受符。道教称这是掌握道法的钥匙，所以特别重视秘密传承。

在宗教中，具有法力的语言就是咒语。《道藏》中有不少神咒经。咒有很多种，咒语在斋醮、方术中应用很多。

（四）方术

辟谷是一种修炼方法，即不食五谷杂粮、肉、蛋、蔬菜等日常食物。这种方术认为，食用日常食物虽能维持生命活动，但会在肠胃中留下有害渣滓，会使身中上火，减少寿命。这种方术的要点是不食日常食物，但要服气或服药等。

服食也叫服饵，指服药，是一种修炼方法。有人认为仅靠服食即可求长生，有人则认为这只是一种辅助手段。服食即服长生不老药。据这种方术说，服用丹砂、金、银、玉等矿物性药物时，要用一定的方法将之化为液体。

导引也写作道引。导引作为养生健身术，战国时期已经比较普及。道教将导引作为长生方术，有些像现代的体操或气功动功。它可以单纯作为强筋健骨、去病降劳的身体运动，也可同服气结合起来。导引可以除去身体中的邪气，保存正气，可用意念将疾病排除。导引可以按图去做，马王堆出土帛书中就有《导引图》。

行气一般可以理解为是一种呼吸法。道教非常重视气，其基本观点与一般理解不同，认为行气的本质在于获得气，所以也称为服气、食气、吞气、炼气等。行气的办法、派别非常之多，一般要点是：呼吸细慢匀长，吸多呼少，夹以闭息等。行气也叫吐纳，按其基本理论，气有清浊、生死，吐纳即吐故纳新，吐出浊气、死气，吸进清气、生气。行气的具体方法难以俱载，而且往往与其他方术混合或结合运用。此外，行气还用于禁咒，即发生神力制服妖魔野兽等。行气观念的出现也很早，先秦典籍和出土的旧中国时期文字都有具体记载。

房中术即古代性卫生、性心理和性技巧的总称，是一种性的艺术。道教认为房中术也是长生手段之一，至少是一种辅助手段。房中术的内容非常丰富，过去一提到房中术，人们立即认为这是黄色下流的歪门邪道。房中术的确混杂着这些内容，但这不是主流。房中术固然不能成仙，但其中包含大量符合医学的内容，对于保护人民的身体健康、促进婚姻幸福，都是有帮助的。马王堆出土汉墓帛书中载有大量房中术内容，它表明战国时期房中术已有相当高的水平。南北朝以后，由于儒家思想渐居统治地位，道教也不敢公开提倡房中术了，但此术并未断绝。

存想也称作存思。存即想、即思。存想就是闭目静思某一特定的对象，做到不用眼睛而“看见”它。存想往往包括叩齿、念咒、咽气等辅助手段。道教认为，存想可以预知吉凶，去恶获福，长生成仙。存想往往根据存想的对象不同而有很多区别。最常见的有以下几种：(1) 所谓内视，也称返视、内照等。其法认为，经过修炼，人可以闭目内视，清清楚楚地看见自己体内的五脏六腑等。(2) 所谓守一，即闭目静思至高无上的一、道或气，使它们常驻自己的身体，使自己精神完全，不致丧失。(3) 所谓守三一，是与存想并列的三个对象。说法各有不同。有的认为守虚、无、空；有的认为守神、气、精；有的认为守身中三宫神的姓名；有的认为守青、赤、白三气等。所谓存神是指存思各种神仙。如思九宫法，是存思身中九宫诸神。还有存帝君法、存玄一老子法、存司命法等，不胜枚举。存想诸法中包含着祈祷神灵保佑和神秘体验的内容，也包含着高度集中精神而忘掉其他，从而达到健身作用的成分。

外丹是指烧炼铅、汞等矿物，或加以植物类中草药，制成所谓长生不老药。早期无外丹之名，只称金丹。后为了与内丹区别。遂出现外丹之称。世界上现存最早的外丹著作是东汉魏伯阳著《周易参同契》。外丹术的出现当比东汉还要早。道教认为，丹砂可以变化，黄金不怕火烧，因此人服金丹也可以长生。道教认为，炼丹需选名山，在荒无人迹的隐蔽之处；结伴不过三人；还需斋戒沐浴，不能轻传他人。炼丹除备药品外，还需砌炉立鼎，准备其他操作工具。所以炼丹是需要雄厚财力的，一般人炼不起。外丹在六朝、隋唐时期非常兴盛，服丹成为见气。但外丹毒性很大，不仅不能长生成仙，往往还要中毒死人。所以唐以后外丹逐渐衰落下来，但并未中绝。外丹术作为现代化学的先驱，在医药、火药发明等方面都作出了巨大贡献。

以自己的身体作为鼎炉，以自己的精气神作为药物，炼成的“长生不老药”叫内丹。炼内丹的方法叫内丹术。内丹术中包括服气、内视等方法，有与现代所谓的气功法相似之处。可以认为内丹术就是一种气功。但道教不这样看，认为气功仅仅是内丹的基础阶段。内丹有所谓“返还”说，这是内丹术的哲学思想的形象说法。“返还”是指返本还源，要求通过内丹修炼，返其后天，还其先天，恢复纯阳之体，回到母胎中的状态，回到人所始生的虚无中去。关于内丹的理论有许多家，各不相同。内丹的著作大都使用隐名、异名，比较难懂。修炼内丹成仙当然是不可能的。但内丹术中确有许多现代科学尚无法解释的地方。内丹术对于健身去病也是有效的。因内丹术往往秘密传授，而内丹经典全都晦涩难懂，且设置了重重文字障碍，在关键地方闪烁其词，所以不易学到。

三、中国道教的基本精神

道教的基本精神，概言之，就是试图扭转乾坤，支配宇宙，控制自然，用炼养方法推迟人的衰老，甚至达到长生不死。

（一）天人一体，互相感应

《太平经》最先提出“天人一体”[①] 的思想。《阴符经》云：“天地，万物之盗；万物，人之盗；人，万物之盗。三盗既宜，三才既安。”指出“观天之道，执天之行，尽矣”，“圣人知自然之道不可违，因而制之”，阐明了天地万物与人相生相克的关系，要求人们掌握自然规律，按客观规律行事。王一清认为，“人与天地万物为一本”，张洪阳说“天人一也”，说明道教学者都把人和宇宙万物视为互相联系、互相补益的一个系统。道教的天人一体思想与庄周的天人合一思想有所不同。首先，道教的天人一体宇宙观具有浓厚的天人感应思想，赋予自然之天以人格神的属性。《太平经》竭力宣扬天有意志、主宰世间万物、赏罚人间善恶，顺天意者昌、失天意者遭殃等思想。认为“天道无亲，唯善是与”[②]，“故顺天地者，其治长久。顺四时者，其王日兴”[③]。宣扬天有喜怒，则物有丰欠，“天悦喜，则使今年地上万物大喜。天不喜悦，地虽欲养也，使其物恶”[④]。在《太平经》作者看来，国君是替天行道的代言人，是天之骄子。

---

① 王明：《太平经合校》，中华书局，1960 年，第 16 页。
② 王明：《太平经合校》中华书局，1960 年，第 4 页。
③ 王明：《太平经合校》中华书局，1960 年，第 11 页。
④ 王明：《太平经合校》中华书局，1960 年，第 75—76 页。

若“王者行道，天地喜悦；失道，天地为灾异”[①]。因此，人们只要做到了“人心端正清静，至诚感天，无有恶意，瑞应万物为其出”[②]，只要实现了“天之所向者兴之，天之所背者废之”[③]，就能“天地和，则万物为之无病，群神为之常喜，无有怒时也”。同中国历史上的其他天人感应论不同，道教以天人感应论指导了它的一切宗教活动，甚至认为内丹修炼也应以之为基础，只要达到内丹修炼的最高境界，即能以我之身心演示出自然界里的千变万化。其次，庄周提倡忘物我，超脱生死。而道教虽然也追求“形如槁木，心若死灰，无感无求，寂泊之至”[④] 的虚无境界，但是，道教企求的是肉体成仙。最后，庄周主张自然无为，提倡万物自足其性。而道教虽然提倡任物自然，但是，其历物处世的基本原则是扭转乾坤，主宰世界。

道教的天人一体宇宙论有着十分丰富的内容：第一，认为天地与人皆禀受元气而成[⑤]。《诸家气法·元气论》说：“人与物类，皆禀一元之气而得生成。生成长养，最尊最贵者莫过人之气也。”葛洪说：“夫人在气中，气在人中。自天地至于万物，无不顺气以生者也。”[⑥]《海琼白真人语录》卷三也说：“天地与我同根，万物与我同体。”这种元气或气是“日月未判之前，四维上下，混混沌沌，如云雾水气”的原始物质。在道教学者看来，元气运动变化，从而化生出千差万别的物类。这就是“自一气之所育，播万殊而种分”[⑦]。第二，认为人与万物有相同的形体结构。《太平经》说：“人取象于天，天取象于人。”[⑧]《周易参同契发挥》说：“夫人之一身，法天象地，与天地同一阴阳也。”道教学者将人与天机械地比附，宣称“唯人是万物之首也，头圆足方，上阳下阴，皆同于天地。固天有风雨，人有血气；天有日月，人有眼目；天有万象，人有万神；天有八极，

① 王明：《太平经合校》，中华书局，1960 年，第 17 页。
② 王明：《太平经合校》中华书局，1960 年，第 512 页。
③ 王明：《太平经合校》中华书局，1960 年，第 631 页。
④ 司马承桢：《坐忘论·泰定》。
⑤ 《云笈七签》卷五十六。
⑥ 《抱朴子内篇·至理》。
⑦ 《道藏》第 23 册，第 674 页。
⑧ 《道藏》第 23 册，第 673 页。

人有八脉；天有五行，人有五脏；天有四季，人有四肢；地有五岳，人有骨节；地有草木，人有毛发；地有江湖，人有血脉；此者无不应于天地”①。第三，认为人与天地万物有相同的生物节律。《钟吕传道集》说，人之“气液升降，如天地之阴阳；肝肺传导，若日月之往复”。《周易参同契发挥》也说：“人身法天象也，其气血之盈虚消息，悉与天地造化同途。”《素问》说：“天地有昼夜晨昏，人身亦有昼夜晨昏。天地有晦朔弦望，人身亦有晦朔弦望。其间寒暑之推迁，阴阳之代谢，悉与天地胥似。”第四，宣扬墓、宅的吉凶关系着家势的兴败。《儒门崇理折衷堪舆完孝录》说：“人家富贵岂容易，必须阳宅与阴地。”《黄帝宅经》也说：“墓凶宅吉，子孙官禄。墓吉宅凶，子孙衣食不足。墓宅俱吉，子孙荣作。墓宅俱凶，子孙移乡绝种。”在这里，道教学者不仅宣扬活着的人要与自然环境和谐，否则会给自已、家人，乃至后世子孙带来灾害，而且认为死者与自然环境的和谐也十分重要。

几乎所有的道教学者都把“道”看做天人合一的体现和万物的本原。张陵把“道”视为超宇宙、有人格、并能出入人体的宗教神，认为“道设生以赏善，设死以威恶”②。《太平经》认为“道”是万物的元首、宇宙的本原，宣称“元气行道，以生万物，天地大小，无不由道而生者也”③。葛洪认为，“凡言道者，上至二仪，下逮万物，莫不由之”，“道也者，所以陶冶百氏，范铸二仪，胞胎万类，酝酿彝伦者也”④。陶弘景则把“道”视为产生元气、太极、天地万物并超乎于万物之外的精神实体。隋唐伊始，不少道教学者又把“道”视为既不是有，也不是无，又不是非有非无，或者是“虚无”的东西。前者如唐代的成玄英，后者如宋代的张伯端。在内丹修炼盛行的唐、宋、元、明时期，许多道教学者既把“道”视为万物本原，又将其作为企求的最高境界，认为人们经过修炼，精神归于虚无，便可与道同体，自然达到天人合一。

① 《太上长文大洞灵宝幽玄上品妙经》。
② 《老子想尔注》第20章。
③ 王明：《太平经合校》，中华书局，1960年，第16页。
④ 《抱朴子内篇·明本》。

作为中国土生土长的道教，其天人一体论特别强调神灵主宰世界。唐末、五代的杜光庭明确指出："老君乃天地之根本，万物莫不由之而生成。"[①] 这里的"老君"即指道教神化的教主和造物主。当然，也有不少道教学者是以主观吞并客观的方式阐释天人一体的。如王玄览宣称"心生诸法生，心灭诸法灭"[②]。朱权宣扬"世界即吾身"；王士端认为"天在我心"。

道教的天人一体论中唯物观与唯心观互相交错，对社会发展具有一定的积极作用。第一，主张顺应客观规律，不加外力。葛洪主张圣人"任自然……存亡任天"[③]。闵一得强调"万物自生，岂劳人力也哉"[④]。正因为如此，道教学者坚持"圣人知自然之道不可违，因而制之"[⑤] 的观点。在他们看来，人类对自然的原则是适应自然规律，人们主观能动性的发挥只能在符合自然规律的条件下进行。例如，葛洪在《抱朴子内篇·极言》中，以杨柳易栽活为例，说明即使像这样容易成活的树木，如果"埋之既浅，又未得久，乍刻乍剥，或摇或拔，虽壅以膏壤，浸以春泽，犹不脱于枯瘁者，以其根荄不固，不暇吐其萌芽，津液不得遂结其生气也"。就是说，人们应该掌握动植物生长的规律，积极主动地为动植物的发育生长造就一个适宜的环境。而如果自然物的属性伤人，也不可诋毁自然，责任还在于人，因为"有生最灵，莫过于人"[⑥]。这样，"噎死者不可讥神农之播谷，烧死者不可怒遂人之钻火，覆溺者不可怨帝轩之造舟，酗酱者不可非杜仪之为酒"[⑦]。在葛洪看来，人的职责在役用万物或效法自然。他说："夫陶冶造化，莫灵于人。故达其浅者，则能役用万物，得其深者，则能长生久视。知上药之延年，故服其药以求仙。知龟鹤之遐寿，故效其道引以延年。"[⑧] 第二，提倡"慈心于物"，爱

① 《道德真经广圣义》卷二。
② 《玄珠录》卷上第八。
③ 《抱朴子内篇·释滞》。
④ 《阴符经玄解正义》。
⑤ 《阴符经》。
⑥ 《抱朴子内篇·论仙》。
⑦ 同上。
⑧ 《抱朴子内篇·对俗》。

护自然环境。《太平经》说："人怀仁心，不复轻贱伤万物，则天为其大悦，地为其大喜，帝王为其大乐而无忧也。"[①]《抱朴子内篇·微旨》说："慈心于物，恕心及人，仁逮昆虫……手不伤生……如此乃为有德，受福于天，所作必成，求仙可冀也。"如果"弹射飞鸟，刳胎破卵，春夏燎猎……败人苗稼"，则一事为一罪，"随事轻重，司命夺其算纪，算尽则死"。在《太上玄一真人说三途五苦劝戒经》中，作者还叙说了前生积恶、今生得报的具体内容，其中前生积恶有"欺诱万物"一项，今生得报就有"太山之兽，啖食其肉"的说法。而道教戒律还规定："不得杀生"[②]、"不偷窃幡花"、"不探巢破卵"、"不攀摘花果、损折园林"[③]，禁止"烧山捕猎，火烧田野，落子伤胎，牢笼飞鸟走兽，毒药投水伤生"[④]。第三，提出了以保护物种多寡为财富标准的价值观。《太平经》说："天以凡物悉生出为富足，故上皇气出，万二千物具生出，名为富足。中皇物小减，不能备足万二千物，故为小贫。下皇物复少于中皇，为大贫。无瑞应，善物不生，为极下贫。子欲知其大效，实比若田家，无有奇物珍宝，为贫家也。万物不能备足为极下贫家，此天地之贫也。万二千物俱出，地养之不中伤，为地富；不而善养令小伤，为地小贫；大伤，为地大贫；善物畏见，伤于地形而不生，至为极贫；无珍宝物，万物半伤，为大因贫也。悉伤，为虚空贫家。此以天为父，以地为母，此父母贫极，则子愁贫矣。与王治相应，是故古者圣王治，能致万二千物，为上富君也；善物不足三分之二，为中富之君也；不足三分之一，为下富之君也；无有珍奇善物，为下贫君也；万物半伤，为衰家也。悉伤为下贫人。"[⑤]《太平经》作者以万二千物作为世界上物种的总数是没有科学根据的。但是，这种以能否保护世界上物种齐全、多寡为原则去衡量贫富的思想，是道教生态伦理学财富观的一大特点。第四，揭示了人与自然间的供求矛盾。"人之为物，贵性

① 王明：《太平经合校》，中华书局，1960年，第244页。
② 《虚皇天尊初真十诫文》。
③ 《太极真人说二十四门戒经》。
④ 《太上洞玄灵宝三元品戒功德轻重经》。
⑤ 王明：《太平经合校》，中华书局，1960年，第30页。

最灵”[1]，它从属于自然，又区别于自然，两者既有互益之处，也有相害之处。但总的来说是人们赖以生存自然界，因此，人与自然物间始终存在着矛盾，这就是葛洪所说的：“俗民既不能生生，而务所以煞生。夫有尽之物，不能给无己之耗。”[2] 在他看来，人类既要保护自然，促成其发展，又要按自然物的特性，人工造就自然物，并且力求增多自然物的种类。他说：“水火在天，而取之以诸燧。铅性白也，而赤之以为丹。丹性赤也，而白之而为铅。去雨霜雪，皆天地之气也，而以药作之，与真无异也。至于飞走之属，蠕动之类，禀形造化，既有定矣。及其倏忽而易旧体，改更而为异物者，千端万品，不可胜也。”[3] 第五，探求了人类自身发展的途径。道教学者反对无休止地向自然索取，提出人与自然的双向依存和选择，追求人与自然和谐，诸事顺利。

道教的天人一体观虽然蕴含着天人和谐、尊重自然规律、保护生态环境等诸多合理因素，也对现代管理有一定启示，但是它毕竟主张神灵主宰一切，试图借神力扭转乾坤，宣扬人与自然的因果报应，并且将人和其他万物牵强比附，这些都是不科学的。

（二）扭转乾坤，逆反宇宙

人是自然界的一部分，它从属于自然界这个客体。同时，人又是认识和利用自然的基本力量，在这个意义上，它乃是主体。《灵宝毕法》说：“人同天地，以心比天，以肾比地。”在道教学者看来，“人身一小天地，天地一大人身”。认识和掌握了人类自身运动、变化的客观规律，是认识大自然的有效途径。因此，在探讨人类自身的发展途径上，道教学者提倡人与自然的双向依存和选择，试图从两方面追求个体的无限完善和自由：一是“假求于外物以自坚固”，二是以本身固有的精、气、神促成其身心健康。《太平经·圣君秘旨》说：“夫人本生混沌之气，气生精，精生神，神生明。本于阴阳之气，气转为精，精转为神，神转为明。”气和精是物质，神明是从

① 《抱朴子内篇·黄白》。
② 《抱朴子内篇·极言》。
③ 《抱朴子内篇·黄白》。

气生精、精生神、神生明的说法，在逻辑上说明了先有物质而后有精神的规律。但是，在精神与物质的关系上。《太平经》也受到《管子》四篇中“精气入舍”说的影响。例如《太平经》说：“夫神精，其性常居空闲之处，不居污浊之处也；欲思还神，皆当斋戒，悬象香室中，百病消亡；不斋不戒，精神不肯还反人也。”这样，道教学者就构筑了逆反宇宙、扭转乾坤，追求长生久视、肉体成仙的人生理论。《阴符经》中的“宇宙在乎手，万化生乎身”就是这种理论的集中反映。

“假求于外物以自坚固”，是道教学者模拟自然变化、企图驾驭自然的写真，是东晋道教学者葛洪总结外丹术得出的结论。葛洪说：“夫五谷犹能活人，人得之则生，绝之则死，又况于上品之神药，其益人岂不万倍于五谷耶？夫金丹之为物，烧之愈久，变化愈妙。黄金入火，百炼不消，埋之，毕天不朽。服此二物，炼人身体，故能令人不老不死。此盖假求于外物以自坚固，有如脂之养火而不可灭。铜青涂脚，入水不腐，此是借铜之劲以扞其肉也。金丹入身中，沾洽荣卫，非但铜青之外傅矣。”① 这种假外物以自固的丹道观将无生命的黄金与有生命的人身混为一谈，抹杀不同物质的不同性质及其作用，认为黄金“毕天不朽”，人服食这种“药金”也必然长生不死。在这种思想的驱使下，道教的外丹术在汉、唐时期得到长足的发展。东汉时期的著名炼丹家狐刚子已经用下火上凝法烧炼丹砂成水银，掌握了蒸馏硫酸铜制硫酸的方法，知道了以火煅热处理含砷的矿物“雄黄”、“雌黄”、“砒黄”，可以使五金转化为“药金”、“药银”，而且最早记录了“玄黄”② 的制取方法，在炼汞中，使水银回收率接近或达到90%。两晋时的著名道教学者葛洪掌握了处理雄黄的6种方法：一为蒸煮，即用沸水或水蒸气使雄黄分解，生成氧化砷；二是制成雄黄酒；三是用硝石的水溶液去溶解雄黄，生成砷酸钾；四是在玄胴肠和赤土存在的条件下，用水蒸气去分解雄黄；五是制成雄黄和松脂的混合剂；六是用硝石（当指硝酸钾）玄胴肠、

① 《抱朴子内篇·金丹》。

② 即铅丹与氧化汞的混合物。

松脂与雄黄共炼，生成白色结晶状的氧化硝（即后世所说的砒霜）。以上处理雄黄的6种方法已经预示着黑色火药的发明。南北朝时期的道教炼丹家陶弘景认识到芒硝即是硝酸钾，它“能化成十二种石”，是很好的熔剂。隋唐五代的著名炼丹家有苏元朗、张果、金陵子、孙思邈、清虚子、陈少薇等。他们成功地制取了砷黄铜（金）和砷白铜（银）、单质砷、砒霜等。唐元和三年（808），清虚子著《铅汞甲庚至宝集成》记载了“伏火矾法”，即用硫二两、硝二两、马兜铃三钱半制成易燃易爆的火药的方法。道教的外丹术促进了我国医药学的发展。魏晋间大量流行的五石散（又名寒石散），就常有含砷的矾石。孙思邈的太一神清丹方是利用磁石（四氧化三铁）等氧化剂从雄黄、雌黄中制取砒霜的方子，是世界医药史上用砒霜治疟疾最早的有效方剂。

“神住形固”、“养神不死”，这是道教肉体成仙、长生不死理论的基础。道教学者认为，活人与死人的基本区别是：精神与形体结合则生，两者分离则死。在《阴符经》的作者看来，生人和死人的不同在于，前者的眼睛睁着，后者的眼睛闭着（不包括人闭目睡觉或闭目深思的状况）。这就是“心生于物，死于物，机在目”。《老子河上公章句》指出：“人能养神则不死。神谓五藏神也。肝藏魂，肺藏魄，心藏神，脾藏意，贤藏精与志。五藏尽伤，则五神去。”[①] 认为人们做到内无思虑，外无政事，没有情欲，神不劳，体不枯，则可以长生久安。又说：“出生，谓情欲出于五内，魂定魄静，故生也”，“人死，谓情欲入于胸臆，精神劳惑，故死也”[②]。在这里，作者提出了肉体长生的办法：抑制思虑情欲，使寄住在人体各部分的“神”不劳惑，不离形体而去。张陵的《老子想尔注》以“精神”为“精气”，声称“气强志为恶，气去骨枯；弱其恶志，气归髓满”，“冤，白也，故精白，与元（黑）同色。身为精车，精落故当载营之。神成气来，载营人身”。得出“古仙士实精以生，今人失精以死”的结论。《太平经》指出：“人有气则有神，有神则有气，神去

① 《老子河上公章句》卷一，《成象》第六。
② 《老子河上公章句》卷三，《贵生》第五十。

则气绝，气亡则神去，故无神亦死，无气亦死。”[①] 葛洪也说：“身（一作形）劳则神散，气竭则命终。”[②] 直到明代王文禄仍坚持神住形固的观点，认为“神住形固，长生也。神去则气散，形败乃死”[③]。在形神关系上，不少道教学者坚持了物质先于精神的唯物主义观点，但是在他们的养生或法术演示中，却围绕着人是否长生的问题施展了各种道法，如行气、导引、静功疗法等；再如，《太平经》提出斋戒还神，就是采用宗教仪式促使形神始终结合。

“顺生人，逆成仙”，这是道教逆反宇宙、扭转乾坤的最好说明。它包含两层意思：人如何从自然产生，又如何复归于自然的本然状态。张伯端的《悟真篇》对此说得明白：“万物芸芸各返根，返根复命即常存。知常返本人难会，妄作招凶往往闻。”总之，道教上述扭转乾坤、逆反宇宙的思想和实践奠定了道教内丹、外丹的基础，促进了中国古代化学、医药学、养生学的发展，为中国古代文明位居世界前列作出了贡献，其中有的理论和实践在今天仍有借鉴作用。但是，这种思想片面地夸大了人的主体意识的作用，混淆了人和其他自然物的区别与联系，其中有的思想和实践深深地浸透着宗教的说教和幻想。

（三）我命在我，不在天地

葛洪的《抱朴子内篇·黄白》引《龟甲文》称：“我命在我不在天，还丹成金亿万年。”《灵剑子》说：“我命在我，不在天地尔。”陶弘景《养性延命录》引《仙经》说：“我命在我不在天。”马丹阳在《金玉集》中说：“性命不由天，斡旋阴阳全在我”，“性命不由天地管”。明代的程以宁也提出：“天定胜人，此凡夫也。人定亦能胜天，则仙佛也。”[④] 以上的道教学者或从外丹、内丹，或从养生健身的角度论述，人天关系，他们强调人的命运、寿命的长短非由天定，而是完全掌握在自己手中。

现代著名道教专家陈樱宁认为，“性与命本来是一物，不可分作

① 王明：《太平经合校》，中华书局，1960年，第96页。
② 《抱朴子内篇·至理》。
③ 《胎息经疏略》。
④ 《南华真经注疏》。

两橛，就其灵机而言，便谓之性。就其生机而言，则谓之命，所谓一体二用也。吾人之人体，羸如一盏灯，灯中之油就是命，灯中之光即是性”①。他以玻璃作比喻，认为性命双修就是除去灰尘，使镜呈现光明，此即修性。保护镜子不被打碎，此所谓性命。实际上，这也有返还先天、万物归根之意，把宇宙生成论和内练功夫合二而一了。

那么，道教学者是如何发挥“我”之作用延长寿命的呢？

1. 注意饮食营养

饮食营养是人体赖以生存的基础之一，也是健身防病的首要条件。道教学者对此早有论述，《保生要录》说：“饮食者，所以资养人之血气，血则荣华形体，气则卫护四肢。”② 在道教医学家看来，饮食营养之所以对人体非常重要，一是因为它是养生的基石；二是食疗可以治病；三是“节量饮食”不仅可以不病，如果辅之以其他养生之道，还可以延年益寿③。

道教营养学是我国古代医药学的重要组成部分，与中医关系甚密，同蒙医、藏医也并非无缘。概括起来，其主要内容是：

第一，饮食品种多样而不主张杂食。

早期道教并不限制道士、道民食用飞禽走兽及水中动物，只是南朝刘宋陆修静的《道门科略》才有禁止食肉的规定。宋元全真道提倡素食也不能代表所有道教教派的主张。《修真秘录》、《嵩山太无先生气经》与《三元延寿参赞书》记载的食物既有米、面、蔬菜，也有各种肉类和水果。

道教饮食的品种非常之多，不过，他们主张“食不欲杂”，理由是：“杂则或有所犯，有所犯者，或有所伤，或当时虽无灾苦，积久为人作患。”孙思邈认为，多种食物的混杂易于产生对身体有害的物质，这是有道理的。

第二，饮食与药膳结合。

① 《辨命歌》。
② 《道藏》第 65 函临字号下。
③ 《抱朴子内篇·杂应》，《养性延命录·教诫篇》。

道教学者认为，饮食与药物都是人们不可离开的东西。他们热衷于探讨食物的营养价值。例如，《修真秘录》说："食粳米，主补中益气，坚筋骨，通血脉"，"莲子寒，主五脏不足，伤，中气绝，利益十二经脉二十五络，益血气，食之心欢止渴，去热，补中，养神，除百病。久服轻身，耐老延年"。"羊肉大热，羊头肉平，主风眩疫疾。羊肚主补胃虚，损小便，数止虚汗。羊乳酷补肺，利大肠"。"犬肉温，主补五脏、劳伤，久服益气力，厚肠胃，实下焦，填骨髓"。《保生要录》说："鳗鳌鱼汤，补男子阳气，理女子带脉。"《三元延寿参赞书》说："麻仁煮汤，可治滑精，女人带下"，"鸡黄者宜老人，乌者暖血，产妇宜之"。他们还提倡食用药膳。例如，徐灵胎认为羊肉粥可治老人虚损羸瘦，助阳壮筋骨。在高濂的《遵生八笺》中，还有须问汤、水芝汤、豆蔻汤、干荔枝汤、莲子粥、山药粥、枸杞粥、羊肾粥、麋角粥、鹿肾粥、猪肾粥、扁豆粥、乳粥等。

第三，讲究随变化而易食。

道教学者认为，随一年四季的气候等自然环境的变化，人体的变化及其对营养的需求也应稍有差别。这在《修真秘录》、《枕中记》、《养性延命录》以及《孙真人备急千金要方》中言之甚详。

第四，主张遵守饮食法则。

道教学者主张饮用食物必须遵循一定法则：一是谨慎择食，限制用量；二是强调饮食卫生。《西山群仙会真记》说："不可极饥而食，食不过饱，饱则伤神，饥则损胃。不可极饮，饱不过多，多则损炁，渴则伤血。"即要求人们饮食不过量，不要等到特别饿的时候才吃饭，特别渴的时候才喝水，极渴而饮。

第五，注重婴儿饮食营养。

道教学者认为，乳食的营养充足与否，在幼儿时期尤其重要。在《备急千金要方》、《初生出腹第二》中，孙思邈列举了新生婴儿喂乳十忌：一是"凡乳儿不欲太饱，饱则呕吐"。二是"夏不热乳，令儿呕逆。冬不去寒乳，令儿歌痢"。三是"新房以乳儿，令儿羸瘦，交胫不能行"。四是"母有热以乳儿，令变黄不能食。"五是"母怒以乳儿，令喜惊发气疝，又令上气癫狂"。六是"母新吐下乳儿，令虚羸”。七是“母醉以乳儿，令身热腹满”。八是“凡乳母乳儿，当先极按散其热气，勿令汁奔出，令儿噎，辄夺其乳，令得息息，已复乳之。如是十返五返，视儿饥饱节度，知一日中几乳而足以为常”。九是“若卧乳当以臂枕之，令乳与儿头平乃乳之，令儿不噎”。十是“母欲寐，则夺其乳，恐填口鼻，又不知饥饱也”。

第六，强调食物的配伍禁忌。

《肘后备急方》认为杂鸟兽、水中鱼物、杂果菜等都有禁忌，如白羊不可杂雄鸡；羊肚不可合乌梅及椒食；猪肉不可杂羊肝；牛肠不可合犬肉；雄鸡肉不可合生菜；鸟兽自死，口不开者不可食等。李鹏飞在《三元延寿参赞书》中列举了几十种配伍禁忌食物，如韭菜不可与蜜同食；野鸭不可与胡桃、木耳同食；鹌鹑与猪肝同食脸生黑子；雀肉不与李同食；青羊肝与小豆同食令目少明；牛乳不可与酸物同食；狗血不可与海蛐同食，食之得恶病；麋肉不与野鸡、虾、生菜、梅李果实同食等。《保生要录》要求勿食段颊，认为男人吃了损阳，女了吃了绝阴。《枕中记》认为服玉忌酒、五辛、鱼肉；服丹忌人淤秽及见血；服丹砂及雄黄皆忌血食；服松柏忌猪犬盐豉；服天门冬忌鲤鱼肉；服昌蒲忌热食；服黄连忌猪肉；服胡麻忌猪犬；服黄精忌梅；服地黄忌犬等。在营养学、药物学上都有重要参考价值。

但是，道教学者关于食物的配伍禁忌中也有一些无稽之谈。例如，孙思邈与李鹏飞认为妇女妊娠吃兔肉、犬肉，令子无声音并且缺唇；妇女妊娠食鳖，令子短项等。

第七，渗入了道教戒律与禁忌，赋有浓厚的宗教色彩。例如，禁食父母本命兽肉与己身本命兽肉①；认为牛有功，犬有义，雁有序，鲤鳝朝北斗，不应食之违禁②；禁止将斋食就荤辛酒肉，相与共食，不敬斋法③。此外，闵一得《古书隐楼藏书》，以及《清规元妙全真参访内集》等书中专门载有戒食铭或饮食戒忌。

---

① 《太微灵书紫文仙忌真记上经》。

② 《虚皇天尊初真千戒文》。

③ 《太极真人说二十四门戒经》。

道教学者认为，“性调乎食，命延乎药”，人们应以养生为主，同时辅以药物、饮食。在他们看来，营养对人体十分需要，但必须针对具体情况酌情服用，决不可乱来。

2. 注意房事生活

道教祖师张道陵首先提出“实精以生”和“失精以死”的问题。在张道陵看来，“精白，与元（气）同色”。人的身躯好像是重载着“精”的车一样，人有了“精”才有神。张道陵提出保持人体健康的办法是：“从女不施，思还精补胸（脑）。”其实，说明白一些，就是要求男女交媾时男子不射精，以意念的力量使气通于上丹田——脑（也包括中丹田——心、下丹田——气海、精门）。当然，也应该指出，“精”并不一定就是专指成年男子的精液（或精子），最初的道教学者是把“精”泛称为一种物质。《太平经·圣旨秘旨》说：“人本生混沌之气，气生精，精生神，神生明。”说明气和精是物质，神和明是精神。

历代道教学者都有类似的看法。唐代医学家、道教学者认为养生的至关重要问题就是谨慎房事。现代著名道教学者陈樱宁（1880—1969）认为：“欲修长生之术，最宜戒慎者，房中之事也。”为什么养生与人的性机能的关系如此密切呢？除了人的性机能是人的健康或衰老的标志之外，道教学者对此有独到的看法。《内炼密诀》说：“人类因为有性的本能，所以能造出新的个体，在地上繁殖。性的本能对着外面固然有重大的关系，而对着内面也握着重大的枢机。那种枢机，就是引导我们身心达到最适宜最正当最合理理想的区域。世界的各种修养家，全未顾及此一重要事项，只有炼丹家才能注意及此。以这种重要事项为目的，实是炼丹的特异之点。”

3. 精神要饱满

《老子河上公章句·成象》第六说：“人能养神则不死。”这里的“神”是指思维机能的中枢。道教将精、气、神称为三宝，在《太平经·圣君秘旨》中首次将三者并称，认为气和精是物质，神明是精神。所谓精、气、神的关系即是物质和精神的关系。魏晋时的《黄迁内景经》提出：“仙人道士非常神，积精累气以为真。”因为人身以上丹田（脑）、中丹田（心）、下丹田（气海）和上黄庭宫（脑，即泥丸）、中黄庭宫（心，即绛宫）、下黄庭宫（脾）为枢纽。“积精”，就是认为下关元为阴阳的门户，男藏精，女藏胎，止精留胎，能够还精炼形，填满脑宫，强健身体。“累气”，即辟谷绝粮，如婴儿在母腹中，呼吸不以鼻口嘘吸，而能自服内气。道教学者认为用这种胎息法服气，可以长生成仙。北宋著名道教学者陈抟在《无极图》中说，元牝之门，炼精化气，炼气化神，五气朝元；取坎填离，炼神还虚，复归无极。在这里，陈抟用《无极图》叙述了内丹炼制的过程，认为炼丹的最高境界和最后归宿在于复归虚无，步入人的意识与自然合体的自然而然的本然状态。具体来说，内丹的修炼过程一般分为筑基、炼精化炁、炼炁化神、炼神还虚四个阶段。筑基是弥补人身因劳动心力而亏损的先天元精、元气和神，达到精全、气全、神全，其中精是基础，气是动力，神是主宰。炼精化气，就是用意念的力量使精化气，即将精与气合炼而成为气，达到“三归一”。炼气化神，即将气与神合炼，使气归神，达到“二归一”。炼神化虚，即达到“一归元”，实现“与道合真”、名为“究竟”的最高境界，认为达到此境界，能“出神千百亿化身，天地坏时，这个不坏”①。

道教学者所说“人能养神则不死”中的“养神”有两种涵义：一是认为人身各个部位都有神住其中，必须千方百计使这些神不离开它们住守的位置，不离开人的机体；二是排除情欲，使情欲出于肝、肺、心、脾、肾等五内，而不入于胸臆。一句话，就是不使精神状态影响身体健康。在古人看来，心是思维的中枢。孟轲谓“心之官则思”，有的中医名著名医说心为“精神之所会”②、“心为一身之主”，直到清代的王清任才纠正了这一错误，提出脑才是思维中枢的观念。

按照中医脏腑理论，人的思维活动和五脏有关，它主宰着人体精神意识等高级中枢神经活动。如果心的气血充盛，就会神志清晰，思考敏捷，精力充沛。如果心血不足，就会出现失眠、多梦、健忘、

① 《金仙证论》。

② 《灵枢·邪容篇》。

神志不宁等。血热扰心就有谵语、昏蒙等病变。现代科学证明，人的精神状态的确与健康有关。1956年，苏联的谢罗夫博士和阿·特罗斯金博士作了一次成功的实验：当他们给病人暗示了积极情绪后，病人白血球的数目增加了1500个；在他们传送了消极情绪后，白血球减少了1600个。

如何养神呢？道教主要的养神办法是：（1）斋戒还神。即沐浴更衣，烧香敬神，将返还人体的神的肖像悬挂于香室中供奉。这是带有宗教色彩的方法，其结果不能起到养精蓄锐、强健身体的作用。（2）“修心”，做到“收心离境”。就是指在人的感官与外界事物接触时，做到不著一物，不养一像，内心空寂，自入虚无。（3）“坐忘”。就是做到忘却自身、忘却外物，进入物我双忘的境地，即达到无知无欲，进入“内不觉其一身，外不知乎宇宙”，“形如槁木，心若死灰，无感无求”的状态。

“神住形固”，是讲人体的精神与形体的关系。在道教学者看来，活人与死人的区别在于：活着的人是有精神的实体，死了的人是没有精神的实体；人有神住身躯则生，神离身躯而不能还返即死。假如身体结实，又不疲惫，神即来居；假如人体有神常住，身体也就强壮。

4. 修德长生

道教学者提倡道德品质的修养，并把这种修养同人的寿命的长短联系起来。道教学者认为，只要虔诚地信仰道德，不逆大意，能做到父慈子孝、兄友弟顺、夫信妻正，不但本人受益，子孙后代也得到好报，否则，本人与子孙都将受到惩罚。早期道教学者把这种报应思想叫做“承负”。后来，在佛教的生死轮回和来生学说影响下，又把人生的轮回与因果报应的时间分为先世、现世和来世，并且渗入天堂地狱思想。

我们不相信人类社会中有因果报应的存在。但是，人们道德品质的修养同寿命的联系却也不可一概否认。一是道教主张按自然规律办事，禁止烧毁山林捕猎，禁止落子伤胎和探巢取卵，并且不准牢笼飞鸟走兽、毒药投水伤生，等等，都有保护自然界生态平衡的意义。如生态环境好了，人类的寿命也会延长。二是人们的品质与社会关系、人的情绪紧密相连，而社会关系及情绪的好坏则直接影响人的健康——延长或缩短人的寿命。在人类社会中，如果人们不能和谐相处，而是互相仇视，那么，事实上双方都在受苦，并且被折磨得元气大伤。所以，从一定意义上讲，人的寿命的确与人的道德品质修养有关。道教学者说的“德行不修，不得长生”并非全无道理。

5. 保持心清意静

王重阳说：“心清意静天堂路，意乱心慌地狱门。”这是要人们做到无思无欲。他认为，这种境界达到了，即能步入天堂，长生成仙，否则即短命夭折，坠入地狱。在这里，王重阳讲了只有做到“心清意静”才能修道的道理。

道教练功的主要方式有两种：一是动功；二是静功。动功着重于“气”，功夫都是动的。静功完全是静，在气上只是顺其自然，并不用自己的意思去支配气的动作。但是，不管是动功还是静功，都有一个共同的特点，即是使脑筋完全休息，精神安静，达到物我皆忘的境界。对于动功的修炼，清末丰城人黄元吉认为关键是炼心，做到牢拴意马，紧锁心猿，进入一种“明心见性”境界。他所说的“明心”，就是去掉妄习而觅得真心——如镜照物，无染无著；所谓见性，就是悟得了仁，发现了人类共有的慈悲性。如果把“明心”与“见性”合起来，就是要求做到“心空无物”。有鉴于此，黄元吉在他的《道德经精义》中阐明了如下的思想：炼丹没有别的，就是守住仁慈而已。在他看来，人人都有怜悯心、同情心，这是仁心发动的契机。如果人们能从这个天真发动处扩充下去，炼丹也就有了机缘。他认为，静功尤其强调心无杂念，万缘放下，要求做到脑筋完全休息，精神得到安静，心中没有“我想”存在，而且连梦都不做。静功比动功有更多的优点：动功做得好，可以治病，做得不对，不仅旧病不愈，反而增加新病；静功却不是这样，即使做得不对，没有效验，也不会做出新病，而且一切本元亏损的疾病，用静功治疗见效更快；动功只适宜于心思细巧、善于灵活运用的人去做，静功则什么人都可以做。

道教学者提出“我命在我不在天”，一反孔子提出的“死生有命，富贵在天”的说法，对于发挥人们的主观能动性、激发人们的进取精神有着重要的历史意义和现实意义。但是，道教学者自始至终坚持神灵主宰一切，并且用封建的伦理道德规范安排人们的命运（包括寿命），把“我命在我不在天”基本上限定在内丹修炼的作用和意义方面，这又是很不恰当的。

（四）万物有神，“承负”自解

《太平经》认为，“凡万物生自有神”，就是说世间万物——上至宇宙星辰，下至人体的各个部分，都有神住其中主宰一切。“夫凡洞无极之表里，目所见，耳所闻，便动之属，悉天所生也，天不生之，无此也。因而各自有神长，命名属焉。比若六畜，命属人也，死生但在人耳，人即是六畜之司命神也。”①神是什么？“夫神，乃天形象变化无穷极之物也。”②“神有尊卑，上下相事。”③就是说，所谓“神”，就是上帝派往人间行使其权力的代表，它的意志就是上帝的意志。因此，人们只要按天意行事，做到天人合一，那么，就会诸神喜悦，人民康乐。所以《太平经》说：“天地悦则群神喜”，“天地大怒则群神战斗”④。

道教的神和仙有区别，“神”是超越自然的天上的执政者，“仙”多是超脱尘世、有神通变化、长生不死的人。南朝陶弘景著《真灵位业图》，把神仙分为七个等级（元始天尊、王宸道君、金阙帝君、太上老君、九宫尚书、定录真君、丰都大帝），每一个等级设一个中位，由一位神仙主持；再在左边和右边分设若干席位，安排诸位，总共排定430多位神仙。道教信奉的神仙分为天神、地祇和人鬼。天神包括三清、玉皇大帝，天、地、水三宫，日月星辰主管之神，风伯、雨神、司中、司命、司民、司神等。地祇包括土地、社稷、城隍、门神、灶神、五祀、五岳、四渎、山岳河海之神，百物之神。人鬼有先王、先祖、先师、功臣、历代圣哲贤才等。

“承负”——报应思想，本来在《国语·周语》中关于太子晋谏

① 王明:《太平经合校》,中华书局,1960年,第383页。
② 王明:《太平经合校》,中华书局,1960年,第439页。
③ 王明:《太平经合校》，中华书局，1960年，第212页。
④ 王明:《太平经合校》，中华书局，1960年，第521、522页。

灵王勿雍川时，以及《周易·坤·文言》中就提到过。《太平经》中的“承负”思想则是在此基础上有所发展了。

关于“承负”的含义，《太平经》卷三十九《解师策书诀》第五十说：“承者为前，负者为后；承者，迺谓先人本承天心而行，小小失之，不自知，用日积久，相聚为多，今后生人反无辜蒙其过谪，连传被其灾。故前为承，后为负也。负者，流灾亦不由一人之治，比连不平，前后更相负，故名之为负。负者，遒先人负于后生者也。”[①] 就是说，“承负”是指先人是否按天意行事，其行为能够给后代带来善恶报应结果而言。《太平经》作者认为，因为天的赏善罚恶，所以人的善恶行为能给自己或后代带来幸福或灾害。《太平经》卷三十七《试文书大信法》第四十七说：“今天疟人，后生者日益轻易，斗命试才。下愚迺言天无知道，天不效也。夫地尚不欺人，种禾得禾，种麦得麦，其用功力多者，其稼善。何况天哉？今故天积怨，下愚无知者，更相教轻事为愚，后生者日益剧，故生灾异变怪，非一也，是天与人君独深厚，比若父子之恩则相教，愚者见是，不以时报其君，反复蔽匿，断绝天路，天复益忿忿，后复承负之，增砷不可移。帝王虽有万人之善，犹复无故被其害也。故善者不明，若无益也。”[②]《太平经》卷一〇八《灾病证书欲藏诀》第一七六认为，承负产生的原因在于：“自古到今，兴事不详悉，失夫道意，故生承负也。是故使民至于无道而治，其乱天正道，人异政治，故人民万物多被冤也……夫先人但为小小误失道，行有之耳，不足以罪也。后生人者承负之，畜积为过也。”[③]

“承负”的对象和办法是什么呢？关于“承负”的对象，《太平经》卷三十七《五事解承负法》第四十八说：“师既为皇天解承负之仇，为后土解承负之殃，为帝王解承负之气，为百姓解承负之过，为万二千物解承负之责。”[④] 也就是说，人人皆有承负，事事皆有承负。《太平经》卷四十五《起土出书诀》第六十一说：“不知人人有

① 王明：《太平经合校》中华书局，1960 年，第 70 页。
② 王明：《太平经合校》，中华书局，1960 年，第 56 页。
③ 王明：《太平经合校》，中华书局，1960 年，第 515 页。
④ 王明：《太平经合校》，中华书局，1960 年，第 57 页。

过于天地，前后相承负，后者得并灾到，无复天命，死生无期度也。”① 不仅是人，事和物也有承负。例如，《太平经》卷三十七《五事解承负法》第四十八说：“夫南山有大木，广纵覆地数百步，其本茎一也。上有无訾之枝叶实，其下根不坚持地，而为大风雨所伤，其上亿亿枝叶实悉伤死亡，此即万物草木之承负大过也。”② 所以“承负”思想不仅是天人感应思想的反映，也是一种万物有灵的观点。至于“承负”的办法就是善有善报，恶有恶报，世代相续，承袭不断。《太平经》卷十八至卷三十四《解承负诀》说：“凡人之行，或有力行善，反常得恶，或有力行恶，反得善，因自言为贤者非也。力行善反得恶者，是承负先人之过，流灾前后积来害此人也。其行恶反得善者，是先人深积蓄大功，来源及此人也。能行大功万万倍之，先人虽有余殃，不能及此人也。因复过去，流其后世，成承五祖，一小周十世，而一反初。或有小行善不能厌，囹圄其先人流恶承负之灾，中后灭绝无后，诫冤哉，承负者，天有三部，帝王三万岁相流，臣承负三千岁，民三百岁。皆承负相及，一伏一起，随人政衰盛不绝。”③ 在这里，它宣扬了人们世代相续的因果报应论。

怎样免去“承负”之灾呢？在《太平经》作者看来，就是要一切顺从天命，致力于“守一”，那么承负之责皆除，一切善恶报应就不会纠缠人了。《太平经》卷三十七《五事解承负法》第四十八又说：“欲解承负之责，莫如守一。守一久，天将怜之。一者，天之纪纲、万物之本也。思其本，流及其末。”④《太平经》卷九十二《万二千国始火始气诀》第一三四还说：“然人生有终，上下中各竟其天年，或有得真道，因能得度世去者，是人乃无承负之过，自然之术也。”⑤ 很明显，去“承负”的唯一办法，就是要人们虔诚信仰道教，听从“天意”的安排，随便由封建统治者任意摆布。所以，《太平经》中的承负思想，实质上是完全为封建统治者服务的天人感应论，

① 王明：《太平经合校》中华书局，1960年，第124页。

② 王明：《太平经合校》，中华书局，1960年，第58—59页。

③ 王明：《太平经合校》，中华书局，1960年，第22页。

④ 王明：《太平经合校》，中华书局，1960年，第60页。

⑤ 王明：《太平经合校》，中华书局，1960年，第372页。

也是维护封建制度的一种因果报应论。

东晋葛洪把儒家的纲常名教比较系统地纳入道教的因果报应论之中。他说："欲求仙者，要当以忠孝、和顺、仁信为本。若德行不修，而但务万术，皆不得长生也。"① "欲求长生者，必欲积善立功，慈心于物，恕己及人，仁逮昆虫，乐人之吉，愍人之苦，赒人之争，救人之穷，手不伤生，口不劝祸，见人之得如己之得，见人之失如己之失，不自责，不自誉，不嫉妒胜己，不佞谄阴贼，如此乃为有德，受福于天，所作必成，求仙可冀也。"② 就是说，要忠于国君，孝敬父母，仁慈之心施之于人与物，保护自然，不自矜，不嫉妒别人，则可成仙。

大约从南北朝时期开始，早期道教的"承负"报应思想在佛教的影响下，掺入了佛教的生死轮回和来生学说，把人生的轮回与因果报应的时间分为先世、现世和来世，并且把生死轮回中的结果视为因果报应的体现与主要内容。

以上的万物有神、因果报应思想是道教神学的主要内容之一，它极易扭曲人们的思想，削弱人们的意志，让人们听从神灵的安排，因而误入歧途。可见，它是道教文化中最没有价值的内容。

（五）任物自然，长生久视

道教的终极关怀是天人一体，任物自然，个体的人长生不死。

道教追求天人一体，主张尊重自然界万物的属性，做到人与自然和谐。它认为社会的安定、人事的好坏同自然物的兴旺或灾害有联系。在他们看来，"古者圣人治致太平，皆求天地中和之心，一气不通，百事乖错"③。如何做到天人一体、人与自然和谐呢？一是"自然守道而行，万物皆得其所矣"④。这就是说，自然物之间的联系有客观法则相互制约。二是"君者当以道德化万物，令各得其所也"⑤。这是说，人类要以自然法则和社会法则促成万物自足其性、

① 《抱朴子内篇·对俗》。
② 《抱朴子内篇·微旨》。
③ 王明：《太平经合校》中华书局，1960年，第18页。
④ 王明：《太平经合校》，中华书局，1960年，第21页。
⑤ 王明：《太平经合校》，中华书局，1960年，第20页。

各得其所。由此，道教学者提出了“天以凡物悉生出为富足”的财富理论和价值观，其主旨是保护世间万物繁育茂盛，从而保持万物和人的生存环境。所以，道教学者认为，“天下无一物，则大凶也”；古代圣人“不敢离天法诛（按：疑为铢字）分之间也……其治立平，与天地相似哉”①。在世界宗教史上，道教是唯一追求生理生命与精神生命永存的一种宗教，它幻想人类长生不死的理论基础和实践追求是：“天以昼夜运行而长且久，人能法天道而求诸身，亦能长生久视。”② 正是基于这种理论，葛洪提出了“假求于外物以自坚固”的观点和人物同原论；陈抟在《无极图》中认为炼丹的最高境界和最后归宿是复归虚无；张伯端也在《悟真篇》中强调“万物芸芸各返根，返根复命即常存”。可以看出，道教学者追求的理想是人与自然和谐，回复到混混沌沌的原始自然状况，人们处于完全虚无的心态，似乎在这种状态之下人们即可长生不死。而他们追求的人类生活环境则是幻想与现实的结合。概括起来，一是清洁干净，不妨害他人。例如，全真道盥漱戒忌规定：“如盥漱吐水，当徐徐引下，不得高声呕吐唾涕，夏月盥器当覆，不令生虫。弃不净水，不得当路，当低低泼下，不得高手扬泼，溅人衣上。不得热汤泼地。内水宜顺澈，有虮虱，宜先拾去。发宜多栉。积发多，乃焚僻静处，不得顿房内壁缝、法堂中、圣像前。不得盥漱刺齿。唾涕当在僻静处，亦不得对北唾涕。有疮癣当避人，不得盥漱共器，有可畏疮病，不得刺人目。”③ 二是环境要寂静一些，减少人声、车声、机器声等噪音的干扰。山林泉石之间，乡郊旷野之外最宜人们生活居住。三是空气要新鲜。四是光线或气候的寒温等也要适当④。他们追求不死成仙，向往仙人居住的环境：有“台见、众楼、殿堂、宫室连接相次，珍宝、金银、众香种数杂合错布，兰香、桂树、穷奇异兽、凤凰众鸟栖于树上，神龙骐骥以为家畜，仙人玉女尽集其上。若欲游行，乘云驾龙，呼吸万里，天地、人民、鬼神令属于我”；“我出之时，乘驾九

① 王明：《太平经合校》，中华书局，1960 年，第 48 页。

② 俞琰：《周易参同契发挥》。

③ 《古书隐楼藏书》卷十二。

④ 陈樱宁：《神经衰弱静功疗养法问答》。

龙之车，龙有九色连钱斑文，车有羽盖十二出，檀梓为车，饰以金银珠玉杂色，奇异不可目名，征召天下真官海狱风伯雨帅役使万鬼，倾天纲，缩地脉，回转天地如回我身，把捉日月能令天地昼暗，仙人玉龙车侍从，钟鼓音乐，遍满虚空，百兽真徒，凤凰众鸟，翔于其上，天地运动，人众鬼兵无有边际，见我威光，无不弭伏我哉”①。

道教主张任物自然，提倡人与自然和谐，注意到了自然物之间的联系有客观法则相互制约，人们应利用自然法则和社会法则促进自然物生长发育。这些都是极其宝贵的思想遗产。道教徒幻想长生久视，追求美好的生活环境，反映了古代先人的崇高理想。但是，上述思想理论的核心还是“不合天心，不得天意，为无功于天上……其魂神独见责于地下”②，因此不得长生久视。显然具有神灵主宰宇宙的消极内涵。

第二节　韩国道教基本思想述略

韩国资深道教思想家车柱环教授在《韩国道教思想研究》一书序言中，说到若在韩国除了李圭景的《五洲衍文长笺散稿》和李能和的《朝鲜道教史》之外，再没有出现过研究道教的著作，这并不是耸人听闻、不负责的言论③。车柱环教授的这一见地在韩国著名宗教学家金得榥先生的《韩国宗教史》中得到了验证④。该宗教史在韩国学界影响较大，曾由韩国白岩社出版过第 7 版。在这本宗教史中竟没有一章是独立叙述道教的，韩国道教思想的研究确实被冷落了。韩国学术界对道教研究的深入始于 20 世纪 80 年代后期。

① 《老君音诵诫经》。
② 王明：《太平经合校》，中华书局，1960 年，第 74 页。
③ 车柱环：《韩国道教思想研究》，首尔大学出版社，1997 年，第 5—6 页。
④ 金得榥：《韩国宗教史》，白岩社，1978 年。

一、韩国道教史概述

韩国作为和中国内陆相接的邻国，其文化在最初的原生阶段，有很多和中国类似的思想文化因素。如韩国类似于中国道教的神仙崇拜思想，就是明显的一例。神仙崇拜是中国道教的基本信仰，也是韩国最古老的固有思想。因此，当中国道教的各种形式和内容整体、系统地传入韩国时，韩国并没有感到它是异质文化，而是以认同的文化心态自然地接受下来。

(一) 三国及统一新罗时期的道教

在韩国三国时代，道家思想及道教已经传入朝鲜半岛，而高句丽是最早传入中国道教的国家。《三国遗事·宝藏奉老》记述说："丽季，武德、贞观间，国人争奉五斗米教，唐高祖闻之，遣道士，送天尊像，来讲《道德经》，王与国人听之，即第二十七代荣留王即位七年、武德七年甲申也。明年遣使往唐，求学佛老，唐帝（高祖）许之。"这是说，高句丽末期，唐武德、贞观年间（618—649），中国的五斗米教已在高句丽广泛传播，在民间造成了相当大的影响。唐高祖得知这种情况后，便派道士送去天尊像，讲说《道德经》，更促进了道教在高句丽的发展。第二年，荣留王又派人赴唐学佛老，得到唐高祖的支持和鼓励。五斗米教是由汉末张道陵所创，规定入教者要信奉《道德经》，其教旨是宣传以祷请之法给人治病，把病人姓氏及本人悔罪之意写在纸上，一式三份，一份送上天，即放在山上，一份埋于地，一份沉之水，叫做"三官手书"。据说这样就可以把人们的病治好。要学此道，需出五斗米，所以称为五斗米道。此道流行于中国巴、蜀、汉中，张陵之后，张衡、张鲁继续传其道术，此后历代皆有信奉者。高句丽人争相信奉五斗米道，大概与其传统的神仙信仰有关。《三国遗事·古朝鲜》所引述的檀君开国神话，说明韩国自古即有神仙传说，与中国相似。李朝李瀷《星湖僿说》称，秦始皇送方士徐福、韩终等人入海求仙，徐福逃往日本，韩终则逃往朝鲜半岛，其后裔即成三韩之一的马韩。晋王嘉《拾遗记》有言：汉惠帝时有道士韩稚越海来朝谒，韩稚即是韩终之子。

高句丽宝藏王时，权臣盖苏文正式提议高句丽兴道教。《三国史记·高句丽本纪》载，宝藏王二年（643），盖苏文向宝藏王进言说："三教譬如鼎足，缺一不可。今儒释并兴，而道教未盛，非所谓备天下之道术也。"因此，他请求遣使入唐，"求道教以训国人"。宝藏王很赞成他的主张，就派遣使者，奉表人唐陈请。于是，唐太宗"谴道士叔达等8人，兼赐老子《道德经》"。宝藏王非常高兴，以贵宾之礼厚待叔达等道士，并把他们安置在佛寺中，改佛寺为道观，使道士坐儒士之上，开始宣讲道教，从此道教信仰超过儒、佛。

《三国遗事》也记述了这件事情，其《宝藏奉老》一节中说："及宝藏王即位，亦欲并兴三教。时宠相盖苏文说王以儒释并炽，而黄冠未盛，特使于唐求道教。"《三国遗事》中还说：当道教传到高句丽时，曾有盘龙寺普德和尚多次提出反对意见，认为道教是"左道匹正，国祚危矣"。但宝藏王没有听取他的意见，他便隐居到深山里去了。从此，道教在高句丽传播开来，道士除讲解道教经典外，还举行各种斋醮，行镇国之术，镇护国家名山大川。

另外，《三国史记·乙支文德传》记载，隋炀帝（605—618）曾派大将于仲文率军征高句丽，高句丽大相乙支文德作诗送于仲文："神策究天文，妙算穷地理，战胜功既高，知足愿云止。"这里的"知足愿云止"，显然是出自老子《道德经》"知足不辱，知止不殆"一语，说明此时道家思想已在高句丽发生影响。

据《三国史记·百济本纪》记载，百济近肖古王（346—375）时，高句丽进犯百济，近肖古王遣太子（即后来的近仇首王）率军抗击，大败高句丽军，并乘胜追击，直到水谷城西北。将军莫古解谏曰："尝闻道家之言，知足不辱，知止不殆。今所得多矣，何必求多。"太子听从了他的意见，便停止了追击。这里更明确地引证了老子的话。

莫古解是百济近肖古王时人，近肖古王当政是在4世纪后半期。前引《三国遗事·宝藏奉老》和《三国史记·高句丽本纪》，至7世纪前期《道德经》才传到高句丽。照此而论，百济之流传《道德经》，反比高句丽早了两个半世纪。

《后周书》说："百济无道士，而僧尼寺塔甚多。"百济的确佛教兴盛，但也有道教流传的迹象，例如《三国史记·百济本纪》记载，百济武王三十五年（634），曾“穿池于宫南，引水二十余里，四岸植以杨柳，水中筑岛屿，拟方丈仙山”。这里的“方丈仙山”，是晋王嘉所撰《拾遗记》中的海上三仙山之一。于此可见，7世纪，道教神仙思想也在百济传播开来。

另外，日本人黑板胜美博士曾著《我国古代的道家思想及道教》一文，以为日本的道教是通过百济传入的。他推测，日本应神天皇时赴日献《论语》等书的百济人阿直岐，王仁“必非为纯粹之儒学者，而宁为道家者流”。日本的《延喜式》中所规定的神祀仪式，即是由阿直岐、王仁从百济传去的[①]。

新罗至迟到7世纪，老庄思想已经广泛传播。《三国史记·金仁问传》记述：“金仁问……幼而就学，多读儒家之书，兼涉庄老浮屠之说……永徽二年，仁问年二十三岁，受王命人大唐宿卫。”唐高宗永徽二年是651年，那时金仁问23岁。而金仁问“幼而就学”时，不仅读儒典，同时也读了道家和佛教的书，说明当时新罗已把《老子》、《庄子》等道家的书列为教育贵族子弟的教材，“唐太宗闻圣德王薨……遣左赞善大夫邢琇以鸿胪少卿往吊祭……帝谓琇曰：‘新罗号为君子之国，有类中国。以卿惇儒，故持节往，宜演经义，使知大国儒教之盛’……夏四月，唐使臣邢琇以老子《道德经》等文书献于王。”

这里说，唐玄宗派邢琇“持节往，宜演经义，使知大车儒教之盛”。但邢琇出使新罗后，献给新罗王的却是老子。《朝鲜道教史》有一种解释，他认为，邢琇是“儒其名而道其行”。唐朝太宗是“奉道之君，尊老子为玄元皇帝，躬享于亲庙。以庄子为南华真人，列子为冲虚真人，庚桑楚为洞虚真人，而配享之矣。”所以玄宗命邢琇“往演经义”，其经义应当是《道德经》，邢琇献《道德经》，正是履行其使命。而文中所谓“儒教”，则是“道教”之讹，是儒官偷梁换柱的结果。

新罗圣德王十八年（719），金志诚在庆州造甘山寺及阿弥、弥

---

① 李能和：《朝鲜道教史》，民族文化社，1980年，第55—64页。

勒石像，他在《庆州甘山寺弥勒菩萨造像记》中自述说："弟子志诚……性谐山水，慕庄老之逍遥；志重真宗，希无著之玄寂。年六十有七，致王事于清朝，遂归田于闲野。披阅五千言之《道德》，弃名位而入玄；穷研十七地之法门，坏色空而俱灭。"《造像记》比邢琇献《道德经》还要早19年，而从中可见当时老庄之学已与佛教并行。

新罗不独有道家思想传播，同时也有道教存在。《东国通鉴》载："惠恭王（765—780）……好佩锦囊与道流为谑。"可见当时已有道士活动。新罗有个人修炼成仙的传记，新罗的名区胜地，多有仙踪。新罗的花郎道又叫风流道，其花郎称为国仙。

《三国史记·金庾信传》和《三国遗事》说真平王（579—632）时的名将金庾信，天生"禀精七曜，故背有七星之文"。后来遇一老人密传方术，"修剑得术，为国仙"。有一次，汉山城被高句丽、靺鞨的军兵包围，情势危急，金庾信便"于星浮山设坛修神术……忽有光耀从南天际来，成霹雳"，击碎敌军炮石兵器，大败敌军。金庾信的三世孙金岩，自小"好习方术"，在出使唐朝时，曾就师"学阴阳家法"，后来又"自述遁甲立成之法"，受到其师的称赞。归国后为司天大博士，又历任良康汉三州太守、执事侍郎、灞江镇头上等职。金岩曾应邀到日本传道，日本国君知其贤能，想把他留在日本，正巧大唐使臣高鹤林赴日，与岩相见甚欢，日本人知金岩闻名于大国，便不敢强留。

李朝时期的文人，多有关于新罗神仙的集记。据说新罗的开国之王赫居世，就是仙桃圣母所生，而仙桃圣母本是中国仙女。黄万宗撰《海东异迹》中说，仙桃圣母"本中国帝室之女，名娑苏，早得神仙之术，来止海东，久而不反，遂为神。世传赫居世乃圣母之所诞也，故中国人赞有'仙桃娠贤肇邦'之语"。《舆地胜览》有："圣母祠在西岳仙桃山（庆州）。"

李眉叟《仁老集》中更举例证，说明此类传闻也在中国流行。李眉叟说，高丽侍中金富轼出使宋朝时曾到一佑神馆，见馆内一堂设有女神像。馆伴王黻对他说："此贵国之神，公等知之乎？"接着又说："古有帝室之女，不夫而孕，为人所疑，乃泛海抵辰韩，生子为海东始王，后为天仙，帝女为地仙，长在仙桃山，此其像也"。

新罗又有永郎、述郎、南郎、安详四仙传说，影响更为久远，新罗国内名胜之地，多有四仙游迹。李朝赵汝籍所撰《青鹤集》说，传为古朝鲜始祖的檀君，其祖父是“桓仁真人，为东方仙派之宗”。桓仁之子桓雄天王，“继志述事，又主风雨五谷三百六十余事，以化东民”。后来，“檀君继业，化行千年……入阿斯达山仙去”。又有阿斯达山的文朴氏“传檀君之道”。四仙之一的永郎，“遂传文朴之业”。

洪万宗《海东异迹》说：新罗有四仙，即述郎、南郎、永郎、安详，此四仙曾同游高城，三日不返，故其地名曰“三日浦”，浦南有小峰，峰上有石龛，峰上北崖有丹书六字曰“永郎徒南石行”。所谓“南石行”，大概就是南郎。此外还有四仙亭、四仙峰、仙游潭、永郎湖、永郎峰、阿郎浦等胜境，据说都是四仙所游之处。李眉叟《仁老集》有诗曰：“四仙罗代客，白日化飞升，千载追遗迹，三山乐可仍。”李峒隐《义健集》也有诗曰：“四仙遗迹海中，羽盖芝轮去不还，湖上至今明月夜，玉箫声在白云间。”

《青鹤集》等书还描述了许多仙人，如新罗初有瓠公，从东海乘飘风至罗，为新罗国名宰，“煮玉而食，茹木而衣，呼风唤雨，驱禽喝兽”。瓠公之仙家流派还有昙（音“探”）始仙人，又称琴仙、七点仙人。七点仙人之裔有勿稽子，也是仙人。此外还有大世、仇染、玉宝高、于勒、金谦孝、苏嘏、蔷薇仙女等神仙传说。这些传说中的仙人，多是史无其人。但也有些是确有其人，因其平生或放浪山水、吟风弄月，或通晓道教方术，后人便传称之为仙。特别值得提起的是，新罗有一大批文人学士曾赴唐朝留学，他们中不少人在唐朝学习过道教，对道教在新罗的广泛传播起了决定性的作用，他们也常被人视为仙家。其著名者有金可纪、崔承佑、僧慈惠、李清、僧明法、权清、崔致远等。

李朝道士韩无畏所撰《海东传道录》，记述了金可纪等人在中国学道的情况，其中记有：唐文宗开成（836—840）中，新罗人崔承佑、金可纪、僧慈惠三人游学入唐，相与游终南山。他们与天师申元之交好，又通过申元之得见仙人钟离将军，钟离“授三人道法，有《青华秘文》、《灵宝异法》、《入头岳诀》、《金诰》、《内观玉文宝录》、《天遁炼魔法》等书及口诀，又有伯阳《参同契》、《黄庭经》、《龙虎经》、《清净心印经》。燃灯相付，一线以传。崔孤云（致远）入唐得还，反学以传，并为东方丹学之鼻祖。其最者，《参同契》十六条口诀也”。

唐沈汾所撰《续仙传》说，金可纪“性沉静好道，不尚华侈，或服气炼形，自以为乐”。后隐逸终南山子午谷，常焚香静坐，又诵读《道德经》及诸仙经不辍。曾一度归国，又复来入终南山，务行阴德，济助贫寒。崔成佑和僧慈惠后来回到了新罗。据《海东传道录》等道书说，崔承佑返国后累官至太尉，以口诀崔孤云及道士李清。李清入头流山修炼得道，93 岁升去，传道于弟子明法。明法学于慈惠、李清二人，尽得其要，112 岁解去，传于上洛君权清。慈惠也在 145 岁时入寂于太白山。权清佯狂为僧，修炼得道，隐于头流山，常与孤云相访，隐现无方。

这些道教传人中，最突出的还是崔致远，崔致远的名著《桂苑笔耕》中，除收录他的诗文外，还收有斋词 15 首，其内容包括科仪道教的各种醮祭仪式和祝文、颂文等。斋词内容表明他对道教有很深的研究，抱有强烈的仰慕之情，并对道教的发展作出了贡献。他的《上元黄箓斋词》有：“年月朔启请如科仪，伏以有德不德，无名可名，自施倏忽之功，莫究希微之旨。是以紫府乃修心可到，玄关非用力能开。臣志慕真风，躬行正道。”《中元斋词》有：“臣才谢半千，虽惭贤路，心疑正一，早扣玄关，斋诚于八节三元，炼志于龙缄凤蕴……三尺剑高提在手，须救危时，六铢衣轻扬于身，未谐夙愿。今谨因中元素节，大庆良辰，依宝坛而醮设常仪，企仙阙而拜申精恳，伏愿真风荡涤，玄泽滂流。”《下元斋词》有：“臣虽尘役拘身，而云装挂志，大成是望，上达为期，每依郭璞诗中精雕玉石，愿向葛洪传上得寄一名，所以仰钦象帝之先，岂在他人之后，听烂柯翁之说，则信惜光阴，览《抱朴子》之言，则不亏忠信。”这些斋词文句优美，颇有深意，开了后朝高丽科仪道教之先风。

三国时期的道教思想特点，如果从固有思想层面上看，百济和新罗的神道与仙风意识比较浓厚，而高句丽则古代的祭天仪式相对完备。在《后汉书》、《魏志·东夷传》等中国史书中，就有很多有关高句丽祭天行事的记录。因此，高句丽比新罗、百济更多地具有巫俗、山岳信仰性质的祈救崇教意识，而新罗、百济就多一些对抽象之“天”崇拜的哲学精神。从接受中国道教的层面上看，新罗和百济更多地是从老子等道家的思想理论层次上对道教认同和吸收，而且多民间的、个人的因素，但高句丽则更多地是在崇教的层次上，为镇护国家、国王延年益寿导入较为完整意义上的斋醮道教，而且多国家用的、政治的因素。

（二）高丽时期的道教

高丽道教在韩国道教史上，可谓是最辉煌的时期。在整个高丽时期，历代国王都非常崇信道教，不惜国家财政，在全国各地建立道观，培养道士，建立道士制度，频繁举行斋醮仪式，道教成为国家宗教生活中不可缺少的重要内容。

高丽道教的全盛期是 11 世纪中叶至 12 世纪中下叶，也即文宗（1046—1170）年间。其中睿宗和毅宗又将道教推向了极盛。

睿宗是高丽的第十八代王，是历代国王中最笃信道教的国王。他在即位的第二年（1106），在延庆宫后苑的玉烛亭安置元始天尊像，每月进行斋醮。置元始天尊像是自高句丽荣留王七年以来的第一次。睿宗六年，他又采纳从宋朝学道归来的道士李仲若的建议，建立了韩国史上最初的道观——福源观，并在福源观开设讲席，阐述道教妙理，并任进十名道士，专门主持道教仪式。还特意从宋朝请来两名道士，专事选拔优秀者将其培养为道士。睿宗甚至还一度想代佛教奉道教为国教。

毅宗也是一个不亚于睿宗的崇道国王。他在位期间，频繁进行规模巨大的斋醮仪式。据《高丽史》卷十八记载，毅宗时参加斋醮仪式的道士、佛僧达数百人之多。可见其规模之大、道士数量之多。毅宗崇道虽然不无为国家祈福去灾的目的，但究其实质主要是为其个人的王运及长寿。为此，他不惜耗费国家的财政、民力。这也是他最终被郑仲夫等人的军人政变所弑杀的原因之一。

高丽王朝道教的特点：

1. 宗教色彩非常浓厚

韩国成均馆大学宋恒龙教授在《韩国道教哲学史》一书中说：

"如果说，新罗和百济社会是基于合理主义的思想、以人为中心的社会，那么，中世的高丽则为以神为中心的信仰的时代、宗教的时代。"道教受宠也说明了这种时代特征。在高丽王朝道教可以说是基于崇教信仰，以卫国延基、祈福长寿为目的，以斋醮为主要内容的国家层次上的仪式道教。在民间盛行的完全是来自于道教的"守庚申习俗"[①]，充满了以神为中心的宗教信仰意识。

2. 高丽王朝道佛糅杂，无明确界线

李能和的《朝鲜道教史》说："高丽自国初行八关斋，名虽佛戒，实则道斋。按八关斋，高句丽僧惠亮来归新罗，真兴王以亮为僧统。亮劝王设八关会于佛寺七日，为战亡士卒薦冥福。自是，新罗每年行八关斋。泰封弓裔亦每年行之。高丽太祖统一三韩，亦以每年仲冬十五日行八关斋。一切仪式仿用罗制，而燃灯所以事佛八关所以事天，灵及五岳名山大川，见于太祖训要之中。盖崇重之事概可知也。丽毅宗二十二年，御西京之观风殿下教颁令：一崇重佛事，一归敬沙门，一保护三宝，一尊尚仙风，续行八关。此道佛行事思想杂糅一也。李圭景道教辩证说云：高丽仁宗时，送知常请王置八圣堂于宫中，皆绘像。盖秦始壬午祠山川八神之类，鹄岭八仙所住作八仙宫于松岳山。知常撰八圣文曰妥八仙于其间，奉白头而为始，八仙即指八圣也，云云。按知常所撰文指西京八圣而亦与松岳八仙有交涉。所谓八圣，半佛半仙，此道佛行事思想杂糅之二也。又高丽时，行呵吒波拘威大将军道场及太岁道场杂用僧道，此道佛行事思想杂糅三也。"

3. 具有风水图谶性质

据说高丽是应崔致远"鸡林黄叶，鹄岭青松"的谶言而诞生的国家。因此，从开国初开始就非常盛行图谶思想。从《高丽史》卷二，太祖二十六年条的"太祖训要"可见其一端。"朕蒙三韩山川阴佑成统一大业"，"诸寺院皆道诜推占山水顺逆而开创"。道诜云："吾所占定外，妄加创造，则损薄地德，祚业不永……新罗之末，竟造浮屠，衰损地德以底于亡，可不戒哉。"

---

① 车柱环：《朝鲜道教思想研究》，首尔大学出版社，1997年。

高丽的图谶思想主要是以风水地理学为内容的。它是说人力终有不足，在人力不及之时，须靠地德裨补救援，而地德到了一定阶段也要衰，其末运也要至。这时候就必须另择地德盛的地方，置宅安生才能得救。对此，从朝廷至民间都深信不疑，致使高丽朝围绕三京（庆州、开城、平壤）曾发生数次迁都运动，造成极大的社会混乱。睿宗元年（1106）发布命令，收集整理了这方面的书籍，并编成《海东秘录》。神宗元年（1197），还设了主管山川裨补事宜的“山川裨补都监”。高丽时设的这些有关图谶、风水的行政官制，一直延续到朝鲜朝。

（三）李朝时期的道教

丽末鲜初，朱子学传入朝鲜，为朝鲜沉闷的意识形态领域注入了新鲜空气。那些破旧立新的政治家、儒学者，都以朱子学为建国的政治理念，决心以朱子学重建国家纲纪。这样，为了一扫高丽之积弊，建立崭新的李氏王朝，坚定地采取了“破邪显正”、“独尊儒术”的基本政策。作为“邪”之第一，佛教受到了彻底批判，作为佛教“难兄难弟”的道教，也理所当然地被列入排斥之列。但由于李朝太祖李成桂深信道教能镇护国家、禳灾祈福，并熟谙道教斋醮仪礼，道教继续受到李氏朝鲜王朝的崇奉，斋醮行事照行不误。太宗更是进行了30多次的斋醮仪式，继太宗后，世宗、文宗、世祖等也因循守旧，频繁举行斋醮，最终引起众多儒臣的不满，群起排斥道教。太祖元年，赵璞上疏，要求废止道教斋醮，从此，革罢昭格殿就成为舆论焦点。高丽时，祭天醮星的道观很多，如：福源宫、神格殿（昭格殿）、净事色、烧钱色、太清观、太一殿、九曜堂、清溪拜星所等。李朝时期将它们并为昭格殿，成为唯一之道观。由于权近、河伦等重臣的极力反对，世祖时改昭格殿为昭格署，其规模也渐趋缩小。至中宗（1506—1544）时，赵光祖等新进士林冒死罪上疏，要求革罢昭格署，国王被迫听从。但很快发生了“已卯士祸”（1519），中宗以母后病中请求为由，重又恢复了昭格署。直至宣祖时的“壬辰倭乱”（1592），昭格署才最终得到彻底废止。至此，国家层次上的道教斋醮仪式就基本绝迹了。但是，转入民间的、伴随巫俗的道教习俗，如守庚申习俗还广为流传。而且，修炼道兴起，涌现出许多以朝鲜丹学中兴祖金时习（1435—1493）为首的内丹道学者和成道仙人。

李朝道教的特点：

1. 从国家科仪道教转向民间道教

如上所述，昭格署被革罢，国家科仪道教就基本废止了，残存于宫中、王室中的个别道教行事，也都以变形的、散在的面貌存续着。但是，由于道教的思想内容和人们生老病死的现实生活密切相关，所以，深深地潜入人们意识及生活习俗中的民间道教并没有绝迹。虽然不能明确肯定那就是纯粹的道教，但诸如决定结婚、祭礼、建宅起工、搬迁新居等的良辰吉日，防病去邪、逐鬼、慰抚冤魂等民间习惯，都基本上能和道教挂上沟。而且，在李朝末期，面对深刻的社会矛盾、阶级矛盾、民族矛盾，在民间产生了东学党（1860年建立，教主为崔济愚）、大倧教（1909年建立，教主为罗哲）等众多的民族宗教，虽基本上以三教融合为特征，但更多地具有道教的思想色彩和仪式。

2. 修炼道教大为发展

据《海东传道录》记载，朝鲜修炼道法的丹学道，是由新罗的金可纪、崔承佑和僧慈惠，以及崔致远传入朝鲜的。其道法主要是“反返之学”，即用自身的精、气、神，通过自力的、内向的修炼，达到不老长生，最终得道成仙。高丽时，权清和契贤最为有名。到了朝鲜朝，从丽末鲜初的赵云仡、金时习开始，由洪裕孙、郑希良、尹君平、徐敬德、郭致虚、僧大珠、郑磏、郑碏、朴枝华、韩无畏、密阳孀妇朴氏、张世美、姜贵千、张道观等人形成大观。这些人大部分是出身卑贱而智才超群的学者或是没落两班贵族。其中金时习为李朝道教丹学中兴祖。他学习高丽契贤，会通儒、释、道三教，传说其丹功炼至死后盖棺三年其容颜仍栩栩如生之地步。这虽然不无传奇色彩，但也多少能说明他的修炼功夫很高。金时习著有《天形》、《龙虎》、《服气》、《真修》等文。金时习之后，郑磏熟谙三教，精通天文地理、医药占筮、律吕、算数等，对丹学研究颇有造诣，著有《龙虎秘诀》。

3. 理性思维盖过宗教意识

从整体来说，高丽时代是宗教的神的时代，李朝则是哲学的理性思维的时代。因此，“如果说高丽朝道教是巫教和科仪道教、祈福佛教的结合，那么，李朝道教则是具有风水地理学性质的修炼道教和老庄思想的结合”[①]。

李朝道教受朱子学理性思维的影响走向了理论整理和学问研究的方向，不但在内丹修炼上出现了许多像金时习、韩无畏[②]、朴枝华[③]等传说修道成仙的人，而且在对道教的理论研究方面，也取得了很大成果。《海东传道录》、《周易三同契注解》、《丹歌要诀》、《龙虎秘诀》等，都是此时期注释和研究道书的结晶。高丽兴盛的地理风水图谶思想，到了李朝依然盛行不衰，只是比高丽时在理论上进一步得以发展成风水地理学，涌现出不少对风水学造诣颇深的学者，整理出有关历代谶纬、术数、秘记等方面的书籍。

此时期还有许多直接受道教思想影响的医学著作问世。其中最著名的有许浚著《东医宝鉴》。这本具有丰富知识内容又极富科学性的医药书，基于“道精医粗”的根本原理，解释了防病用药、治病健身的基本理论和方法。《东医宝鉴》至今是韩国人民十分珍惜的宝贵文化遗产。

综上所述，中国道教在神仙崇拜信仰之上、以长生不死为目的的宗教意识，传入同样具有“天”、“神”、“仙”崇拜思想和习俗的韩国，被韩国人民视作同质文化认同下来，并始终按照自己的心理取向接受和消化。事实上，就是中国的道教思想溶进韩国的固有思想中，并决定性地促进了韩国固有思想的理论化、体系化的进程，而不是像中国的儒学、佛学那样完全开辟了韩国新的思想文化领域。因此，与其说是韩国的道教文化，倒不如说是韩国文化的道教性格或道教特性更为适宜。

① 宋恒龙：《韩国道教史》，第70页。

② 传说是《海东传道录》的作者。他从郭致虚学得秘法，不吃谷物，修道10年，独居40载，94岁尸解而去。

③ 从小游历名山，只吃松叶，不吃谷物，深究儒、道、佛，70入金刚山，修道7年，某日正坐溪流，水解而去。

二、韩国道教的主要信仰

纵观韩国道教史，韩国道教的主要信仰可概括为以下几个方面：

1. 五斗米道信仰

五斗米道在中国产生较早，但传入韩国则在公元3世纪。传入后其活动主要是在民间，后发展到官府贵族阶层中。《三国史记》载，7世纪高句丽国人争先信奉五斗米道。中国唐得知后即于624年派使臣沈叔安给高句丽荣留王（618—642）送去道士和天尊像，令道士在高句丽讲述《道德经》。而荣留王之所以对道教奉若神明，其目的就在于借助道教来平衡和缓解统治阶级内部日益激化的派系争斗，并以此来巩固其政治统治。因此，荣留王不顾儒、佛教的坚决反对，强行推行崇道排儒、佛政策。可以说，荣留王对道教的引进和传播起到很大作用。

2. 元始天尊信仰

元始天尊是道教中最高的天神。道经指出："居于天界最高的'玉清'仙境、为三清首席。"生于太元之先，故称"元始"，又称他"常存不灭"，每至天地初升，便以秘道授诸仙，谓之"开劫度人"。中国古代神话传说和道教早期经典《太平经》中俱无关于元始天尊记载，最早的元始天尊说法见于晋葛洪的《枕中书》中。此后道书多认为他是比道教始祖老子地位更尊的天神。在韩国道教史中，尤其是在高丽道教中，元始天尊已成为最高信奉对象，处于至高无上的地位，在诸多神仙传说中，处于中心位置，老人星等其他诸神在其旁边。这是因为高丽道教特别强调现世性，认为国家的安宁和国王的长寿不仅同老人星的护佑有关，而且同元始天尊的"元始"道力有关。这种"道力"有助于国家的安宁和国王的长寿。为确保国家政权的巩固和国王的长寿，便把元始天尊奉为至尊。

3. 多神信仰

多神信仰是韩国道教所具有的重要特征之一。道教构筑了一个完美的神仙谱系。车柱环教授认为，韩国神仙体系可以概括为两种系列：一种是作为唯一神的系列即桓因系列；另一种是为以斯白为唯一神的系列即斯白系列。桓因系列叙述的是，桓雄受天帝桓因之命，经过数十万年日月造就星辰、动植物及人类之后，就率领他的三千徒众降落到太白山顶的神坛树下，建造神市并被推举为桓雄天王。从此，天王带领风伯、雨师、云师治理天下，管理人类社会的农业、疾病、刑罚、善恶等 360 种杂事。从这个叙述中，我们可以看出，恒雄治理社会，组织了具有三千徒众的集团社会即具有一定规模和社会职能的共同体。这个系列还说，桓雄完成他自己的历史使命之后最终飞升到天上的神乡。桓雄归神乡之后檀君王俭即位，被推举为共同体首领，创建古朝鲜，率众举行祭天仪式并“大诰”天下。在另一个斯白系列中，桓因不是充当唯一之神，而是充当三神（上帝）手下的一名君。这个系列还讲桓因创建桓国，经过数千万年至第七代檀君时桓雄被派到太白建神市并被推举为共同体首领，后又经 18 代檀君王俭创立了古朝鲜，后又经 47 代才创建扶余——高句丽——大震（渤海）。

从以上叙述中，我们可以看到桓因系列思想的原初性和质朴性，而从斯白系列中我们看到的则是经后人的整理而形成的思想。我们可以断定韩国神仙说的核心在于唯一神的信仰和最终飞升到天界的结局，这就是说，韩国神仙说涉及天界和地界。所以，韩国的神仙说可以概括为说：尊奉天上唯一神，建立地界扶善灭恶的社会，完成其使命之后飞升到天界，永享福乐。在这里我们用《揆园史话》中的论述来概括韩国神仙说的特点。在《揆园史话》中记载：“(1) 唯皇一神，在最上位，创天地，主全世界，造物无量，荡荡洋洋，无物不全，昭昭灵灵，织尘弗漏；(2) 唯皇一神，在最上位，用御天宫，启万善，原万德，群众护得，大吉祥，大光明处日神乡；(3) 唯皇天帝，降自天宫，率三千团部，为我皇祖，乃至功完而朝天，归神乡；(4) 咨尔有众，唯则天范，扶万善，灭万恶，性通功完，乃朝天；(5) 天范唯一，弗贰厥门，尔唯纯诚，一尔心，乃朝天。”

在《揆园史话》中，还提到韩国古代神仙说被传承的途径及派系，说：“后有文朴民，居阿斯达，韶颜方瞳，颇得檀君之道。其后如向弥山人永郎，及马韩之神女宝德诸人，只得其一斑，清静无为，逍遥尘外，又非檀祖用化万民之大义也。”在赵汝籍的《青鹤集》第六部中也提到神仙说的传承途径，说："桓仁为东方仙派之宗。桓雄天王，桓仁之子也，继志述事，又主风雨五谷三百六十余事，以化东民。檀君继业，化行十年，九夷共尊之，立为天王。蓬亭柳阙而绚髪牛而治，主世一千四十八年，入阿斯达仙居，子孙繁衍，当其时，大国九，小国十二，大抵皆檀氏也。其后有文朴氏，居阿斯山，韶颜方瞳，能得檀君之道。永郎者，向弥山人也。行年九十，有婴儿之色。鹭羽之冠，铁竹之杖，逍遥于湖山，遂传文朴之业。马韩时有神女宝德者，御风而行，抱琴而歌，貌若秋水落石出之芙蓉，是承永郎之道焉。"①

从上述表述中，第一，可以概括出韩国古代神仙说的发展规律，即韩国古代神仙说是经历了桓因→桓雄→檀君→文朴氏→永郎→宝德的传承过程，而且在这一传承过程中其神仙概念及其体系得到形成和成熟。第二，可以了解到韩国古代人们赋予神仙的外部特征。就拿新罗四仙之一的永郎来说，他超凡脱俗，"颜如婴儿"、"常戴鹭羽冠"、"柱铁竹杖"等外部形象俨然是一位与众不同的人。第三，可以了解到所谓神仙们的行踪和活动特点。李谷在《东游记》中说："人言新罗时，有永郎、述郎……四仙童者，与其徒三千人，游于海上。"② 新罗末期的崔致远（837—?）在《鸾郎碑序》中写到："固有玄妙之道曰风流，设教之源，备详仙史，实乃包含三教，接化群生。"从这里我们可以看到这些神仙们是同徒弟一起"游于海上"、"逍遥于湖山"进行"接化群生"活动的。看来，韩国古代人们设想神仙们是在"湖山"、"海上"活动，这恐怕与朝鲜半岛的"国土狭长"，"湖明山秀、三面环海"的地理环境有一定联系。

到了高丽时期，多神崇拜主要体现在斋醮活动上。高丽王朝34位国王就有21位国王执政期间信仰道教，重视道教的科仪，举办过100多次的斋醮活动，而且其规模一个比一个更大，参与者一个比一个更多，最终导致国库危机。以下是高丽时期在斋醮中出现的各类

① 《东文选》卷71。

② 韩国道教文化学会编：《道家思想和韩国道教》，国学资料院，1997年，第13—14页。

道教神统计。

高丽时期在斋醮中出现的各类道教神统计

	显宗	德宗	靖宗	文宗	宣宗	肃宗	睿宗	仁宗	毅宗	明宗	康宗	高宗	元宗	忠烈王	忠宣王	忠肃王	忠穆王	忠定王	恭愍王	禑王	恭让王	小计
开福神																				1		1
道符神										1												1
百神				1		1																2
上帝						1																1
天皇上帝									1													1
昊天五方帝							1															1
元始天尊							1															1
天						1			1	1												3
魁刚										1												1
六丁神																						0
南北斗									2													2
南斗									2													2
北斗				1					2			2										5
老人星									2													2
十六神										1	1											2
十二宫神									2													2
七十二星									2													2
二十七位神									3													3
二十八宿									3													3
本命				2			1		1	1		1										6
十一曜									4				3	1								8
太一				2	1	2	4		6	1		1	2					1		1		21
三清							2		1			1	1									5
三界						2	3		6			5	6	10	1	1	2	1		1	1	39
合计	0	0	0	6	1	7	12	0	38	6	0	10	12	11	1	1	2	2	0	4	1	114

从表中可以看出以下几点：

第一，高丽斋醮的种类是繁多的，既有为国家安危的斋醮，又有涉及国王健康长寿的斋醮，还有涉及农事、防灾治病的斋醮等。而这些斋醮活动中，出现频率最高者为“三界”。为什么对“三界”的斋醮最为盛行？“三界”原为佛教世界观的内容之一。它指的是欲界、色界、无色界。欲界位于具有食欲、淫欲二欲的众生所居地方；色界位于欲界之上，为已离食、淫二欲的众生所居地方；无色界位于色界之上，为无形色众所居地方。在高丽时期对“三界”信仰的盛行说明：(1) 高丽道教对佛教的积极的吸纳和适应；(2) 佛道之间的相互融合、相互包含、相互作用已经达到了一定的程度。另外，从图表中可以看到，在高丽对“太一”的斋醮很重视。这可能与“太一”神所具有的职能有直接的关系。对此《太宗实录》中该条写得很清楚，写道：“太一，天之贵神……成代奉事，屡获嘉祥……盖以太一仁星，所在之地，兵役不兴，邦国X安故也。”在这里“X”读做yì，具有治理、安定之意。高丽时期人们认为“太一”作为天上贵神，能够起到打击侵略、防止疫病、卫国安邦的重要作用。对“太一”的斋醮同当时高丽统治阶级的现世利益是密切相关的，高丽统治阶级的一种“统治手段的总结”。

第二，从高丽道教科仪对象中可以看到，高丽社会初期对元始天尊和天皇上帝的科仪受到了冷落，直到高丽社会中期才结束这种局面并开始受到应有的重视。此科仪受到重视是从高丽睿宗(1106—1122) 王朝开始的。睿宗是在历史上第一个修建福源宫的国王，而且在福源宫里是第一个安置能够保证“国泰民安”的最高神位——元始天尊的人。对此，当今韩国思想界评价极高，充分肯定福源宫的建立对高丽道教发展的促进作用。

另外，从图表中，可以看到在高丽社会与国王延年益寿直接相关的科仪对象受到了重视，如对老人星、本命神、北斗神、南斗神的崇拜。之所以受到重视，是因为这些星神与个人的祈福求寿有直接的联系。有关材料显示，老人星、本命神、北斗神均是具体管辖人的寿命之神，所以，特别受到重视和崇拜。

总之，从高丽社会斋醮对象的整体来看，其崇拜对象和科仪对象经历了从抽象到具体的过程，突出反映了高丽统治阶级强调现世利益、追求社会实际利益的倾向。

三、韩国道教思想的基本精神

要概述韩国道教的基本精神有一定难度，其原因主要在于韩国宗教界对这一领域的研究刚刚起步，而且起研究还未步入实质性阶段。

现将韩国道教的基本精神概括为以下几方面：

(一) 护国安民的精神

在韩国道教中护国安民的精神是最为突出的。中国道教传入韩国以后，在韩国没有受到阻力，很快与传统的、固有的神教思想融合起来，得到了发展。根据著名道教学者车柱环和其他学者的考证，中国道教是在后三国时期传入高句丽。中国道教是被请进来的，不是韩国被迫接受的。

高句丽是封建国家，而且是版图辽阔的国家。高句丽的封建统治阶级为了巩固其政权，不仅强化意识形态领域，而且感到没有主导性意识形态就不可能巩固其政治统治。高句丽封建统治阶级正是为适应这一实际斗争的需要，以吸纳中国道教来排斥和打击日益嚣张的佛教势力和其他反对派势力。而这一斗争的代表是把兵部尚书和中书令兼任于一身的、独揽实权的渊盖苏文。渊盖苏文（公元？—666 年）是位宝藏王（618—642）政权的实权派人物。据材料载，渊盖苏文是权欲横流、个性暴躁之人，他曾拥戴过荣留王(618—642)，而后又发动政变，革除荣留王的权臣。

渊盖苏文为巩固自己实权把权柄伸到了宗教意识形态领域，他向宝藏王奏文提到："鼎有三足，国有三教。臣见国中，唯有儒释，无道教，故危矣。"还说："三教比如鼎足，阙一不可。今儒释并兴，而道教未盛，非所谓备天下之道术者也。伏请遣使于唐，求道教，以训国人。"从渊盖苏文的这一奏文中可以分析出，宝藏王求道教的主要原因在于解决国家的危机和"训国人"。据材料载，唐太宗派遣道士叙述等 8 人来高句丽传授的是科仪道教。韩国的科仪道教程序和礼仪，与中国道场科仪的一般程序和礼仪是：没有多大区别的。其一般程序和礼仪是：头通鼓、燃灯、献供；二通鼓、献香；捻香、投炉、祝香；拜表、读表、焚疏，然后读"回向文"；诵经，两班道众一同朝上三礼，转身对面，拱揖退坛。

所谓三天行道义是指举行三天斋醮所行的仪式，具有代表性。《太上黄箓斋仪》规定，在第一天的前夜进行准备，叫"宿启"。每天的早、午、晚各进行一次醮祭，称为早朝、午朝、晚朝。第四天的早晨，散坛设醮，斋醮结束。宿启仪中要行告斋、置职、说戒和宣科等，仪礼。告斋是高功道士接受斋主的委托书，表示斋主委托他举行斋仪，并将举行斋仪的目的向玄中大法师或三界十方诸神报告，祈祷斋醮成功。说戒是高功向斋官和弟子们授戒。置职是向施行斋醮仪式的道士正式任命高功、都讲、监斋、侍经、侍香和侍灯6个职务。宣科是向他们讲述仪式进行中的注意事项、禁止事项和处罚规定。

所谓行道仪包括发炉、称法位、三上香、礼忏、三启、三礼、重称法位和复炉等。发炉是将道士身中的“神”请出来的仪式。道士进入醮坛，念入户咒、卫灵咒，进行存神，鸣法鼓，想象中将“神”请了出来。称法位是斋官们向神报告自己的籍贯、生日、信教日期和法位。三上香是对道教三宝，即道宝、经宝和师宝烧香，读愿文。供养道宝，指祈愿斋主九世父母及一切亡魂从地狱中获得解脱，往生天界。供养经宝，祝愿帝王、师、父母、同学、诸贤士得道。供养师宝，指祈祷一切有生免除所有灾难。礼忏是向十方及日宫、月宫等二十方忏悔。三启是唱三启颂，歌唱学道逐步深化的三个阶段。三礼是礼谢太上无极大道、三十六部尊经、玄中大法师，它们分别代表道、经、师。行道仪中还有一项内容是发愿。在行道仪中还要念命魔咒，命魔王驱逐宇宙的邪恶；唱步虚词，请全宇宙的众圣来视听。重称法位是指斋醮仪式结束前，道士再报一次籍贯、生日等，而复炉则是指将“神”再请回自己身体中去。

总之，韩国科仪道教的一般程序和礼仪几乎同中国一致，其区别是微不足道的[①]。但是，科仪上所用的祭品种类及笛、琴、歌、舞服等方面却是有区别。

高句丽引进科仪道教的目的，既为满足政治，也为满足其他需要。首先，政权的巩固和社会的安定是第一位的需要。道教的理论和规范对社会安定和巩固政权是有利的。如道教的因果报应、容忍恭顺、积德行善、忠君孝亲、清静无为等道义和戒律，均为鼓励合乎宗法社会道德的行。这是高句丽宝藏王政权支持道教的根本原因，

---

① 车柱环：《韩国道教思想研究》，首尔大学出版社，1997年，第170页。

他们称之为“有助王化”。其次，护国安民的需要。高句丽宝藏王政权是荣留王之后建立的政权，因而引发了不少政治矛盾。宗教领域里的儒、佛教对政权也构成一定的威胁。渊盖苏文为了打击这股势力，以引进道教手段来对抗和平衡儒、佛教的反抗和骚乱。所以，引进道教就成了稳定社会、巩固政权、护国安民的政治需要。换句话说，引入道教给高句丽统治阶级提供了强大的精神支柱，增强了统治阶级治理国家的决心。以道治国、以道护国、以道安民已成为当时统治的必要手段。再次，打击儒、佛教势力的需要。高句丽引进道教是为了解决社会危机，这个社会危机主要来自儒、佛教意识形态领域。据记载，当时儒教界首先发难。攻击高句丽政权进行科仪是违反传统的，认为道教行科仪祭天是违反“天子”之大罪。作为周边国的高句丽就没有权力和资格举办祭天仪式，并以此来攻击行道教科仪是导致高句丽“危机”的祸根。高句丽著名和尚普德又是一位反对立道教为国教的人物。他认为高句丽引进道教并把道教位于儒、佛之上是“惘左道匹正，国祚危矣”[①]，应予抵制、立即废除，而宝藏王则“屡谏不所”。可见，宝藏王是以道教限制儒、佛教两股势力，以独尊道教来排除异己力量。其目的是极为明确的，就是为了排斥异己力量。最后，值得一提的是车柱环的观点。车柱环认为，高句丽政权积极引进道教是为强化宗教，以强化高句丽宗教来对抗唐朝宗教政策。众所周知唐太宗笃信儒学，而不信佛教、道教。唐太宗曾说过：“神仙事本虚无，空有其名。”[②] 表示了对道教信仰的否定态度。于佛教他认为是一种“虚术”，也表示了对佛教信仰的否定态度。但是唐太宗却大力褒扬佛道二教，礼敬玄奘，撰《大唐三藏圣教序》，推崇老子，抬高道士的社会地位，不为反佛反道言论所动，皆是从国家的政治需要出发，把佛、道教看成安定社会、纯厚社会风气的有力手段，故同时奖掖儒释道三教，而不以个人好恶定政策。贞观十五年（634），太宗与僧人论佛道先后时说：“今李

① 车柱环：《韩国道教思想研究》，首尔大学出版社，1997 年，第 177 页。
② 《贞观政要》卷六。

家据国，李老在前；释家治化，则释门居上。”[1] 这就更清楚地道出了太宗倡佛奉道的真实意图：尊奉道教是因为教主老子姓李，为李唐宗室之先祖，与老子联宗，能抬高李姓皇朝的地位；倡导佛教是因为它可以“治化”，安宁人心，改善民俗，巩固社会秩序。总之，都是从宗教的社会功能上着眼，看重它们的“神道设教”的教育效果。

在高句丽宝藏王时期韩国的政治、经济、意识形态等领域受到唐朝的影响。渊盖苏文引进道教的主张很可能受到唐朝“三教并重”的影响，并力图以此来稳定高句丽社会，巩固高句丽政权。

（二）扬善止恶、诸善奉行精神

据记载李朝太宗十七年（1417）明成祖（1403—1425）把600部关于善阴骘书赠送给李朝。这类书基本上是以阴德实践为主的劝善书类。尤其是其中的《太上感应篇》、《文昌帝君阴骘文》、《功过格》等在李朝影响极大。这些书的基本精神就是宣扬劝善止恶、诸善奉行。《功过格》强调日常行为善恶标准，认为日常行为的善恶是用来权衡神降福、降祸的标准。规定给人治病、救人性命、传授经教、为人祈禳、劝人行善等记功，而行不仁、不善、不实、不轨之事皆记过。逐日记录、一月一小比、一年一大比，善得多者得福，过得多者受惩罚。

又据韩无畏所撰《海东传道录》记载，韩国修炼道教始于新罗末期，由崔承佑、金可记、僧慈惠等人传入新罗，后经高丽到李朝在知识界得到了广泛的传播。李朝后期姜献奎（1797—1860）手抄本《周易参同契演说》以及著者不详的《众妙门》、《直指镜》及李景奎《五洲衍文笺散稿》等均为详细记录修炼道教的汇集。修炼道教与科仪道教不同，前者侧重于扬善止恶、诸善举行，而后者则侧重于保国安民、社会稳定。

为什么李朝时期尤为盛行“扬善止恶、诸善奉行”思潮？这一点韩国学者均有解释。其一，是修炼道教尽管具有神秘性，但通过内丹术，为人的健康和长寿打好养身基础，保证健康人生。其二是

① 《集古今佛道论衡》卷三。

具有极大的吸引力。通过修炼达到"成仙"的目的，最终实现"白日飞升"。其三，是当时统治阶级缓和社会矛盾、巩固政权的需要。众所周知，从15世纪末开始的豪强贵族的土地兼并，侵犯了中小地主阶级的利益，他们之间的矛盾日益激化。随着这一矛盾的激化，在封建统治内部开始形成了两派政治势力即勋旧派和士林派，围绕着土地和政权问题展开了殊死的斗争。进入16世纪大贵族和大官僚的土地兼并更为严重。大官僚等豪强贵族，利用职权疯狂掠夺农民土地。他们以廉价收买、强行掠夺、杀害农民，强占农民土地，使农民丧失土地，流离失所，沦于流民，陷入苦难深渊。广大农民被逼上绝路，纷纷拿起武器，开展反对封建统治阶级的武装斗争。1498年在汉城附近发生了反对燕山群暴政的起义；1500年在汉城附近发生了洪吉童率领的农民军武装起义；1530年，在京几、全罗和忠清道一带爆发了以吴连石为首的农民武装起义；1559年，在黄海道一带以林巨正为首的农民武装起义沉重打击了李朝封建统治集团。这种社会阶级矛盾的状况反映到意识形态领域中来，表现为各种不同的社会思潮。在这种社会背景下，"扬善止恶，诸善奉行"就理所当然地成了李朝统治阶级缓和阶级矛盾、巩固其政治统治地位的最好理论武器。

（三）修道养性、长生久视精神

修炼道教的最重要的特点是乐生、重生，认为循道修炼性命，可争取延年益寿，最高的理想是长生久视。其中包含着积极的人生意义。这种重视生命价值的教义，也是道教的一大特点。早期道教的重要经典《老子想尔注》，就把《老子》中的"天大，地大，王亦大"改为"天大、地大、生大"，认为"生"确实比"王"重要，如果连最起码的生存都谈不上，怎么能称王呢？因此，"生"应该放在第一位。《道藏》的首经《元始无量度人经》也强调"仙道贵生"。韩国高丽时期的"三尸虫"信仰、太一神信仰、七星神信仰，李朝时期的《葆养志》、《功过格》均说明了这一点。道教之"三尸虫"说在李朝颇为流行。因为"三尸虫"说与人能否做到长寿密切相关。据《云笈七签》庚申部引《中山玉枢经服气消三虫诀》载："既食百谷，则邪魔生，三虫聚。"三虫也是三尸。"一名青姑，叫上尸，伐人眼，空人泥丸，眼暗面皱，口臭齿落，鼻塞耳聋，发秃眉薄，皆青姑之作也。二名白姑，号中尸，伐人腹，空人藏府，肺胀胃弱，失肌过度，皮癣肉焦，皆白姑之作也。三名血尸，号下尸，伐人肾，空人精髓，腰痛脊急，退痺臀顽，腕疼胫疫，阳痿精竭，血乾骨枯，皆血尸之作也。此三尸毒流，噬嗑胎魂，欲人之心，务其速死，是谓邪魔。人死则尸化为鬼，游鬼幽冥、非乐天庭之乐也。常于人心识之间，使人常行恶事，好色欲，增喜怒，重腥秽，轻善良，或乱意识，令陷昏危。常以甲寅庚申日，上白天曹，下讼地府，告人罪状，述人过恶。十方刺史受其词，九泉主者容其对，于是上帝或听，人则被罚，轻者在世迍邅，求为不遂；重者奄归大夜，身形成殃，都由人不能绝百谷，断五味，戒嗜欲、禁贪妄，而自致其伤殒。”据说“常以庚申日彻夕不眠，下尸交对，暂死不还。三尸皆尽，司命削去死籍，著长生录，上与天人游”。“盖能斩三尸，则修道可扰累矣”。

总之，无论是三尸虫信仰还是太一神信仰，都与防止灾害、消除疾病、长生久视有密切关系。而这些信仰又促进了养生术和医药学的发展。《东医宝鉴》就是道教修身养性、长生久视信仰的必然结果。根据《海东传道录》，韩国修炼道教思想应源自于中国的全真道理论和思想。全真道理论在韩国的发展可用下图来表示。

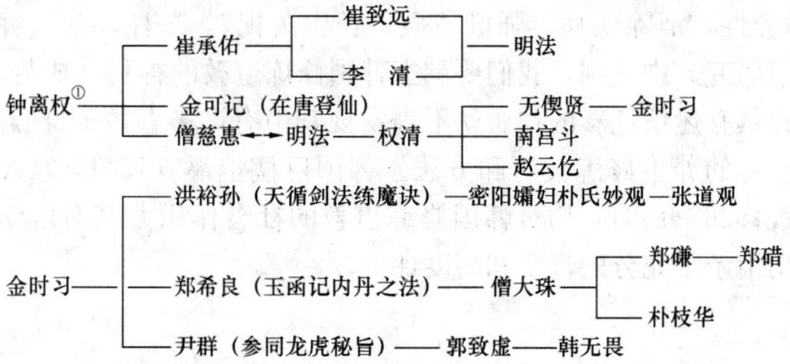

① 钟离权是传说中的八仙之一，据说姓“钟离”，名权，字云房。京北咸阳（今属陕西）人，全真道尊为“正阳祖师”。

从上述传承图表中可以看出：第一，韩国修炼道教传承的是中国道教钟台一派创立的全真道理论和思想。第二，韩国修炼道教是通过新罗“三圣”传播并发展起来的，到李朝得到了较为系统的传承。全真道之所以能够在李朝得到较为平稳的发展，其中一个很重要的原因是与郑磏、韩无畏等知识分子的努力和支持分不开的。他们有著述、有地位、有影响，能够相与推扬。第三，有的传承人有奇行异迹，能受苦，能治生，能轻财仗义、济人之急，故为民众所赞佩，所感动，信仰者渐多。这些全真道人，“其逊让似儒，其勤苦似墨，其慈爱似佛，至于块守质朴，澹无营为，则又类夫修混沌者”①。他们既给人们指出一条避灾求福的新途径，又给社会带来一股清新的好风气。第四，在韩国全真道影响较大，这同全真道本身所具有的内容有直接关系。因为全真道远离外丹术而主张通过自身的修炼努力做到肉体永生。金时习（1435—1493）的《梅膛集》、李圭景的《返还辨证说》及权克中的（1560—1614）的《参同梁注释》、郑磏的《丹家要诀》，都对肉体永生问题提出了看法。他们的共同特点是宣扬人经过修炼可以延寿，如果修炼有恒、日久年深，可以登清虚之境，所谓“千岁厌世，去而上仙，乘彼白云，归于帝乡，三患莫至，身常无殃”②。

总之，从韩国修炼道教的发展和其趋势看，其走向是逐步转向社会基层、民间社会的，但其总体精神没有发生变化，还是强调“修道养性，消除疾病，强健体质，长生久视”。车柱环在《韩国道教思想研究》中谈到，我们要剥去韩国修炼道教的神秘（成丹升仙）面纱和具有迷信色彩的荒唐就不难发现其中有许多有益于身心健康，延年益寿的养生修炼技巧和方法。韩国巨儒退溪（1501—1570）和栗谷（1536—1584）均对韩国修炼道教的社会作用尤其对医学发展的作用给予了充分的肯定和高度评价。

---

① 辛敬之：《陕州灵虚观论》。

② 车柱环：《韩国道教思想研究》，首尔大学出版社，1997年，第232页。

第三节　中韩道教思想的相同点和相异点

一、中韩道教思想的相同点

（一）皆基于本民族文化的土壤上

中国道教是土生土长的民族宗教，它源于自己的民族文化。中国道教传播到韩国，韩国作为接受主体并没有把它看做是异质的东西，因为在韩民族的固有文化中也有很多和原始道教同质的成分或因素。

中国、韩国都是典型的农耕国家。农耕国家离不开土地，离不开“天公”这一神灵。而土地和神灵相联系的文化正是道教产生的基础。在这种文化背景中，人们对土地产生了特殊的依赖性，对神灵又怕又敬，总是希望得到神灵的保佑。因此，祭祀神灵、祈盼丰年的信仰仪式在农耕文化中占有重要地位。道教正是在这种原始的信仰仪式中形成和发展起来的。韩国作为农耕国家，也有自己固有的、类似于中国的农耕文化现象。因此，当道教传入到韩国时，并没有像儒学和佛教那样完全是出于一种理性的自觉选择接受下来的，而更多的是在不自觉的心态中，以认同的方式接受并逐渐整合到自己的民族文化体系中，致使中国道教文化的原来面貌，最终被其传入国的文化所淹没，作为文化整体不复存在了。这同儒、佛教文化传到韩国的情况大不一样。中国的儒学和佛教传到韩国以后，在上千年的历史发展过程中，虽然在不同时代有不同的变化发展，但其文化的整体面貌、性质依然没有改变。这是中国文化向韩国传播的过程中，道教不同于儒、佛教的一大特点。

韩国著名学者宋恒龙教授在《韩国道教哲学史》中说：“以在和天神的精灵联系在一起的灵山，迎接天神降临的山岳信仰形式出现的宗教现象，始终存在于我们古代民族的信仰中……神道或仙道这一民族固有信仰，早就出现在我们韩民族的原始宗教中。它同道教具有相同的思想性格。因此，和它类似的宗教——道教传入时，‘国人争奉欢迎’。从这一点可以说，韩国道教思想源于我们民族信仰或固有思想本身而和中国思想无关。虽然也许不能将其直接称为道教思想，但至少可以认为它是韩国道教思想的源流和接受道教思想的内部基础。”可见，两国道教思想文化的建树，都是基于自己民族文化的土壤。

（二）皆具有相对“下位层次”文化的性质

众所周知，中国传统文化结构是儒、佛、道三位一体。在中国士大夫的人生哲学、生活情趣与审美意识乃至心理性格中，既有儒家的理想、佛教的超脱，也有道教的追求；在老百姓的行为观念习俗中，既有儒家的伦理规范、佛教的因果思想，也有道教鬼神惩戒的影子。因此，儒、佛、道交织融汇，三位一体，难以硬性分开。但是，当我们仔细分辨其异，弄清其不同的社会功能与作用时，还是可以看到儒、佛、道不同的社会文化价值。这就是儒家学说偏重于人在社会生活中的道德价值的实现；佛教偏重于人的内在生活中的精神价值的实现；道教偏重于人在现实生活中的个体生命的完美。这样，对于人生、对于潜藏在人的意识深层的欲望的力量，儒学采取理智调解的方法，佛教采取意志克服的方法，道教采取迎合满足的方法。这种特征使儒学和佛教主要代表了少数的、高雅的、上位层次的文化，相比之下，道教则主要代表了多数的、相对世俗的、下位层次的文化。

再从历史的实际情况看，从汉武帝“罢黜百家，独尊儒术”以来，儒学两千年来一直居于正统官方地位，成为统治阶级的意识形态。佛教来自于异域，由于语言障碍，需要有专门知识人翻译，加上其哲理极为深奥，一般老百姓很难接受。因此，它一开始是在有文化素养的知识人和上层人士中传播，然后逐渐下传的。而道教从一开始就是从民间形成、发展并逐渐走向上层的。但即使是走向上层的官方道教，其原发的生命源泉也始终是在下层。因此中国道士一般都只有佛教僧侣的十分之一，最多时也只有五分之一，它的更多的信仰者及宗教活动者是不可数计的广大民众。而且，尽管道教也在为镇护国家的上位层次的意义上，发挥过其文化的社会功能，但实质上更多的是充当了满足皇帝个人愿望的工具。事实上，道教更倾向于代表下层民众的心理意识和文化情趣。

正因为这种原因，儒学和佛学基本上属于少数上层人士和知识分子的专利品，广大民众未能真正置身于儒学、佛教的文化圈内核心中，只是在它的外围或在其文化圈中的边缘，受到来自于文化圈内核的辐射和影响。但道教却不然。它自始至终以广大民众为其文化对象，以老百姓的日常生活、心理意识为其文化场，因此成为和平民百姓生活最密切的文化。在中国直到现在，我们还时时处处看到门上贴着的大红对联、从天而降的“福”字、树下凉荫中健身养气的“练功家”等，所有这些都使我们自然想到它和道教思想文化的关系。正是在这种意义上，近年来不少人提出“道教思想文化的主干地位”说。“中国的根底全在道教”①，“要理解中国人，无论如何要首先理解道教”②，是不无道理的。这种情况在韩国也一样。

韩国高句丽时曾一度形成儒、佛、道三教鼎立的局势，其他时期如高丽时佛教是国教，李朝时朱子学一统天下，道教始终未能走上上位层次。但从一般民众的精神信仰到日常生活、求医治病、祭礼科仪、看风水、观天象等很多方面无不打上深刻、有道教思想的烙印。李朝中宗（1506—1544）以来，众儒臣请求革罢昭格署的原因，就是因为他们认为道教是低俗文化，“道教训民于邪恶……以虚诞之教而驱一世于诡怪之域欤”③。

（三）研究一直没有得到足够重视

中国传统文化是儒、佛、道三大文化支柱。但是，按照中国封建正统观点，只有儒学才是正统，佛道则属旁支。中国封建社会最后一次文化丛书结集《四库全书》，共收 3461 种，79309 卷典籍中，佛、道两家的典籍不到 1000 卷。在佛、道两家中，道教不如佛教，历来对道教研究的重要性，没有像儒、佛教那样得到重视。

古代是如此，到了近、现代更是如此。由于西学东渐的猛烈冲

① 《鲁迅全集》第九卷，第 285 页。

② ［日］《道教和神话传说——中国的民间信仰》，橘朴，中野江汉序文引橘朴语。

③ 李能和：《朝鲜道教史》，民族文化社，1980 年，第 154 页。

击，东方传统文化曾一度沉寂下去，但对儒学与佛学的研究一直未曾中断。与儒、佛教比较，对道教的研究显得特别冷清。在一般民众中，知道儒学、佛教，但不知道有道教。这在两国基本上是相同的。

在中国自 20 世纪 50 年代开始，道教研究才开始出现转机。1950 年中国台湾成立台湾省道教会，1966 年成立“中华民国道教会”。中华学术院、辅仁大学、“中华民国”宗教哲学研究社等学术单位皆研究道教文化，在台湾还有影响较大的《道教文化》、《道学杂志》等杂志。此外，出版道教经典的译注、校刊、复印本，以及道教中各种仪式的单行本、修身养性类书、符箓图册等，相当丰富。

在中国内陆，1957 年 5 月成立了中国道教协会。1961 年 3 月 22 日，由李维汉、陈樱宁、陈垣、郭朋等人在全国政协座谈会上提出，要积极开展对道教的研究工作。自此，学术界与道教界引起重视，相继成立研究机构。但真正开始进行较为深入的研究则是在 1978 年党的十一届三中全会以后。从那时至今，虽然时间短暂，然而进展较快，成绩显著。近三十年来，学术界研究道教的风气遍布全世界，其中，日本学者的研究成绩尤为显著。日本在明治时期，主要由佛教界人士作为一种附带课题研究道教，其研究没有达到深入阶段。1950 年，日本成立了道教学会并创办了《东方宗教》会刊。自此，道教研究开始出现蓬勃发展的新局面。20 世纪 60 年代以来，日本涌现了许多研究道教的优秀学者，特别是近十几年来有很多年经有为的学者投入到道教研究中，给道教研究工作带来生机和希望。

韩国道教研究相对来讲是比较落后的。宋恒龙教授在《韩国道教哲学史》绪论中指出：至今，对韩国的佛教、儒教的研究比较多，而且继续在得到分析和检讨……但奇怪的是道教思想领域尚处于未开垦的处女地……这是至 20 世纪 80 年代末韩国道教研究的基本状况。道教研究之所以一直被忽视，其中当然有很多历史和主客观原因。由于道教是下位层次的文化而受到轻视是否是诸多原因中重要的一条原因呢？儒学、佛教给予东方社会的影响是巨大的。然而，道教的影响，尤其是道教在漫长的中国封建时代给予社会的影响，可以说不亚于儒学、佛学，甚至在某种意义上说其潜在的影响更为深刻。但它一直受到冷落，因为它没有像儒、佛那样成为高雅的、上位层位的“显贵之学”。

要想理解一个民族的文化特征，不仅要看到高雅的、上位层次的“显贵之学”，而且还要看到平民阶层的“低俗”的文化。在这种潜在的、凝固成了习俗的文化现象中，可以能更真实地感受到生命的原动力。道教研究在这一意义上对理解中韩民族的深层本质，无疑是一把钥匙。

在韩国道教研究受到忽视，除了它是属于下位层次的原因之外，还由于道教文化本身给予社会的影响远没有儒、佛那样明显。

二、中韩道教思想的相异点

（一）中国道教是完整意义上的民族宗教，而韩国道教则不是完整意义上的民族宗教

从道教本身来看，中国道教是完整意义上的宗教。它和佛教一样，始终具有宗教团体、教派、教义、宗教规范、仪式、宗教组织、固定的教派传授系统，共同信奉的经典、固定的传布地区、专职道士、道观和道观经济等。

从道教在中国传统文化中的作用、影响来看，道教文化在中国传统文化史上不是局部的、暂时的现象，它贯穿中国两千年封建文化的始终，构成儒、释、道三位一体，发挥了巨大而复杂的社会作用。

道教最初形成于民间，崛起于太平道和五斗米道。太平道和五斗米道用自己独特的信仰和道术，组织农民信徒，进行了声势浩大的反对封建统治者的武装斗争。武装斗争虽然被镇压下去了，但是酝酿和形成于中国文化土壤并吸引了众多民众的道教文化，很快受到门阀士族的青睐和惠顾。门阀士族知识分子的大量涌入，给道教的进一步发展奠定了决定性的基础。以葛洪、寇谦之、陆修静、陶弘景为代表的道教思想理论家，对民间道教进行了脱胎换骨的改造和重建，终于赢得统治者的承认和支持，成为官方宗教，形成儒、释、道三教鼎立格局。这种格局可以说基本保持到清末。

但是，由于各种原因，对道教文化在中国历史文化中的地位一直评价过低，被排在儒、释之后。历史上的这种基本估计，是否应该得到适当纠正呢?

1. 历史上，随着皇帝个人的好恶，道教曾有过显贵之时和失宠之时。得宠显贵时，道教可谓不可一世。诸如唐代近三百年，道教始终得到唐皇朝的扶植和崇奉。当时，道教的地位在儒、佛之上，居三教之首。而且是拥有众多信徒的民间道教，始终在各个地区、各个角落十分活跃，特别是明清时期，官方道教走向衰落时，民间道教仍保持自己的发展势头，并进一步演变、生成诸多的民间宗教派别，成为社会上引人注目的、时时威胁封建统治的力量。

2. 在中国具有深刻影响的道家思想更多的是通过道教得到继承、扩大了影响，以至后世道家与道教不分的地步。因此，道教与道家彼此纠结，其力量足以与儒、释相抗衡。实际上儒、释、道互相斗争又互相融合的局面，形成了中国封建文化发展的基本过程。

3. 中国道教文化的涵盖面极宽，几乎囊括了历史、文学、音乐、美术建筑、医学、药学、化学、生物、天文、服饰、膳食、体育、方术、习俗等诸多方面，加上它的边缘又与非宗教文化相互渗透，具有模糊不清的性质，使整个中国封建文化都染上了一层道教色彩。直到今天，道教文化的影子还随处可见。因此，对道教发挥的作用和影响很难做出明确的规定。总的来讲，道教作为中国土生土长的民族宗教，它的文化地位不一定非屈居儒、释之后。

和中国相比，韩国道教，远没有这种宏大的规模和深远的影响。在韩国道教没有形成系统的信仰、理论，也无特定的道教实体及其活动。因此，还不能说是一种完整的宗教，只能说是一种宗教文化现象。其主要根据是韩国道教始终没有形成特定的宗教组织实体、特定的宗教信仰及其统一活动。国家每年进行的频繁的醮祭仪式虽不无道教宗教层次上的意义，但更多的是国家的依例行事，即使有道教的宗教意义，也由于道、佛杂糅，其宗教意义部分基本上由佛教代为实现了。而且，韩国道教不像儒学、佛教那样始终具有独立的、完整的自我形象，而只是作为一种和人们的日常生活密切相关的宗教文化现象非体系性地广泛存在于人们的生活观念及行为习俗中。因此，比较而言，中国、韩国两国中，中国道教是完整意义上的宗教，韩国道教则没有达到构成完整意义上的宗教。

（二）中国道教是正统性宗教，韩国道教是科仪性、修炼性宗教

中国道教是具有官方正统宗教性质，而韩国道教则具有科仪性、修炼性。

如上所述，中国道教在获得正统地位以前，是一个在社会底层流传的民间道教，后来逐渐得到统治阶级的承认而上升到官方宗教的正统地位。在这一过程中，道教在整体上日益走向正统地位的同时，不为统治阶级承认的民间道教也一直十分活跃。而且，作为民众自己的信仰，和统治阶级的承认与否无关。因此，中国道教在其整个发展过程中，大体上保持了官方正统道教与民间道教并存的格局。正统道教与民间道教在宗教文化性质上虽然没有什么本质不同，但在社会功能上，它们有着重要的差别。

既然是官方正统宗教，就必须首先代表统治阶级的意志，为统治阶级的利益服务。走上正统地位的中国官方道教，基本上充当了这种角色。如它制造皇权神授的理论，声称镇护国家社稷，为帝王个人的长生服务，等等。这样，虽然宗教仪式是任何一种宗教都具有的主要特征，但作为官方宗教，斋醮科仪成为不可缺少的重要内容。因此，中国官方道教大大小小的斋醮祭祀相当之多。封禅泰山是其最大者。东岳泰山，被认为是群山之祖、五岳之首，泰山神遂为五岳神灵之尊。中国古代封建帝王多以祭祀泰山为重要祭奠，而民间道教则不需要隆重庄严的祭祀仪式。民间道教主要是和人的生老病死、吉祥和睦、去灾免祸等相关的具体内容。

以比较的视角去考察，我们可以说韩国道教主要是醮祭仪式为主的道教。这主要有两方面的原因。

1. 韩国自古以来就有檀君祭天开国的历史传说。因此，“自檀君祭天以来，韩国历代诸国王无一不有祭天之事载在典籍”[①]。

2. 韩国主要接受了上述的中国官方层次的道教。恭愍王十九年（1371）时，明太祖遣道士徐师昊到韩国，就是专门主持仪式祭国的

① 李能和：《朝鲜道教史》，民族文化社，1980年，第206页。

山川的。因此，综观韩国道教史，斋醮仪式成为韩国道教的重要内容。在《朝鲜道教史》上见到的就有醮祭老子、醮祭七星、玉皇天尊、帝君、天神、星辰、开福神醮、请命醮、祷病醮、祈雨醮、镇兵醮、三元醮、三界醮、祀老人星、天地山川。还有本命星宿醮、北斗醮、太一醮、星变祈禳醮祭、百神醮、三界神醮、五瘟神祭、毡城祭天等等，这些都是韩国国王及宫室常常进行的醮祭仪式。

（三）中国道教与佛教、儒学之间泾渭分明，韩国道教与佛教、儒教之间泾渭不明

在中国，纵观儒、佛、道三教的发展过程，可以说始终是相互排斥、相互吸收的。起初，外来佛教借助道教在中国落脚，佛教立足发展后又反戈相击。道教受到佛教的刺激，依照佛教进行全面的理论与组织上的更新，成为完备和成熟的宗教。佛、道二教又同时向儒教学习，使自己更加接近于民众与现实社会生活。儒教则从佛、道二教吸收形而上学精神，把孔孟伦理学说升华到哲学本体论的高度，等等。

然而，这种合一，始终是在思想理论层面上的。在信仰、组织体系及门派旗帜上，则是严格对立和相互排斥的，在其自身发展历程中，始终严格维护自己的宗门、学门。这不仅在整体上，而且在一个人身上的表现也是如此，是儒者，还是佛僧，或是道士，泾渭分明。诸如宋明理学的集大成者——朱熹，虽然深通佛理、熟谙道义，但他作为坚定的儒学者，对佛、道持鲜明的批判态度。其他佛僧、道士、儒者都是旗帜鲜明地站在自己的立场上。

但在韩国对三者很难作出如此严格的区分，特别是道教本身始终未能形成独立完整的具有特色的体系。

如在新罗崔致远是韩国三国时期著名的汉学家、儒学者，而他又是朝鲜道教之鼻祖，“先生之于道教志慕盖深耳”①。高丽自国初例行的八关斋，名是佛戒，实是道醮，八圣堂中所置八圣，半佛半仙，道佛行事思想杂糅；整个高丽朝“一崇重佛事，一归敬沙门，一保护三宝，一尊尚仙风”，实难区分道、佛之别。不仅道、佛难辨，

① 李能和：《朝鲜道教史》，民族文化社，1980年，第92页。

儒、道也很难分开。除崔致远之外，所谓道教中兴之祖的金时习又是著名的15世纪韩国唯物主义思想家；承继丹学道脉之一的徐敬德，也是16世纪建立朝鲜气一元论唯物主义哲学思想体系之人，人们称此二人为著名的儒学家。

再看看日本。江户幕府以前，日本基本是佛教文化一统天下。日本著名的学者道端良在《日中佛教友好二千年史》序中说，日本古代文化，应该说“确实是通过日中佛教徒的手建立起来的”。的确，自从佛教传入日本后，为日本文化的形成和发展起了重要的作用。虽然儒学比佛教先传到了日本，但它一直未免佛教附庸的地位。朱子学传入以后近400年间，只是作为佛教僧侣的学问和修养，未能发挥其真正的文化价值。

道教更是如此。道教始终是佛僧寺院中附带的研究对象，从平安时代开始又成为儒生问医谋生的手段。10世纪日本神道理论确立后，道教被神道习合而去，在江户时代又成为朱子学、古学、国学等学者们的研究批判对象，始终未免寄人篱下的命运。

而道教传入韩国后，则程度不同地被肢解了，和其他宗教融为一体，始终未能发展成一门完整独立的学科，致使韩国道教的历史痕迹非常模糊、界线不清，需要到方方面面去寻找蛛丝马迹。

综上所述，道教在本土中国，同儒、佛一样形成绵延两千年的文化洪流，深刻地影响了中国人的民族性格与文化。道教在韩国虽然远没有形成如同中国本土道教那样波澜壮阔的历史局面，但也深深地积淀到其民族文化的底床河流中，成为不可忽视的韩国文化的组成部分。

然而，道教在中国、韩国文化中的地位，长期以来由于受到轻视和忽视而没有得到应有的和公正的历史评价。但随着对深层文化的发掘与重视，道教研究越来越受到众多学者的关注。

至今道教研究不只局限在中国、韩国等这些创生出这一文化或受到这一文化影响的国家，而且在全世界范围内引起了广泛关注，特别是近三十年来形成了世界“道教文化研究热”。在欧洲、北美洲、南亚地区，许多国家都展开了对中国道教文化的专门研究，学者济济，成果累累，并先后多次召开了大型国际道教文化研究学术会议。在这些研究中，道教不只是被作为“文化古董”整理和欣赏，而是同时在努力发现它的新的文化价值。从中，我们也能感受到今天面临经济全球化和科技飞跃发展，人类的自然沟通日益受到排挤的时候，人们开始逐渐感受到曾经为人类的进步做出巨大贡献的、富于人的自然人本主义精神的东方文明的魅力（道教文化可以说更富有这种特色），这绝不是一两个人的“神经错乱”，而确确实实是当今时代的现实和未来的发展趋势。

包括道教在内的东方传统文化能够在多大程度上会得到弘扬和继承，这只能由历史来回答问题。但是有一点是肯定的，即东方传统文化不会像“玛雅文化”、“印第安文化”那样，简单而彻底地走向“解体”或“淹没”，只要抓住机遇，在中韩学者以及世界各国道教思想研究者的共同努力下，道教思想文化的研究将会有历史性的“猛烈一跃”。

韩国著名学者宋恒龙教授在《韩国道教哲学史》绪论中提到，在韩国对儒教、佛教思想的研究可以说比较深入并已经达到较高水平，但在道教思想研究领域还是“未开垦的处女地”。宋恒龙教授的这一评论是很有见地的，而且是基本符合实际的。历史说明，韩国道教思想的整体研究历史并不长，到20世纪80年代后期才把道教思想的研究纳入到国家规划中。

总之，中国道教传入韩国以后，在韩民族固有的信仰即仙道思想的基础上，韩国道教走出了具有韩国特色的发展道路。这一过程可以概括为从科仪道教到修炼道教，再从修炼道教到民间道教的过程。

第五章

中韩新兴宗教思想比较研究

何为新兴宗教？在中韩学术界均有不同的看法和争论。因为，“新兴宗教”不但是一种新事物，而且“新兴宗教”这个名词本身也是一个新事物，甚至连“宗教”这个词的普遍使用也不像一般人认为的那么古老。在各个民族的原始社会中就已经有了各种各样的宗教现象，但是“宗教”一词却一直很少使用。在中国，这个词是在近代才从日文借用，而日文的“宗教”一词则是用来翻译西语词语“religion”的。可以说，在中国到近代使用“宗教”概念开始增多起来。至于“新兴宗教”之用词，除了强调时间上的“新”外，也着意区别于传统宗教的含义。总之，经过多年的探讨和争论中韩学术界一般倾向于以下观点：新兴宗教是指 19 世纪以后产生并传布于世界各地的、不同于传统宗教的新的宗教团体和宗教运动。日本学者井门富二夫曾经对新兴宗教作过一个有代表性的解释和概括，认为“处于社会变动时期，由于社会精神面貌的混乱，民众产生要求改革现实的欲求，或处于社会安定时期，民众不满足的失望心理及探索生命价值的欲求，凝聚于以平民出身的超凡教主为核心的宗教组织里，并在教主倡导的信条下，体验同生共栖的情感。在此背景下产生的大众思想运动”为新兴宗教运动。可见，新兴宗教的产生有其特定的历史背景，而且新兴宗教存在自身的独特之处，与传统宗教不同。

新兴宗教产生的时间距今较短，其历史最长不过一百多年。相比之下，传统宗教产生的时间则很悠久，它们的产生距今已有两千年左右（道教、基督教、伊斯兰教接近两千年；佛教、印度教、犹太教则有两千多年甚至三四千年）。另外，新兴宗教与传统宗教之间的区别，主要是由其教义、教规等的不同所决定的。

新兴宗教具有以下三大特点：第一，声称拥有新的宗教真理，拥有不同于传统宗教的独特教义；第二，自称这些教义是直接源于而得于神；第三，要求信徒服从于领袖，并鼓励信徒为追求来世幸福而在现世中多做有益于社会的事情，多多益善，多积功德，将来有好报。

新兴宗教的类型纷繁多样，很难用一个统一的标准去加以划分，而只能以它们的特点为依据，多视角地去观察，归纳出一些类型。从传统价值崩溃和对新价值观的需求所造成的“宗教市场”的角度，新兴宗教可划分为：以本地社群的宗教文化为主要原料形成的“本土型”；以外来社群的宗教文化为主要原料形成的“进口型”；以恢复远古宗教为主的“复古型”；以标新立异、不同于一切既定宗教为目标的“新潮型”；以把来自不同民族、不同时代的不同宗教中的因素混合在一起形成的“混合型”等。从现代社会中人们要求补偿情感缺失的心理角度，可将其分为“封闭型”、“开放型”和介乎其间的“中间型”。所谓“封闭型”，就是指在保持内部关系紧密方面走到了极端，以致与外部社会形成某种隔离状态的新兴宗教类型。所谓“开放型”，就是指并不强求内部关系紧密的一类新兴宗教。由于不强求内部抱团，它们必然对外界采取开放态度，而外界也对其采取友善态度。这种类型的新兴宗教成员不固定，流动性大，活动要求也不严格，传教方式灵活变通，易于与外界沟通，一般不易引起严重的社会矛盾。所谓“中间型”，是指新兴宗教中介于两个极端之间，既有一定程度的封闭性或严格的组织性，又有一定程度的开放性或变通性，是最普遍的类型。在正常的情况下，其他社会机构和个人也对之采取“中间”态度，既不盲目敌视，也不轻易接受；而在行动上，则以按法律尊重彼此的权利为原则。除了这些方法之外还有多种分类方法，如把新兴宗教分为“对立型”、“矫正型”和“逃避型”等。

如何看待新兴宗教？这是很实际、很具体的问题。我们应全面而理性地看待新兴宗教，既不要像一些西方学者和媒体那样夸大它们的规模、影响和危险，又能够正视它们、了解它们、引导它们，以便冷静、合理地处理有关问题。对于那些披着“新兴宗教”的外衣，从事不利于社会稳定、破坏团结、阻碍发展活动的邪教应予以坚决打击和取缔。总之，对非常复杂、极其多样、良莠并存、鱼龙混杂的各种新兴宗教不能全部视为一体、简单对待，应深入了解，全面把握，具体问题具体对待。

第一节　中国新兴宗教及其基本思想

据日本学者铃木中正在《千年王国的民众运动的研究》[①] 一书中的论述了解到，中国清末曾经存在过罗教、红白黄教、真空教、无为教、南无教、净空教等42个宗派。

近现代以来，我国台湾地区的新兴宗教发展较快（因篇幅所限，本部分以台湾地区新兴宗教为例予以阐述）。在我国的台湾地区从近代以来，特别是第二次世界大战以后，由于特定的社会政治文化和历史等原因，在传统宗教的主流之外，涌现出一批大大小小的新兴宗教，形成别具一格的“台湾新兴宗教”。

台湾的新兴宗教可以分为“外来型”和“本土型”两类。“外来型”就指从外国传入台湾的，“本土型”则指地地道道在中国内地包括在台湾当地产生的。后者可分为三类：一是“二战”后由中国内地原有信众带到台湾的；二是由台湾本地人自己创立的；三是由民俗信仰经理念和组织整合“升格”而成的。从数量上看，“本土型”无论在实体数目上还是在信众人数上都在新兴宗教中的占绝对优势；从内容上看，“本土型”新兴宗教几乎都与历史上自成一体的“中国

① 铃木中正：《千年王国的民众运动的研究》，东京大出版会，1982年，第351—379页。

民间宗教"或儒、释、道三教合一的思想观念息息相通。

据估计，如今台湾岛内的新兴宗教团体约有 200 个以上，信徒多者上百万，少者不过两位数。台湾目前被国民党"注册"认定的宗教共有 12 种，即佛教、道教、基督教、天主教、伊斯兰教、理教、天理教、轩辕教、巴哈伊教、天帝教、一贯道、天德教等。除了前 5 种是传统宗教之外，后 7 种都是新兴宗教。其中，天理教、巴哈伊教属于"外来型"，理教、一贯道、天德教属于从内地带入的"本土型"，轩辕教、天帝教属于在台创立的"本土型"。这些本土型新兴宗教虽然各有属于自己的传承谱系、神明系统和教义诠释架构，但都具有一个共同的特点，就是无不强调自身"道统"的源远流长，以中华古老文化"大传统"的接续者相标榜，从而给自己披上"正统"文化代表资格乃至真理代表资格的外衣。它们当年之所以能够得到台湾国民党的认可，在很大程度上正是由于其文化旗号符合了国民党当局在台湾特殊处境下的政治需要。

一、天理教及其思想

天理教是原属于日本教派神道系统、后自立成教的日本新兴宗教之一。1838 年由日本奈良县天理市中山美伎创立。台湾光复后，日本信徒被遣返，天理教在台湾的活动一度终止。1962 年，日本人再度来台湾，恢复传教工作，逐渐有中国人加入。1971 年 12 月，获准成立《财团法人中国天理教总会》。据 1997 年 12 月底统计，天理教在台湾共有教会、布教所 145 个，信徒 22000 人，教职人员 420 人，其中外籍人员 30 人。日本天理教总部在台湾设有"台湾传道厅"，出版《台湾传道厅通信》月刊，厅长由日本派遣，负责教务；由"中国天理教总会"董事长负责行政事务。

天理教的主要教义是：父母神创造世界和人类，人的身体是向父母神借来的，必须按照神的意愿支配，通过奉行"圣舞"和拜领"神授"，清除"灰尘"，净化心灵，愉快地将日常劳作视为"圣劳"，从所有的因缘中了悟天理，最终实现父母佑护的"康乐生活世界"。

天理教的基本经典是被称为“三原典”的《御神乐歌》（圣舞时的歌词）、《御笔先》（又译作《神御》，记载了“神示1711首和歌”）和《御指图》，以及为适应战后新情况而由天理教总部于1949年编订的《天理教教典》。

二、巴哈伊教及其思想

巴哈伊教是19世纪中叶由伊朗贵族巴哈欧拉在伊斯兰教巴布教派基础上创立的一个世界性新兴宗教，其称谓得自巴哈欧拉之名，意为“上帝的荣耀”。20世纪后期得到迅速发展，现在全世界信徒已超过600万。巴哈伊教总部设在以色列海法，称“世界正义院”，又称“万国总灵体会”，各国或地区的领导机构称“总灵体会”，基层组织称为地方灵体会。

1935年，原清华大学校长曹云祥在上海翻译该教著作，因该教的社会主张与我国古代儒家“大同”理想有相同之处，便在译文中将其定名为“大同教”，一直沿用到20世纪90年代初。1990年底，全台湾地区有地方灵体会40个，教徒活动中心12个，活动点203处；1994年，地方灵体会增至62个，1991年“大同教”正名为“巴哈伊教”；1997年底信徒共12000人。

巴哈伊教教义的核心思想是：上帝唯一，宗教同源，人类一体，天下一家。其强调的11项原则为：自主寻求真理，人类团结，宗教应带来友爱和睦，宗教与科学一致，克服宗教、种族或派别的一切偏见，人的生存机会均等，法律面前人人平等，世界和平，宗教不应干预政治，两性平等、妇女应受教育，圣灵的力量是人的灵性发展的原动力。

三、理教及其思想

理教原名“在理教”，在内地时俗称“理门”，创立者传为清初山东即墨人杨存人，又名衍逢，字佐臣，道号来如。后易姓羊，名宰，后人尊之为“羊祖”。理教有二祖，除羊祖之外，尚有一尹祖，名尹岩，字重山，道号来风，为羊祖再传弟子。乾隆三十年（1765）在天津梁家嘴建立了理教第一个公开活动场所——“公所”，将理教组织系统化。此后理教在全国迅速发展起来。光绪二十四年（1898），在北京设立理教总公所；1913年，建立中华全国理善劝诫烟酒总会；1925年，成立上海理教联合会；1935年，国民党政府正式批准中华理教总会正式成立，各地相继建立分会，全国理教公所一时多达3000个以上。

1949年，理教首领之一国民党少将高参赵东书到台湾，1951年被选为该组织理事长，1954年出任总领正提点大法师，1980年去世。1981年5月，陈志泉继任总领证。

1997年底，理教在台湾地区有公所等机构145个，信徒152000人，教职人员629人；办有培养传道人员的“中国圣理书院”等3所教内学校。理教在中国香港，以及日本、韩国、美国都有公所，并与台湾有一定联系。

理教主要信奉“圣宗古佛”，即观音菩萨。其教义为“崇尚五轮，实践八德”，并以“忠君爱国，孝顺双亲，尊敬长上，和睦乡邻”16个字为基本信条，戒“淫、盗、烟、妄、酒”；主要经典有《忠经》、《孝经》、《观音经》、《黄庭经》、《心经》、《金刚经》、《道德经》等。另有新信徒入教时由师父口传心授之“无字真经”，又叫“无字真言”，即“观世音菩萨”5字。据称如遇灾难，诚心出声念诵三遍，圣宗古佛即能闻声就难，逢凶化吉。理教有一套独特的礼仪条规，有自己的斋期和节日；修行兼采儒、释、道三家之长，“循儒行为入世规范”，“参佛法道功为出世修程”。

四、一贯道及其思想

一贯道是在中国近代史上比较著名的新兴宗教，现任一贯道总会理事长为施庆星。一贯道创立于清同光年间。1930年，山东济宁人张光璧（字奎生，道号天然）接掌“道盘”后，一贯道在华北、东北、华东、华中地区迅速得到发展。1947年，张光璧卒于内地成都。孙素真（字明善，道号慧明，是张光璧的“道内夫人”）接掌

"道盘"前后，一贯道又分裂为两大派：一派是以张光璧的妻子刘率真、儿子刘英誉为首的"师兄派"；一派是孙素真为首的"师母派"，师母派实力占据优势。1949年，孙素真移居香港，1954年被国民党上将道徒刘士毅接到台湾，1975年病死于台北。在台北，其教势发展很快。到了20世纪80年代初，一贯道道徒达到了50万人以上，国民党内负责宗教工作的"中央工作会"的前主任啸天赞、主管宗教事务的"内政部"部长吴伯雄的夫人，以及一些知名人士、社会名流，都成了"道亲"。1988年3月，经过一系列利益和立场的协调之后，由张培成任第一届理事长。据1994年底统计，在一贯道总会系统下的大型庙宇就达到85个，公共佛堂10933个，家庭佛堂18692个，教职人员119485人，信徒918120人。据1997年统计，信徒达942000人。但了解内情者认为，全台湾地区一贯道信徒约有200万人之多，仅次于佛教和道教的信徒数，居其12个宗教的第三位。

台湾一贯道有在工商业中活动的传统，台湾的轻工业、餐饮业中皆有不少道徒。著名的航运巨头张荣发是虔诚的道亲；现任一贯道总会理事长施庆星掌握的天银化工公司是世界五大薄荷生产企业之一。台湾一贯道总会还拥有30家出版社，大量出版其经典、善书和其他读物，其影响很大。从20世纪40年代后期开始一贯道向国外传播，现已在30多个国家和地区落脚，道徒超过100万人，主要是华人华侨，人数比较集中的地方包括日本、东南亚、美国和南美洲等地。也有少量外国人士入道。1996年，在台湾一贯道总会主导下，成立了"一贯道世界总会"，会址设在美国洛杉矶的"全真道院"，张培成出任理事长。一贯道总会的成立意味着台湾一贯道在国际上的影响将进一步有所加强。

"一贯道"取孔子"悟道一以贯之"之意。据称，此道即天地万物之根源，道统自三皇五帝、文武周公、孔颜曾孟一脉相传，亦即"常而不变"之"理"，由"理"生"气"，由"气"生"象"；"理为本体，气、象为外用"。在理论上，一贯道认为，人如"持正理修正道，由象返气，由气返理"，皆可超脱生死，抵达彼岸。但又称因有"三期末劫"，人们迷失性灵，不知归路，幸亏"上帝"垂悯，降下一贯道门，实行“三曹普度”，以“明师”传授性理心法，沟通天人，得于“弥勒古佛”执掌“天盘”之“白阳期”内将世间“九十六亿原人”度回“无极理天”。

一贯道的经典分为“无字真经”和“有字真经”，前者代表的是张光璧口传的“无太佛弥勒”五字，系新道徒入道时密授之“真言”；后者林林总总，不下二三十种，主要是历代“祖师”之著作和言论汇集。一贯道主张“三教合一”、“五教同源”，“行儒门之礼仪，用道教之功夫，守佛家之规戒”，老子、孔子、释迦、耶稣、穆罕默德被尊为五教圣人，一起供奉。可见，一贯道被涂上了浓厚的所谓“儒教化”色彩。它确定的书面宗旨为：“敬天地，礼神明，爱国忠事，敦品崇礼，孝父母，重师尊，信朋友，和乡邻，改恶向善，讲明五伦八德，阐发五教圣人之奥旨，尊四维纲常之古礼，洗心涤虑，接假修真，恢复本性之自然，启发良知良能之至善，己立立人，己达达人，挽世界为清平，化人心为良贤，冀世界为大同。”其中，儒家伦理道德的词句和内容十分明显。

五、天德教及其思想

天德教创始人是四川乐至县的萧昌明。萧昌明生于1894年，有7岁离家传道、请佛召神、求雨医病的传说，30岁于汉阳自称“三才教主”，以岳阳为基地进行创教活动。1927年正式宣布建立“天德圣教”，1930年印行《人生指南》一书，蒋介石为之题词——“修身养性”。1934年萧昌明在上海开办传道师资班，其影响逐步波及鄂、湘、粤、皖、赣、陕、甘等地区。抗战期间，天德教各地设坛创办了一些生产实业，开展了一定的难民安置和社会慈善事业。1943年，萧昌明去世。1953年，萧昌明弟子、湖南平江人王笛卿至台湾高雄。1966年4月召开“中国精神疗养研究会”成立大会，由王德薄任理事长，并在一些市、县建立支会，附设道坛，吸纳徒众。王笛卿于1975年去世。1987年由王笛卿的弟子秦淑德任道监，具有军方背景的萧楚乔被推举为“总会”新一届理事长，执掌教务行政。1989年1月天德教再次申请立案，4月获准，6月将原“天德圣教总会”改组为“中华民国天德教总会”，萧楚乔仍任理事长。据1992年年底统计，天德教在台湾地有坛、堂、宫、殿等活动场所34个，教职人员103名，信徒193800人。到1997年，公布的信徒人数仍未突破20万人，总会理事长则由秦淑德接任。天德教经典原有萧昌明在世时口说的百余万字记录稿，1986年秦淑德等汇集其他文献，编撰《德藏经》四类八部二十八卷出版，其中“经藏”类包括经文16种，多冠以“佛说”字样。

天德教宣称“以五教精微而成”，接萧昌明的说法，“此教非人之教，乃天之教；非天之教，乃大公无私之教。如是者，五教各自整理，由天德教贯注各教，合二为一，谓之天德圣教”。对于“二十字”（指1926年由萧昌明创颁的“忠、恕、廉、明、德、正、义、信、忍、公、博、孝、仁、慈、觉、节、俭、真、礼、和”20字，作为“本教之骨”），萧昌明在制定的教法中声言“各教不能违此”，其“五教合一，唯我独尊”的主张十分明显。

天德教教义驳杂，佛、道概念兼用，主旨为挽劫救世、复振儒家道德理想。天德教主神分上、中、下三代，如同佛教之竖三世佛，只是名目繁多。但在台湾坛场内只供“无形古佛”、观音大士、“圆明至圣佛”三尊圣像；又以横宽5尺5寸或9尺9寸、纵高3尺3寸或5尺5寸之黄色棉布挂于壁上，称“光布”，代表33重天。入教者经导师指点，打坐修持，据说可在“光布”上看到“宇宙之光”传达的“神谕”。该教强调“精神治疗”，实际上就是把以气功方法为人医病作为传教的途径。

六、轩辕教及其思想

轩辕教是穆棱籍cc系国民党知名人士王寒生在台湾创立的。王寒生1949年到达台湾后，认定国民党一败涂地“乃民族精神崩溃所致”，应综合儒、墨、道思想，上宗皇帝，“重建固有宗教，启发新生机运”。1955年，向蒋介石提出“重建中国国教刍议”；1956年，将此国教定名为轩辕教，申请备案，得到当局允许自由传播。1957年王寒生正式开始布教，自任教首，称“大宗伯”，奉轩辕黄帝为教宗。一批国民党要员如黄季陆、陶希圣等充任其后盾。1974 年，台湾当局批准成立“财团法人轩辕教”，王寒生连任四届董事会理事长，直至 1989 年去世。在修改后的《轩辕教宗法》中有一条规定：“本教尊称创立人王寒生先生为教主”；同文序中且宣示其教“根据中国固有的宗教思想，参酌现代科技对宇宙人生研究的成果，集神学、哲学、科学为一体之新的宗教”，从而以文字确定了轩辕教作为新兴宗教的地位。

轩辕教奉行十戒五律，使用特有礼仪。它的活动场所称“宗社”，入教称“归宗”，礼拜之日称“来复日”，首脑称“大宗伯”，经典以黄帝四经为主，以《大学》、《中庸》、《礼记》、《孝经》、《墨经》、《易经》、《道德经》、《冲虚真经》等为辅。据 1992 年底统一，轩辕教有活动场所 18 个，教职人员 175 人，信徒 22 万人。至 1997 年底，该教信徒人数为 136000 人，教职人员下降到 109 人。现任大宗伯为熊起厚。

轩辕教信仰“昊天上帝”，以中国传统道德中的“尊天法祖”为信条，“尊天”即继承轩辕黄帝道统，该教称此道统自皇帝始一直延续到蒋介石；“法祖”即遵从圣贤训示，从儒家修“人道”以达到人本主义，从墨家修“地道”以实现兼善天下，从道家修“天道”以追求天人合一。该教称其使命为：发扬固有宗教，光大文化传统，建立生活范畴，净化现实人生，寻求生命归属，升高精神境界，普及宗教济世，促进世界大同。

七、天帝教及其思想

天帝教是李玉阶在天德教的基础上创立的。李玉阶，曾名李鼎年，道名极初，道号涵静老人，1901 年生于江苏吴县，“五四”时期曾参加上海学运，同年加入国民党；北伐军到上海前，曾为之做过联络杜月笙的工作；后任宋子文的机要秘书、财政部西北盐务特派员。1949 年到达台湾，1951 年接办《自立晚报》。1958 年因不满当局妨碍新闻自由，宣布脱离国民党，1965 年退出《自立晚报》。1978 年李玉阶自立“中华民国宗教哲学研究社”，开始筹设天帝教。1980

年 12 月宣布天帝教正式创立，1982 年 2 月获批准，1986 年 7 月完成设立财团法人手续。

天帝教组织机构分为“首席使者”直属的“极院”系统和纵向的宏教系统。“极院”系统主要包括各地设置的道场、宏教人员和修道学院等；纵向系统，最高为“始院”即“全球宏教中心”，位于台北县新店市；其次为洲级的“统院”；再次为国级的“主院”，下面依次为省级的“掌院”和县级的“初院”，基层活动场所称“堂”。1994 年，共有“院” 22 个，其中两个分别设在日本三重市和美国洛杉矶；“堂” 15 所，分布在台湾各地，信徒十余万人。1997 年底活动场所增加至 52 个，信徒数达到 211000 人。

天帝教谓其教主为“天帝”即“世界各地至今统称之上帝”，人间不设教主，李玉阶为天帝“驻人间首任首席使者”，“代天宣化”。天帝教教义为“以生生不息，体天心之仁，亲亲仁民，仁民爱物为中心思想”，要求教徒先尽人道，再修天道，进而“修持身心性命妙道”，达到宗教大同、世界大同、天人大同、宇宙为家的目标。该教称其教义内涵“与三民主义思想有融会贯通之处”。把强烈的政治内容写进教义，是天帝教不同于其他宗教的一个特点。在它的各级教院里时而能听到宣扬当局某个政治人物的赞美声音，因此，早有舆论称天帝教是“国民党的外围宗教”。

在台湾地区除了上述新兴宗教之外，据台湾学者介绍还有夏教（三一教）、同善社、世界红卍字会、万国道德会、弘化院、昆仑仙宗、新儒教、灵仙真佛宗、禅定学会、天真亥子道、儒宗神教、大原灵教、行天宫、慈惠堂、灵乩协会、灵学研究会、中国道家五术法术学会、占验协会、万佛会、现代禅、多闻宗等。当然，这些新兴宗教各自的规模不一，生存状态差别很大。有的已经丧失了社会进取能力，陷入衰微的境地；有的则以其旺盛的势头和锐气迅速得到发展。总之，台湾新兴宗教的大格局仍以由历史较长、制度较完备的“老牌”新兴宗教占据主流，其主导地位不会发生重大变化。

第二节 韩国新兴宗教及其基本思想

近百年来，在韩国出现的新兴宗教可以说名目繁多，形式各异，复杂多变。因此，要对韩国新兴宗教进行客观的、全面的阐述确实具有一定的难度。韩国著名宗教学家尹以钦教授将韩国新兴宗教分为以下 4 类：(1) 独立运动型，如天道教、大倧教等；(2) 固有精神宣扬型，如圆佛教、甑山教，其中还包括传统祈福型新兴宗教；(3) 派生型新兴宗教，即从传统宗教中分化出来的新兴宗教。如从基督教、佛教中分化出来的诸多新宗教；(4) 外来型，从日本、美国、印度等地传入的新宗教[①]。韩国著名学者金洪喆将韩国新兴宗教分为：(1) 檀君系 42 种；(2) 水云系 21 种；(3) 一夫系 12 种；(4) 甑山系 77 种；(5) 奉南系 18 种；(6) 觉世道系 11 种；(7) 巫俗系 44 种；(8) 儒教系 7 种；(9) 佛教系 53 种；(10) 基督教系 55 种；(11) 外来系 34 种，其中西方系 12 种，中国系 6 种，日本系 16 种；(12) 系统不明系 16 种等，共 12 系类 390 种[②]。中国北京大学金勋教授在他的新著《韩国新宗教源流与嬗变》中，把韩国新兴宗教分为传统宗教派生的新宗教、传统民间信仰中滋生的新宗教和传入韩国的外来新宗教。他的这一分类法和对内容的把握得到了韩国著名学者尹以钦教授的高度评价，认为“这样的概括分析是在对迄今为止韩国学界这一研究领域的成果的总体把握和分析的基础上完成的”，该书“为读者提供了客观了解判断在韩国滋生的新宗教和外来新宗教的翔实的资料和令人信服的学术见地，以及极为健康的学术视角”。金勋教授的这种分类法为广大读者把握韩国新兴宗教指出了一条清晰的捷径。

按照韩国学术界通行的观点，新兴宗教大体上应具备如下条件：

---

① 韩国宗教社会研究所编：《韩国宗教的省察与展望》，民族文化社，1989 年，第 24 页。

② 金洪喆：《韩国新宗教思想研究》，集文堂，1989 年，第 37—49 页。

教主为韩国人，产生于本土，思想内容是民族主义的，教理教义强调民族共同体意识，其宗旨在于发扬民族精神、解救民众、建设地上天国。

韩国有的学者认为，韩国近代新兴宗教的共同特点是以韩民族固有思想为基础，统合儒教、佛教、道教三教思想的民众信仰运动；而其区别主要在于不同新兴宗教所依据思想的侧重点上，如东学道主要依据的是儒教思想，甄山教主要依据的是传统道教思想，大倧教主要依据的是固有的思想等。

韩国的新兴宗教数量之多在当今世界上是少有的。据学界推测，目前韩国就有四百多个新兴宗教团体。在这里只能介绍其中具有一定代表性的新兴宗教。

一、东学道及其思想

东学道是19世纪中叶在韩国出现的第一个新兴宗教，于1860年由崔济愚创立，初名东学，后改称天道教，源于其始祖崔济愚的“道虽天道，学则东学”一语。所谓东学是相对于西学（天主教）而言的，意即朝鲜之学问、东方之学问。东学道的创始人崔济愚（1824—1864）是李朝末期岭南儒学者崔沃的庶子，原名济宣，号水云。1824年10月生于朝鲜庆州柯亭里。据说，他自幼聪明过人，但家境不幸。他早年丧父母，娶妻后又遭火灾，只得移居后来成为天道教灵地的龙潭亭。

他亲眼目睹封建国家危机和统治阶级日益腐败，以及社会秩序紊乱和社会纲常伦理遭到破坏等现象，哀叹“人心唯危，道心唯微，三纲都衰，五轮渐弛”，“君不君，臣不臣，父不父，子不子，不顺道德”[①]。为了寻求救世救民之道，他潜心研究儒佛仙教理、基督教以及中国诸子百家的经典，发现“儒道佛道累千年，其运亦是衰尽”[②]，西洋天主教“言无次第，书无皇白，而钝无为。天主之端，

① 《崔先生文集道源汇书》。

② 《龙潭遗词·教训歌》。

只祝自为身之谋，身无气化神”[1] 等，都有无法克服的弊端，毕竟都不是救济苍生之道。1857 年他开始为期 49 天的祈祷，被传为奇人。据传，1860 年 4 月 5 日，受到神的启示，水云从上帝那儿得到了独一无二的无极大道。1861 年，崔济愚在基督教天主思想的影响和刺激下，与西学（天主教）相对抗，在民间信仰的基础上融会儒佛仙三教，完成了以侍天主为核心的人乃天的基本教理，宣布辅国安民、布德天下、广济苍生。1862 年，发动了东学运动。1863 年，崔济愚深感自己处境的危险，便把东学衣钵传给崔时亨（1827—1898），使其成为第二任教主。同年被地方当局逮捕入狱，于 1864 年 3 月被李朝政府以“惑世诬民”罪斩首，终年 41 岁。

东学道的教理要旨是“侍天主”。何为“侍天主”？东学道认为：世界万事万象、日月星辰、地物人像，都是由天分化出来的，“四时盛衰，风露雪霜，不失其时，不变其序，亦天之造化之迹”[2]。如今社会紊乱，民心野薄的原因在于人们“不顺从天，不顺天命”，唯利是图。因此，人们应该坚信天之全能，敬畏天，“遵循其天理”。如何“侍天主”？首先要以“诚”、“敬”、“信”对待天主。这三者中“信”是根本的，如果不“坚信”就不可能真诚地信仰天，不会敬畏天。然而，不能只限于“心”里，而且身也要“至诚”。这就是“心与气和”，“气有正而心有定”。这种心和身的状态叫做“守心正气”。只有“守其心，正其气”，才能使侍者“率其德，受其教，化出自然之中”而“无为而化”。从而人与天“圆融”为“一如”、“天人如一”，成为至公无私的存在，即成为“地上神化”，由现实之我转化为“理想之我”。如果人们“侍天主”，就会“万事觉”而发挥出无穷的力量。

东学道不崇拜人格化的偶像，也不信仰东学道始祖，其宗教活动围绕着“心”进行。道徒在祈祷时，面向北静静端坐，面前放着一碗清水，反复诵读咒文（即“至气今至，愿为大降，侍天主，造化定，永世不忘，万事知”，共 21 个字）冀望其心灵达到如清水一

① 《东经大全·论学文》。
② 《东经大全·布德文》。

般的清净世界，并口服焚烧的“弓弓乙乙”、“灵符”。据崔时亨解释：“弓是天马，乙是天乙，合以言之，弓乙是天之形也”，“分以言之，则弓弓天之心也，乙乙人之心也”[①]。也就是天心和人心的统一。

二、天道教及其思想

1900 年，由孙秉熙（1861—1922）继任东学道的第三代教主。为适应反日斗争的需要，1905 年 12 月他把东学道改称为“天道教”。1921 年天道教内部分裂为守旧派和改革派。1945 年解放以后，各教团感受到新、旧派联合的必要性，于 1965 年确定并实行天道教的教宪，实现了教团的统一。1976 年教团内部又发生纠纷，同年 12 月召开临时全国大会解决教内存在的一系列问题。之后根据任期选拔制和推举教领的形式维持局面。目前，天道教自称拥有 100 万信徒。《东经演义》、《天道教太元经》、《大宗正义》、《觉世真经》、《授受明实录》、《圣训演义》是天道教的主要经典。

天道教在近代文明和西欧思潮的影响下，舍弃原先东学道中的落后思想要素，发展了“天人如意”的思想。天道教于 1905 年发表“大宗正义”，把天道教的思想要旨宣布为以“人乃天”为客体，以“人乃天之心”为主体的“自信自拜”的教体。接着 1907 年由梁汉默发表《东经演义》，全面系统地解释了“人乃天”的教理。随后，他们发行《觉世真经》、《授受明实录》以及《天道教会月报》等著述及月刊，进一步明确地解释了“人乃天”思想。所谓“人乃天”，就是指“人即天”。“人乃天”的教理一方面继承和发展了东学的“天人如一”思想；另一方面否定了东学所主张的“敬畏天主”以及期望天之启示的观念。

天道教之所以提倡“人乃天”的思想，其目的就在于消除人类社会的不平等，实现人与人之间平等的社会。“辅国安民，布德天下，广济苍生，建设地上天国”是东学道所提出的救民救世口号，也是东学道及其后来的天道教要达到的目标。他们通过“人乃天”，

① 《侍天教历史》下卷，二世教主海月大师。

一方面完成每个人的人格上的精神提升；另一方面建设自由、平等的社会，进而用“人乃天主义”统一世界的信仰，来建设地上天国，把世界统一为一家。

三、大倧教及其思想

大倧教是由罗喆（1864—1916）在汉城建立的。罗喆于 1864 年出生于全罗南道宝成郡。儿时名寅永，号弘岩。29 岁文科及第，任“起居注”①，一度曾被任命为“征税署长”。1905 年从白峰（檀君教领袖之一）那里得到了《三一神诰》和《神事记》。1908 年 11 月在东京从白峰的门人那里得到檀君教的宣明书，于 12 月得到秘传的“灵戒”。1909 年 10 月在汉城再洞翠云亭重建檀君教，成为第一任教主，1910 年改教名为大倧教。重建后，供奉檀君像，刊印文献。1916 年 4 月，将教统传给金教献。1918 年由大倧教徒 39 人发表了《壬午独立宣言书》，开设新式武官学校，建立独立军。独立军由青年教友组成，其抗日活动十分活跃，以致日本殖民当局禁止大倧教的一切活动。1921 年，日军开始讨伐大倧教。这一期间，大倧教先后有 10 万教徒被日军杀害。1923 年尹世复继任第三代教主。他成立了名为“兴业团”的地下组织并积极开展抗日运动。据有关材料介绍，在上海临时政府的成立过程中，大倧教的教众起到了主要作用。1942 年尹世复被逮捕，被判处无期徒刑。1945 年韩国解放，1946 年大倧教总部迁至汉城，并设立倧理研究室、公布改定后的教规、建立青年会、举行摩尼山圣火传递活动，大倧教进入了新的发展期。1950 年废除“道统传授制”，改为“神权共和制”，尹世复就任第一代“总传教”。1955 年郑宽就任第二代总传教。目前已传到第十四代，总传教由安浩相担任。

目前，大倧教规模包括弘恩洞的大倧教总本社、各市、道的教堂和首都分院等 10 处，教职人员 195 人，信徒达 50 万人。大倧教对信徒的要求是比较严格的，尤其是在修行上更是如此。作为信徒

① 昼夜服侍在君王身边，记录君王语录的官职，世人称“注书”。

必须遵守信徒纲领即“五大宗旨”（侍天以敬；修行以诚；合族以爱；求福以静；持家以勤）、“五大义务”（克奉教规；研习教理；广举教人；诚守教日；恪纳诚金）。

大倧教强调檀君天神在弘益人间、理化世界时曾交给人类3部经典：一是《天府经》，讲的是宇宙创始的原理；二是《三一神诰》，讲的是如何通过教化之理使大众走向聪慧的道路；三是《八理训》，讲的是如何通过治化原理，规范人们的日常生活和礼仪修养等问题。

大倧教的信仰对象是三神合一的国祖檀君“天祖神”。他们宣扬天祖神为弘益人间、理化治世、建立人间天国，由神化身为人。所谓“弘益人间”是指为救助人类，以建立地上天国。这一理念包括了“博爱”、“慈悲”与“仁爱”思想。大倧教认为，这一理念并非局限于某一个狭隘的民族和地区，而是适用于全人类。

大倧教的教理有以下几个基本特征：（1）大倧教是韩民族的根本性宗教。这一信仰作为韩民族的思想根源，自远古承传至今，因此，韩民族的文化、历史、风俗以及哲学、伦理思想等莫不源于此。（2）大倧教是彻底的爱国宗教。在抗日独立斗争中大倧教成为斗争的核心力量。他们相信大倧教必将成为国土统一和国家中兴的原动力。（3）大倧教是后天世界全人类的宗教。从教理看，大倧教不但具有能够统合世界各个宗教的根本性原理，而且因其“弘益人间，理化世界”的宏大理念，将成为全人类的终极性宗教。

四、甑山教及其思想

甑山教的创始人是姜一淳（1871—1909），号甑山。他出生于全罗北道井邑市德川面新月里。他年幼时即有志于道，环游各地后在31岁时（1901）在全州母岳山大愿寺修炼并得道。其后9年间，行“天地公事”，在金刚山脚下的九里谷开了一家小药房，名为“广济局”。据说，在给人治病的同时，他施展了许许多多普通人想象不到的奇行异迹，1909年去世。

甑山去世后，他的弟子们纷纷以传承正统自居，彼此分帮立派，后来派又生派，越来越多。其中，有规模庞大的，有势力弱小的；

有的是改了名的，有的是消失了的，直到现在其变化还是层出不穷。据有关材料讲，凡是以甑山教教派名称出现的教团总共超过了100个。现在还有40余个教团仍在活动。韩国学界认为，韩国目前大概有50多个教团分散在全国，并且拥有50万信徒。《大巡典经》是甑山教的主要经典。

甑山教的中心教理是“天地公事”，宣扬姜一淳是主宰天、地、人三界的绝对神。他下凡到这个世上，用自己的能力解除人类和神明之间的所有怨恨，改变宇宙的运行秩序，打下建设后天仙境的基础。甑山教的教理或宗教仪礼中体现出许多韩国传统思想和文化因素。尤其是甑山教的解冤相生思想发展了韩国人固有的宗教心理中的解冤意识。姜一淳称“先天时期由相克之理总摄人间事务，所有人事都违背道义，因此结下了怨恨。结下的怨恨积累下来现身三界露出杀气，给世界带来残酷的灾难”。他以救世救民思想形象地揭示了相生之道，强调要想建立理想世界，就要体现人尊思想，即人类是比神更加尊贵的存在。

甑山教自称为天下做“天地公事”，意即正在进行改造天地，公益于社会的大事业。他主张的“天地公事”主要可分3个方面，即“神政整理公事”、“世运公事”、“教运公事”。“神政整理公事”是指整理神界的大事业，它又具体分为“解怨公事”、“神团统一公事”和“气灵之拔收统一公事”。“解怨公事”是指消除神灵怀有的怨气的工作。据甑山解释，在人类生活的世界的另一端有一个和人类社会一样的“神明界”，神明界对人类世界影响很大，起着巨大影响和作用。

甑山认为，回顾历史，我们就认识到人是一种怨恨的动物，同样，人类社会是一个怨恨的社会，人类历史是一部怨恨的历史。由此，甑山认为一个人的出生本身就是怨恨的延续，只要不消除这些怨恨，就不可能迎来人类社会的真正的和平。要消除这些怨恨就需要甑山的“解冤公事”。

“神团统一公事”是指将代表各个地方的地方神和代表不同文明的文明神统一起来的工作。甑山认为，以往神灵们均作为某一地的守护神存在，人们据此形成了带有地方性的组织、团体，尽管对于当地的发展起到了很大的作用，但是，缺乏彼此间的联系，从而使人类总是陷于地域偏见和宗族仇视。近代以来，伴随世界各国、地区、文明之间障碍的消除，各地的人文、物资进行交流，神灵界的障碍也得以消除。这样一来，各地方的神灵彼此越界，导致全社会的混乱，因此甑山进行了对各地方神的统一工作并建立了“大一统神团”。

“气灵之拨收统一公事”是指由于未能选出的气灵引发纷乱，因此要进行选择气灵的工作。

“世运公事”是指要从韩国开始实现“后天仙境”，将世间变化的运势从“阴时代”向“阳时代”转变，由“先天”向“后天”转变，由黑暗的世界向明亮、文明世界转变。甑山认为，朝鲜被日本侵略，两次世界大战的爆发，“8·15”解放和朝鲜战争，都是依据甑山的“世运公事”而出现的。由于缠结数千年的仇恨，不得不通过这些战争和冲突来消除相互的怨恨。

除了战争以外，还有一劫挡在人类面前，那就是“病劫”。甑山认为将有一场前所未有的大瘟疫席卷人类社会，绝大部分人死于这场浩劫。但是只要挺过这场劫难，世间将变为仙境，人们将过上平安、快乐的生活，实现高度发达的文明，人类社会将成为宜居的乐园。

“教运公事”是指甑山死后不久，甑山教将分化成许多教派，皆主张自己是正统传承，担当建设后天世界的大任，从而陷入彼此纷乱的状态。但是最终会出现一位真正的主人，将甑山的宏志和思想传于天下，成为拯救世界的领袖。

总之，甑山的思想可简要概括为8个字：“解冤、报恩、相生、造化”。“解冤”顾名思义就是解除怨恨，不仅是解除万年冤神和万年逆神等神明界的怨恨，而且还要消除人与人之间的彼此的仇恨。“报恩”是指不仅要消除神明和人间的仇恨，更要求他们彼此帮助、相互了解，用报恩的心去联系众生。要懂得知恩图报就能带来神明界的和平和人类社会各方面的和睦。“相生”是指人们之间的彼此协作、彼此团结关系。甑山为此将冤神、逆神、地方神、文明神等统一在一起，教育世人团结协作、彼此帮助、和谐生活。“造化”是指用创造出后天的新理念、新规范、新秩序来进化新的世界。无论是在神明界，还是在人间，都须按照这一新理念生活。

五、正易教及其思想

正易教创立于19世纪中叶，实际创始人为金恒（1826—1898）。金恒，号一夫，出生在忠清南道论山市杨村面南山里。

1884年，金一夫完成了《正易》的撰写，并开始“无极大道”的传教活动。

金一夫的思想基本体现在《正易》之中。在这里，“易”是指变化、改变、变换之意，“正易”是指正确的改变、变革之意。金一夫认为，“易”具体指“后天易”、“未来易”、“第三易”。所谓“后天易”是指相对于文王的先天而言；所谓“未来易”是指后天而言；所谓“第三易”是相对于伏羲创第一易、文王演第二易而言的。如果说第一易是黄河流域的部落易，第二易是以大陆为中心的中国易的话，那么金一夫的第三易就可以称作以韩国为中心的世界易了。金一夫认为，正易是涵盖全宇宙和全人类的世界易。

那么《正易》的基本内容和思想特征是什么呢？首先，它揭示了自然与人变化的原理。先天一年是365又四分之一，因而出现了闰月；到了后天，则一年变成360日，没有闰月，时间就这样十分准确地运转。于是人类的生存状态也发生了变化，人变得非常长寿。其中，某些人可能入于神明，具有神通造化功能，成为聪慧无碍的自由人。人世间成了无罪和无苦的地上天国。

其次，《正易》具有人学的意义。《正易》强调仁爱、平等和和谐。正易八卦图是河图的实现版，表示阴阳间的完全和谐。这与自然原理相似，人类社会也应向着实现平等、和谐的社会方向前进。《正易》揭示了道学的渊源和其继承者。道学的渊源，即河图的渊源，位于宇宙生命体的中心，并开启一条继承之路。《正易》鼓吹“尊公思想”和“皇极精神”，这是《正易》特有的思想和特征。所谓“尊公思想”是指万古之伦理的根本即忠孝；所谓“皇极精神”是指后天君子生活的中心。《正易》主张“三教一致”，认为儒、佛、仙三者原为一体，只是由于教化的方法不同而彼此分立，最终会合于一体，实现相互尊重、相互理解、相互合作的世界。《正易》的目标是实现大同世界和人类最高的福祉社会。并强调《正易》虽然出自韩国，但却是全人类的共同的精神财富。

金一夫的思想形成以后，在其思想的影响之下，先后出现过不少新宗教教团，但是它们作为宗教大多数已销声匿迹，目前，所剩的几个团体也趋于消亡之中。

六、觉世道及其思想

觉世道是由李仙枰（1882—1956）创立的。李仙萍，号晨鸡，1882 年 2 月出生于黄海道文华郡九月山下的泰山村。据说，李仙枰 8 岁开始学习汉学，16 岁那年，怀着求得大学问的决心要远赴中国。但是当他走到平安道顺安郡一个叫知那的地方过夜时，看到空中出现“天下大宝，正真无外，无穷造化，各在自己”16 个字的“大宝颂”，顿时大彻大悟，于是沿原路遁入九月山。

在九月山他度过了十多年的修行生活，到 27 岁时已经是上通天文，下晓地理，后来又研习医术、占卜、风水地理等学问，医治了很多人的病。因名声远扬，许多人就慕名而来。后为躲避日本军警的搜查，躲到燕安修行。1913 年底开始千日祈祷。传说，1915 年 4 月 5 日正午，他看到在南方天空中出现“觉世道”三个金光闪闪的大字。第二天，西边天空中又出现了“圆觉天地，无穷造化，解脱死灭，永归灵界”十六字圆觉咒。而且从这一月的初一开始，他每天记下在天空中出现的一个字，后来便成为“三十戒名”和“觉世训词”。1915 年被定为觉世道的元年。

觉世道于 1921 年把传教中心设在汉城龙山区图化洞。1923 年在全国设立了 23 个道观，大力扩展宣教范围。其传教范围一度扩大到中国的东北地区，教徒达 27 万人之多。进入 20 世纪 30 年代，日本帝国主义对宗教的镇压更加残酷，1938 年李仙枰被日本警察逮捕，从此教势发展受阻，教团势力有所弱化。1956 年李仙枰去世。其各观的掌门人立刻分立门派，从而使觉世道陷入分裂。

觉世道主张仙教、佛教、儒教以及耶稣教在“觉”的层面上的统一性。儒作为“精一”之道，是“存心养性”之学；佛作为“归一”之道，乃“明心见性”之学；仙作为“得一”之道，乃“修心练性”之学；耶作为“守一”之道，是“正心求性”之学。故而若一切觉悟，则知其皆归于一法，即皆为“正心圆性”的授受之学。同时，认为儒乃实践之门，佛乃方便之门，仙乃众妙之门，耶乃永归之门，一旦觉悟，便知其皆为无穷之门。比如山上有树林林总总，但细看便知无不是树，各种宗教和教义之门以一统之亦是同理。各个宗教皆有这一道理，这正是觉世道的原理。

因此，觉世道以总摄仙、佛、儒、耶全部原理的“觉”为基础，提出了“教”、“道”、“真理”三大纲领。“教”要求“正真道义”、“广觉众生”；“道”主张以“毓灵”“入无穷之门”；“真理”要求以“解脱尘埃”来“正觉三生”。该教的修行方式除了上面提到的大宝颂和圆觉咒之外，还有诵念“我我天地、无穷造化、正觉三世、同归灵界”的正觉咒，“指导统管、正道灵神、千感万应、同归灵界诶”的正道灵神咒，以及后天咒、脱觉咒、保身咒，并实现三十戒名。觉世道以领悟为主，信仰对象为“上帝”（包括“天父”和“地母”）。觉世道认为所有真理来自天地父母，因此也叫天地道。

觉世道的道德纲领是正真和孝道。其中“正”是指上帝的言语，而“真”是既指光又指力量，并且认为这是人类的未来、生命的信仰，也称大宝。觉世道认为，这个世界变得混乱、人类变得堕落的主要原因就在于脱离了“情”。因此，只有做到“真正为上”才能恢复世界原有的秩序。伦理道德逐渐堕落的主要原因在于孝观念逐渐衰退。这里的孝是指顺从天理的天孝、服从地理的地孝、供养父母的人孝、不出卖良心的良心孝。

觉世道将精神和孝道比喻成天绳和地绳，即“正真”是从天上到地下的天绳，孝道是从地上升到天的地绳，由这两种绳构成美丽的“正孝”世界。

觉世道主张韩国是后天坤运的宗主国。根据这一宗教的教理，韩国位于世界东方，犹如人的眼睛。韩国是受到地运的属阴的国家，应以月为中心，根据月历生活。并且认为“先天”是阳先阴后，是阳得益的时代。他们主张韩国虽然受了先天 5 万年的苦难和屈辱，但是先天乾道即将过去，即将来临的后天是坤运，只要智慧和聪明降临到韩国，世界就会敬重韩国。韩国的统一就是世界的统一，韩国的和平也就是世界的和平。

为了结束这一乱世，末世的审判主、救世主会从太阳升起的地方出现。并且认为先天时代的目的是死后升入天国，但后天时代的目的则是在人世上建立地上天国。

七、更定儒道及其思想

更定儒道也称“一心教”，创始人为姜大成（1889—1954）。1889 年 9 月姜大成出生于全罗北道顺昌郡九岩面风谷里。9 岁时父亲过世，母亲教他用心读书，但他对读书毫无兴趣。虽然他不愿读书，但却能区分生活中的是非曲直。他 20 岁起一心钻研“天理”，29 岁迎娶文氏并生有一子，取名龙鹤。

1919 年“三一运动”爆发之后，他主动投身到抗日斗争中，后被捕入狱。不久被释放。据说，1924 年以后，他的心神变得超脱，显了灵气，能预知人的吉凶祸福。1928 年领悟到神的指令，便赴金刚山的一个峡谷，修建名为“金刚岩”的三间茅屋，一家三口全身心地投入到刻苦修炼中。

传说，1929 年 7 月的一天，正在修道的姜大成突然发出了震耳欲聋般的喊声，从此他的举止变得有些怪异起来，人们说他修成了正果。在长期的修道过程中，他一方面积极开展百日公事等宣教活动；另一方面还编撰了《海印经》。1942 年他建立了第一个圣堂，并教授弟子，还作了许多预言。其中关于“韩国不久就会解放”等预言得到了“应验”，从此慕名而来的信徒越来越多，最多时信徒达 56 万人。1953 年 3 月制作了叫做“太极八卦旗”的道旗，还创作了“太极旗建立降仙歌”。1954 年 6 月因其组织活动涉及政治和社会秩序遭到警察当局的镇压，姜大成及教团骨干被刑拘。同年 8 月，被保出狱就医，不久便去世。后金甲祚继任，继续组织抗议政府的活动。1995 年 4 月由该宗教团体组织的以“恢复道德性，构建文明社会”为主题的活动得到了社会的广泛关注。如今，这一教团有教堂36所，教职人员178人，信徒约有5万人。总部设在全罗北道南原市。

更定儒道所信仰的对象是“仙堂宫”。“仙堂宫”是标示有24节气的圆形天界图，图中央的上端有“仙堂宫”三个字，其字下写有“何灾不灭”和“何福不臻”的字样，再下面写有“谷”和“钱”二字，“仙堂宫”供奉在东侧。“仙堂宫”旁边奉着迎新堂的灵位。

“仙堂宫”中的“仙”是不老而长生的存在，它的生命无穷，它是造化多变的元气，因此懂得其妙用的人，其寿命将会无限。“堂”是指供奉圣贤的牌位、像和举行祭祀、祈祷、纳贡的地方，“堂”又是圣贤的神明所聚集之处，因此，习得其心法，并加以修炼的人会修得道与德。“宫”是人君明主与贤明的臣子上道下察处理政事的地方，因此能使贤明的神灵下凡于此，接受他们的经论的人能够救助世界与百姓。

“仙堂宫”乃万仙集聚之处，诸佛、诸圣、诸仙、忠孝烈之气皆聚集于此，因此这里刻苦至诚的修道生活，能够接受其气，具有神人合发的能力。此处是神圣的场所，因此本部和地方要将其供奉在圣堂之内，信徒家里应供奉在非常整洁的房间的东侧。“何灾不灭”就是指要事先知道灾祸的原因并提醒你想尽方法去躲避；“何福不臻”就是指福分将会降临并想尽方法去争取。为了强调取财和施财都要有道，所以把“谷”和“钱”二字写上去。

教理纲领是：“时运气和儒佛仙东西学合一更定儒道”。即以儒道为中心将佛、仙和东西学合一，进而重新展现和发扬儒道的根本精神，强调“自强不息、创道进展、广大包容”，该教的宗旨是“布德事业、教化事业、经济事业”。

该教的教理思想具体包括4个方面，即“泪巾水教理”、“生死交易”、《海印经》思想、未来观念。因前两条教理的内容极为神秘和十分荒唐，所以在这里暂不便作具体说明，只对后两条教理进行概括说明。《海印经》是更定儒道的基本的、最主要的经典（除此之外还有《符应经》和《万民解冤经》等），更定儒道的所有思想和理念均在此经里。正因为如此，《海印经》不仅在各种仪礼活动中，而且在日常生活中也常常被诵读。还因为被赋予一种神秘的咒力，所以信徒们把它视为圣物。因此，读此经的人必须止坐之后大声诵读，不得有傲慢之气或心绪紊乱。必须提起神，一句一句、一字一字地读。只要认真读此经书，就会受大福、得大运气，子孙后代也会繁衍生息。不仅如此，还可使死人复活，能在战争中远离死亡，能躲避三灾八难和疾病，能驱赶魔鬼。因为此经是上帝为了救助亿万苍生而作的，所以东西方的所有人不论上下贵贱，只要懂此经并实践的话，就能无灾无病的幸福地生活。但如果不懂此经之意，就会遭到灾祸和死亡。那么《海印经》的原文是怎样的呢？我们说《海印经》的原文就是28个字的短文："牛性在野、天地父母、弓乙合德、钦时感惠、一心同力、世界所立。"

更定儒道把自己的未来观念称之为"儒佛仙合一的春季"。认为现人类生活着的44世纪（檀纪4320年）是正在发生大变化的时期。人类生活在昼夜、四时、天地运道之中。昼夜是1日，每12小时一变；四时是1年，每365日一变；天地运道是大运数每4320年一大变。昼夜循环为1日，四时循环为1年，但是天地大道运数以天地、周易、阴阳之理循环。我们生活着的现代的运数，以1日作比喻是昼变为夜，而夜又变为昼的时候，以一年作比喻是经过春夏秋冬之后，复回春的时候。也就是说，天地大道运数是阳道变为阴道之后，阴道有变为阳道的时候。这一阳道春夏时节是原在天堂的诸圣、诸佛、诸仙、忠孝烈等道德善心之灵全部下到凡间的儒道世界。根据天地大道的运数，将要到来的世界因为天上一气会降临到凡间，所以自然会是一个无灾无难的幸福的和平世界。

因此，韩国会统一，世界会变得和平，43世纪西方科学文明的弊端会全部消失，44世纪的东方精神和道德文明非常会发达，形成一个地上天国和地上极乐世界。根据更定儒道，韩国会在将来成为先知之国，会成为世界最强的国家、世界的中心国家、世界的父母国。并认为虽然在地里面积上看是小国，但将来韩国的语言会成为世界的语言，传统的韩服会成为世界的统一着装。

八、圆佛教及其思想

佛教系新兴宗教派别很多，有人说多如牛毛。这里只介绍具有典型意义的、有韩国特色的圆佛教及其思想。

圆佛教是由朴重彬（1891—1943）于1916年创立的。朴重彬，字少太山，出生于全罗南道灵光郡的一个普通农民家庭。因家境贫困，直到成年未受到任何正规教育，但他从小对宇宙万物和人间诸事抱有很多疑问。为揭开这些疑问，寻访过很多所谓道士和山神，但都未得到满意的答复。据说26岁那一年即1916年4月28日清晨，他忽然精神振奋，心头的疑惑似冰雪消融，豁然开朗，体验到一种“清风月上时，万象自然明”的大悟境界。

少太山大觉后，为了解过去诸圣贤的教诲他遍览了诸经典。当读到《金刚经》时，认为佛法与自己所悟得的真理极相近，称释迦牟尼为圣中圣，便决意以佛法为主体创教。他在一边宣教的同时，一边率领弟子和信徒建立信托组合，筹集资金。利用筹得的资金，集中闲散劳力，从事围海造田的事业。从1920年开始，少太山相继撰写了一系列著作，并构筑基本教理体系。1924年，圆佛教于益山郡北一面设立本山，正式组建教团。但在日本殖民统治下，教团以“佛教研究会”名义开展活动。之后，少太山继续带领弟子垦荒造田，养蚕养畜，开办农场、果园和制药厂，独立经营教团。在这一过程中，他遭到日本殖民统治的各种迫害，但少太山没有屈服于压力，继续为教团的发展倾注了心血。少太山于1943年6月圆寂。

少太山圆寂后由鼎山宗法师宋奎（1900—1962）继任。鼎山宗师继承教祖遗志，改“佛教研究会”为“圆佛教”。由此圆佛教开始广传于世，成为韩国宗教界的一股新生力量。

1958年，教团设立教典编纂机构去编述圆佛教的教典，包括修订《正典》、《大宗经》、《佛祖要经》、《礼典》、《圣歌》等。鼎山还依据少太山的一圆思想，提出了三同（同源道理、同气相连、同拓事业）伦理，将圆佛教进一步向大众化、生活化方向推进了一步。1962年1月，鼎山宗师圆寂。同年2月，大山金大举继任第二代宗法师。

大山宗法师金大举（1914—1998）继承法业后，正式发行圆佛教基本经典——《圆佛教教典》。1963 年，圆佛教举办了开教 50 周年纪念会，积极传教，扩大影响。金大举进一步促进教团的社会化和国际化，提出“一个真理，一个世界，人类为一家，一同在这人间，开拓一圆世界”的世界一圆化思想，并把圆佛教提升到韩国六大宗教之一。1965 年，圆佛教与其他诸宗教一道，成立了“韩国宗教协会”。同时，在美国、日本等国家修建寺院，开始向世界各地传教，并积极开展援助非洲难民等国际社会救济活动。

圆佛教积极从事教育、医疗、慈善、福利事业，建有圆光大学、灵山大学、圆光保健专科学院、圆光高等中学等教育机构。为了培养和训练教职人员，圆佛教还建有圆光大学教学学院和研究生院、灵山禅院、东山训练院等。圆佛教现有教堂 461 所、教职人员 9815 人、派往海外宣教师 307 人，在美国、日本、中国、加拿大、德国、俄罗斯、法国、澳洲等国都设有教堂，在美国还设立了纽约圆光韩国学校、夏威夷国际训练院、费城禅学大学院等。现圆佛教信徒有 100 多万人。

圆佛教是在韩国很有个性的、受社会尊重的宗教之一。它的开教动机就显现了时代的精神，充满了对社会的关注和强烈的社会责任感。圆佛教把开教动机规定为“物质既已开辟，精神更须开辟”。这已说明圆佛教是合乎时代精神的、以改革为历史重任的宗教。

圆佛教是一个革新佛教，因此它打破传统佛教以出家为本的制度，直接面向世间广大生灵。该教团的教职人员和信徒都不脱离他们的本来生活和工作，倡导“佛法是生活，生活是佛法”的口号。他们以一圆的理念为基础，广泛地开展各项有益于社会和众生的活动，积极宣传佛教教理的时代化、大众化、生活化。

圆佛教把宇宙的终极性真理称之为一圆真理，并用“0”来标示。在圆佛教中，“0”定名为法身佛一圆相。圆佛教的教理根源于法身佛一圆相，以儒、佛、道真理观及韩国固有的传统思想为依据，具有融合和活用基督教等诸宗教和教理的科学特征。一圆相真理涉及方方面面，没有其影响不到的领域。所以一圆相的真理就是空、圆、正。宇宙之存在均为法身佛一圆相的具体显现。圆佛教教理是以法身佛一圆相为宗旨，集因果报应信仰、真空妙有为一体的体系。

因果报应信仰为法身佛一圆相的实际体现者，是对天地、父母、同胞、法律四恩的报恩。通过实践平等世界的建设方法——自立养成、智者本位、他人子女教育、公道者崇拜的四要，是实现和平与幸福世界的必经之道，故被称为“人生要道”。

真空妙有的修行们是继承和体现法身佛一圆相的方法，是精神修养、事理研究、作业取舍的三学及促进以信、愤、疑、精诚，克服不信、贪欲、懒惰、愚昧，具备菩萨、圣贤的人品、智慧、力量之意。这是一切修行人必须练就的修行之法，故称之为“工夫要道”。

人生要道及工夫要道并进的圆佛教教理以正觉正行、知恩报恩、佛法活用、无我奉公的四大纲领为标准，以建设广大无量的乐园为目标。

信仰是指以法身佛一圆相真理为基础的恩惠、感谢、报恩、奉公之生活。一圆相真理由于不生不灭和因果报应，是宇宙万物，森罗万象的本源。圆佛教认为，作为人类没有“恩惠”，不受恩惠是无法生活的，这是每个人都会感受到的。

修行是以一圆相真理为主，结合真理，完成并实践像佛菩萨一样的人格。为此，其修行科目有精神修养、事理研究、作业取舍三学。在三学中，促进力为信、忿、疑、诚，要舍弃不信、贪欲、懒和愚。

圆佛教教理尤为强调以下实际精神：一是“处处佛像，事事佛供”。这是圆佛教的信仰纲领，认为世界到处都有佛，任何时候都要以供佛一样的虔诚态度生活。二是“无时禅，无处禅”。这是圆佛教的修行纲领，是指修禅不应受时空限制，应使生活本身成为禅修，无论何时何地都能修禅。三是“动静一如，灵肉双全”。认为无论动或静、有事或无事都要始终如一，保持禅修，这就是“动静一如”。“灵肉双全”是指人的精神与肉体、物质与精神要均衡发展，使生活达到灵肉一致的完善境地。四是“佛法是生活，生活是佛法”。这是圆佛教的生活纲领。圆佛教视宗教与生活为一体，并使之协调一致。

若把修行与生活对立起来，必然使宗教脱离现实。所以圆佛教特别强调宗教的生活化。五是“理事并行”。这是指修行与事业并重，以理论与实践的统一来建设理想的一圆世界，否则无法建立地上乐园。

九、天理教及其思想

天理教源于日本民间，由普通农夫中山美伎（1798—1887）创立。作为农家妇女的中山美伎自13岁结婚以后，承担着繁重的家务和田间劳动。不堪忍受的重负和两个女儿的相继夭折及丈夫的暴虐使其精神濒临崩溃。为摆脱极度的精神压力，中山美伎越发热衷于礼佛拜神的活动。1853年她丈夫去世后，中山美伎的传教活动公开化。中山美伎一方面以家财救济邻里穷人，一方面通过巫术性的治病手段进行传教，经不懈的努力，渐渐得到周围中下层农民的支持和拥护。1878年她创建第一个讲社，1882年讲社发展为33个；1895年在日本大中城市的教会已发展到894个。

天理教初传韩国是在1893年（高宗三十年）9月，黑见太郎在釜山登陆开始传教。1917年4月在汉城龙山区成立“天理教布教所”，开始了广泛的传教活动。到1943年12月底，信徒有31400人，其中韩国人15832人，布教所1196个。1945年日本战败后，因被指定为倭色宗教，一度销声匿迹。1948年，以“天境修养院”的名义在美军政厅公报处注册，重新开展活动。1954年10月改称“大韩天理教本院”。1956年改名为“大韩天理教总本部”，由金振祚任教统。1963年又改为“财团法人大韩天理教团”，在文公部正式注册。

1964年第二代教统崔在焕上任后，积极开展传教活动。1965年信徒已达到50多万人，教势出现了繁荣景象。1997年韩国天理教有8个教区、512个教会，教职人员4800人，信徒有36万人。《天理教教典》是天理教的主要经典。

天理教反对权贵，主张社会变革，倡导民众救济与人类平等，提出“让世间所有人皆过快乐幸福的生活”的口号。天理教认为“天理王命”（亦称“亲神”）是创造人类世界的“元神”、“全知全能的真神”。天理教尤为排斥传统宗教的悲观厌世情绪，对现世采取积极肯定的态度，强调人生的意义在于过上幸福快乐的生活，坚信理想的世界会在现世出现。当然，这一切须借助全知全能的“亲神”的威力。

天理教强调人的自身修养，认为最重要的修行是“心的净化”，即“澄心”。称人的生命直接源于神，其本质是清净、圆满的，潜在通达神境的可能。但在世俗生活中，不可避免地滋生出贪、吝、爱、惜、怨、怒、欲、傲等“八埃”，这些利己主义的私欲切断了生命的本源，阻碍了与神协调、顺畅的关系，从而导致了种种的不幸。只有摈弃“八埃”，才能达到心澄洁净，才能转化为对“亲神”的无限信赖。

天理教对于死亡具有特殊的看法，认为死亡不是令人恐惧的事情，而是生命的“新的开始”。人面对死亡时，就如脱去旧衣服的肉体一样很简单，其魂魄由穿新衣服的肉体接下来便可以了，从而新的生命就诞生了。这就是天理教的“生死”观。

十、摩门教及其思想

摩门教的创始人为约瑟夫·史密斯（1805—1844）。他出生在美国纽约州西部的一个农村。传说，在他14岁（1820年）时，为寻求基督教信仰的真谛，四处找寻答案。一天，自家附近树林祈祷时，忽见两位身着白衣、头顶光环的人出现在面前，告诉他刻有宗教信息的金属片所藏之处。后经约瑟夫·斯密斯的努力，寻到宝石所在，并把宝石上的古埃及文字的变种译成英语付梓出版，此谓《摩门经》。他以这部经典为基础创立了摩门教。

1951年摩门教传入韩国。据说，韩国人金浩植在美国留学期间成为摩门教的信徒并被指定为摩门教韩国支部长。1956年6月成立了远东宣教部韩国地方支部汉城支部。1962年升格为韩国宣教所。1967年出版了韩文版《摩门经》。目前韩国有两个摩门教系教团，即“末日圣徒耶稣基督教会”和“复原基督教会”。1972年成立了神学研究院，1973年设立了韩国教区。

最近，摩门教在韩国的活动非常活跃。在一些大城市或农村地区的街道上，到处可以看到着装朴素，带着写有韩文名字的名片，进行宣教活动的美国青年摩门教的教士。他们主要以学生为对象，以组织英语圣经研究会和英语会话中心等形式开展传教活动。

摩门经不承认基督教三位一体的教义，它把上帝和耶稣看成是各自独立的、人格化的形象，上帝是父，耶稣是子。圣母玛丽亚是上帝之妻，耶稣之母。人类作为一种灵性的存在原与上帝同在，后因亚当堕落，人类来到世上，但未从亚当那里继承原罪。

摩门教特别看重一夫多妻制，不赞成节育，注重大家庭，而且提倡早婚。还主张禁酒、禁烟、禁喝咖啡等刺激物；重视家庭，尊重祖先和长辈。认为家庭的幸福就是个人的幸福，绝对的爱和绝对的幸福存在于家庭之中。信徒有着良好的生活习惯，而且要求衣着整洁，不穿奇装异服。摩门教施行洗礼与圣餐。儿童 8 岁受洗。圣餐以水代葡萄酒，每周举行一次。

十一、邪教及其思想

“邪教”中的“邪”在中国文字中是一个不折不扣的贬义词。无论是辞海还是现代汉语词典中都把“邪”字解释为“不正当”、“不正常”，因此，由“邪”字组成的词也带有一种贬义，如“邪念”、“邪气”、“邪说”、“邪门”、“邪恶”、“邪道”等。此外，在中国的医学中，此字还指引起疾病的因素，如“风邪”、“寒邪”等之说；并由此意再引申为给人带来的灾祸，如“中邪”等。由此可见，“邪教”一词自然也是一个十足的贬义词。

在韩国可称邪教的新兴宗教不在少数。如统一教就是具有代表性的邪教组织。统一教全称“世界基督教统一神灵协会”，于 1954 年由文鲜明创立。1957 年，文鲜明发表《原理解说》一书，奠定了统一教教义基础。书中糅合了韩国传统思想和基督教的基本主张，进而提出韩民族为选民，世界的中心在韩国等主张。1966 年，统一教发表《原理讲论》，确立了“统一原理”。1960 年 4 月，文鲜明与韩鹤子结婚。从此，统一教将组织宗教家庭作为发展宗教的重点。

统一教认为文鲜明是与耶稣等圣贤自由交往，亦可与上帝灵交，是一个具有完美品德的“完人”。因此，文鲜明夫妇被奉为“真父母”，韩鹤子被奉为“宇宙之母”。1972年，文鲜明定居美国，以纽约为据点开拓美国宗教市场，将统一教传至美国各州。1985年文鲜明回国，把传教的目标转向韩国及世界各地。1988年，统一教开始实施大规模传教计划，动员韩国80%的教职者，面向1300多个面开展传教活动。

统一教还积极开展社会政治活动。教祖文鲜明的政治活动尤为引人注目，他曾会见过艾森豪威尔、肯尼迪、尼克松、岸信介、戈尔巴乔夫、金日成等政界首脑，并应邀出席了美国总统里根的就职典礼。统一教还开展丰富多彩的文化、艺术活动，以此来进一步扩大其影响。统一教具有巨大的经济实体，仅国内就拥有150多个企业，资产达数百亿美元。《旧约圣经》、《新约圣经》和《原理讲论》是统一教的主要经典。

统一教的教理大义主要有（1）创造原理；（2）堕落论；（3）人类历史终末论；（4）弥赛亚降临论；（5）复活论、预定论、基督论；（6）复归原理；（7）再临论。

总括起来，统一教的宗教信条是：（1）信奉唯一的神上帝为人类之父；（2）将新旧约圣书奉为经典；（3）确信上帝的独生子耶稣为人类的救世主；（4）认定耶稣将再临韩国；（5）相信人类将以再临耶稣为中心建立一个大家族社会；（6）相信上帝救援摄理的最终目的是：在地上、天上根除恶道和地狱，建立行善的地上天上天国。

统一教的主张是：（1）完成创造目的和个人责任，成为上帝的慈善子女；（2）努力成为具有符合上帝旨意的人格的人并继承宇宙主管；（3）以内心深知父母之心，具有仆人之行为，实践为地流汗、为人流泪、为天流血的生活；（4）成为创造本然的真正的人，以此替代上帝，将和平、吉祥、自由和理想赋予被造世界，以喜悦和满足奉送父亲；（5）恢复以上帝为中心的善之主权、善之百姓、善之国土，以实现具有一种语言、一种文化、一种心情的世界。

在韩国的邪教除了上述统一教之外还有其他一些宗教，如白白教、龙华教、日月山祈祷院、新日修道院、东邦教、韩灵教、帐幕圣殿等。这些新兴宗教引发了许多社会问题。在一些邪教组织中出现的荒淫行为、集体裸体参拜、暴力事件、掠夺财产事件等给社会造成了很多负面影响，遭到社会的强烈谴责，有的已被当局取缔。

总之，在新兴宗教的形成和发展过程中，有的教团走向极端，甚至走向危害社会的一面，这是需要严加防范的。但并不是所有的新宗教都会引发这样的社会问题。目前，大多数新兴宗教的发展都显现出健康的状态。

第三节　中韩新兴宗教思想的相同点和相异点

中（台湾地区）韩两国同处东方，一衣带水，地域相连，文化交流，连绵不断。在各个领域存在着不可分割的历史的、现实的联系。从上述对中韩新兴宗教及其思想的概述中，通过分析比较，能够清晰地概括出中韩新兴宗教所具有的相同点和相异点。

一、中韩新兴宗教思想的相同点

1. 新兴宗教及其思想深深地扎根于本国传统文化的土壤之中。传统文化是新兴宗教得以产生和发展的基础。无论是中国（台湾地区）的新兴宗教还是韩国的新兴宗教，都以本国的传统文化作为主要的思想材料并在此基础上产生和发展起来。如果新兴宗教脱离了本国的传统文化及思想，那么其产生和发展就失去了根基，是不可想象的。无论是中国（台湾地区）的天帝教，还是韩国的东学道创立均说明了这一点。

2. 新兴宗教及其思想的形成和发展均同本国的特殊的政治背景有着密切的联系。新兴宗教的产生和发展总是与当时的政治状况直接相关。如中国（台湾地区）的轩辕教是由cc系国民党知名人士王寒生在台湾创立的。他认为国民党之所以一败涂地是“精神崩溃所致”，应综合儒、墨、道思想，“重建固有宗教，启发新生机运”。这完全是为蒋介石国民党政权的“新生”需要而建立的。如韩国的大倧教的政治倾向也是极为突出的，大倧教在抗日独立斗争的整个过程中，直接成为斗争的核心力量和领导力量之一。

3. 新兴宗教及其思想的形成和发展对本国的现实历史发展具有重要影响。这一影响可能是积极的，也可能是消极的。因此，加强当局对宗教事务的管理力度是很有必要的。无论是在中国（台湾地区）还是在韩国新兴宗教的两种趋势、两种作用都是客观存在的。在这种状况下，如何改革新兴宗教的落伍一面，发扬积极一面，去主动适应变化发展了的本国的新的实际？这是当前中韩新兴宗教各自面临的重大课题之一。适应才能生存，改革才能发展。但如何适应？如何改革？这也是中韩新兴宗教面临的共同的问题。

4. 新兴宗教及其思想的形成和发展，随着时代的大潮流而发生了显著的变化。如随着世界范围内的科技革命的大潮流，中韩新兴宗教的基本内容向现代化和世俗化方向转变。如有些新兴宗教把对未来天国的关注转移到今世、现在。世俗神学的先导者朋谔斐尔认为，来世的说教已不为人们感兴趣，应把宗教转变为现代人们主观上感到有需要的生活方式。可以说，当代信徒们关心的不是彼岸世界的赏善罚恶，而是现实中的伦理道德等社会实际问题。其次表现为宗教组织不再是单纯的传教组织和联系信徒的地方。它们从事着更多的世俗经济活动。几乎所有的中韩新兴宗教组织都程度不同地从事、商业、旅游、福利、救济等活动。有的组织本身就是庞大的金融集团，有着巨额财富。许多宗教领袖本人就是百万富翁。如中国（台湾地区）一贯道就具有雄厚的经济实力，那些富丽堂皇的公共道场建筑就说明了这一点，而且现任一贯道总会理事长施庆星掌握的天银化工公司是世界五大薄荷生产企业之一。韩国的天尊会从表面上看，其教理思想是由传统的仙和巫的思想融合而成。然而，这些思想不是用来理论说教和规范行为的，而是与实质性的健康问题和经济问题联系起来。他们开发了天道仙法（气修炼）的多种方法，气修炼成为传教的有效方法。并且，他们在教团内部通过经营企业或经商等多种经济活动，给信徒生活提供直接的帮助。还有圆佛教、普天教、太极教、统一教、天父教等均重视经济的自生自谋活动。有的教团的经济活动成了该教团运营的主要方式。

5. 新兴宗教及其思想的未来发展中需处理好以下三个方面的关系。

（1）世俗化与新兴宗教的关系。人类社会正在向着现代化的进程迈进，而伴随这个进程的，是社会的日益世俗化。新兴宗教毕竟是近现代社会的产物，因此，对现代社会的日益世俗化，必然会做出自身的反映。我们都知道新兴宗教的出现是存在多种方式的。无论是以哪种形式出现，毋庸置疑的是，新兴宗教都要符合现代社会某些方面的需要。如果新兴宗教不能满足或不能适应世俗化的某种需要，那么它本身就失去了其存在和发展的基础和动力。这就是说，以抗议现代社会为宗旨而产生的新兴宗教，在其未来的发展中会继续保持这种反抗的势头。有的新兴宗教最初采取的对抗形式比较缓和；有的在其发展中则会出现极端状况，以至于触犯法律，演变为邪教。这是一种可能性。第二种可能是新兴宗教与社会妥协，与世俗化采取一种互动的关系。任何宗教要保证自身在社会中的生存必须逐步地适应社会的需要。这不仅是传统宗教至今能够生存于社会的原因，也是今天的新兴宗教面临的一种生存危机，即长期地与社会保持敌对状况或者格格不入，将得不到社会的承认，直接影响其信徒的来源。为此，在新兴宗教的未来发展中，与社会妥协，对世俗化重新解释，以符合自身的利益需要，具有极大的可能性。

中韩两国的绝大部分新兴宗教在过去的几十年中，一方面关注世界和平，关注生态环境，关注人权问题，关注全球性的伦理道德，参与社会民政事务的运作，在社会福利、社会保障方面起着重要作用；另一方面，也关心社会政治与经济的发展，常常作为政府与民众间的中间社团的组成部分，为缓和政府与民众之间的矛盾发挥作用。可以说，在今后的发展中，宗教对这类世俗事务的关注仍将继续，这种关注将会成为宗教在现代社会的一大功能，也将成为新兴宗教未来发展的一种可能性。

（2）科学发展与新兴宗教的关系。由于现代社会科学技术日新月异，高科技发展对人类生活产生的巨大影响将把如何对待科学和科学成果的问题提到新兴宗教的重要日程上。当代科学对宇宙的生成、生命的起源、物种的进化等问题做出了与宗教完全相悖的解释，目前科学在某些方面的发展，如试管婴儿、克隆动物等，已经直接威逼到宗教的核心教义。如何面对科学和科学成果成为宗教必须正视的问题。20 世纪 90 年代，罗马天主教对过去的教会迫害科学家的历史进行了公开的反思，教皇约翰·保罗二世为此表示“忏悔”；有的宗教积极利用现代科技成果并对此不断地做出“合理的解释”；有的新兴宗教更是直接用“科学”一词作为自己的组织名称，如科学学派、基督教科学派、神圣科学派等。这一切都表明，无论是传统宗教还是新兴宗教，对科学都不会采取强行压制的态度，不会对其成果视而不见或者一味拒绝，而会在保持住神学防线的前提下，尽可能地利用、融化科学成果。当然，科学的应用及其在伦理道德上引起的问题将使科学与宗教之间的争论继续存在，但二者间的“合作将会加强”[①]，这也是中国和韩国新兴宗教要在现代社会生存的重要条件之一。

（3）传统宗教与新兴宗教的关系。与传统宗教保持何种关系，是新兴宗教未来发展必须考虑的问题。传统宗教尽管丧失了昔日的辉煌，但是传统宗教仍然占有优势，目前仍然是社会中的主流宗教。而新兴宗教尽管目前红红火火，但是无论是从信徒的人数上还是其他方面看，都只是信仰方面的支流。传统宗教与新兴宗教各有所长，前者树大根深，有悠久的历史，有丰富的经典教义，有广大的信众等，但传统宗教往往在一些方面赶不上现代社会的要求，在制度上的某种僵化、调整运作的灵活性与活力的缺乏、效力的降低，在现代现象的种种现象面前显得苍白无力，加之传统宗教自身的世俗化，都使它们面临着危机。新兴宗教则是近现代的产物，尽管他们不具备传统宗教的优势，但它们能够满足现代人的某些方面的需求，因而具有一定的生命力和活力。当然，由于现代社会的特点，只由一种意识形态一统天下的局面不会存在，一方面，传统宗教要保持自己的主流地位，新兴宗教要争取摆脱边缘状况，为此而争夺信仰市场是各宗教生存的需要；另一方面，各宗教也逐渐认识到，相互宽容甚至融合以抵制整个社会的世俗化，是作为整体的宗教生存的一

① 《宗教九大趋势》，美国《未来学家》，1998 年第一期。

种需要。因此，各宗教之间的冲突与竞争、合作与融合，将成为今后的发展趋势。这一点在现代中国和韩国社会已经成为活生生的现实问题。

二、中韩新兴宗教思想的相异点

由于中国（台湾地区）和韩国所经历的社会背景不同、民族经历不同、文化修养不同、思维方式不同，所以，在新兴宗教及其思想上显现出一些相异之处。

（一）中国（台湾地区）新兴宗教的主要教说及特点

1. 强调现世主义，主张“今世极乐”。有的新兴宗教认为，“亲神”创造了人类的初衷，是为了看到人类享受“今世极乐”的欢愉，体会给予生命的快乐。人的美好幸福生活顺乎神意，反之，违背神意；有的新兴宗教还主张“人为神子，皆是兄弟”的平等观，如尊重女性、男女平等、夫妇和睦等，对现世采取了现实主义的态度，认为“夫妇携手共同劳作才是幸福”①。

2. 强调“万教同源”，主张“天下一家”。有的新兴宗教认为，上帝是唯一的，宗教是同源的，人类是一家的。认为人类同是上帝之子女，始终是一个宗族，即“地球乃一国，人类皆其民”，宣扬人类皆来自上帝的创造。“创造物的顶点”是上帝已创造的生命和意识中最高的形式。人类在体形、肤色、毛发等方面的差异只是表面的，而人类的基本能力和负有的任务是相同的，都来自于上帝。因此，整个人类应是一致的，是一个有机的单位，所有的国家和民族必须结合在一起，如一个家庭的成员一般。

3. 强调“五伦八德”，主张宗教的儒教化。有的新兴宗教认为，神秘主义的把戏随着台湾民众的教育程度的提高，越来越受到置疑，因此，改变其内容和形式是当务之急。于是有些新兴宗教颇费了心思，在其宣教内容的调整上下了一番工夫。如何调整呢？有的就改变为对以儒家经典为主的“三教经典”作“微言大义”式的阐发，

---

① 戴康生主编：《当代新兴宗教》，东方出版社，1999年，第77页。

赢得了信徒们的赞许和支持；有的新兴宗教就从儒家经典中，概括出几十个概念并加以阐释，就形成了信徒们能够普遍接受的信条。

4. 强调政教结合，主张教义的政治性。这是中国（台湾地区）新兴宗教的最突出的特点。中国台湾地区有些新兴宗教在表面上宣传通过修道要达到身心圆满之境界，但在暗地里跟当局的“关系十分密切”，其政治倾向十分突出。有的公开打出反共旗号，叫嚣要“确保台湾复兴基地，实现三民主义和平统一中国”。在它的各级教院里，“青天白日满地红”旗子到处可见；孙中山、蒋介石被封为“中山真人”和“中正真人”，让二人“长期执行反攻任务”。从中可以看出，在台湾有些新兴宗教早已成为当局的“外围宗教”、“党系宗教”。

（二）韩国新兴宗教的主要说教即特点

韩国资深学者金洪喆教授在《韩国新宗教思想研究》[①] 中指出，韩国的天道教、甑山教、圆佛教思想的共同特点可概括为：后天开辟思想；宗教融合思想；民族主体思想；人本位思想；社会改革思想。韩国学者黄苗基在《论东学的近代性》[②] 一文中，把韩国东学的特点概括为极为强烈的反对日本帝国主义侵略的民族主义思想，以人乃天思想为基础的消除阶级对立的平等思想；以废除两班官府为核心的政治体制争取平民的政治地位的思想；以争取民生经济为基础的经济改革思想。北京大学金勋教授在《韩国新宗教的源流与嬗变》[③] 中，把韩国新宗教的主要说教及其思想来源概括为六点：后天开辟思想；人尊思想；选民思想；解冤相生思想；统合思想；末世思想。上述中韩学者的观点从整体上比较正确地概括了韩国新兴宗教的主要内容和特点，具有一定的参考价值。

下面我就根据自己的研究，结合中韩两国理论界的学术成果进行阐述。我认为韩国新兴宗教的主要说教即特点表现在以下几个方面。

---

① 金洪喆：《韩国新宗教思想研究》，集文堂，1989 年。

② 黄苗基：《论东学的近代性》，理耕社，2008 年。

③ 金勋：《韩国新宗教的源流与嬗变》，宗教文化出版社，2006 年。

1. 顺应时代潮流，追求现世改革，关注现实问题是比较明显的特征。如“后天开辟”思想。这是极具时代性、现实性和改革性的新兴宗教的观点。所谓“后天”是相对于“先天”而言的。根据中国历史文献史料，“先天”和“后天”的划分是依据“创造天地”前后来确定的。“创造天地”之前为“先天”，之后就称其为“后天”。但在韩国新兴宗教里讲的“先天”和“后天”概念的确是另一回事。他们以宗教创始人的历史观和宗教体验为基础，特定时间以前为先天，之后为后天。所以，在这里指的“先天”与“后天”之分界，即开辟“后天”之始。广义上的“后天”，指在教祖的宗教理念的倡导和影响下，受苦受难的民众得到解脱，迎来理想世界。而在这里提到的“开辟”就有多种含义。但在这里主要含义应该是“开拓、扩展、发展”之意，其中，蕴含着对混沌愚昧的“先天”的彻底否定和对理想“后天”的向往之蕴意。

众所周知，在李朝末期，儒教完全支配着社会的政治、精神文化生活，成为维护两班阶级特权的思想工具。农工商和贱民阶层在两班特权阶级的压迫下，民不聊生。当时的佛教受朝廷的排斥，而且，除了极个别的修行者外大多堕落成性，早已远离了受苦受难的民众。刚刚传入的天主教、基督教又被正统势力视为“异端邪说”、“卖国宗教”，不准下层民众接近。在这种情况下，下层民众中的厌世情绪不断扩大，对特权阶级的反抗心理也达到了顶点。社会上各种谣言、谶说四起。下层民众以各种方式渴望和期待理想社会的到来。为顺应这种民意，新兴宗教的创始者们举起“后天开辟”思想来预示新时代的到来。所以，我们说新兴宗教显现出很强的时代性和现实性，也就是说新兴宗教的“后天开辟”是为顺应时代潮流、关注现实问题而提出来的鲜明的政治口号。韩国天道教提出的精神开辟、民族开辟、社会开辟；正易教提出的日月开辟、精神开辟；圆佛教提出的“物质既已开辟，精神更需开辟”；大倧教的开天观；甄山教的精神开辟、人间改造、世界开辟等，均反映了韩国新兴宗教所特有的个性——时代性、现实性、改革性。

2. “以人为本、人乃是天、人尊大”的天尊思想是其最为突出的特征。以人为本，以人道为要法是圆佛教提出来的重要思想。圆佛教强调“人是万物之主人，万物是人利用的对象”；天道教则强调“人乃天”，天（上帝）存在于人心之中，人类和上帝等同。甄山教也强调“人尊要大于天尊、地尊，人尊时代即将到来”。在传统思想里讲“成事在天、谋事在人”，在新兴宗教里则变成“谋事在天，成事在人”；在传统思想中的“天地人”观念和排序在新兴宗教那里改造成为“人地天”观念和排序。这就是我们特别强调的韩国新兴宗教的个性之处。何为“以人为本”？我认为在这里提到的“人”就指“万物之主人”的“人”，是活生生的社会的人。但这些“人”正处在“精神日臻衰弱”，受“物质支配”的“无边苦海”之中。为了承救这些众生圆佛教就提出了“征服”“人类衰弱的精神”的方法，指明了防止“人类沦为物质的奴隶”的妙计，揭示了“一切生灵进入广大无量的乐园”道路。这就是圆佛教的开教动机。从这一动机中我们可以看到，圆佛教思想的主体是以“人本位”为中心的，因而，充分体现了圆佛教“以人为本”的特色。总之，韩国的新兴宗教一般否定人类是按神的意志创造的存在，否定人类隶属于神。他们把人和神看做同一种存在，有时甚至更加重视人的存在。可以说，“韩国的新宗教比西方宗教更强调人本主义”①。

何为“人乃天”？首先，“人乃天”是对“人乃贱”的革命。在那时人与人之间的主要关系是剥削与被剥削的关系。在统治阶级看来，他们是“天的子孙”，理应得到“天”的护佑，过着腐化糜烂的生活，而众生则天生就是贱民，是下贱的、愚蠢的，受剥削的对象。而“人乃天”则主张贱民也是人，同样具有生存权利、自由和民主权利。“天的子孙”和“贱民”同样都是人，只要都是人，那么人与人之间都是公平的、平等的。所以，“人乃天”是社会“贱民”对当时剥削阶级的一种强有力的宣战。其次，“人乃天”是对“至上神”的革命。众所周知，历史上的统治阶级总是打着或以“上帝之代理人”自居，迷惑群众，把自己打扮成“一人之下，万人之上”的绝对者。“人乃天”把“神”从它的至高无上的地位中拉下来，使

① 金勋：《韩国新宗教的源流与嬗变》，宗教文化出版社，2006年，第134页。

“神”跟人平起平坐。主张人同神的地位是平等的、相等的，人同神一样同样重要、具有同样的意义。最后，“人乃天”是对“人之性”的巨大的张扬。“人之性”从来不只是“性善性恶”的问题，还有更重要的一面，这就是“平等或不平等”的问题。“平等或不平等”问题是处理和解决“人”与“天”关系中的至关重要的问题。如果不平等，那么“人”与“天”的关系是对立关系；如果平等，那么“人”与“天”关系是融合关系。“融合”是推动事物发展的根本动力之一。若做到“人”和“天”真正融合那么能够实现人与天的平等，反之一样。所以，我们可以说“人乃天”淋漓尽致地张扬了“人之性”等重要问题即平等问题。

何为“人尊大于天尊”？圆佛教主张人本位，以人为本；天道教大讲“人乃天”，人与天同等；现在甑山道大呼人的尊严比天的尊严还大，天有“尊严”，人更有尊严，但人的尊严比天的“尊严”还大还重要！可见，“人尊”、“人本”思想的主张在新兴宗教那里一个比一个更强烈，一个比一个更唱响，一个比一个更呐喊。“人尊”思想是在甑山道《大巡典经》第六章第 119 节中提出来的。该经认为，人的“尊严”是实的，不是虚的；人的尊严是争来的，不是等来的。我们都知道，西方宗教也注重人的尊严和人的作用，但根本的前提是人类为神的创造物，是上帝的创造物，因此，是从神的手中得到自由和尊严，即在神本主义的前提下强调人的尊严。但韩国新兴宗教否定人类是按神的意志创造的存在，否定人类隶属于天神。他们把人看做是比天神更高大的存在，比天神更尊贵的存在。对这种“天不怕，地不怕”的思想和精神，我们应该给予充分肯定并加以总结。

3. “主民”、“主国”、“主世”是普遍存在的心态和精神奋斗目标。韩国新兴宗教的“民族主体”意识尤为高涨和强烈。只要研究韩国新兴宗教的人均有这个体会和结论。为什么这一特征如此突出呢？我们认为这同朝鲜民族在历史上长期受到外国的侵略和统治有着直接的关系。这个民族受过的欺凌、虐待、压制是历史早已公开了的，而且是证明了的。所以在这里我们就暂且不谈。根据韩国新兴宗教的教理救世主——教祖是定会来到世界的，定会来到自己身边的，他们会把全人类集合成一个大家族，营造地上天国。而韩民族是受教祖委托迎接救世主的民族，也是救世主选定的民族。显然，这些主张是有意地宣扬，要解救人类就要从韩民族开始，全世界要以韩民族为中心形成一个大家族的思想。

在韩国传统宗教中，宣扬自己民族优越性的教理教义有许多。而新兴宗教的创立者往往利用信徒们渴望得到尊严、平等、人权和幸福的心态，把传统宗教中如基督教所宣扬的“选民”、“圣民”等思想加以夸大，并作为扩大教势和组织教团的手段加以利用。

韩国的不少新兴教团都宣布，韩民族为后天开辟时代的主人，朝鲜半岛将会成为世界的中心。例如甄山教就强调“我国是世界的上等国，真理将出自这里，我们的民族即将会得天下”。更正儒道说得更出奇，说统治全世界的大政府将在韩国产生。灵主教也强调韩国将会成为世界的宗主国，韩民族将会成为“主国民族”。天地大安教也强调，“韩国是五行地，是世界的中心”。传道馆、水生教、韩国基督教伊甸园圣会等一些新兴宗教团体，则根据《圣经》创世纪篇第 30 章第六节的段义，认为韩半岛是檀君建立的国家，而檀君就是亚伯拉罕的嫡子。除此以外，还有正道教的韩国是“有福之国”、“天下万国的救世主”、世界和平国的“新选民”；新日修道院的韩国是“世界统一的新王国”、“为全人类造福的使命国”；东邦教的韩国是“被选择的民族”，韩国是世界的“宗主国”等，都宣扬新时代的选民非韩民族莫属。这些新兴宗教的主张明显地显现出韩国是主民（主体民族）、主国（主流国家）、主世（主导世界）的观念。

为什么新时代的选民非韩民族莫属？其具体理由是：（1）韩国与以色列一样，遭受过 40 年荡灭复归的外来势力的压迫；（2）耶稣的荡灭复归的历史是善恶分立的历史，韩国有过严重的意识形态的对立；（3）韩民族所经历的悲惨的历史，是上帝提供给选民的磨难的历史过程，并且韩民族有先天的敬天思想，还具备了忠孝烈的宗教情感；（4）韩国各新兴宗教的教主都有预言能力，灵通人亦不少；（5）从地理方位考察，韩国是“日出之地”，所以韩国应是文明的归结地等。

我们认为，当代韩国和韩国人提出的“面向世界”、“走向世界”的豪迈志向和实际行动具体显现了上述“三主”思想，而且可以说是上述“三主”思想的延续和继承。

4. 会通、统合、合一也是值得重视的特征之一。把不同思想文化融汇起来进行扬弃改造，提出新的教理主张是韩国人所具有的、而且比较常见的意识结构和思维模式。韩国的新兴宗教也是以这种思维特征为基础，沿着这条思路去构筑其教理体系的。他们一般把这种思维方法称为“会通、统合、合一”的方法。如崔济愚强调他创立的东学道是“吾道非儒、非佛、也非仙，吾道是儒佛仙的合一”；姜一淳更坦率地说：“昔日因局面小，事情少，因此，一个宗教也能承救国家的混乱局面。而如今局面大，事情又复杂，因此，不把所有宗教和文化的精髓都融会，就很难把握和治理眼前的乱世。”

韩国新兴宗教的“会通、统合、合一”的思想进一步体现在其要求统一宗教的主张上。从一些宗教教团的名称上可以看出这些宗教会通、统合、合一的思想倾向。如“世界一家公会”、“世界宗教联合法皇厅”、“世界一主和平国”、“太极统一救国道场”等，这些教团都强调会通、统合世界上存在的所有宗教。其中值得引起重视的是，这种会通、统合、合一是以我为中心的会通、统合、合一。即使是一些规模小、不甚活跃的新兴宗教教团，也强调以本宗教为中心会通、统合、合一其他宗教。宇宙天主教甚至提出统合其他宗教的具体顺序。其顺序依次是天主教、基督教、其他宗教、无信仰者等。韩国新兴宗教敢于提出以本宗团为中心统一所有宗教的原因就在于，即成宗教和其他宗教已经极度腐败和堕落，到了不可救药的程度，而新生的宗教不仅有新的教理主张，而且有新的方法医治社会的疾病。这一方面反映了韩国新兴宗教的现实；另一方面也可以从中看出新兴宗教的相互排斥和虚张声势。

韩国新兴宗教的会通、统合、合一思想，也体现在圣与俗、物质和精神、宗教与科学的关系上。他们是普遍反对以区别的眼光看待精神界和物质界、宗教与科学的，主张把圣的世界和俗的世界统一起来，或强调自由出入圣俗或强调超越圣俗。如新日修道院认为

“合理地利用万物，会得到永远的王权”；圆佛教主张“开辟物质，开辟精神”。

韩国新兴宗教的会通、统合、合一思想，又体现在宗教和政治的关系上。新兴宗教教团大多数不赞成政教分离，向往政教合一的社会体制。他们认为救世主并非单纯的宗教意义上的救世主，它是无所不能的，具有强有力的政治权力，因此，他们积极参与社会政治性的活动。1894 年发生东学革命；1921 年普天教宣布国号，登上皇位的事件；1954 年更正儒道向联合国递交关于建立新的韩国政府的文件；在当今的韩国，有些新兴宗教领袖申请参加总统选举，历届总统召见新兴宗教领袖等，都证明了新兴宗教对政治抱有浓厚的兴趣。

除上述主要特征以外，韩国新兴宗教还可以概括出其他一些特征，如解冤相生思想、社会改革思想等。

附录一

中国宗教信徒统计表

(1) 大陆宗教

宗　教	信 徒 数
天主教	4 000 000
基督教	16 000 000
伊斯兰教	20 000 000
佛教及各类宗教	60 000 000

(2) 台湾宗教

宗　教	信 徒 数
佛教	4 860 000
道教	4 000 000
天主教	300 000
基督教	420 000
其他宗教	2 240 000

(3) 香港宗教

宗　教	信 徒 数
天主教	300 000
基督教	300 000
伊斯兰教	80 000
佛、道、孔教及其他宗教	4 200 000

(4) 澳门宗教

宗　教	信 徒 数
天主教	20 000
基督教	6 200
伊斯兰教	100
佛教、孔教及其他宗教	无准确统计

注：以上资料源自张志刚主编的《宗教研究指要》第393—394页，北京大学出版社，2006年12月第2次印刷。

附录二

韩国诸宗教现状一览表

1. 韩国诸宗教教势现状表（2002）

区分 各宗教	团体数 （个）	教堂数 （个、所）	教职人数 （名）	信徒数（名）		
				宗教信徒统计 （2002）	人口及家庭统计	人口及住宅统计 （1985.11.1）
佛教	105	22 072	41 362	37 495 942	10 321 012	8 059 624
基督教	170	60 785	124 310	18 727 215	8 760 336	6 489 282
天主教	15	1 258	12 536	4 228 488	2 950 730	1 865 397
儒教	1	730	31 833	6 004 470	210 927	483 366
天道教	1	283	5 670	996 721	28 148	26 818
圆佛教	1	520	2 455	1 337 227	86 823	92 302
大倧教	1	109	358	477 342	7 603	11 030
其他宗教	44	4 992	280 685	12 864 820	232 209	175 477
总计	338	90 749	499 209	82 132 225	22 597 824	17 203 296

* 宗教团体的信徒统计数据依据各宗教团体提供的数据。

注：引自《韩国宗教现状》，韩国文化观光部宗务室，2002 年 12 月。

2. 韩国诸宗教教势增减状况表（2002）

区分	团体数			教堂数			教职人数			信徒数		
年度	2001	2002	增减	2001	2002	增减	2001	2002	增减	2001	2002	增减
佛教	96	105	9	20 495	22 072	1 577	37 001	41 362	4 361	34 812 792	37 495 942	2 683 150
基督教	167	170	3	65 168	60 785	−4 383	125 548	124 310	−1 238	19 206 919	18 727 215	−479 704
天主教	15	15	0	1 228	1 258	30	12 561	12 536	−25	4 071 560	4 228 488	156 928
儒教	1	1	0	730	730	0	31 833	31 833	0	6 004 470	6 004 470	0
天道教	1	1	0	278	283	5	5 644	5 670	26	996 540	996 721	181
圆寂教	1	1	0	474	520	46	10 779	2 455	−8 324	1 337 227	1 337 227	0
大倧教	1	1	0	103	109	6	346	358	12	476 848	477 342	494
其他宗教	44	44	0	5 231	4 992	−239	281 113	280 685	−438	11 241 661	12 864 820	1 623 159
总计	312	338	12	93 707	90 749	−2 958	504 825	499 209	−5 616	78 148 017	82 132 225	3 984 208

* 依据各教团（宗团）提出的资料。

注：引自《韩国宗教现状》，韩国文化观光部宗务室，2002 年 12 月。

3. 传统寺刹现状

教团类别 / 地域	曹溪宗	太古宗	法华宗	禅学院	其他	备考
首尔(51)	42	3		2	4(大觉会、本愿宗、普门宗、观音宗)	
釜山(27)	21	1	3		2(元晓宗、玉莲禅院)	
大邱(19)	18	1				
仁川(8)	7	1				
光州(5)	5					
大田(4)	1	1		2		
蔚山(10)	10					
京畿(91)	78	8	4		1(一乘宗)	
江原(42)	40	2				
忠北(80)	45	22	4	5	4(禅教宗2、大觉会、总和宗)	
忠南(76)	66	6		2	2(法轮宗、无党派)	
全北(107)	68	37			2(华严宗、普门宗)	
全南(80)	71	7	1		1(法轮宗)	
庆北(165)	146	5	8	1	5(佛教教化院、元晓宗、法王宗、无党派)	
庆南(90)	87		3			
济州(7)	7					
总计(862)	711	94	23	13	21	

4. 韩国儒教乡校现状

市、道　　类别	乡校数量
首尔特别市	1
釜山广域市	2
大邱广域市	3
仁川广域市	4

续表

市、道　　类别	乡校数量
光州广域市	1
大田广域市	2
蔚山广域市	2
京畿道	25
江原道	16
忠清北道	18
忠清南道	36
全罗北道	26
全罗南道	28
庆尚北道	40
庆尚南道	27
济州道	3
总　计	234

5. 宗教媒体现状

类　别	佛　教	基督教	天主教	其他宗教	总　计
电视广播	6	17	6	1	30
广播	5	16	5	1	27
有线电视	1	1	1		3
定期刊物	57	106	40	16	219
日刊		2	1		3
周刊	10	23	14	1	48
旬刊		1			1
隔周刊	10	18		2	30
月刊	24	36	18	8	86
隔月刊		6	1	1	8
季刊	11	15	5	4	35
半年刊		2	1		3
年刊	2	3			5
总计	63	123	46	17	249

附录三

韩国新宗教教团一览表

1. 韩国自生新宗教

(1) 檀君系统

序 号	教团名称	地 址	备 注
1	大倧教	首尔市西大门区	
2	一魂教	首尔市钟路区	
3	天上桓因弥勒大道	济州岛济州市	
4	檀君朝鲜宗天教	大邱市东区	檀君圣殿
5	三神信仰大本司	江原道平昌郡	三神宫
6	三神教	首尔市冠岳区	
7	三神道	大田市中区	
8	三圣宫	庆南河东郡	
9	三真道	首尔市铜雀区	神仙道
10	综教院	忠南保宁市	同胞之家
11	桓众教	庆北闻庆郡	
12	开天敬祖会	大邱市北区	
13	光明道	大田市西区	
14	神仙道总本院	大田市中区	清心灯台
15	宣德学会	仁川市光华郡	还主教，世界宗教
16	檀君摩尼崇祖院	首尔市钟路区	
17	檀皇殿	大田市东区	
18	国祖檀君圣殿天真殿	大邱市寿成区	
19	花郎精神宣扬会	忠南礼山郡	
20	檀君教宗务厅	首尔市西大门区	下落不明
21	檀君教本部	首尔市松坡区	灭失

(2) 水云系统

序号	教团名称	地址	备注
1	天道教	首尔市钟路区	
2	东学天真教	忠南论山市	
3	东学教本部	庆北尚州市	
4	水云教	大田市儒城区	
5	东学会中央修道院	大田市西区	
6	侍天教	首尔市江东区	下落不明

(3) 一夫系统

序号	教团名称	地址	备注
1	正易思想研究学会	忠南论山市	
2	大宗教	忠北沃川郡	
3	咏歌舞蹈教	忠南论山市	
4	天一教	全北金堤市	灭失

(4) 甑山教系统

序号	教团名称	地址	备注
1	仙道教	全北群山市	太乙教
2	普天教（新派）	全北井邑市	
3	普天教（旧派）	全北井邑市	
4	甑山教本部	全北金堤市	大法社
5	弥勒佛教法相宗	全北金堤市	法相宗
6	太极道	釜山市沙下区	
7	阳山道	釜山市沙下区	
8	甑山大道一和场	全北金堤市	弥勒崇奉会
9	三德教	全北金堤市	
10	普化教	全北金堤市	
11	大韩佛教龙华宗	全北全州市	龙华教
12	泰仁米勒佛教	全北井邑市	
13	檀君圣主教	济州道北齐州郡	

续表

序　号	教团名称	地　　址	备　注
14	东道法宗金刚道	济州道西归浦市	
15	无极大道	济州道济州市	
16	甑山圣地铜谷药房	全北金堤市	药房派
17	甑山法宗教	全北金堤市	
18	母岳教	全北金堤市	
19	大韩佛教弥勒宗	全北高敞郡	戊乙教
20	戊乙教	全北金堤市	
21	帝和东大道	全北井邑市	
22	大巡真理会	京畿道骊州郡	
23	仙道	全北金堤市	安乃成派
24	甑山真法会	首尔市东大门区	
25	甑山道	大田市中区	
26	青道大亨圆	全北金堤市	
27	永世宗主道	全北金堤市	
28	弥勒佛流法寺	釜山市金井区	
29	青羽一新会	庆南统营市	广济院
30	龙华弥勒佛教研究会	釜山市东莱区	
31	顺天道本部	全北金堤市	南阳法房
32	顺天道朴日门派	全北金堤市	
33	顺天道金康洙派	全北扶安郡	
34	法门教理顺天道本部	全北金堤市	
35	顺天道蔡住奉派	全北金堤市	
36	顺天道朴风元派	全北扶安郡	
37	顺天道李教贤派	全北扶安郡	
38	顺天道王顺喆派	全北金堤市	
39	顺天道宋月学派	釜山市金井区	
40	正道教	釜山市釜山镇区	
41	光明奉天弥勒真法会	京畿道光明市	下落不明

续表

序 号	教团名称	地 址	备 注
42	弥勒教	全北金堤市	下落不明
43	风流道园龙华道场	全北金堤市	灭失
44	人天道	全南康津郡	灭失
45	龙华世尊弥勒佛甑山大道会	庆南梁山郡	灭失
46	甑山教客望里姜石幻派	全北井邑市	灭失
47	人道教	全北金堤市	灭失
48	顺天道金甲真派	全北井邑市	灭失
49	顺天道宋寿千派	全北金堤市	灭失
50	顺天道魏龙潭派	全北益山市	灭失
51	顺天道朱大荣派	全南高兴郡	灭失

(5) 奉南系统

序 号	教团名称	地 址	备 注
1	三法修道教化院	庆南金海市	
2	天地大安道	忠南鸡龙市	
3	圣德道	大邱市中区	
4	自我道	全北井邑市	
5	清江寺	济州岛北郡	陀佛教
6	三天教	济州岛南郡	

(6) 觉世道系

序 号	教团名称	地 址	备 注
1	觉世道本院	忠北永同郡	
2	觉世道观	忠北永同郡	
3	觉世道南观	忠北永同郡	
4	觉世道天地原理教	首尔市东大门区	

(7) 巫教系统

序　号	教团名称	地　　址	备　注
1	天宇教	首尔市龙山区	
2	无量大道会	全北完州郡	
3	人佛道	全北益山市	
4	兜率庵	全北益山市	
5	无量教	全北完州郡	
6	太极亭祈祷院	忠北槐山郡	
7	天宫	首尔市龙山区	
8	沧海水教	全北全州市	

(8) 仙道系统

序　号	教团名称	地　　址	备　注
1	天尊会	江源道洪川郡	
2	冥府殿	全北井邑市	

(9) 儒教系统

序　号	教团名称	地　　址	备　注
1	更定儒道	全北南原市	
2	新明儒道	忠南益山市	

(10) 圆佛教

序　号	教团名称	地　　址	备　注
1	圆佛教	全北益山市	

(11) 系统不明系统

序　号	教团名称	地　　址	备　注
1	金刚大道	忠南燕岐郡	
2	灵主教	京畿道坡州郡	
3	龙华大道地上天国建设团	大田市	
4	天皇宫—上帝教	首尔市道峰区	

续表

序　号	教团名称	地　址	备　注
5	地上天宫大德之教	首尔市钟路区	
6	三灵教	忠南论山市	
7	三神堂	大田市南区	
8	世界宗教统一本部	首尔市光华门	
9	无量天道	大田市中区	
10	世界正教	首尔市钟路区	
11	心道园	江原道平昌郡	
12	韩民道殿	忠北清州市	
13	弥勒大道金刚莲华宗	仁川市延寿区	
14	韩佛教天地宗	全北群山市	
15	太极统一救国道场	全北完州郡	
16	大天开大天教	忠北中原郡	
17	正道灵进道殿	首尔市东大门区	下落不明
18	求得道	首尔市江东区	下落不明

（12）新宗教有关团体

序　号	教团名称	地　址	备　注
1	东学宗团协议会	首尔市中区	
2	宪政会	首尔市钟路区	
3	檀君精神宣扬会	首尔市中区	
4	甑山宗团联合会	全北金堤市	
5	泛甑山教研究院	忠南礼山郡	
6	仁僖仙道太白院	首尔市铜雀区	大韩仙道太白院
7	国仙徒本院	首尔市钟路区	
8	天机泄露九统道家	首尔市钟路区	
9	丹学仙院	忠南天安市	
10	韩国民族宗教协议会	首尔市龙山区	

2. 佛教系新生宗团

(1) 法华系统

序　号	教团名称	地　　址	备　注
1	大韩佛教观音宗	首尔市钟路区	
2	大韩佛教法华宗	首尔市钟路区	
3	大韩佛教普门宗	首尔市城北区	
4	大韩佛教佛乘宗	庆北奉化郡	
5	大韩佛教佛入宗	忠北堤川市	
6	大韩佛教莲华宗	庆南晋州市	
7	大韩佛教灵山法华宗	首尔市钟路区	
8	大韩佛教一乘宗	首尔市城北区	
9	大韩佛教天台宗	忠北丹阳郡	
10	韩国佛教法华宗	首尔市钟路区	法华
11	韩国佛教法华宗	首尔市城北区	法华
12	韩国佛教法华宗	首尔市城北区	法华
13	韩国佛教如来宗	京畿道城南市	

(2) 禅系统

序　号	教团名称	地　　址	备　注
1	大韩佛教达摩宗	庆南务安郡	
2	大韩佛教禅教宗	釜山中区	
3	大韩佛教圆融宗	首尔市九老区	
4	大韩佛教一鹏禅教宗	首尔市钟路区	
5	大韩佛教曹洞宗	首尔市钟路区	
6	大韩佛教法轮宗	首尔市钟路区	

(3) 净土系统

序　号	教团名称	地　　址	备　注
1	大韩佛教弥陀宗	首尔市东大门区	
2	大韩佛教本愿宗	首尔市钟路区	
3	大韩佛教念佛宗	庆北庆州市	

续表

序　号	教团名称	地　　址	备　注
4	大韩佛教净土宗	首尔市中区	
5	大韩佛教法王宗	全南丽水市	
6	亚细亚净土佛教韩国总本山法眼宗	大邱市东区	
7	大韩佛教阿弥陀宗	济州道南齐州郡	
8	韩国佛教圆觉宗	大邱市达城郡	
9	韩国佛教造化世界宗	忠北堤川市	

（4）弥勒系统

序　号	教团名称	地　　址	备　注
1	大韩佛教教化宗	釜山市东区	
2	大韩佛教弥勒宗	全北高敞郡	甑山教
3	大韩佛教法相宗	首尔市钟路区	甑山教
4	大韩佛教龙华宗	全北全州市	甑山教
5	大韩佛教天地宗	全北群山市	
6	韩国佛教弥勒禅宗	大田市西区	
7	韩国佛教弥勒宗	釜山市釜山镇区	
8	世界人类成道宗	大田市西区	

（5）华严系统

序　号	教团名称	地　　址	备　注
1	大韩佛教元晓宗	首尔市钟路区	
2	大韩佛教华严宗	首尔市东大门区	
3	大韩佛教总和宗	首尔市钟路区	
4	大韩佛教海东宗	京畿道龙仁市	

（6）密教系统

序　号	教团名称	地　　址	备　注
1	大韩佛教真觉宗	首尔市城北区	
2	大韩佛教真言宗	仁川市南区	

续表

序　号	教团名称	地　　址	备　注
3	佛教总持宗	首尔市江南区	
4	真言佛教持诵宗	釜山市海云台区	
5	天华佛教	忠南天安市	

(7) 其他系统

序　号	教团名称	地　　址	备　注
1	大韩佛教大觉宗	忠南扶余郡	
2	大韩佛教大乘宗	京畿道安养市	
3	大韩佛教法王宗	庆北永川郡	
4	大韩佛教三论宗	忠北忠州市	
5	大韩佛教实相宗	釜山东莱区	
6	大韩佛教涅槃宗	京畿道龙仁郡	
7	大韩佛教维摩宗	首尔市冠岳区	
8	大韩佛教统和佛现宗	首尔市九老区	
9	大韩佛教弘济宗	釜山市釜山镇区	
10	世界佛教地藏宗	京畿道龙仁郡	
11	洗心宗	忠南大德郡	

3. 基督教新生教派

(1) 长老教派

序　号	教团名称	地　　址	备　注
1	大韩耶稣教长老会（改革）	首尔市钟路区	
2	大韩耶稣教长老会（改革）	首尔市瑞草区	
3	大韩耶稣教长老会（改革宣教）	首尔市江南区	
4	大韩耶稣教长老会（改革联合）	首尔市冠岳区	
5	大韩耶稣教长老会（改革联合）	首尔市东大门区	
6	大韩耶稣教长老会（高丽联合）	首尔市铜雀区	
7	大韩耶稣教长老会（根本）	首尔市东大门区	
8	大韩耶稣教长老会（基督改革）	首尔市瑞草区	

续表

序　号	教团名称	地　址	备　注
9	大韩耶稣教长老会（南北）	首尔市麻浦区	
10	大韩耶稣教长老会（罗格斯）	首尔市铜雀区	
11	大韩耶稣教长老会（保守改革）	首尔市钟路区	
12	大韩耶稣教长老会（保守正统）	首尔市江东区	
13	大韩耶稣教长老会（保守方）	首尔市阳川区	
14	大韩耶稣教长老会（保守统合）	首尔市东大门区	
15	大韩耶稣教长老会（保守护宪）	首尔市江东区	
16	大韩耶稣教长老会（福音）	首尔市西大门区	
17	大韩耶稣教长老会（宣教）	首尔市阳川区	
18	大韩耶稣教长老会（顺昌）	首尔市铜雀区	
19	大韩耶稣教长老会（联合）	首尔市道峰区	
20	大韩耶稣教长老会（联合）	首尔市阳川区	
21	大韩耶稣教长老会（耶信）	首尔市江东区	
22	大韩耶稣教长老会（耶长合报）	首尔市城东区	
23	大韩耶稣教长老会（耶定）	首尔市中区	
24	大韩耶稣教长老会（再建）	首尔市钟路区	
25	大韩耶稣教长老会（统合保守）	首尔市松坡区	
26	大韩耶稣教长老会（平安）	京畿道城南市	
27	大韩耶稣教长老会（和平）	首尔市城东区	
28	大韩耶稣教长老会（韩国第一保守）	首尔市中浪区	
29	大韩耶稣教长老会（联合改革）	首尔市钟路区	
30	大韩耶稣教长老会（联合改革）	首尔市铜雀区	
31	大韩耶稣教长老会（联合改革）	首尔市阳川区	
32	大韩耶稣教长老会（联合京城）	首尔市松坡区	
33	大韩耶稣教长老会（联合京信）	京畿道水原市	
34	大韩耶稣教长老会（联合教城）	首尔市城东区	
35	大韩耶稣教长老会（联合保守）	首尔市西大门区	
36	大韩耶稣教长老会（联合宣教）	首尔市阳川区	

续表

序　号	教团名称	地　　址	备　注
37	大韩耶稣教长老会（联合宣牧）	首尔市东大门区	
38	大韩耶稣教长老会（联合圣会）	京畿道富川市	
39	大韩耶稣教长老会（联合耶选）	首尔市城北区	
40	大韩耶稣教长老会（联合耶总）	釜山市东区	
41	大韩耶稣教长老会（联合正统）	首尔市松坡区	
42	大韩耶稣教长老会（联合政立）	首尔市永登浦区	
43	大韩耶稣教长老会（联合政立）	首尔市永登浦区	
44	大韩耶稣教长老会（联合正统）	首尔市瑞草区	
45	大韩耶稣教长老会（联合中立）	首尔市瑞草区	
46	大韩耶稣教长老会（联合中央）	首尔市西大门区	
47	大韩耶稣教长老会（联合真理）	首尔市九老区	
48	大韩耶稣教长老会（联合总联）	首尔市铜雀区	
49	大韩耶稣教长老会（联合总会）	首尔市永登浦区	
50	大韩耶稣教长老会（联合统合）	首尔市恩平区	
51	大韩耶稣教长老会（联合平信）	首尔市城东区	
52	大韩耶稣教长老会（合定）	首尔市东大门区	
53	大韩耶稣教长老会（还原）	京畿道河南市	

（2）监理教系统

序　号	教团名称	地　　址	备　注
1	基督教大韩监理会（新进）	京畿道仪旺市	
2	基督教大韩监理会（联合）	首尔市瑞草区	
3	基督教大韩监理会（自由）	仁川市北区	

（3）浸礼教系统

序　号	教团名称	地　　址	备　注
1	基督教福音浸礼会	首尔市龙山区	
2	基督教韩国浸礼会	首尔市龙山区	
3	大韩基督教浸礼会	庆北金泉市	

续表

序　号	教团名称	地　　址	备　注
4	大韩宣教浸礼会联合会	首尔市城北区	
5	圣书浸礼教会	首尔市恩平区	
6	基督教南浸礼会	首尔市永登浦区	

（4）旬节系统

序　号	教团名称	地　　址	备　注
1	国际纯福音教团韩国总会	首尔市城北区	
2	基督教大韩上帝的圣会(西大门)	首尔市钟路区	
3	基督教大韩上帝的圣会(纯福音)	首尔市冠岳区	
4	基督教韩国圣书上帝之教会	首尔市道峰区	
5	大韩基督教上帝教会	首尔市西大门区	
6	韩国联合五旬节教会	京畿道光明市	
7	耶稣教大韩上帝之圣会	首尔市永登浦区	

（5）统一教系统

序　号	教团名称	地　　址	备　注
1	世界基督教统一神灵协会（世界和平统一家庭联合）	首尔市龙山区	
2	世界青年大学生 MS 联盟（旧爱天教会）	首尔市钟路区	

（6）新日教系统

序　号	教团名称	地　　址	备　注
1	新日修道院复旧号召祭坛	忠南论山郡	
2	新日中央教会	首尔市龙山区	
3	新日中央教会（复活派）	首尔市新吉洞	
4	水原斯鲁巴贝巴	京畿道水原市	
5	大田新日教会	大田市东区	
6	新诞新日教会	忠南大德郡	
7	首尔中央教会	首尔市西大门区	
8	世界纯金灯塔教会	忠南论山区	
9	首尔新日教会	首尔冠岳区	

(7) 安息教系统

序　号	教团名称	地　　址	备　注
1	上帝教会安相鸿见证人会	首尔市东大门区	
2	埃利亚福音宣教院	江原道原城郡	

(8) 传道馆系统

序　号	教团名称	地　　址	备　注
1	天父教(前耶稣教传道馆复兴协会)	釜山市机张郡	
2	永生教上帝之圣会(旧胜利祭坛)	京畿道富川市	
3	上帝之圣会光州胜利祭坛	光州市南区	
4	基督教耶稣大韩改革长老会(旧东方教)	不明	
5	大韩耶稣教长老会平江第一教会(旧大成教会)	首尔市九老区	
6	韩国基督教伊甸园圣会	首尔市东大门区	
7	大韩耶稣教长老会新芽教会(旧长牧圣殿)	京畿道果川市	
8	新天地安阳教会	京畿道安养市	
9	大韩耶稣教长老会新芽教会	京畿道果川市	
10	天国福音传道会	首尔市永登浦区	
11	实路灯塔中央教会(大韩耶稣教长老会实路教会)	首尔市冠岳区	

(9) 自生系统新生教派

序　号	教团名称	地　　址	备　注
1	正道教	忠南论山郡	
2	正道教大本营园	忠南论山郡	
3	宇宙一主和平园	忠南论山郡	
4	天马山教会（天马山祈祷院）	忠南论山郡	
5	归日院	光州市南区京畿道高阳市	
6	斯云山帝国	庆北庆州市	
7	大韩耶稣教五旬节圣洁会万民教会	首尔市中浪区	

续表

序　号	教团名称	地　　址	备　注
8	耶稣再临和平宣明（永生乐园归乡道）	首尔市龙山区	
9	基督教大韩福音教会	首尔市钟路区	
10	万民中央圣洁教会	首尔市九老区	
11	主现教部	全北益山市	
12	耶稣教会公议会	首尔江南区	
13	儿童童山	京畿道利川市	
14	韩国耶路撒冷教会	仁川市南区	
15	东山第一教会	釜山市影岛区	

（10）外来系统新生教派

序　号	教团名称	地　　址	备　注
1	救世军大韩本营	首尔市钟路区	
2	基督教韩国路德会	首尔市龙山区	
3	大韩基督教拉那烈教会	首尔市阳川市	
4	末日圣徒耶稣基督教会	首尔市钟路区	
5	耶和华见证人	首尔市中区新堂洞	
6	基督教科学协会	首尔市钟路区	
7	耶稣教司徒伊信仰教会	釜山市影岛区	
8	中华基督教会联合会	首尔市中区	
9	魁克宗教亲友会	首尔市西大门区	
10	光州新教会（斯威德博神学研究会）	光州市东区	
11	皮埃什总会	首尔江东区	
12	真耶稣教会韩国总会	首尔铜雀区	
13	复原耶稣基督教会	首尔西大门区	
14	大韩基督教联合总会（巴毕利埃教会）	京畿道光明市	

（11）祈祷院系统

序　号	教团名称	地　址	备　注
1	山城祈祷院	釜山市金井区	
2	护生祈祷院	忠北中原郡	
3	八灵祈祷院	全南高兴郡	
4	三光祈祷院	首尔铜雀区	

4. 其他外来系统新宗教

（1）中国系统

序　号	教团名称	地　址	备　注
1	国际道德协会	首尔铜雀区	
2	韩国天恩弥勒佛院	大邱南区	大韩道德会
3	道德会	大田东区	

（2）日本系统

序　号	教团名称	地　址	备　注
1	大韩天理教团	首尔龙山区	天理教
2	天理教韩国教团	庆南镇海市	天理教
3	SGI 韩国佛教会	首尔九老区	创价学会
4	莲华山大韩寺	首尔冠岳区	日莲正宗大韩寺
5	大韩日莲正宗法华讲佛教徒会	首尔江东区	日莲正宗江东本部
6	韩国日莲正宗总本部	首尔东大门区	东大门日莲正宗
7	大韩佛教日莲宗大法山广宣寺	首尔城北区	日莲宗
8	大韩民国正法日莲正宗中央会	首尔松坡区	日莲正宗
9	日莲正宗高丽寺	釜山东莱区	日莲正宗
10	日莲正宗高丽寺	釜山东区	日莲正宗
11	日莲正宗本门寺	首尔松坡区	日莲正宗
12	日莲正宗七宝寺	首尔城东区	日莲正宗
13	日莲正宗妙法寺	全南丽水市	日莲正宗
14	日莲正宗京畿本部	京畿安城郡	日莲正宗
15	日莲正宗木浦本部	全南木浦市	日莲正宗

续表

序　号	教团名称	地　址	备　注
16	日莲正宗顺天浦教院	全南顺天市	日莲正宗
17	日莲正宗扶经本部	釜山市东区	日莲正宗
18	日莲正宗议政府本部	京畿议政府市	日莲正宗
19	日莲正宗富平本部	仁川富平	日莲正宗
20	日莲正宗新罗本部	首尔城东区	日莲正宗
21	日莲正宗忠北本部	忠北槐山郡	日莲正宗
22	日莲正宗道峰本部	首尔钟路区	日莲正宗
23	日莲宗广宣寺	京畿抱川市	日莲宗
24	在家佛教韩国立正佼成会	首尔龙山区	
25	善邻会韩国教区	首尔西大门区	善邻会
26	生长之家韩国本山	首尔钟路区	生长之家
27	光明会	大邱东区	生长之家
28	世界米夏教韩国本部	釜山南区	世界救世教
29	大韩民国世界救世教	釜山南区	世界救世教
30	大照天地教	庆北高灵郡	

(3) 中东系统

序　号	教团名称	地　址	备　注
1	韩国伊斯兰教	首尔龙山区	
2	韩国巴哈伊全国精神会	首尔龙山区	

注：该资料引自金洪哲、刘炳德、梁银容编《韩国新宗教实态调查报告书》，圆光大学宗教问题研究所，1997年。

附录四

韩国宗教史大事记

公元	年　号	韩国重要事项	国外对照
公元前604年			老子诞生。
公元前604年			释迦牟尼诞生。
公元前552年			孔子诞生。
64			尼禄大规模屠杀基督教徒。
118			镇压基督教。
142			张道陵创五斗米道。
303			戴克里先迫害基督教。
311			君士坦丁允许基督教布教。
325			在尼西亚召开宗教会议。
372	小兽林王二年	秦王符坚派僧顺道来高句丽传佛教。	
374	小兽林王四年	阿道到高句丽。	
375	小兽林王五年	高句丽建省门寺和伊弗兰寺。	前秦禁老庄德图谶学。
381			在君士坦丁堡举行第二次基督教会议
384	枕流王元年	僧摩罗难陀由晋来百济。	
385	枕流王二年	百济在汉山建佛寺，度僧10人。	
391	广开土王元年	高句丽王下令，崇信佛法以求福。	
392	广开土王二年	在平壤建立九个寺院。	
395	广开土王五年	晋僧昙始到高句丽。	
400			哲罗姆将圣经译成拉丁文。

续表

公元	年　号	韩国重要事项	国外对照
	讷祇王时		墨胡子从高句丽来新罗，教授三宝。
	炤智王时	僧阿道带门人 3 人到新罗。	
485			魏国禁止谶纬巫觋活动
498	文咨王七年	高句丽建成金刚寺	
518			魏派宗云、会生到印度求佛经。
526	圣王四年	百济谦益进入印度。	
528	法兴王十五年	新罗异次顿殉教，开始允许信佛。	魏国有佛寺 3.2 万，僧尼达 200 余万人。达摩入寂。
529	法兴王十六年	新罗禁止杀生。	
544	真兴王五年	新罗建成兴轮寺、大兴佛事。	
549	真兴王十年	梁国给新罗送来佛舍利。新罗僧觉德从梁回国。	
551	真兴王十二年	高句丽僧惠亮归化于新罗。新罗设八关会。	
552	圣王三十年	百济王教佛像、佛经送给日本。	
553	真兴王十四年	新罗以皇龙寺为新宫。	在君士坦丁堡召开第五次宗教会议。
554	圣王三十二年	百济派昙惠、道深等 16 僧去日本。	
565	真兴王二十六年	陈国世界刘思和僧明观将佛经 2700 余卷带交新罗。	
566	真兴王二十七年	新罗皇龙寺落成。	
574	真兴王三十五年	新罗铸造丈六佛像。	北周废佛、道两教。
576	真兴王三十七年	新罗改原花制为花郎制。	
577	威德王二十四年	百济向日本派律师、禅师、比丘尼、咒禁师、佛工、寺工等，送去经论。	
579			北周允许信佛、道两教。

续表

公元	年　　号	韩国重要事项	国外对照
587	威德王三十四年	百济向日本派遣僧侣、瓦工、画工等，送去佛舍利。日本善信尼等来百济学戒律。	
589	真平王十一年	新罗僧圆光赴陈求法。	
599	法王元年	百济下令禁止杀生，实行放生。	
600	法王二年	百济王兴寺落成。	教皇格列高利一世逐渐确立教权。
601	武王二年	百济僧观勤去日本，奉送天文、地理、历本、方书等书籍。	
607			日本法隆寺竣工。
616	真平王三十八年	元晓出生。	
620	真平王四十二年	义湘出生。	唐高祖建老子庙。
624	容留王七年	唐道士到高句丽讲述老子。	
625	容留王八年	高句丽王派人入唐学佛、老两教。	
630			穆罕默德占领圣地麦加。
634	善德王三年　武王三十五年	新罗芬皇寺落成。百济王兴寺落成。	
635	善德王四年	新罗僧明朗返国，灵妙寺竣工。	波斯人阿罗本将景教传入中国。
636	善德王五年	新罗僧慈藏入唐求法。	
643	宝藏王二年	高句丽向唐求道教。	
	善德王时	僧法郎最初在新罗传禅宗。	
645	善德王十四年	建黄龙寺九层塔。	唐僧玄奘从天竺返国。
649	真德王三年	依僧慈藏谏言，新罗使用唐制衣冠。	
650	宝藏王九年	高句丽僧普德移居百济。	
659	武烈王六年	新罗在汉山州建壮义寺。	
660	义慈王二十年	百济灭亡。僧到琛抗战。	

续表

公元	年　号	韩国重要事项	国外对照
668	宝藏王二十七年	高句丽灭亡。	
671	文武王十一年	僧义湘从唐返国。	唐僧义净为求经赴天竺。
676	文武王十六年	创建浮石寺。	
679	文武王十九年	建四天王寺。	
682	神文王二年	为镇倭兵在东海边建感恩寺。	
692	孝昭王元年	道澄从唐返回，奉上天文图。	
693	孝昭王二年	国王将庄田一万倾交柏栗寺。	
694			摩尼教传入唐。
726			东罗马帝禁止偶像崇拜。
727	圣德王二十六年		新罗僧慧超巡历五天竺后回唐。
731			罗马教皇将破坏圣像者从教会除名。
742	孝成王六年	火葬王棺，将骨灰撒入东海。	唐僧悟空入印度。
751	景德王十年	创建佛国寺和石佛寺。	日本东大寺举行大佛开眼。
752			教皇司提反二世为丕平涂圣油。
754	景德王十三年	铸造皇龙寺钟，重 47 万余斤。	卜尼法斯为异教徒所杀死。
755	景德王十四年	铸造芬皇寺药师铜像。	丕侵略伦巴，将侵占地交给教皇。
768			
771	惠恭王七年	为圣德王铸造奉德寺巨钟。	
787			第二次尼西亚会议（第七次宗教会议）允许圣像崇拜。
799	元圣王十五年	僧梵修入唐。	罗马教皇利奥三世被赶出罗马市，依靠查理大帝帮助，复归。

续表

公元	年　　号	韩国重要事项	国外对照
802	哀庄王三年	海印寺落成。	
804	哀庄王五年	慧照入唐求法。	日本的最澄、空海二师入唐。
806	哀庄王七年	禁止新建佛寺，禁止寺院用金、银、绸缎等作器物衣服。	日本空海开创真言宗。日本最澄传天台宗。
810	宪德王二年	王子金宪章入唐，奉献金银佛像和佛经。	
821	宪德王十三年	僧道义返回，传入南顿禅。	
828	兴德王三年	僧洪陟开实相山门。	
831	兴德王六年	王子金能儒和僧 9 人作为使者赴唐。	
839	神武王元年	僧惠哲返回，传入西顿禅。	
840	文圣王二年	僧体澄从唐返回，开迦智山门。	
845	文圣王七年	僧无染返回，传马祖门下德麻谷禅（圣住山）	唐武帝毁佛寺 4 万余，使僧尼 26 万还俗。
847	文圣王九年	僧梵日返回，传马祖门下的盐官禅（阇堀山）	
851	文圣王十三年	入唐使节元弘带回佛经和佛牙。	
867			罗马教会最后分裂，罗马教皇和君士坦丁堡官长互相从宗门开除对方。
873	景文王十三年	改修皇龙寺塔为九层塔。	
877			黄巢杀了回教徒、景教徒、袄教徒 12 万。
879	宪康王五年	创建望海寺。	
882	宪康王八年	曦阳山祖智诜入寂。	
891	真圣王五年	世达寺僧善宗叛投北原贼染吉。	
898	孝恭王二年	僧道诜入寂。	
911	孝恭王十五年	僧利严从唐返回，传入曹洞正宗。	

续表

公元	年　号	韩国重要事项	国外对照
918	景明王二年	王建迁都松岳，在都内建十寺。	
924	景明王八年	王建创建外地释院、神众院、兴国寺等。	
935	敬顺王九年	新罗敬顺王归附高丽。	
938	太祖二十一年	天竺僧弘梵从晋来高丽。	
943	太祖二十六年	太祖向大臣朴述熙亲手训要10条。	
946	定宗元年	将谷物7万石分给诸大寺院。奖励佛学。	
951	光宗二年	作为太祖愿堂，建奉恩寺。	
953	光宗四年	皇龙寺九层塔遭灾。	
958	光宗九年	设科举制，并设僧科。	
967	光宗十八年	国王发大愿，建成归法寺。	宋太祖奖励佛教。
968	光宗十九年	国王悔悟杀了很多无辜，禁止屠杀、广设斋会。设王师、国师二师制。弘化、游岩、三归等寺落成。	
970	光宗二十一年	智宗从宋返回，传法眼宗。	
987	成宗六年	废除八关会和燃灯会。	
988	成宗七年	禁止在正月、5月、9月杀生。	诺夫哥罗德德弗拉基米大王致信基督教。
1004	穆宗七年	刊行高丽藏本。	
1010	显宗元年	刻大藏经版。恢复燃灯会和八关会。	
1018	显宗九年	重建开国寺塔，度僧3200余名。向宋帝求大藏经。	
1047	文宗元年	禁止州府郡的轮经会。	
1052	文宗六年	在会庆殿设百高座道场。	
1054			罗马教会和希腊教会完全分离。

续表

公元	年　　号	韩国重要事项	国 外 对 照
1055	文宗九年	义天出生。	
1063	文宗十七年	契丹送来大藏经。	
1067	文宗二十一年	经十二年施工，兴王寺落成。	
1068	文宗二十二年	崔冲死去。	
1078	文宗三十二年	造兴王寺塔。	
1086	宣宗三年	义天从宋返回，倡导天台宗。在兴王寺设教藏都监。	
1096			向圣地发动第一次十字军。
1101	肃宗六年	禁止男女僧尼的万佛会。举办仁王经道场，饭僧5万。	
1109	睿宗四年	平壤木觅的东明神祠举行祭祀。	宋徽宗奖励道教，镇压佛教。
1110	睿宗五年	宋徽宗派道士2人，建福源宫。	
1112	睿宗七年	将僧统窥流放巨济县。	
1131	仁宗九年	禁止老庄之学。西京林原宫设八圣堂。	
1135	仁宗十三年	僧妙青在西京叛变。	
1141	仁宗十九年	释澄俨入寂。	
1143			在罗马发生反教皇的民主革命。
1147	毅宗元年	国王在灵通寺祈祷，连续进行讲经50年。	发动第二次十字军。
1158	毅宗十二年	国王喜欢佛事，宫廷里佛僧多。	
1174	明宗四年	僧众2000人与府兵发生冲突。李义方被僧徒杀害。	
1189			发动第三次十字军。
1200	神宗三年	知讷在曹溪山设定慧社。	
1210	熙宗六年	知讷入寂。	
1211	熙宗七年	国王让僧杀崔忠献，失败。	

续表

公元	年　号	韩国重要事项	国外对照
1216	高宗三年	契丹入侵，火烧普贤寺。	
1217	高宗四年	崔忠献杀僧800余人。	
1224			日本亲鸾开创净土真宗。
1230			腓特烈二世与教皇和解。
1232	高宗十九年	蒙古兵火烧符仁寺大藏经版。	
1238	高宗二十五年	蒙古兵火烧皇龙寺塔。	
1251	高宗三十八年	经16年完成大藏经再雕版。	
1253	高宗四十年	崔沆设九耀堂。日本日莲开创日莲宗。	
1270			发动第七次十字军。
1271	元宗二十一年	吐蕃僧4人来高丽。	
1284	忠烈王十年	僧一然著《三国遗事》。	
1290	忠烈王十六年	派善书僧35人赴元。	
1311	忠宣王三年	向元送藏经。	南印度潘地耶首府为伊斯兰教徒占领。
1327	忠肃王十四年	印度僧指空来高丽。	
1348	忠穆王四年	普愚从元返回，传临济正宗。	
1365	恭愍王十四年	国王以遍照为师。	
1370	恭愍王十九年	明道士徐师昊来高丽。	
1378			罗马教会大分裂。
1382	辛王八年	普愚入寂。	威克里夫把《新旧约全书》译成英文。
1389	辛昌王元年	赵仁沃上疏斥佛。	
1390	恭让王二年	郑梦周进言斥佛。	
1391	恭让王三年	禁止妇女来往佛寺。	
1392	恭让王四年	高丽灭亡。设成均馆。	日本厚龟山天皇把神器传给侯小松天皇。
1396	太祖五年	首尔昭格殿完工。	

续表

公元	年　号	韩国重要事项	国外对照
1399	定宗元年	在首尔设五部学堂。	
1401	太宗元年	加强崇儒斥佛政策。	
1405	太宗五年	王师无学入寂。	
1406	太宗六年	限制寺院数额，限定寺院的田土奴婢。	
1407	太宗七年	将佛教宗派缩为7宗，新修文庙。	
1413	太宗十三年	焚烧阴阳谶书。	
1419	世宗元年	立箕子碑。	
1422	世宗四年	废除经行。	
1423	世宗五年	佛教宗派改为禅教两宗。严禁新创寺社。	
1425	世宗七年	处罚藏匿妖者。决定在平壤建檀君祠堂。	
1444	世宗二十六年	信仰风水说的人逐渐增多。	
1459	世祖五年	国王西巡，祭祀檀君、箕子、东明王。	
1464	世祖十年	建圆觉寺。	
1466	世祖十二年	昭格殿改为昭格署	
1469			锡克教教主纳纳克诞生。
1471	成宗二年	禁止佛供、将巫觋赶出城外。	
1488	成宗十九年	重建圆觉寺，修葺海印寺大藏经版堂。	
1490	成宗二十一年	抓来没有度牒的僧侣充当军役。	
1501	燕山君七年	李晃出生。	
1504	燕山君十年	将成均馆作为宴乐所，设淫祀。	
1514	中宗九年	严禁重建各道刹寺。	
1517			路德主张宗教改革。
1518	中宗十三年	废除昭格署。	胡藤主张宗教改革。

续表

公元	年　号	韩国重要事项	国外对照
1522	中宗十七年	重设昭格署。	路德翻译的《新约全书》初版出刊。
1535	中宗三十号年	祭高丽太祖陵，给成均馆酬献。	
1536	中宗三十一年	李珥出生。	
1537	中宗三十二年	砸毁都城内巫家及所创寺刹。	
1543	中宗三十八年	在丰基建白云洞书院。	
1551	明宗六年	任命普雨为判禅宗事都大禅师。	
1563			加尔文公布“海德堡问答”。
1565	明宗二十年	普雨在济州被棍棒打死。	
1572			在法国虐杀新教教徒3万余名。
1587			日本镇压天主教。
1598			依《南特赦令》承认新旧教徒享有同等权利。
1599	宜祖三十二年	在首尔建关帝庙。	
1601			利玛窦在北京建教堂。
1604	宜祖三十七年	休静入寂。	
1608			德国建立新教同盟。
1610	光海君二年	惟政入寂。文庙祭祀5贤。	
1615	光海君七年	善修入寂。	
1616	光海君八年	按僧性智的风水学说建庆仁宫。	
1618			30年宗教战争爆发。
1628			日本再次禁止天主教。
1629			德国发布恢复宗教会。
1630			瑞典国王为救援新教入侵德国。

续表

公元	年　号	韩国重要事项	国外对照
1645	仁祖二十三年	昭显世子带着汤若望赠送的基督教书籍、天主像、地球仪回韩国。	
1660	显宗元年	禁止良民削发为僧尼。	苏格兰议会承认长老教会。
1661	显宗二年	砸毁城内的慈寿、仁寿两尼院。用其材料建北学。	
1678	肃宗四年	在釜山设立日本金刀神社。	
1682	肃宗八年	文庙祭祀李珥。	
1687	肃宗十三年	驱逐巫女。	
1690			日本昌平坂孔子庙竣工。
1701	肃宗二十七年	以智异山大华严寺为禅教两宗的大珈蓝。	
1712			瑞士旧教州和新教州之间进行战斗。
1720	肃宗四十六年	解除京城驱逐女令。	
1738			威斯理创立监理工会。
1741	英祖十七年		
1747	英祖二十三年	禁止祭巫觋和淫祀。	
1749	英祖二十五年	大报坛并列供奉明太祖、神宗、毅宗的神主。	
1764	英祖四十年	李瀷死去。	
1765	英祖四十一年	改造九月山三圣庙位板，在东明王庙致祭。	
1783	正祖七年	加紧禁止僧尼入城。	
1784	正祖八年	李承薰在北京受洗。李承薰带着基督教书籍、十字架像等返国。	
1786	正祖十年	禁止从北京购入不敬邪书。西学逐渐盛行。	
1790	正祖十四年	水原花山龙珠寺落成。	
1791	正祖十五年	改称西学为邪学。	
1795	正祖十九年	周文谟神父入境。	

续表

公元	年　　号	韩国重要事项	国外对照
1796			
1801		周文谟被处枭首刑。黄嗣永帛书事件。	
1805			
1813			
1815	纯祖十五年	乙亥教祸。	英国牛津运动领导者改信天主教。
1827	纯祖二十七年	乙亥教祸。	
1829			英国通过旧教自由法案。
1831	纯祖三十一年	罗马教廷设朝鲜教区。	
1833			日本天理教创立。
1834		向都外驱逐巫觋。	德国浸礼教成立。
1836	宪宗二年	法国传教士莫帮到朝鲜。	
1837	宪宗三年	法国传教士查斯坦到朝鲜。	
1839	宪宗五年	乙亥教祸。	
1844			基督教青年会创立。
1846	宪宗十二年	初代韩人神父金大建被处死。	
1849			安息教创立者密勒去世。
1850			洪秀全发动太平军起义。美国基督教教会成立。
1860	哲宗二年	崔济愚在庆州倡导东学。	
1864	高宗二年	东学教祖崔济愚在大邱被处枭首刑。	
1866	高宗三年	大院君大量屠杀天主教徒。	
1871	高宗八年	除赐额书院 47 所，命撤除其余所有书院。	德国废除天主教宗教局。
1876	高宗十三年	李应赞、金镇基二人在牛庄受新教洗礼。	

续表

公元	年　　号	韩国重要事项	国 外 对 照
1878			布斯创立救世军。
1882	高宗十九年	翻译出版路迦福音、约翰福音。	达尔文去世。
1884	高宗二十一年	麦克莱博士为交涉传教事业来到朝鲜。	创立耶和华见证人。
1885	高宗二十二年	美国传教士安德伍德、阿彭泽勒两人到朝鲜。开广惠院。设立育英公院。设立培材学堂。	
1886	高宗二十三年	设立梨花学堂。该育英公院为耶稣学堂。	在德国组成福音教会信徒联盟。
1889	高宗二十六年	澳大利亚传教士戴维斯兄妹来韩。浸礼教开始传教事业。	
1890	高宗二十七年	朝鲜教区长米泰尔主教来韩。圣公会科尔配监督来韩。	
1893	高宗三十年	日本天理教传入韩国。	
1894	高宗三十一年	“东学之乱”爆发。	
1895	高宗三十二年	接触僧侣的入城禁令。	最初的韩人教会，即松川教会成立。
1896	高宗三十三年	东学的第二任教主崔时亨被处决。	克里特岛的基督教与伊斯兰教徒发生重大冲突。
1898	光武二年	明洞大圣堂竣工。	
1901	光武五年	济州岛天主教徒700余名被杀害。	美国东洋川教会（圣洁教会）产生。
1902	光武六年	寺刹令公布。首尔设立俄国正教会。	
1903	光武七年	创立皇城基督青年会	
1904	光武八年	安息教传人。	法国与罗马教廷断交。
1905	光武九年	孙秉熙改东学为天道教。6个传教士会组织福音主义总协会。	法国取缔宗教学校，收为国有。
1907	隆熙元年	组织长老会独老会。圣洁教会开始传教。	

续表

公元	年　号	韩国重要事项	国外对照
1908	隆熙二年	咸兴开始加拿大传教会。救世军在朝鲜开始传教。监理教会正式举行年会。侍天教创立。	泛神论哲学家奥伊肯获诺贝尔奖。
1909	隆熙三年	罗哲和郑薰谟等创立檀君教。基督教开展百万人救灵运动。	
1910	隆熙四年	“韩日合并”，檀君教改名为大倧教。一部分以檀君教教名留下来。	托尔斯泰客死他乡。
1911		朝鲜总督府公布寺刹令。指定佛教 30 本山。天主教分为京教、大邱两教区。	在奥尔瓦尔德领导下，德国一元论者联合起来攻击基督教会。
1913		青林教创立。	
1914		水云教创立。	教皇本笃十五世就任。
1915		延禧专门学校设立。	
1918		组织基督教联合会。宗人团休白白教产生。	
1919		在三·一独立运动中，各宗教团体成为主力。无极大道教创立。	在全印度基拉法会议上，甘地呼吁印回两教信徒相互协调。
1920		创设关圣教。新设天主教元山教区。	
1922		组织基督教女青年会。设立佛教中央教务院。孙秉熙去世，天道教分裂。	教皇庇护十一世就任。德国福教会联盟产生。
1923		创设天道教青年党。	戈加登著述《信仰和启示》。
1925		举行朝鲜 79 位殉教者谥福式。朝鲜神宫落成。上帝教创立。	斯德哥尔摩召开基督教会友好大会。
1926		普天教产生。	开罗召开回教徒国际联盟会议。
1927		新设天主教平壤教区。新干会、槿友会产生。	洛桑召开世界基督教大会。
1928			悉尼召开万国圣体大会。

续表

公元	年　号	韩国重要事项	国外对照
1930		南北监理教会合并。梁柱三博士当选第一代监理师。天道教新旧派合并。	
1931		举行天主教教区设立100周年纪念仪式。	西班牙实行共和制，同时宣布将宗教设施收为国有。
1932			
1933		设天主教光州教区。天道教友重新分裂成新旧派。	
1934		举行基督教传教50周年纪念仪式。天道教吾心党事件发生。	
1937		发生白白教事件，被杀信徒150余名。发生天道教祈祷事件。	中国抗日战争爆发。将校团反抗希特勒镇压教会。
1938		在长老教总会上用强盗方式通过了神社参拜。佛教总本山产生。	
1939			教皇庇护十二世就任。
1940		新设天主教春川教区。大力进行反战运动的大批基督教徒被关进监狱。天道教新旧派重新合并。	在印度拉合尔大会上，回教徒在巴基斯坦问题上采纳了成立独立国的方案。
1941		大批外国传教士被关进监狱。审判白白教事件，白白教骨干14人被判处死刑。	
1942		驱逐英、法、美传教士。举行第一位韩人主教卢基南成圣仪式。把朝鲜基督教青年会和朝鲜女基督教青年会附属于日本联盟。全部大倧教骨干在中国东北被捕。	
1943		基督教领导者继续被投进监狱。许多拒绝神社参拜的基督教领导者死于狱中。解散圣洁教、安息教、浸礼教。征收各教会圣钟、寺刹梵钟。	

续表

公元	年　号	韩国重要事项	国外对照
1944		各教堂被征为军用。各教堂供奉日本神主。	
1945		将基督教隶属于日本教坛。8月15日韩国解放。	日本天皇的“人间宣言”

注：该年表引自金得榥著，柳雪峰译《韩国宗教史》，社会科学文献出版社，1992年。

附录五

韩国世界文化遗产一览表

名　称	内　容	年　份
世界文化遗产	宗庙	1995
	佛国寺藏经板殿	1995
	海印寺藏经板殿	1995
	昌德宫	1997
	水原华城	1997
	庆州历史遗址区	200
	支石墓遗址	2002
	朝鲜王陵	2009
世界文献遗产（世界纪录遗产）	训民正音	1997
	朝鲜王朝实录	1997
	直指心华要节	2001
	承正院日记	2001
	华城城役仪轨	2007
	高丽大藏经及诸经板	2007
世界无形遗产	宗庙祭祀及宗庙祭祀乐	2001
	盘索里史诗说唱	2003
	江陵端午祭	2005

参 考 文 献

中文主要参考文献:

[1] 方立天:《中国佛教与传统文化》,上海人民出版社,1988年。
[2] 朱红星等:《朝鲜哲学思想史》,延边人民出版社,1989年。
[3] 杨学政:《原始宗教论》,云南人民出版社,1991年。
[4] 马启成:《宗教与中国少数民族》,天津古籍出版社,1993年。
[5] 徐远和:《儒学与东方文化》,人民出版社,1994年。
[6] 朱七星等:《中国朝鲜日本传统哲学比较研究》,延边人民出版社,1995年。
[7] 韩国哲学会编:《韩国哲学史》(三册),社会科学文献出版社,1996年。
[8] 陈尚胜:《中韩交流三千年》,中华书局,1997年。
[9] 何劲松,《韩国佛教史》(上下卷),宗教文化出版社,1997年。
[10] 楼宇烈主编:《东方哲学概论》,北京大学出版社,1997年。
[11] 黄心川等主编:《现代东方哲学》,浙江人民出版社,1998年。
[12] 戴康生主编:《当代新兴宗教》,东方出版社,1999年。
[13] 史习成编:《东方神话传说》,北京大学出版社,1999年。
[14] 邵汉明:《中国文化精神》,商务印书馆,2000年。
[15] 黄心川主编:《东方著名哲学家评传》(韩国卷),山东人民出版社,2000年。
[16] 陈广忠:《中国道家新论》,黄山书社,2001年。
[17] 段丽萍:《中国少数民族宗教》,云南民族出版社,2002年。
[18] 黄心川:《东方佛教论》,中国社会科学出版社,2002年。
[19] 何劲松:《近代东亚佛教》,社会科学文献出版社,2002年。
[20] 葛荣晋主编:《韩国实学思想史》,首都师范大学出版社,2002年。

[21] 刘宗贤等主编:《当代东方儒学》，人民出版社，2003年。
[22] 杨贵言:《当代东亚问题研究简论》，人民出版社，2004年。
[23] 张志刚主编:《宗教研究指要》，北京大学出版社，2006年。
[24] 金京振编著:《朝鲜古代宗教与思想概论》，中央民族大学出版社，2006年。
[25] 金勋:《韩国新宗教的源流与嬗变》，宗教文化出版社，2006年。
[26] 谢路军:《中国道教源流》，九州出版社，2006年。
[27] 牟钟鉴:《探索宗教》，宗教文化出版社，2008年。
[28] 李培宗编著:《论语全解》，齐鲁书社，2008年。
[29] 柳承国著，姜日天等译:《韩国儒学与现代精神》，东方出版社，2008年。
[30] 魏志江等:《韩国学概论》，中山大学出版社，2008年。
[31] 崔英辰著，邢丽菊译:《韩国儒学思想研究》，东方出版社，2008年。
[32] 郭齐勇:《中国儒学之精神》，复旦大学出版社，2009年。
[33] 张敏:《韩国思想史纲》，北京大学出版社，2009年。

韩文主要参考文献:

[1] 柳承国:《韩国儒教》，世宗大王纪念事业会，1980年。
[2] 刘明钟:《韩国思想史》，理文社，1981年。
[3] 韩国思想全集编委会编:《韩国佛教思想》，三省出版社，1983年。
[4] 韩永愚:《朝鲜前期社会思想研究》，知识产业社，1983年。
[5] 金真美:《韩国近代社会和思想》，中原文化社，1984年。
[6] 金得榥:《韩国思想史》，大地文化社，1984年。
[7] 金吉焕:《朝鲜朝儒学思想研究》，一志社，1986年。
[8] 许兴植:《高丽佛教史研究》，一朝阁，1986年。
[9] 韩国《大藏经》编委会编:《八万大藏经》，国民书馆，1987年。
[10] 安耕田:《姜甑山与后天开辟》，大元出版社，1987年。
[11] 黄善明:《朝鲜朝宗教社会史研究》，一志社，1987年。

[12] 金洪喆:《韩国新宗教思想研究》,集文堂,1989 年。
[13] 韩国道教思想研究会编:《道教和韩国文化》,亚细亚文化社,1991 年。
[14] 金得榥著,柳雪峰译:《韩国宗教史》,社会科学文献出版社,1992 年。
[15] 柳柄德:《东学·天道教》,教文社,1993 年。
[16] 韩国道教思想研究会编:《韩国道教文化的位置》,亚细亚文化社,1993 年。
[17] 李永坤:《明心宝鉴》,弘学文化社,1994 年。
[18] 尹以钦:《对檀君的阐释及资料》,首尔大学出版社,1994 年。
[19] 金哲:《东学精义》,东宣社,1995 年。
[20] 韩国道教思想研究会编:《道教在韩国的变迁》,亚细亚文化社,1996 年。
[21] 车柱环:《韩国道教思想研究》,首尔大学出版社,1997 年。
[22] 金圣觀:《东洋哲学的理解》,圆光大学出版社,1997 年。
[23] 金富軾著,崔虎译:《三国史记》(1—2 卷),1997 年。
[24] 任冰洲:《三国王朝实录》,晚霄社,1998 年。
[25] 尹以钦:《韩国宗教研究》(1—6 卷),1999 年。
[26] 柳柄德:《近现代韩国宗教思想研究》,集文社,1999 年。
[27] 东国大佛教文化编委会编:《佛教思想的理解》,佛教时代社,2001 年。
[28] 一然著,崔虎译:《三国遗事》,弘新文化社,2002 年。
[29] 韩国哲学思想史研究会编:《韩国哲学思想史》,心善出版社,2005 年。
[30] 圆佛教教典翻译组:《圆佛教教典》,宗教文化出版社,2005 年。
[31] 金京寰等:《韩国思想的原型及发展》,理耕社,2008 年。
[32] 韩国道教文化学会编:《道教文化研究》(11、15、21、28 辑),东国社,2008 年。